Das Handbuch der Acrylmalerei

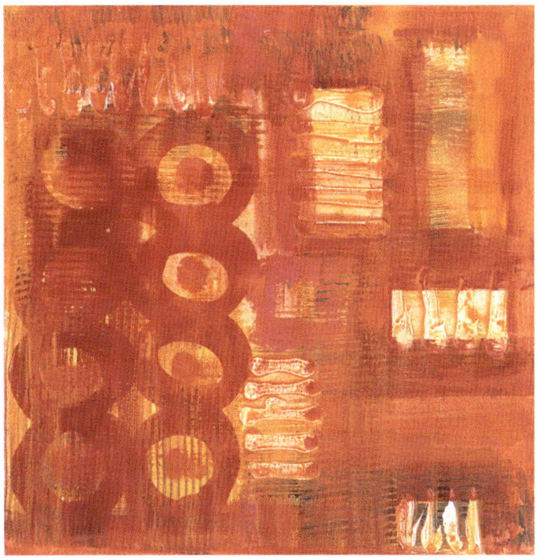

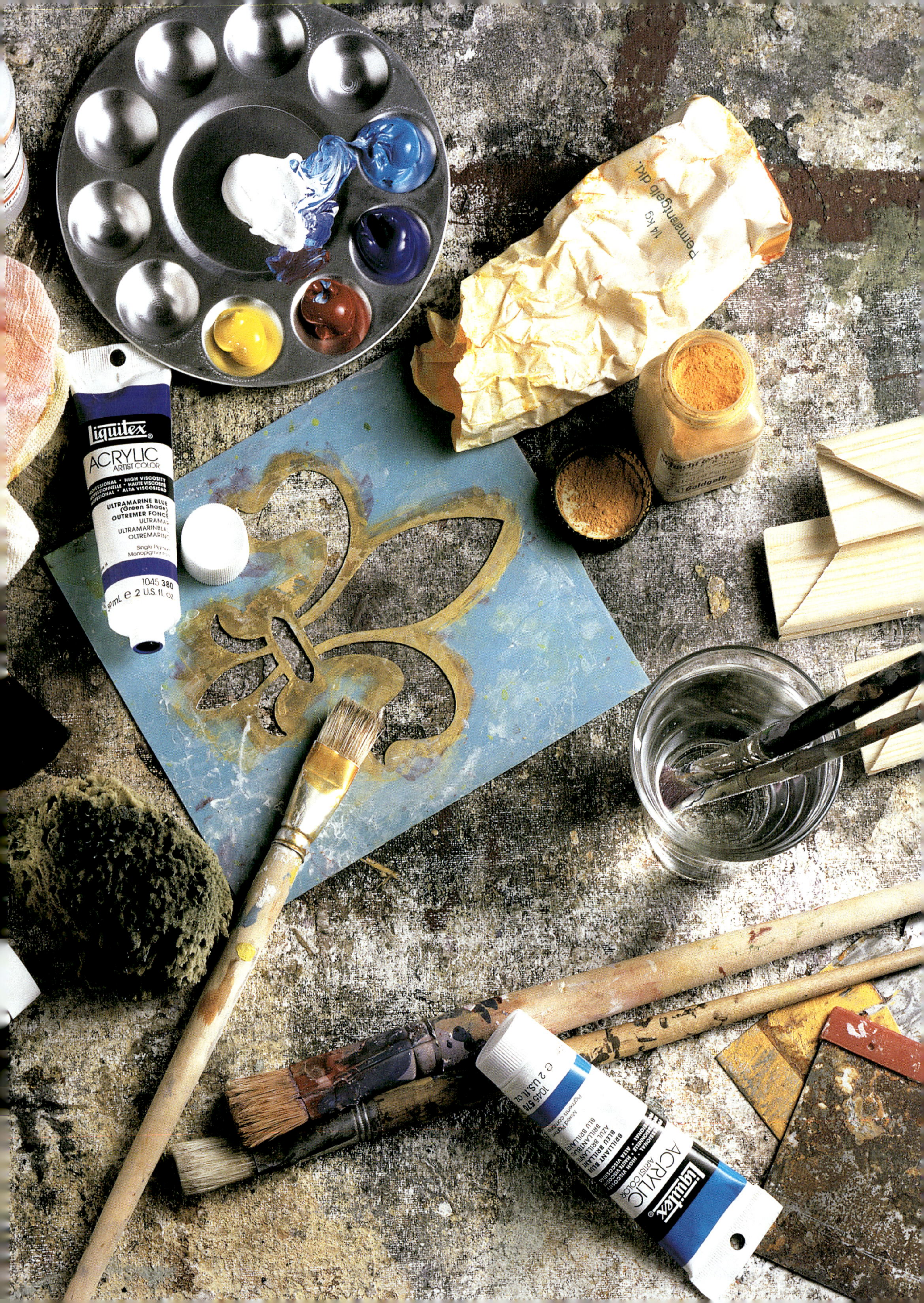
Liquitex
ACRYLIC
ARTIST COLOR
ULTRAMARINE BLUE
OUTREMER FONCÉ
1045 380

Oliver Löhr
Kristina Schaper
Ute Zander

Das Handbuch der Acrylmalerei

Materialien, Techniken, Beispiele und Übungen

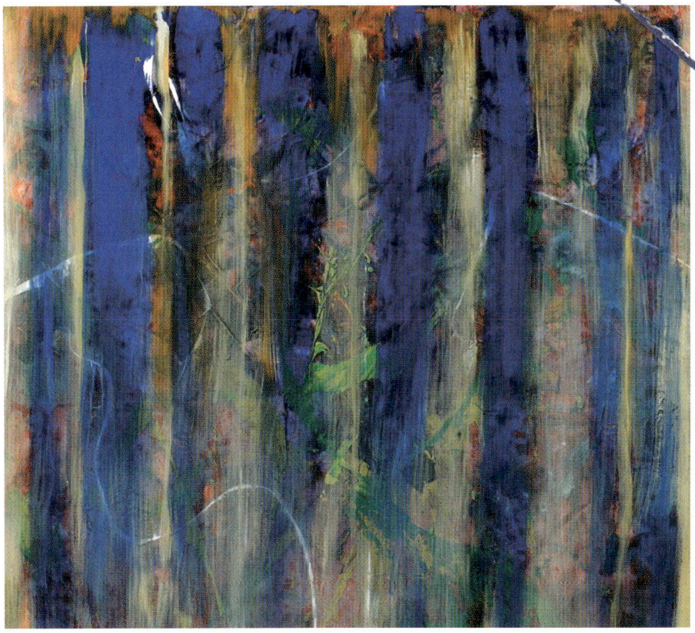

Mit Fotografien von Stefan Boekels

OZ creativ

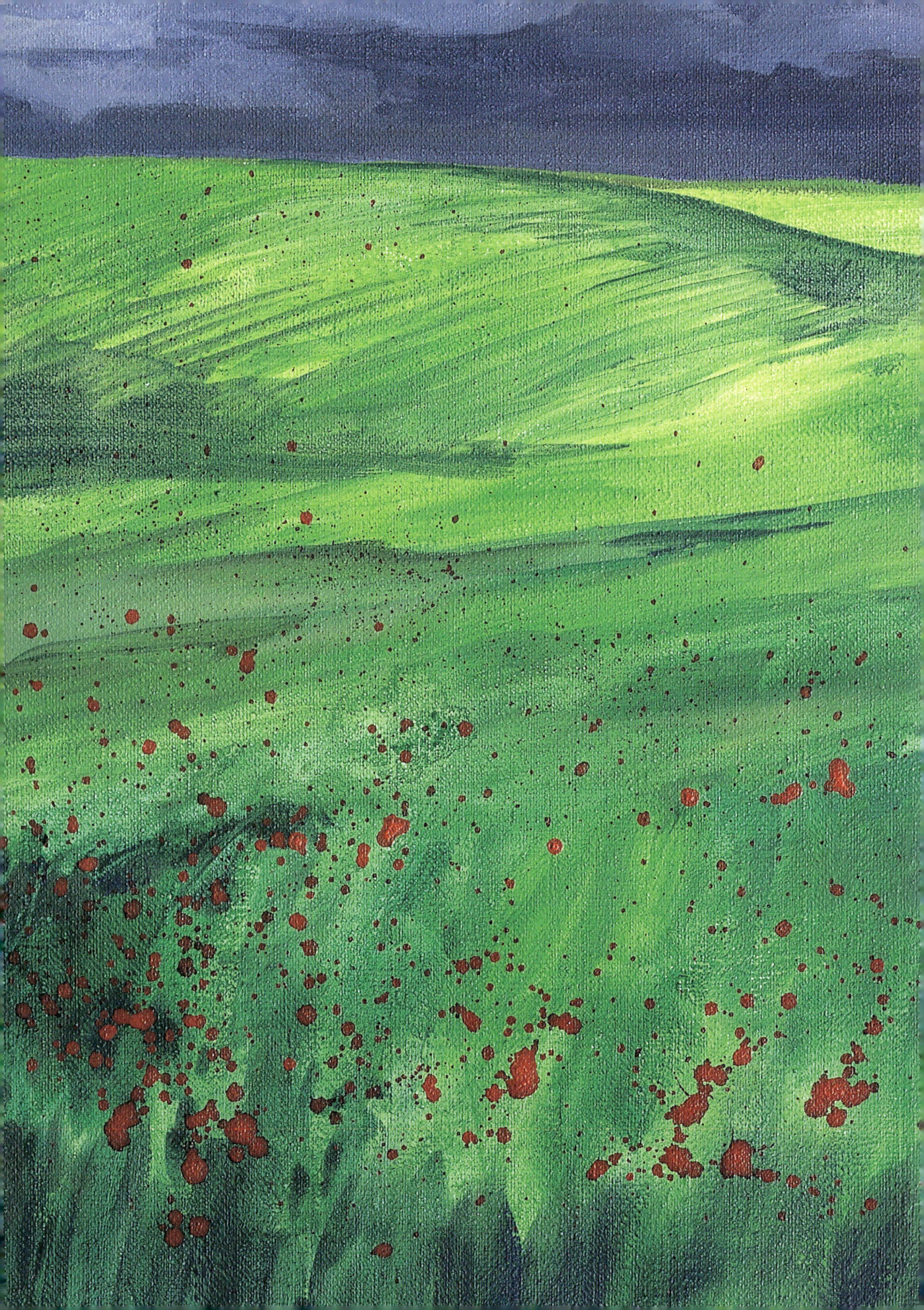

Inhalt

Zu diesem Buch

Acrylfarben sind in den letzten Jahren zu einem festen Bestandteil in der Ausrüstung von Künstlern geworden. Ihre Vielseitigkeit in Bezug auf die Anwendung verschiedenster Techniken, ihre kurze Trockenzeit und ihre Kombinierbarkeit mit vielen anderen Farben, wie Aquarell- und Temperafarben, Pastellkreiden oder als Untermalung in der Ölmalerei, ermöglichen es, traditionelle Maltechniken mit experimenteller Malerei zu verbinden.

Dieses Buch ist ein praxisorientiertes Nachschlagewerk sowohl für Anfänger, die sich insbesondere mit den Acrylfarben vertraut machen möchten, als auch für Fortgeschrittene, die nach neuen Ausdrucksmöglichkeiten suchen. Acrylfarben bieten unzählige Möglichkeiten, ganz gleich, ob Sie sich der Malerei klassisch oder experimentell nähern möchten. Wir möchten mit diesem Buch die verschiedenen Techniken darstellen und Ihnen einen schnellen und unkomplizierten Einstieg in die Malerei ermöglichen.

Einem ausführlichen Materialteil, in dem alle zur Zeit auf dem Markt erhältlichen Farben und Hilfsmittel, Pinsel und Werkzeuge sowie die zahlreichen unterschiedlichen Bildträger beschrieben werden, folgt ein Überblick über die Farben und ihre Wirkung. Anschließend werden die unterschiedlichsten Techniken erklärt, und im letzten Teil werden in einigen Beispielen aus dem Bereich der Porträt-, Stillleben- und Landschaftsmalerei diese in ihrer Anwendung vorgeführt.

Unser Ziel ist es, Sie Schritt für Schritt bei der Gestaltung einiger Bilder zu begleiten und Ihnen bei tiefer gehendem Interesse theoretisches Hintergrundwissen zu bieten. Wir hoffen, Sie finden zahlreiche Anregungen und Möglichkeiten, neue Stile und Techniken zu entdecken und zu erproben.

Viele persönliche Erfahrungen aus unseren Workshops sowie aus unserer Arbeit als freischaffende Künstler und Dekorationsmaler sind in dieses Buch mit eingeflossen. Die Nachfrage nach einer genaueren Darstellung von Techniken und Materialien als Resonanz auf unser erstes Buch waren für uns mit ein Anlass, diese umfassender zu beschreiben.

Wir wünschen Ihnen viel Freude beim Lesen und Malen sowie ein gutes Gelingen Ihrer künstlerischen Arbeiten.

Oliver Löhr, Kristina Schaper, Ute Zander

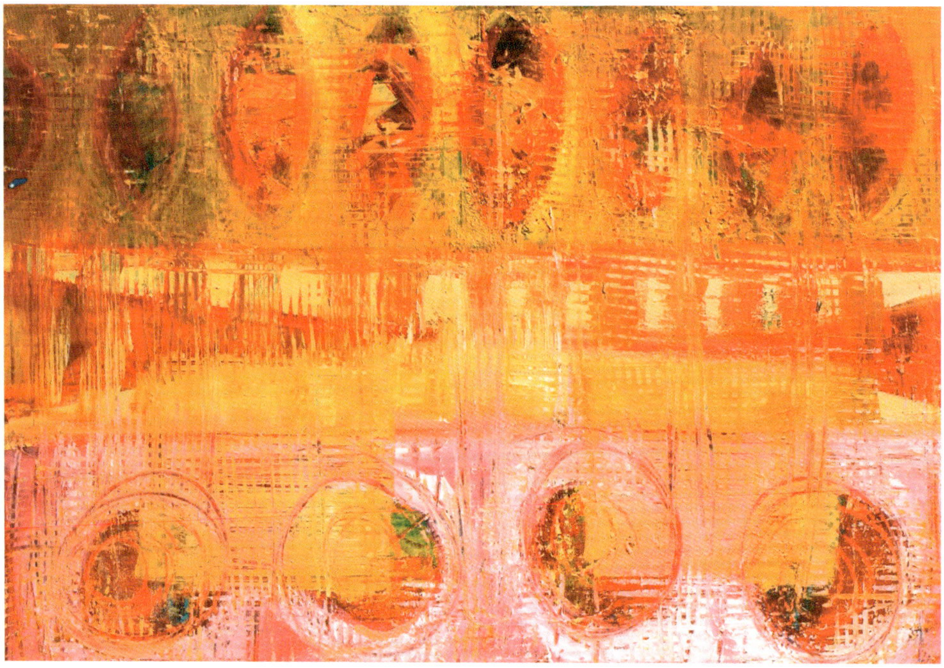

Kristine Schaper, o. T.,
Acryl auf Leinwand, 60 x 80 cm.

Geschichtliche Einführung

Die Acrylfarbe wurde bereits 1859 erfunden, doch sind erst Ende der 1920er Jahre die ersten Farben auf den Markt gekommen. Sie wurden zunächst im industriellen Bereich, für Schutzanstriche und Lackierung, verwendet. Zu Beginn der 1940er Jahre fingen amerikanische Künstler an, mit diesen Farben zu experimentieren. Die Suche nach neuen Ausdrucksmöglichkeiten – gerade auch beim Bearbeiten großer Formate – führte Künstler aus der zu dieser Zeit führenden Kunstrichtung, dem so genannten abstrakten Expressionismus, zu Experimenten mit Farben, welche andere maltechnische Eigenschaften besaßen als die herkömmliche Ölfarbe. Künstlern, wie den Amerikanern Mark Rothko und Sam Francis, eröffneten die Acrylfarben Ausdrucksmöglichkeiten, wie sie mit herkömmlichen Maltechniken nicht zu erreichen waren; das liegt besonders an ihrer schnellen Trockenzeit und an der Möglichkeit des farbintensiven, gleichmäßig lasierenden Farbauftrags, ohne dass Gefahr der Rissbildung besteht. Auch konnten Farbstriche und Farbflecke über- oder nebeneinander gelegt werden, ohne die Farben ineinander zu malen.

Diese von den abstrakt arbeitenden Künstlern sehr geschätzte Malweise, erfordert ein Farbmedium, welches ein spontanes Arbeiten in mehreren Schichten ohne lange Trockenzeiten erlaubt. Im Gegensatz zu den experimentell abstrakt arbeitenden Malern, die sich sehr schnell mit dieser neuen Farbe anfreundeten, dauerte es bei den gegenständlich arbeitenden Künstlern etwas länger, bis sie die Acrylfarben in ihren Gemälden verwendeten. Bis zu den 1960er Jahren verarbeiteten sie fast ausschließlich Ölfarben. Die ersten gegenständlichen Künstler, die Acrylfarben für sich entdeckten, waren Vertreter der Pop-Art. So der Engländer David Hockney, der nach einer Amerikareise 1961 dieses Medium übernahm und in dieser Technik einen Großteil seiner berühmten großformatigen Porträts schuf. Andere Pop-Art-Künstler, die mit Acrylfarben malten, sind die Amerikaner Roy Lichtenstein und Andy Warhol. Beide Künstler verwendeten die Acrylfarben auch für Druckverfahren wie die Serigrafie. Ganz eigene Ausdrucksformen sind mit den Acrylfarben in einem anderen Zweig der gegenständlichen Kunst, dem so genannten Hyper- oder Fotorealismus, gefunden worden. Die Acrylfarben erlauben es, Details genauso naturgetreu wiederzugeben, wie in der Ölmalerei. Fotorealisten wie der Amerikaner Richard Estes verwenden Acrylfarben außerdem deshalb, weil sie ein Arbeiten mit Masken und Schablonen ermöglichen.

Durch die enge Zusammenarbeit der Farbhersteller mit den Malern wurden die Rezepturen immer weiter entwickelt und verbessert, sodass der Anteil an Acrylfarben im Künstlerfarbenhandel stetig wuchs und auch heute noch zunimmt. Wurden in den Anfängen der Acrylmalerei die Vorzüge und Nachteile des neuen Mediums noch heftig diskutiert, so ist es heute weit verbreitet; viele Künstler und auch viele Hobbymaler verwenden diese faszinierenden Farben.

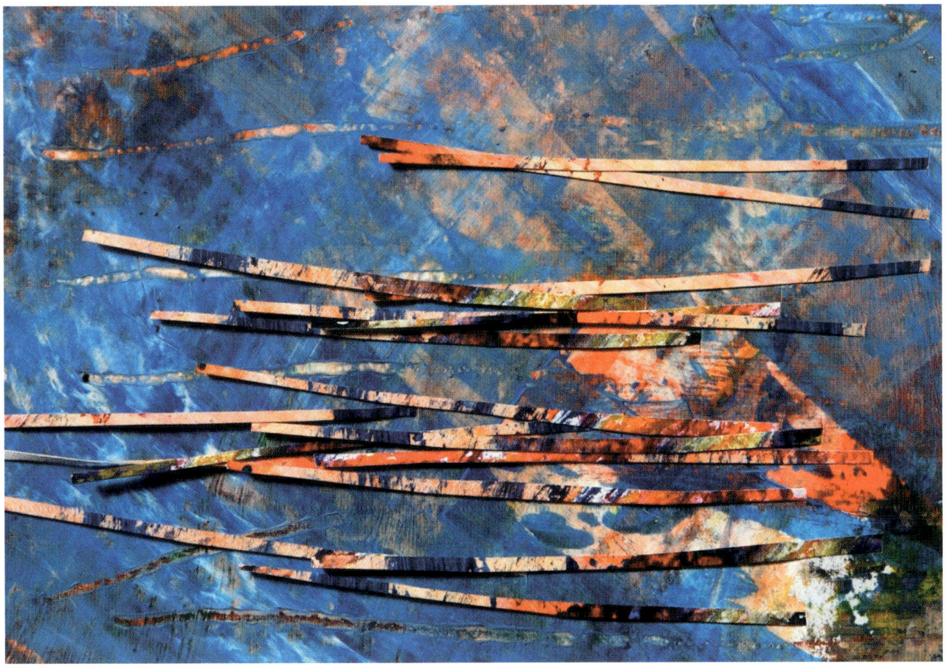

Ursula Barlage, o. T.,
Collagetechnik, Acryl auf Papier,
10 x 15 cm.

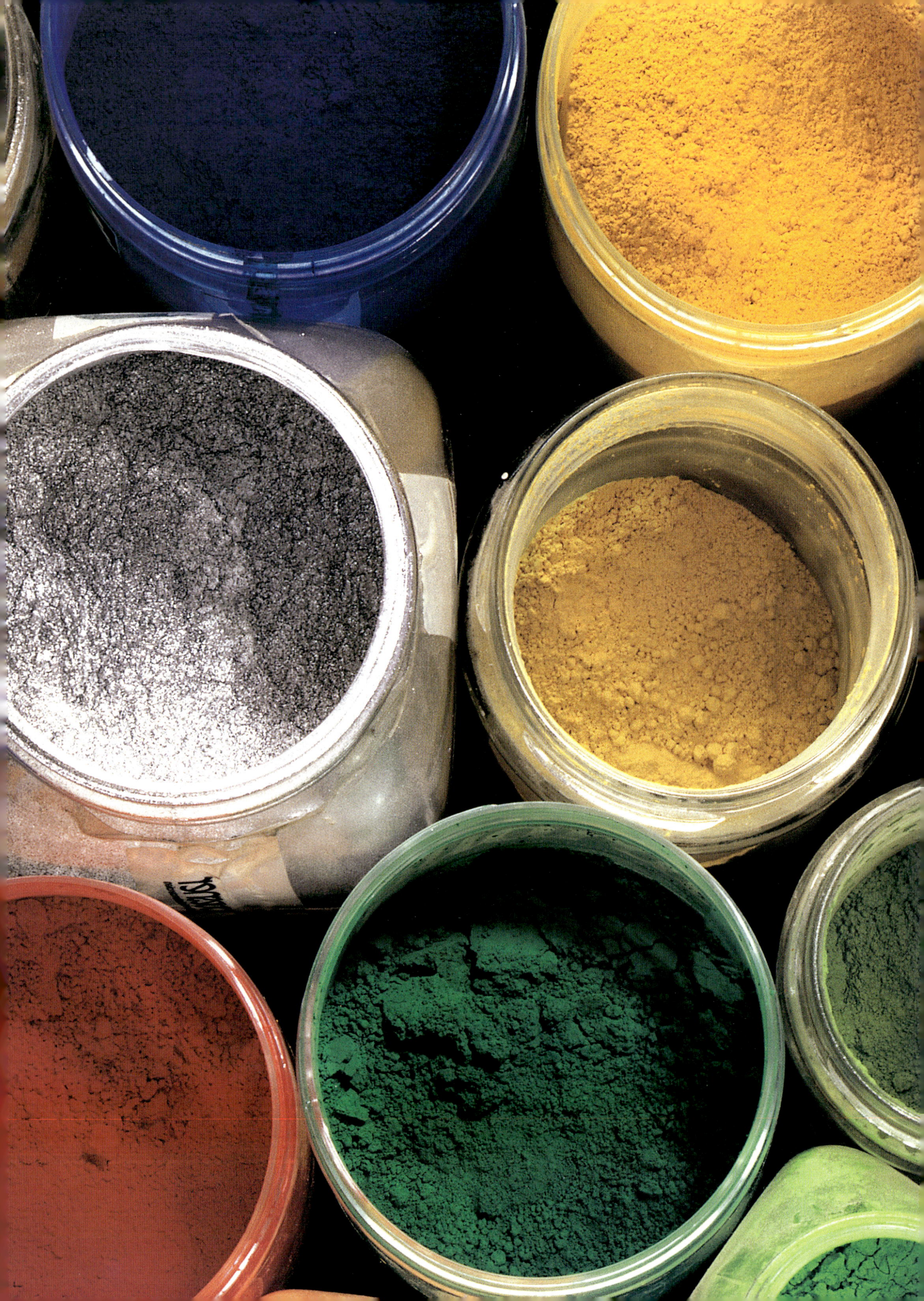

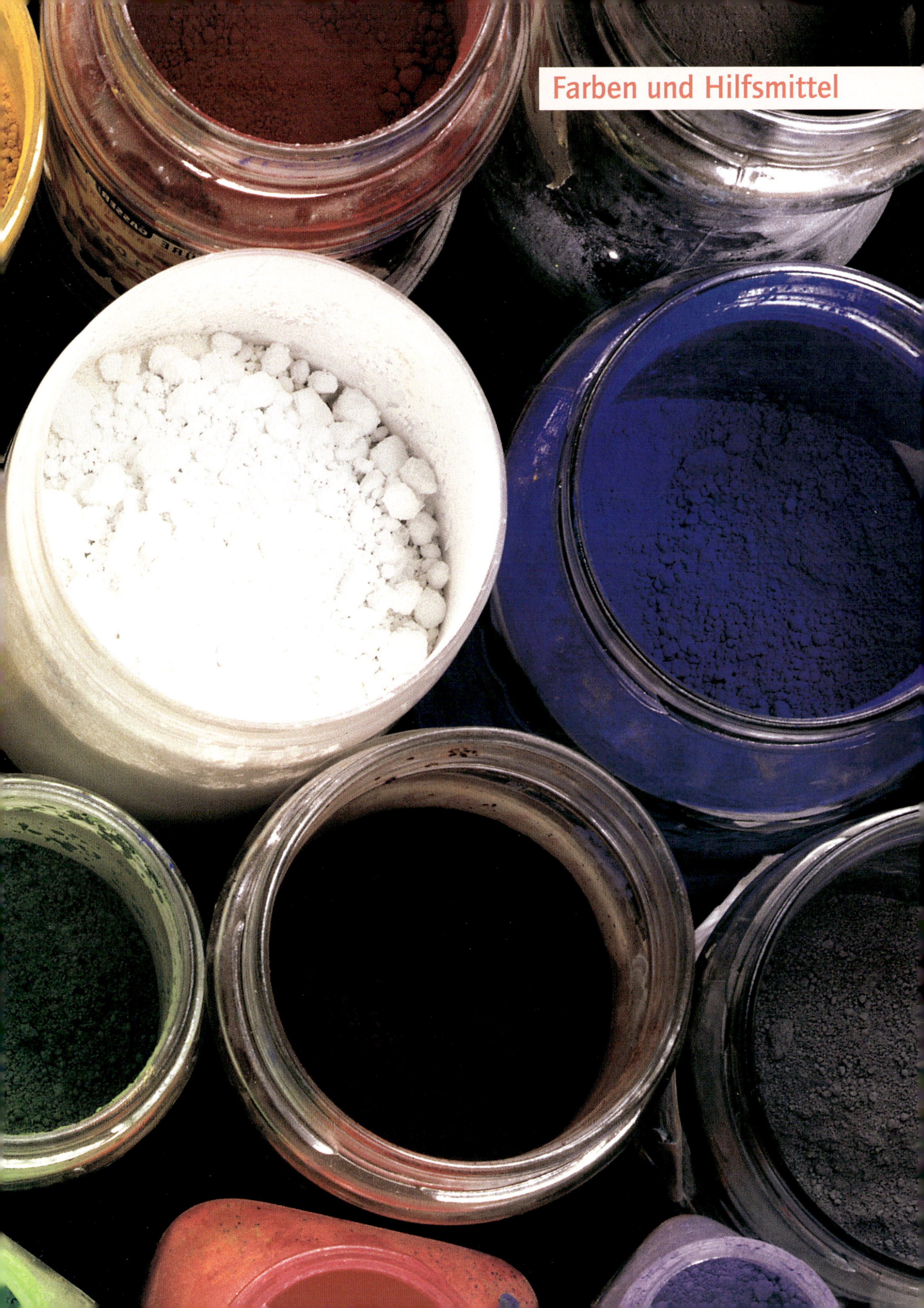

Farben und Hilfsmittel

Eigenschaften der Acrylfarben

Die Beliebtheit der Acrylfarben lässt sich zum einen auf die immens große maltechnische Vielseitigkeit zurückführen, zum anderen auf die unkomplizierte Anwendung dieser Farben. Sie besitzen eine Reihe von Eigenschaften, die sowohl für Profianwender im künstlerischen und dekorativen Bereich als auch für Hobby- und Freizeitmaler von Bedeutung sind.

Bei der Herstellung von Ölfarben wird als Bindemittel Pflanzenöl verwendet, das durch Sauerstoffabsorption aus der Luft trocknet. Diese chemische Trocknung ist ein sehr langsam ablaufender Prozess. Im Gegensatz dazu trocknen Acrylfarben physikalisch, durch die Verdunstung des im Bindemittel enthaltenen Wassers. Die Trockenzeiten sind sehr kurz, sodass die Farben bei Zimmertemperatur – je nach Schichtdicke und Konsistenz – bereits nach 10 bis 30 Minuten trocknen. Dadurch erlauben sie zügiges Arbeiten und einen raschen Bildaufbau in Schichten.

Acrylfarben werden mit Wasser vermalt – die Verwendung von geruchsintensiven, organischen Lösemitteln – auch zur Werkzeugreinigung – entfällt. Im Gegensatz zu den Ölfarben gilben und reißen Acrylfarben nicht, da die Farbschichten elastisch bleiben. Hingegen wird die Ölfarbe beim Trocknungsprozess hart und ältere Malfilme werden spröde. Einmal getrocknet, sind Acrylfarben nicht mehr wasserlöslich. Sie sind witterungsbeständig und somit extrem haltbar. Acrylfarben lassen sich in den unterschiedlichsten Techniken vermalen. Vom zarten, aquarellartigen Farbauftrag bis zum dicken, pastosen Pinselstrich sowie zu reliefartigen Strukturen ist alles möglich. Mit Acrylfarben lassen sich immer wieder neue, interessante Effekte erzeugen, sei es, indem man sie zur Untermalung in der Ölmalerei benutzt oder in Kombination mit anderen Farben wie z. B. Ölkreiden, Aquarellfarben, Pastellkreiden, Gouachefarben oder den so genannten Window-Color-Farben. Acrylfarben haften auf nahezu allen gängigen Malgründen wie Leinwand, Holz, Papier und Pappe sowie auf Metall, Gips und Beton, vorausgesetzt, dass diese staub- und fettfrei sind und gegebenenfalls für die Bemalung vorbereitet wurden. Acrylfarben sind relativ unkompliziert in der Anwendung und erlauben es den Anfängern, direkt mit dem Malen zu beginnen – im Gegensatz zur Ölmalerei, wo die Kenntnis gewisser maltechnischer Grundlagen zwingend notwendig für das Gelingen eines Werkes ist.

So vielseitig und einfach die Handhabung der Acrylfarben auch erscheinen mag, ist das Arbeiten mit ihnen für Maler, die den Umgang mit Ölfarben gewohnt sind, anfangs dennoch schwierig.

Durch die erheblich kürzeren Trockenzeiten kann die Arbeit an einem Bild nicht jederzeit unterbrochen werden. Arbeitsschritte müssen vollständig ausgeführt werden. Eine halb bearbeitete Fläche lässt sich nur schwer weiterführen, ohne dass die Übergänge sichtbar bleiben, da sich bereits getrocknete Ränder nicht mehr anlösen lassen. Korrekturen lassen sich nur durch Übermalen der Farbschichten vornehmen.

Das weiße Acrylbindemittel hellt die flüssigen Farben häufig auf. Während der Trocknung wird es transparent, was dann zur Folge hat, dass viele Acrylfarbtöne einige Nuancen dunkler auftrocknen. Acrylfarben trocknen seidenmatt auf. Um den Glanz der frischen Farben wiederherzustellen, muss glänzender Schlussfirnis verwendet werden. Im Gegensatz zu Ölfarben verlieren Acrylfarben beim Trocknungsprozess an Volumen, da der Wasseranteil verdunstet. Das hat mitunter Auswirkungen auf die Strukturen oder den Pinselstrich.

Acrylfarben im Handel

Im Handel ist zur Zeit eine umfangreiche Produktpalette für die Acrylmalerei erhältlich. Eine ganze Reihe von Herstellern bieten neben den Farben auch verschiedenste Malhilfsmittel an, welche wir noch gesondert vorstellen wollen.

Die heutigen industriell hergestellten Malfarben sind durchweg sehr hochwertig – trotzdem gibt es Unterschiede, die Sie beim Kauf beachten sollten. Acrylfarben sind in unterschiedlichen Abfüllungen zu erwerben. Es gibt sie in Tuben, Flaschen und Gläsern. Einige Sorten sind in Eimern mit mehreren Litern Inhalt erhältlich. Ob Sie sich beim Kauf Ihrer Farben für Tuben oder größere Flaschen bzw. Gläser entscheiden, hängt natürlich von der Größe der zu bearbeitenden Formate und Ihren persönlichen Vorlieben ab. Acrylfarben sind zwar sehr lange haltbar, ca. ein bis zwei Jahre, aber nicht unbegrenzt. Das sollten Sie beim Einkauf bedenken. Je nach Hersteller unterscheiden sich die Farben in der Qualität der verwendeten Pigmente und Bindemittel, was sich in der Konsistenz, Leuchtkraft und der Deckkraft der Farben bemerkbar macht. Einige Farbsorten sind glatt und relativ flüssig. Diese lassen sich unverdünnt zu einem gleichmäßigen Anstrich vermalen und ergeben mit Wasser sehr schöne Lasurtöne. Andere Hersteller bieten sehr dickflüssige Farben an, mit denen sich Pinselspuren und Strukturen erzeugen lassen.

Trotz gleicher Farbtonbezeichnungen können die Farben je nach Hersteller zum Teil sehr unterschiedlich ausfallen. Hier hilft nur ausprobieren, bis Sie die Farbtöne oder die Farbreihe gefunden haben, die Sie zur Umsetzung Ihrer Bildideen benötigen. Grundsätzlich können alle Farben der

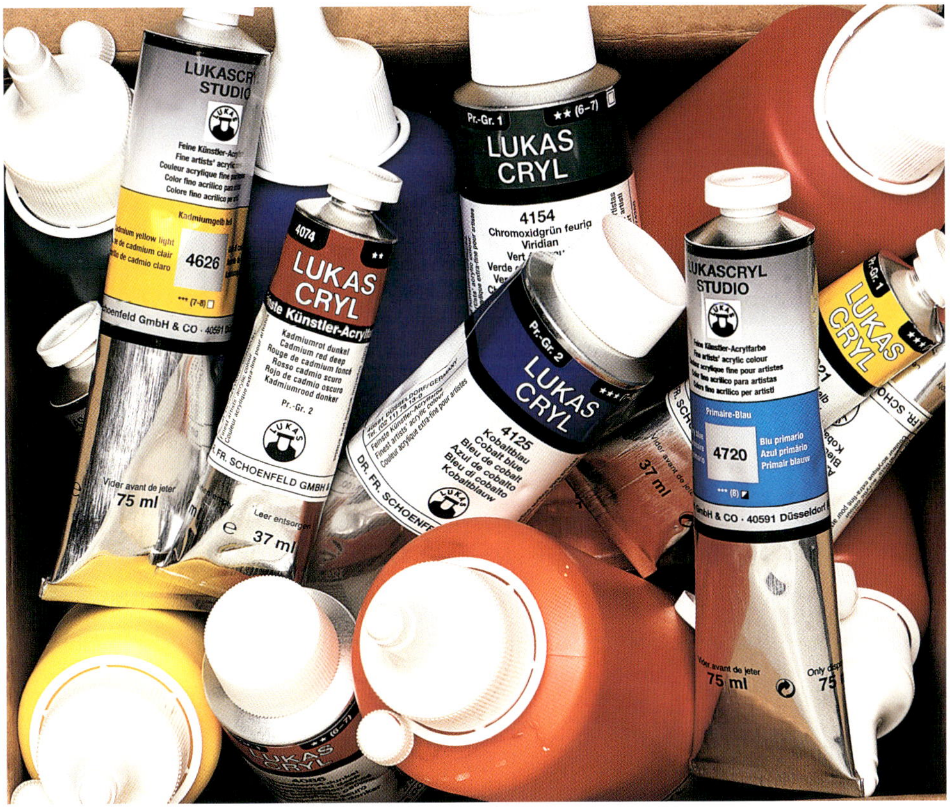

Lukascryl, pastose Künstlerfarbe mit höchster Lichtechtsheitsstufe sowie mit brillanter Lasurfähigkeit. Lukascryl Studio, Studienfarbe von mittlerer Konsistenz, gilbungsfrei und hoch elastisch.

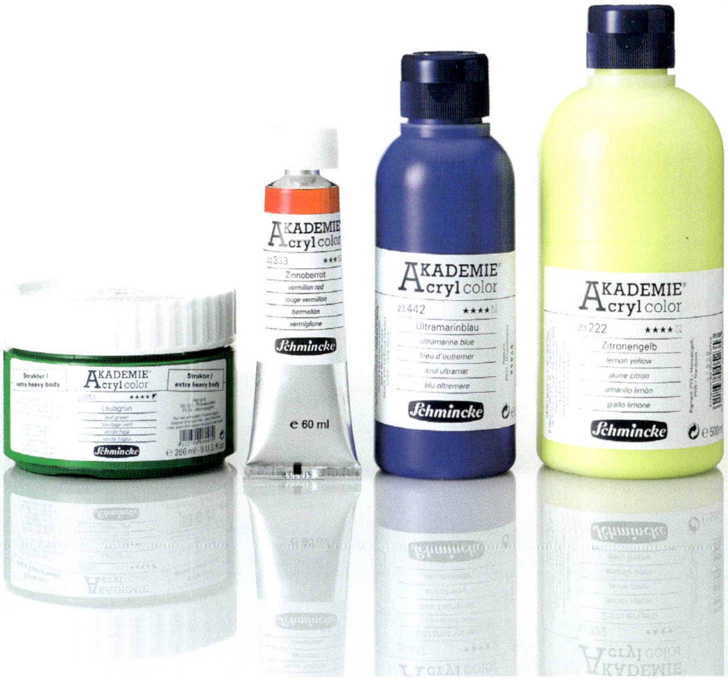

Akademie Acrylcolor von Schmincke ist eine Studienfarbe für Einsteiger. Die Palette umfasst 48 Farbtöne.

verschiedenen Hersteller untereinander gemischt und miteinander vermalt werden. Dies gilt zumeist auch für die angebotenen Hilfsmittel. Machen Sie trotzdem zur Sicherheit Probeaufstriche, wenn Sie Materialien eines Herstellers verwenden wollen, die Sie noch nicht kennen. Verändert sich die Konsistenz der angemischten Farben auffällig – z. B. wenn sich Klumpen oder Flocken bilden –, sollten diese Mischungen nicht verarbeitet werden, denn dann ist ein vollständiges Austrocknen in stabilen Schichten nicht mehr gewährleistet.

Viele Farbenhersteller bieten unterschiedliche Farbserien an. Meist wird zwischen zwei Farbqualitäten unterschieden: den so genannten Studienfarben und den Künstlerfarben. Farben mit dem Aufdruck „Studio", „Studienfarbe" oder „Akademie" sind zumeist preislich deutlich günstiger als Künstlerfarben. Studienfarben enthalten meistens preiswertere Pigmente sowie Füllstoffe. Diese Farben wurden speziell zu Übungs- („Studien"-) Zwecken, also für Schüler, Studenten und Anfänger – aber auch für Künstler, die größere Mengen von Farben für ihre Arbeit benötigen –, entwickelt. Auch für die Ausführung von Wandmalereien und für die dekorative Gestaltung von Möbeln und Objekten sind diese Acrylfarben hervorragend geeignet.

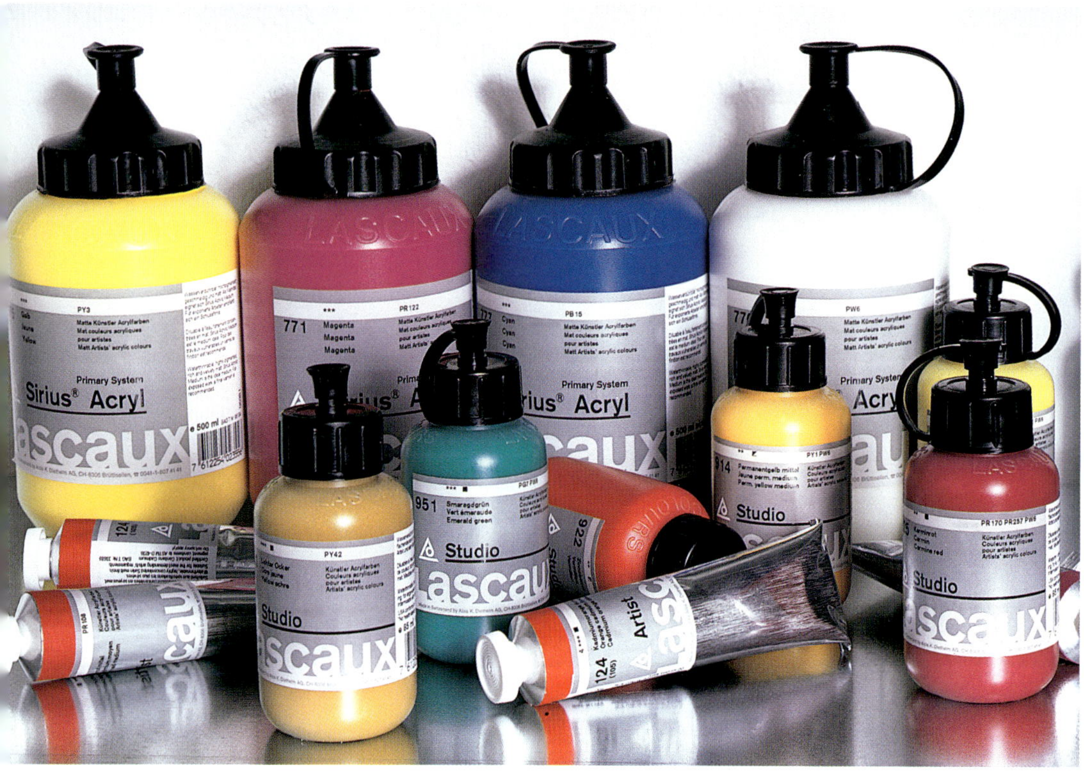

Lascaux Sirius ist eine hochkonzentrierte, deckende Acrylfarbe, alterungsbeständig und lichtecht. Lascaux Studio, Künstler-Acrylfarbe mit höchster Ergiebigkeit, sehr gut streichfähig.

Sie erhalten im Handel von den Studienfarben meist weniger Farbtöne. Die Künstlerfarben werden aus hochwertigen, fein angeriebenen Pigmenten hergestellt. Der Festkörpergehalt, also die Konzentration von Pigmenten im Bindemittel, ist höher als bei den Studienfarben. Deshalb zeichnen sich die Künstlerfarben durch intensive, brillante Farbtöne aus, welche auch in starker Verdünnung noch kräftig färbende Lasuraufstriche ergeben. Durch die Verwendung feinster Pigmente wird die Deckkraft dieser Farben erhöht. Farben in Künstlerqualität sind teurer als die Studienfarben, allerdings sind sie wesentlich ergiebiger.

Da jeder Maler seine eigenen Vorlieben entwickelt, sollten Sie Farben verschiedener Hersteller ausprobieren, um das Material zu finden, welches Ihrer Malweise entspricht.

Aquacryl

Die Firma Lascaux bietet als Erweiterung zum herkömmlichen Acrylfarbenprogramm diese Aquarellfarben auf Acrylbasis an. Es sind feinst pigmentierte Farben, die in dünnen Schichten fast wasserfest auftrocknen, sodass getrocknete Farbschichten übermalt werden können, dennoch bleiben die Farben verwaschbar und auch auf der Palette wasserlöslich. Aquacrylfarben bestehen aus einem wasserlöslichen Acrylharz und hoch lichtechten Pigmenten.

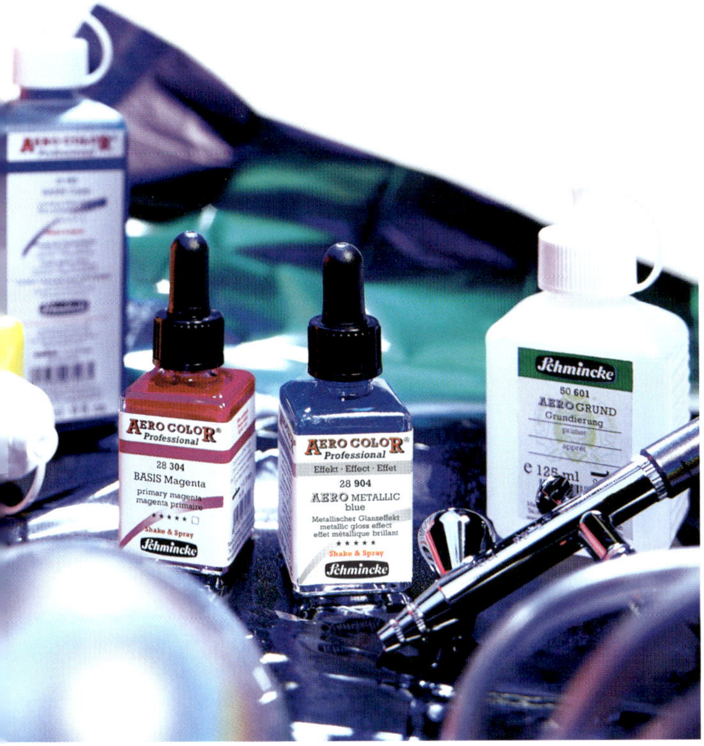

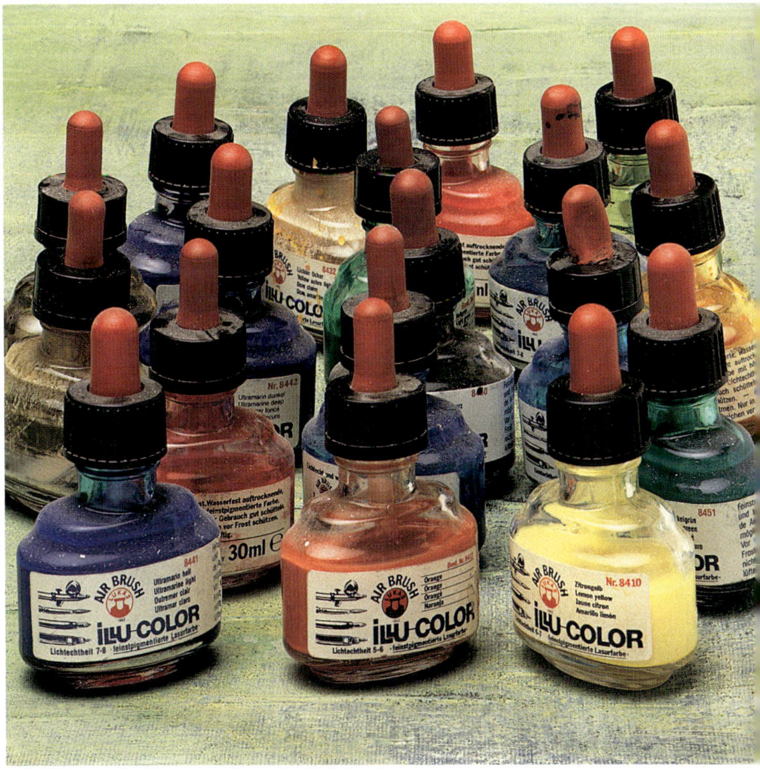

Flüssige Acrylfarben (Airbrushfarben)
Speziell für die Verarbeitung mit Spritzpistolen entwickelt, sind diese Acrylfarben hochkonzentriert und mit feinst geriebenen Pigmenten versehen. Auf diese Weise verstopfen die empfindlichen Airbrushpistolen nicht so schnell und auch die dünnsten Farbaufträge ergeben leuchtende Farbtöne. Ebenso lassen sich diese Farben mit dem Pinsel aquarellartig vermalen oder mit Zeichenfedern verarbeiten. In der Regel werden Airbrushfarben in Pipettenflaschen angeboten und lassen sich so einfach dosieren.

Acryllacke
Eine Sonderstellung neben den Acrylfarben nehmen die Acryllacke ein. Bei diesen Farben ist der Bindemittelanteil sehr hoch, sodass sie eine zähflüssige Konsistenz aufweisen und stark verlaufen. Sie sind in Baumärkten und Malerfachgeschäften erhältlich. Das Angebot an Farbtönen ist meistens nicht sehr groß; es besteht aber die Möglichkeit, sich spezielle Farbtöne anmischen zu lassen. Acryllacke eignen sich besonders gut für experimentelle Maltechniken, auf die wir noch gesondert eingehen wollen.

Dispersionsfarben (Wandfarben)
Ebenfalls im Baumarkt erhältlich sind die so genannten Vollton- und Abtönfarben. Die Verwendung dieser sehr preiswerten Dispersionsfarben im Bild ist aus unserer Sicht nur bedingt zu empfehlen. Wandfarben sind hinsichtlich des Bindemittels so konzipiert, dass sie sich mit Rollen zu einem gleichmäßig verlaufenden Anstrich verteilen lassen. Durch diese guten Fließeigenschaften lassen sich schwerlich Pinselspuren im Bild erzeugen. Außerdem kann es bei sehr pastosem Farbauftrag zu Rissbildung kommen, da die Wandfarben nicht so elastisch auftrocknen wie Künstleracrylfarben. Durch einen relativ hohen Anteil an Weißpigmenten wird die Deckkraft auch bei dünnem Farbauftrag erhöht. Das hat zur Folge, dass die Farbintensität wesentlich geringer ist als bei den für Künstler entwickelten Farben.

Die richtige Farbauswahl
Falls Sie sich eine Auswahl an Farbtönen kaufen möchten und sich nicht sicher sind, welche Farbtöne Sie auswählen sollen, haben wir hier eine Zusammenstellung aufgeführt. Für Anfänger ist die Versuchung groß, sich zu viele Farbtöne anzuschaffen. Beginnen Sie zunächst mit einer kleineren Auswahl. Das schont nicht nur den Geldbeutel, sondern hat auch einen nicht zu unterschätzenden Lerneffekt. Je mehr

Töne Sie sich ermischen müssen, weil diese auf Ihrer Palette fehlen, desto mehr werden Sie im Lauf der Zeit über die Farben, ihre Wirkung und ihre Bestandteile herausfinden. Es gibt eine Vielzahl an sehr schönen Tönen, die man nicht als fertigen Farbton im Handel erwerben kann.

Vorschlag für eine kleine Farbpalette
Mit den drei Grundfarben Gelb, Rot und Blau lassen sich theoretisch alle Farbtöne anmischen. Das ist in der Praxis allerdings nicht möglich, da die Mischtöne – je nach verwendeten Ausgangsfarben – sehr unterschiedlich ausfallen. Auf jeden Fall können Sie sich mit Hilfe dieser Farbtöne mit den Acrylfarben vertraut machen und haben so die größtmögliche Farbvielfalt bei relativ geringen Kosten. Weiß und Schwarz zum Aufhellen bzw. zum Abdunkeln sollten nicht fehlen.

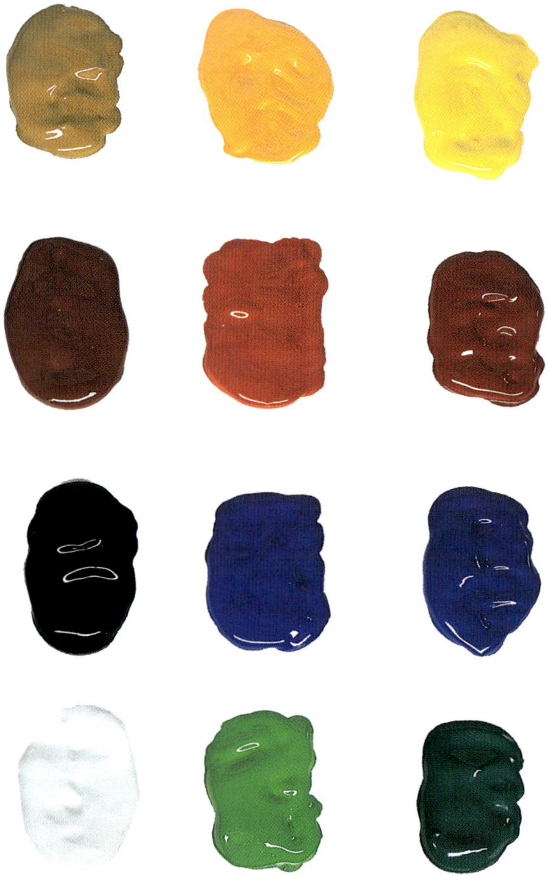

Farben der Studio Malbox 3902 der Firma Lascaux: Lichter Ocker, Permanentgelb mittel, Zitrongelb, Englischrot, Zinnoberrot, Karminrot, Oxidschwarz, Ultramarinblau dunkel, Kobaltblau, Titanweiß, Permanentgrün hell, Smaragdgrün.

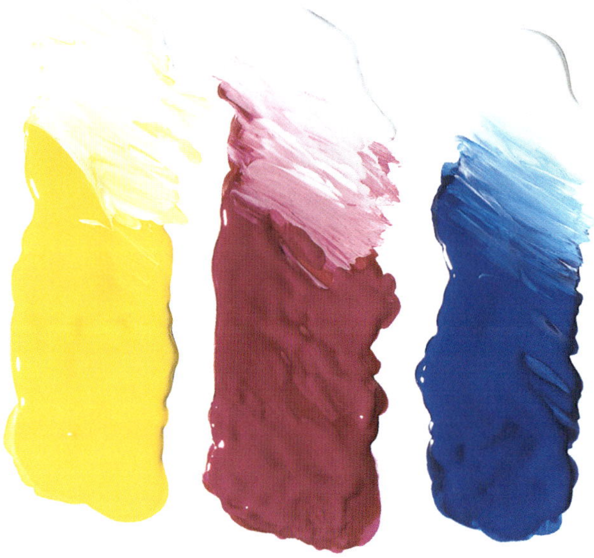

Kadmiumgelb Magenta Cyan

Vorschlag für eine mittelgroße Farbpalette
Um eine größere Farbvielfalt ermischen zu können, empfiehlt es sich, die drei Grundfarben in doppelter Ausführung zu wählen, das heißt, je ein kaltes und ein warmes Gelb, Rot und Blau. Dazu kämen noch je ein kaltes und ein warmes Grün sowie zwei Brauntöne und Schwarz und Weiß. Viele Farbenhersteller bieten Grundsets an, welche eine ähnliche Farbauswahl beinhalten.

Jeder Maler stellt sich mit der Zeit eine eigene Palette an Farbtönen zusammen. Diese ist natürlich abhängig von den individuellen Vorlieben, aber auch von den jeweiligen Sujets, welche bearbeitet werden. So kommen in der Landschaftsmalerei etwas andere Farbtöne zur Anwendung als beispielsweise in der Porträtmalerei. Im Gegensatz zur abstrakten Malerei, wo eine Vielzahl an unterschiedlichen Tönen auch in starken Kontrasten nebeneinander stehen kann, wird beim gegenständlichen Arbeiten die Palette eher eine Auswahl an Tönen umfassen, die im Bild miteinander harmonieren.

Spezialfarben

Neben den herkömmlichen Farbtönen werden auch Sonderfarben im Handel angeboten. Irisierende Farben enthalten perlmuttartige Pigmente, welche eine schimmernde Oberfläche erzeugen. Besonders effektvoll wirken sie auf dunklem Hintergrund. Irisierende Acrylfarben können alleine oder in Kombination mit normalen Farben verwendet werden. Auch lassen Sie sich mit Strukturpasten und anderen Malmitteln verarbeiten. Fluoreszierende oder auch „Neon"-Farben stam-

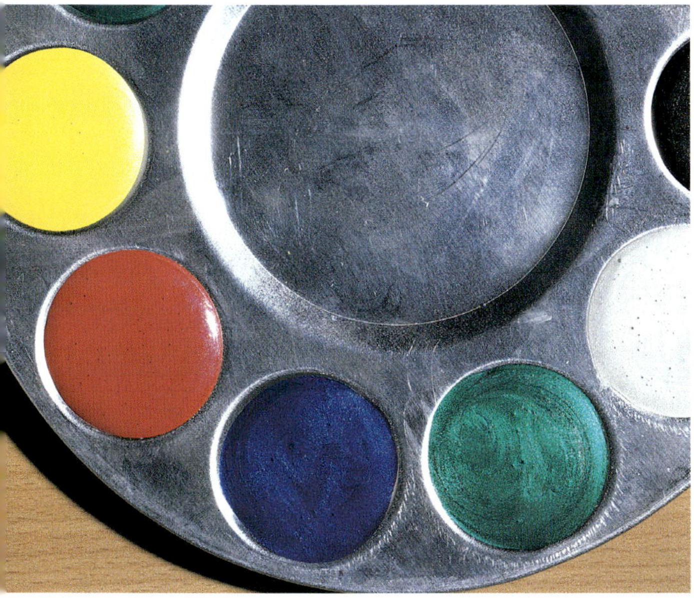

Die Firma Lascaux bietet unter dem Namen Perlacryl 16 verschiedene irisierende Farben an.

men ursprünglich aus dem industriellen Anwendungsbereich. Sparsam eingesetzt, können sowohl irisierende wie auch fluoreszierende Farben interessante Effekte im Bild ergeben.

Bestandteile der Acrylfarben

Grundsätzlich bestehen Malfarben aus drei Bestandteilen: dem Lösemittel, dem Bindemittel und dem Farbmittel. Industriell hergestellte Farben enthalten außerdem noch eine Reihe von Zusätzen, wie zum Beispiel Stoffe, die Fäulnisprozesse verhindern.

Lösemittel

Lösemittel sind die Flüssigkeiten, die die Bindemittel verflüssigen bzw. auflösen und die beim Trocknungsprozess aus den Malfarben verdunsten. Das Lösemittel bei den Acrylfarben ist Wasser.

Bindemittel

In den Malfarben haben die Bindemittel die Aufgabe, die Pigmentteilchen miteinander und mit dem Untergrund zu verkleben. Die Beschaffenheit des Bindemittels bestimmt in starkem Maß die Eigenschaften der Malfarbe, wie z. B. die Elastizität, die Haftung, die Verdünnbarkeit oder die Wasserbeständigkeit.

Acrylbindemittel sind im Fachhandel in unterschiedlichen Qualitäten erhältlich. Grundsätzlich bestehen sie aus mikroskopisch kleinen Kunstharzteilchen, welche in hoher Konzentration in Wasser verteilt sind. Solche Flüssigkeiten mit verteilten Partikeln bezeichnet man als Dispersion. Bei der Trocknung verdunstet der Wasseranteil, und so verliert das Bindemittel an Volumen. Dadurch lagern sich die Teilchen enger zusammen und verbinden sich schließlich zu einem stabilen, elastischen, wasserunlöslichen Film.

Die Konsistenz des Bindemittels ist abhängig von der Größe der Kunstharzteilchen. Je feiner die Teilchen des Acrylbindemittels, desto transparenter und flüssiger wird der Binder. Es entsteht der für Acryllacke typische bläuliche Schimmer. Gröbere Acryldispersionen sind weißer und dickflüssiger.

Farbmittel

Als Farbmittel werden alle farbgebenden Stoffe bezeichnet. Man kann die Farbmittel in zwei Untergruppen einteilen: die Farbstoffe und die Pigmente.

Farbstoffe

Farbstoffe sind organischen Ursprungs und lösen sich in der zur Anwendung bestimmten Flüssigkeit auf. Sie werden häufig für Textilfarben oder auch für Holzbeizen sowie zum Färben von Leder, Papier, Kunststoffen und Lebensmitteln verwendet.

Pigmente

Pigmente sind kleine, praktisch unlösliche, feste Stoffe. Sie werden im Handel als Pulver angeboten und sind die eigentlichen Farbträger bei der Herstellung von Malfarben. Den Künstlern steht heutzutage eine Vielzahl von bunten und unbunten Pigmenten zur Verfügung. Profianwender auf dem Gebiet der Restaurierung können außerdem auf das gesamte Spektrum von früher gebräuchlichen Pigmenten zurückgreifen, welche heute durch preiswertere oder weniger gesundheitsschädliche Stoffe ersetzt worden sind.

Die verschiedenen Pigmente haben unterschiedliche Eigenschaften, die – wie ebenfalls die Bindemittel – die Maleigenschaften der jeweiligen Farbe bestimmen. Man spricht hierbei vom Deckvermögen und vom Färbevermögen eines Pigments.

Das Deckvermögen einer Farbe ist die Fähigkeit, den Farbton des zu bearbeitenden Untergrundes abzudecken. Es wird unter anderem von der Form der Pigmentteilchen, deren Kristallstruktur und anderen spezifischen Eigenschaften der einzelnen Stoffe bestimmt. Das Färbevermögen eines Pigments ist die Eigenschaft, einen anderen Farbton zu verändern. Pigmente färben unterschiedlich stark. Von sehr farbkräftigen Pigmenten werden nur sehr geringe Mengen benötigt, von anderen müssen größere Mengen zugesetzt werden, um einen Farbton zu verändern.

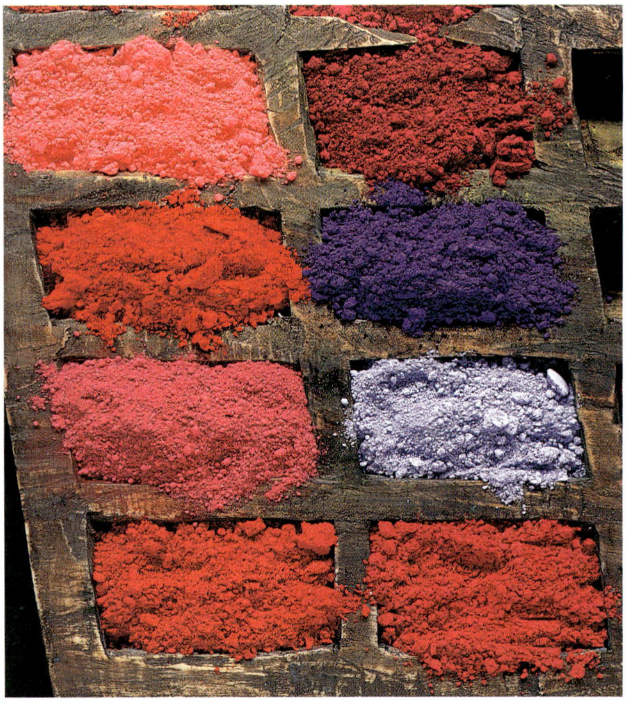
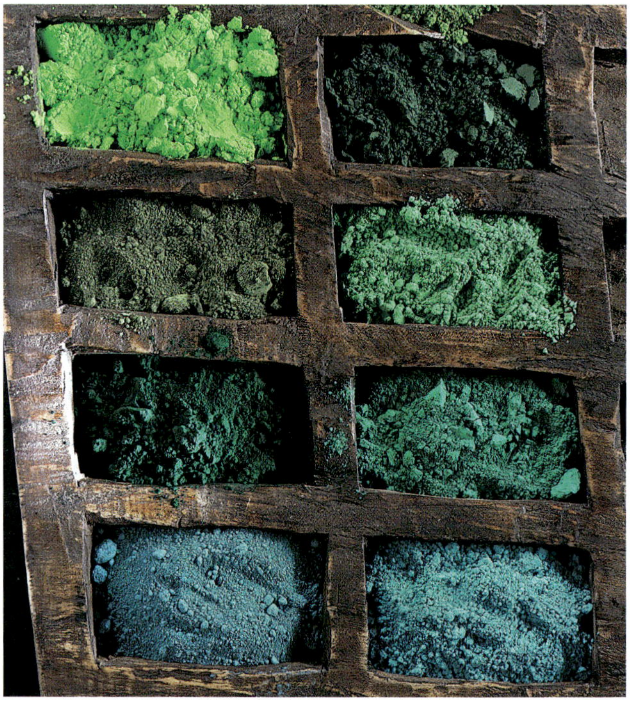
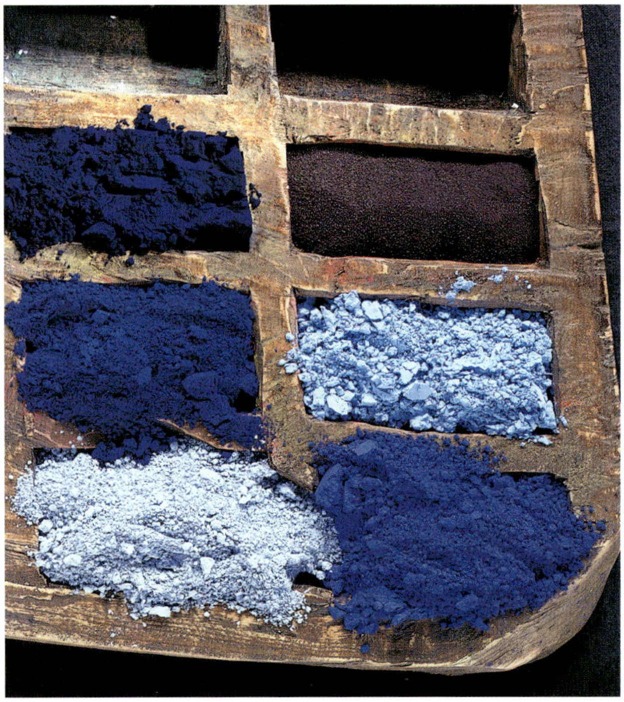
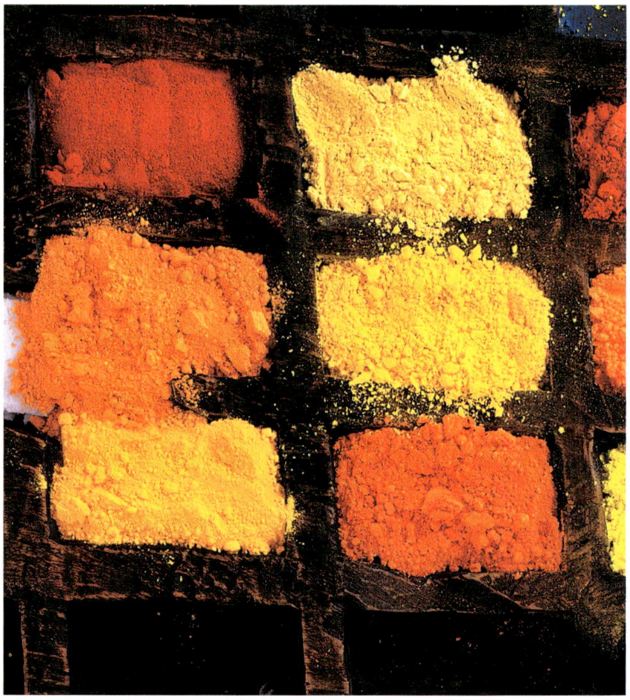

Sollten Sie ausführlichere Informationen über Ursprung, Gewinnung und spezielle Eigenschaften der einzelnen Pigmente wünschen, dann empfehlen wir Ihnen, die technischen Merkblätter der einzelnen Farbenhersteller sowie einschlägige Fachliteratur heranzuziehen (z. B. Max Doerner, Malmaterial und seine Verwendung im Bilde, Leipzig 2001).

Man unterteilt die Pigmente in zwei Gruppen: die „organischen", das heißt solche, die pflanzlichen und tierischen Ursprungs sind, und die „anorganischen", aus der unbelebten Natur. In jeder der beiden Gruppen wird außerdem zwischen natürlichen und künstlich hergestellten Pigmenten unterschieden.

Diese Einteilung der Pigmente weist auf ihre Bestandteile hin, ohne dass daraus Schlüsse auf andere Eigenschaften wie die Qualität oder die gesundheitliche Bedenklichkeit gezogen werden können. So sind nicht alle natürlichen Pigmente den künstlich hergestellten farblichen Pendants qualitativ überlegen.

Natürliche anorganische Pigmente
Bei den unmittelbar gewonnenen anorganischen Pigmenten kann vorab zwischen „Erdfarben" und „Mineralfarben" unterschieden werden. Seit die Menschen Farben zum Anstrich oder für Malereien verwenden, sind ihnen die für solche Zwecke geeigneten farbigen Erden bekannt. Die Zusammensetzung dieser Farben hat sich bis heute nicht wesentlich geändert – lediglich wurde die Art und Weise ihrer Gewinnung und Verarbeitung immer weiter verbessert. Es handelt sich zumeist um Ton- oder Kreideerden, die durch Verwitterungsprozesse durch Eisen oder Manganverbindungen getönt wurden. Die Farben werden häufig nach ihren Fundorten benannt. Einige Sorten sind zum Beispiel Ocker, Terra di Siena, Umbra, Grüne Erde, Veroneser Grün, Terra di Pozzuoli oder auch Grafit, Schieferschwarz, Kreide, Kalkspat, Glimmer oder Quarz. Neben den Erdfarben wurden auch zerkleinerte, zu feinem Pulver vermahlene farbige Mineralien, wie zum Beispiel Azurit, Malachit oder Lapislazuli, verwendet.

Synthetische anorganische Pigmente
Bereits im Altertum wurden neben den natürlichen organischen Farben auch Farben auf künstlichem Wege hergestellt. Es handelte sich hierbei zumeist um Metallverbindungen wie Bleiweiß oder Bleimennige. Aus Quecksilber und Schwefel wurde Zinnober gewonnen und auch Grünspan wurde zur Malerei verwendet. Heutzutage werden Farben, die derart gewonnene Pigmente enthalten, allerdings nur noch von Restauratoren verwendet. Diese Farben sind nicht mehr in Gebrauch, da sie gesundheitsschädlich sind.

Da die chemische Industrie die Farbherstellung ständig weiterentwickelt hat, stehen den Malern heutzutage viele Farben zur Verfügung, deren Qualität in Bezug auf die Lichtbeständigkeit wesentlich verbessert worden ist. Weitere künstlich gewonnene anorganische Pigmente sind: Zinkweiß, Titandioxid, Blanc-fixe, Chromgelb, Zinkgelb, Chromoxidgrün, Eisenoxidrot oder Ultramarin, der moderne Ersatz für Lapislazuli.

Natürliche organische Pigmente
Heutzutage sind nur noch wenige der Farben allgemein bekannt, die früher in großer Zahl aus Stoffen tierischen oder pflanzlichen Ursprungs gewonnen wurden. Viele der seit dem späten Mittelalter verwendeten Buntfarben sind durch gleich- oder ähnlich farbige Stoffe künstlicher Herstellung ersetzt worden. Pflanzliche Farbstoffe wurden beispielsweise aus Beeren, farbigen Hölzern und Rinden, Wurzeln oder Blumen gewonnen. Indigo oder Krapplack sind

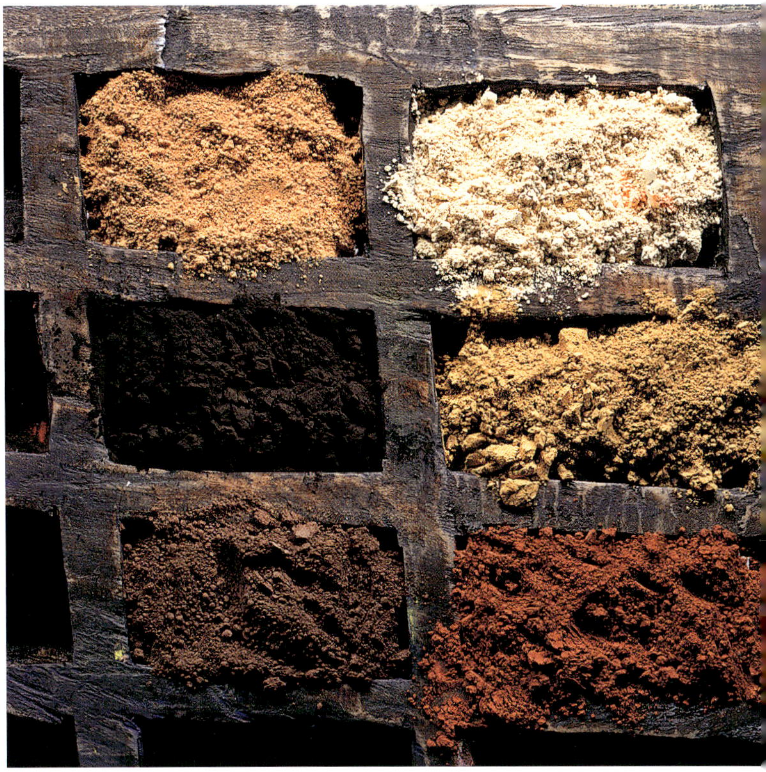

Beispiele für diese Farben. Zu den aus Tieren gewonnenen Farben gehören das Cochenillerot aus den Schildläusen oder das aus den Purpurschnecken gewonnene Purpur. Die braune Sepiafarbe wurde ursprünglich aus der Absonderung der Tintenfische hergestellt. Indischgelb wurde aus dem Urin von Kühen gewonnen, die zuvor mit Mangoblättern gefüttert wurden. Auch diese Farbstoffe sind heute durch künstlich gewonnene ersetzt worden.

Synthetische organische Pigmente
Die meisten künstlich hergestellten Pigmente organischen Ursprungs werden aus der Verarbeitung von Steinkohleteer und Erdöl gewonnen. Durch weitere Modernisierung in den aufwändigen Produktionsprozessen wurden die Pigmente immer weiter verbessert, sodass einige natürliche organische Pigmente und Farbstoffe, wie z. B. Indischgelb und Krapplack, ersetzt werden konnten. Weitere synthetische organische Pigmente sind Alizarin, Phthaloblau, Phthalogrün oder Chinacridon.

Effektpigmente
Neben den Buntpigmenten gibt es noch eine ganze Reihe so genannter Effektpigmente mit speziellen Eigenschaften.

Metalleffektpigmente
Sie sind im Handel als so genannte Pulverbronzen erhältlich und bestehen aus Aluminiumpulver oder pulverisierten Zink-Kupfer-Legierungen, wobei der Zinkanteil den Farbton bestimmt (z. B. Reichgold, Bleichgold, Dukatengold usw.).

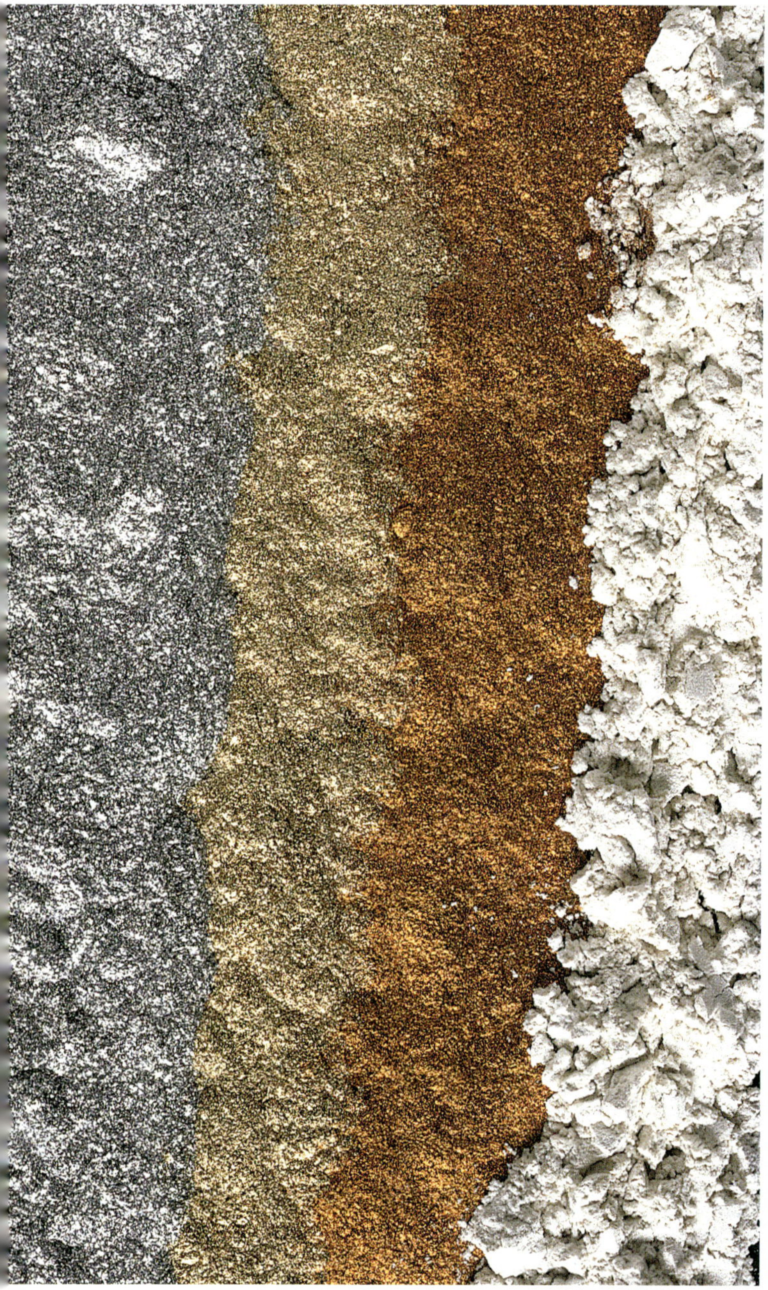

Alle Goldbronzen sind, da aus unedlen Metallen gewonnen, anfällig für Umwelteinflüsse, d. h., sie oxidieren. Deshalb sollten Arbeiten, in denen Goldbronze verwendet wurde, mit einer Versiegelung versehen werden.

Perlglanzpigmente (Fischsilber)
Verwendet man Farben, welche Perlglanzpigmente enthalten, erhält man eine Oberfläche, die – ähnlich wie bei Muscheln, Perlen oder Fischschuppen – schillert. Da die Pigmente selbst transparent sind, entsteht dieser irisierende Effekt durch das einfallende Licht, das mehrfach von den übereinander liegenden Pigmentplättchen gebrochen wird. Der auf diese Weise entstehende Farbton wird von der Dicke der Plättchen bestimmt. Pigmente, bei denen die Farbigkeit allein durch Lichtbrechung entsteht, werden als Interferenzpigmente bezeichnet. Farben mit irisierendem Effekt sind meistens vom Hersteller mit dem entsprechenden Farbmittel versehen, um eindeutige Farbtöne zu erzielen.

Leuchtpigmente
Die so genannten „Neon"-Pigmente leuchten unter ultraviolettem Licht, indem sie es absorbieren und in länger welliges, sichtbares Licht ihrer Eigenfarbe umwandeln. Die Lichtechtheit ist wesentlich geringer als bei nicht fluoreszierenden Pigmenten ähnlicher Farbe. Daher sollten diese Farben nicht in künstlerischen Werken verwendet werden, die über einen längeren Zeitraum erhalten bleiben sollen.

Selbstanrühren von Acrylfarben

Wenn Sie Ihre Farben selbst anrühren, haben Sie die Möglichkeit, größere Farbmengen relativ preiswert herzustellen. Durch die Verwendung von hochwertigen Pigmenten erhalten Sie brillante, leuchtende Farbtöne.

Bei selbst angerührten Farben unterscheiden sich die einzelnen Farbtöne in ihrer Konsistenz und im Deckvermögen, denn die verschiedenen Pigmente zeigen unterschiedliche Eigenschaften, wenn sie mit Wasser und Bindemittel in Verbindung treten. Industriell hergestellte Farben einer Reihe sind vom Hersteller in Bezug auf das Verhältnis Bindemittel und Pigment oder Pigment und Füllstoff optimiert, sodass besonders bei den so genannten Studienfarben eine gleich bleibende Konsistenz bzw. gleich bleibendes Deckvermögen gewährleistet ist.

Sicherlich ist es nicht möglich, beim Selbstanrühren Farben mit durchgehend gleichen Eigenschaften zu erhalten, aber mit etwas mehr Erfahrung werden Sie in der Lage sein, Farben individuell nach Ihren Bedürfnissen herzustellen.

Bevor Sie mit dem Anmischen der Farben beginnen, noch ein Hinweis: Auch wenn die gängigen Pigmentsorten zumeist gesundheitlich unbedenklich sind, sollten Sie darauf achten, keinen Farbstaub einzuatmen. Besonders leichtere Stoffe, wie z. B. Goldbronzen, verteilen sich durch allzu heftige Rührbewegungen in der Luft. Am besten gehen Sie zum Anrühren ins Freie oder tragen eine Schutzmaske. Sind die Pigmentteilchen erst einmal befeuchtet, können sie ohne Bedenken verarbeitet werden.

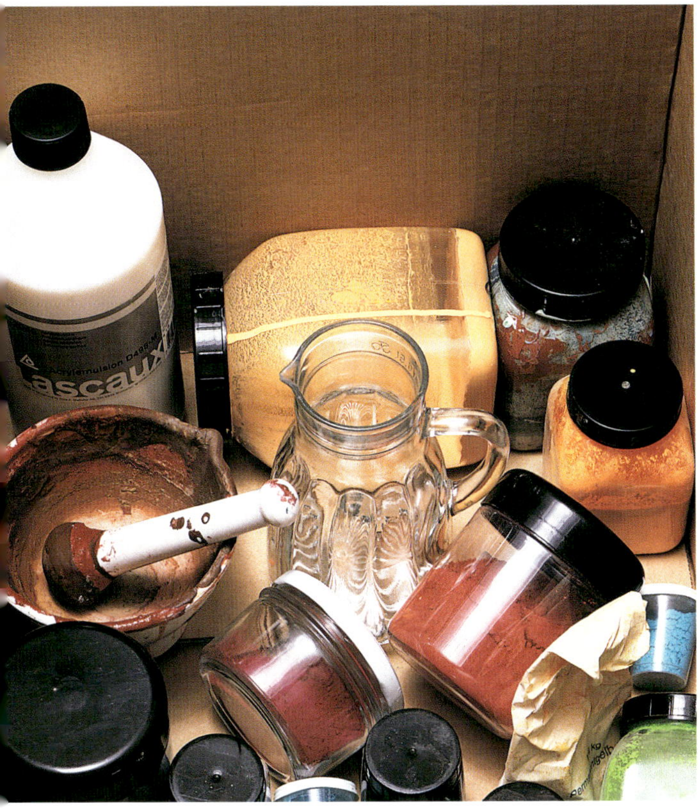

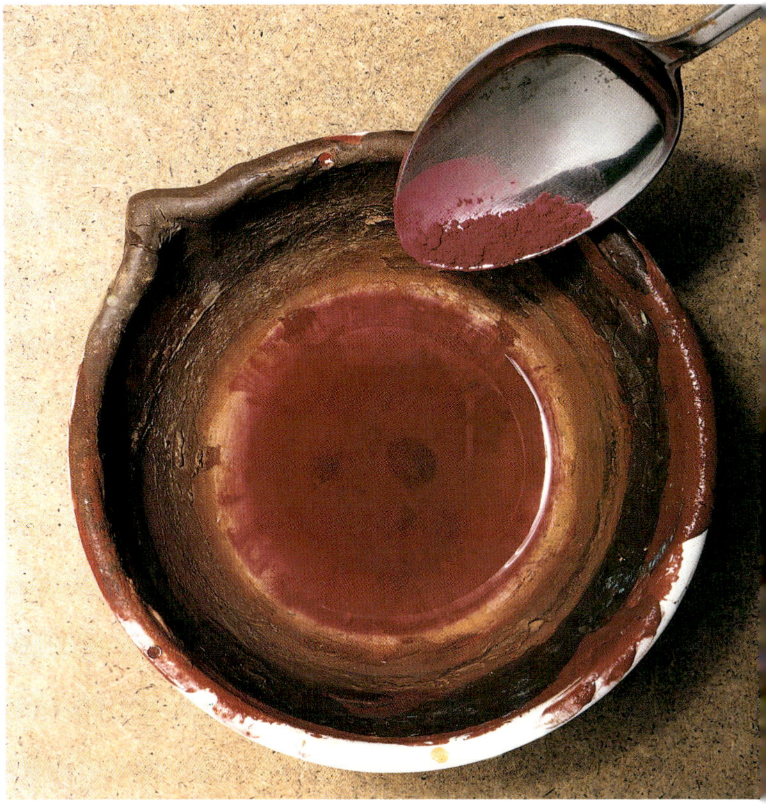

Material

Pigmente, Acrylbindemittel, Wasser,
Mörser und Stößel, Löffel, Glasgefäß mit Deckel

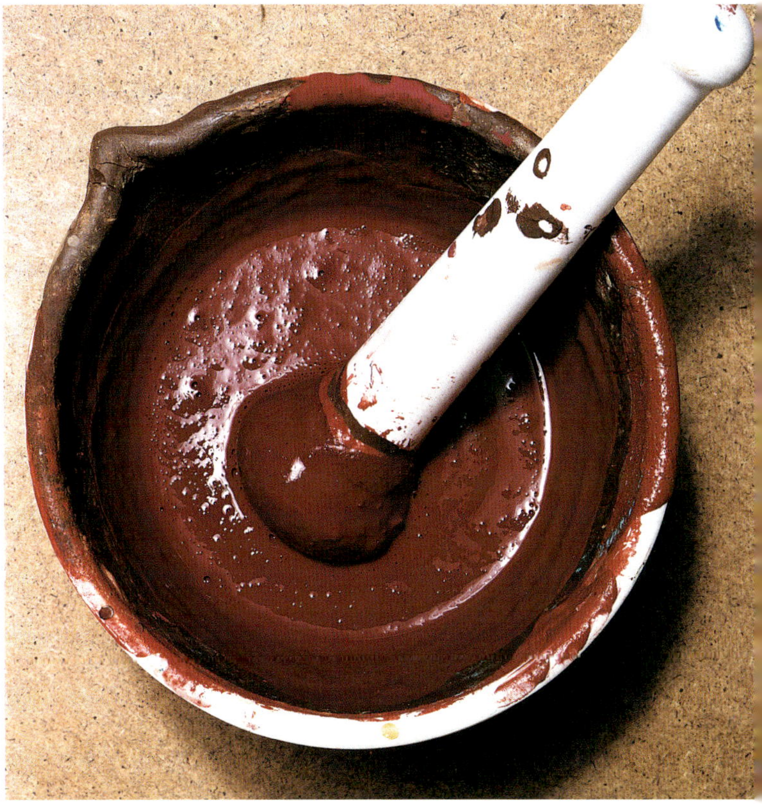

Schritt 1

Geben Sie Wasser in das Rührgefäß und streuen Sie das Pigmentpulver locker ein. Bei Pigmenten mit geringem Gewicht können ein paar Tropfen Spiritus zugegeben werden, um die Oberflächenspannung des Wassers zu brechen. Verrühren Sie die Pigmente mit dem Wasser, bis ein cremiger Farbbrei entsteht. Achten Sie besonders darauf, eventuell entstandene Klümpchen glatt zu rühren. Bei den Metallpigmenten ist es so, dass sie kein Wasser aufnehmen können. Deshalb werden sie direkt in leicht verdünntes Bindemittel eingerührt. Es gibt aber auch Metallpigmente, die vom Hersteller bereits mit Bindemittel versehen worden sind.

Am leichtesten lässt sich Acrylfarbe in einem Mörser aus Kunststoff, erhältlich in einer Haushaltswarenabteilung, anrühren. Beim Verwenden von Gefäßen mit flachem Boden kann es vorkommen, dass Pigmentansammlungen entste-

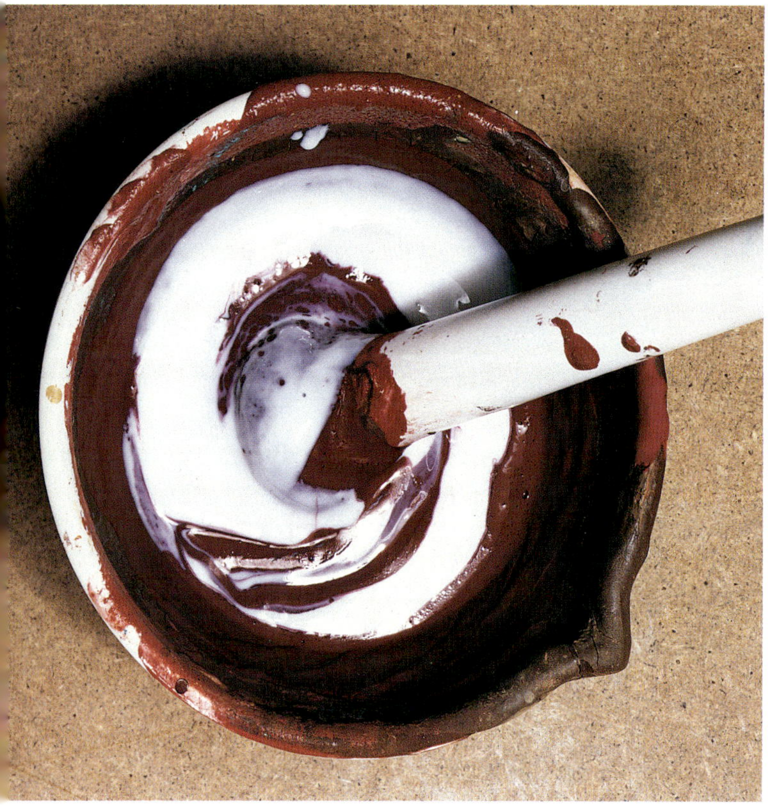

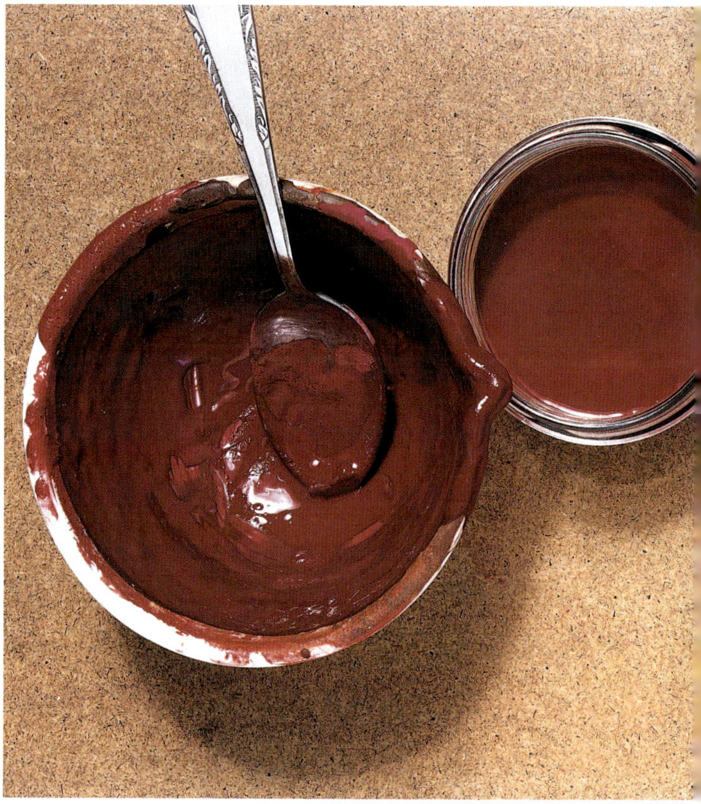

hen, die nicht mit Wasser benetzt werden. Lassen Sie diesen Farbbrei einige Zeit ruhen, damit die Pigmente das Wasser aufnehmen können.

Schritt 2
Geben Sie nun das Acrylbindemittel hinzu. Grundsätzlich kann gesagt werden, dass die meisten selbst angerührten Farben bei einem Mischungsverhältnis von zwei Teilen Farbbrei und einem Teil Bindemittel wischfest auftrocknen.

Um sicherzugehen, dass die Farbe mit ausreichend Bindemittel versetzt worden ist, sollten Sie eine Trockenprobe machen. Streichen Sie ein wenig Farbe auf ein Stück Papier und reiben Sie über die Fläche, nachdem die Farbe getrocknet ist (zur Beschleunigung des Trockenvorgangs können Sie einen Fön zu Hilfe nehmen). Hinterlässt die Farbe Spuren auf ihren Händen, sollten Sie noch so viel Bindemittel hinzugeben, bis die Farbe wischfest auftrocknet.

Schritt 3
Füllen Sie Ihre selbst hergestellten Farben in fest verschließbare Gläser oder Dosen. Wenn Sie gerne mit Tubenfarben arbeiten, können Sie die selbst angerührten Farben auch in Leertuben abfüllen, welche in gut sortierten Fachgeschäften erhältlich sind. Sie sollten diese Farben innerhalb weniger Wochen verbrauchen, da das Wasser verdirbt und die Farben dann unbrauchbar werden. Die Haltbarkeit der Farben kann durch die Verwendung von destilliertem Wasser sowie von hochwertigen Bindern (z. B. Acrylbinder von Lascaux) erheblich verlängert werden; letztere enthalten Stoffe, welche die Fäulnisbildung hemmen.

Mal- und Hilfsmittel

Die Produktsparte im Bereich der Acrylmalerei, in welcher in den letzten Jahren die meisten Neuerscheinungen auf den Markt gekommen sind, ist sicherlich die der so genannten Hilfsmittel.

Durch die Mal- und Hilfsmittel können die Konsistenz und die maltechnischen Eigenschaften der Acrylfarben beeinflusst werden, wodurch sich neue malerische Möglichkeiten eröffnen.

Die meisten Hersteller bieten neben ihren Farbsystemen eine unterschiedliche Anzahl an Hilfsmitteln an. Grundsätzlich gilt, ähnlich wie bei den Farben, dass Produkte unterschiedlicher Hersteller miteinander mischbar sind. Dennoch sollten zur Sicherheit vor der Verwendung im Bild Proben durchgeführt werden.

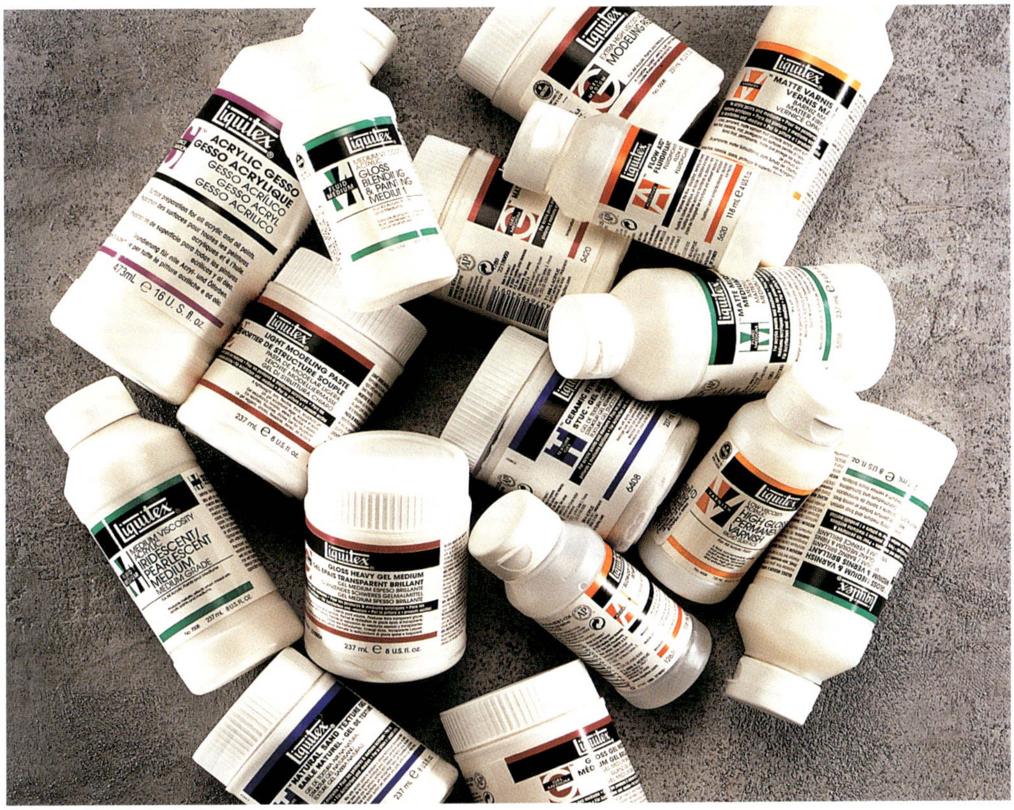

Die Firma Liquitex bietet ein umfangreiches Sortiment an Hilfsmitteln.

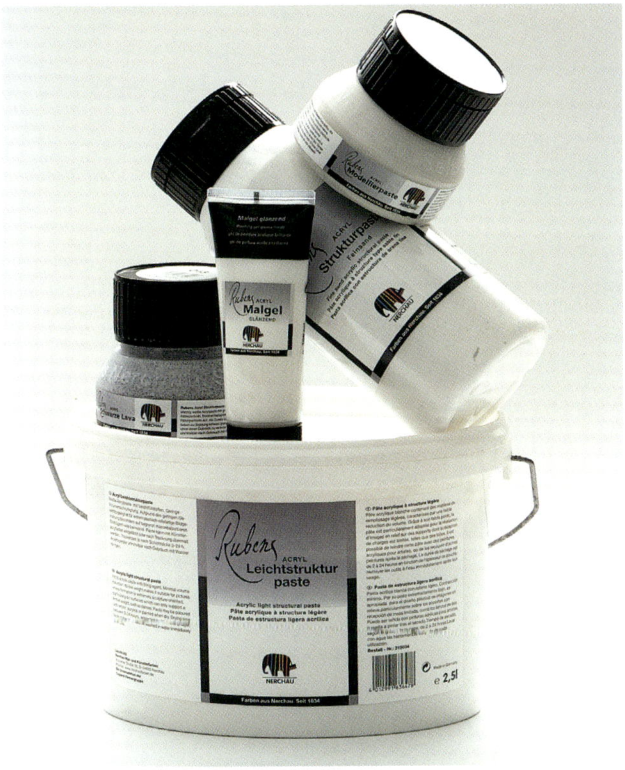

Strukturpasten der Firma Nerchau in diversen Gebindegrößen.

Verzögerer

Acrylfarben trocknen durch Verdunsten des Wasseranteils. Die Trocknungszeit ist von der Raumtemperatur, der Saugfähigkeit des Malgrundes und dem Grad der Verdünnung abhängig. Durch Zugabe von Trocknungsverzögerern (engl. Retarder) kann die Acrylfarbe über einen längeren Zeitraum bearbeitet werden. Beim Arbeiten in der Nass-in-Nass-Technik und beim Bearbeiten von Farbverläufen ist die Verwendung von Trocknungsverzögerern sinnvoll. Auch beim aquarellartigen Auftrag der Farben kann, um größere Farbflächen länger offen zu halten, Retarder benutzt werden, wobei zu beachten ist, dass die trocknungsverzögernde Wirkung mit zunehmender Verdünnung der Farben durch Wasser abnimmt.

Konsistenzverstärker

Flüssige Acrylfarben erhalten durch die Zugabe von Konsistenzverstärkern oder Verdickungsmitteln eine griffige Konsistenz; die Farbe lässt sich auf diese Weise gut mit dem Spachtel verarbeiten oder pastos mit dem Pinsel vermalen. Es werden sowohl glänzende als auch matt auftrocknende Verdickungsmittel angeboten; sie verändern den Farbton der Farben nicht.

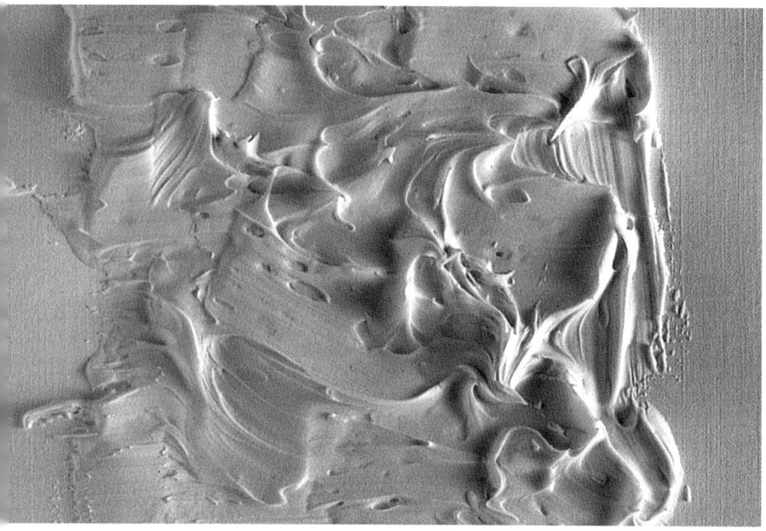

Leichtstrukturpaste.

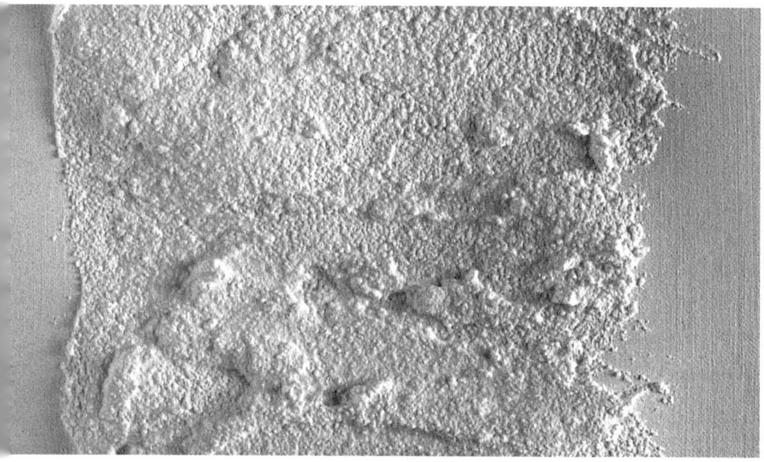

Feinsand-Strukturpaste.

Modellierpasten

Bei den Modellierpasten handelt es sich um hellgraue oder weiße Acrylpasten, die sich hervorragend für Spachtelarbeiten, Collagen und Reliefs eignen. Sie können mit Sand oder anderen Zusätzen vermischt oder auch eingefärbt werden.

Einige Hersteller bieten auch Pasten an, denen bereits Sand unterschiedlicher Körnung beigemischt ist. Die meisten Modellierpasten weisen einen hohen Festkörpergehalt auf und verlieren so beim Trocknen nur gering an Volumen. Dennoch bleiben sie, wenn sie in mehreren dünneren Schichten übereinander aufgebaut werden, flexibel. Unterschiedliche Materialien wie Holz, Metall- oder Glasstücke, Stoffe oder Steine lassen sich wegen der hohen Klebkraft direkt in die Pasten einbetten. Sie sind zum Ausbessern von Rissen oder Auffüllen von Unebenheiten in schweren Impastos geeignet. Je nach Hersteller variieren die Zusätze in den Strukturmassen und deren Konsistenz. Nach dem Trocknen, das, je nach Schichtstärke, mehrere Stunden dauern kann, ist die Paste übermalbar oder kann geschliffen werden.

Schwarze Lava

Dieses ungewöhnliche Strukturgel enthält kleine, schwarze, sechseckige Kunststoffpartikel. Nach der Trocknung sehen sie wie schwarzer, gemahlener Lavasand aus. In Verbindung mit wässrigen Maltechniken kommt dieses Produkt sehr schön zur Geltung.

Leichtstrukturpasten

Diese reinweiße Acrylpaste eignet sich ebenso wie die Modellierpasten sehr gut zum Erarbeiten stark plastischer Bild-

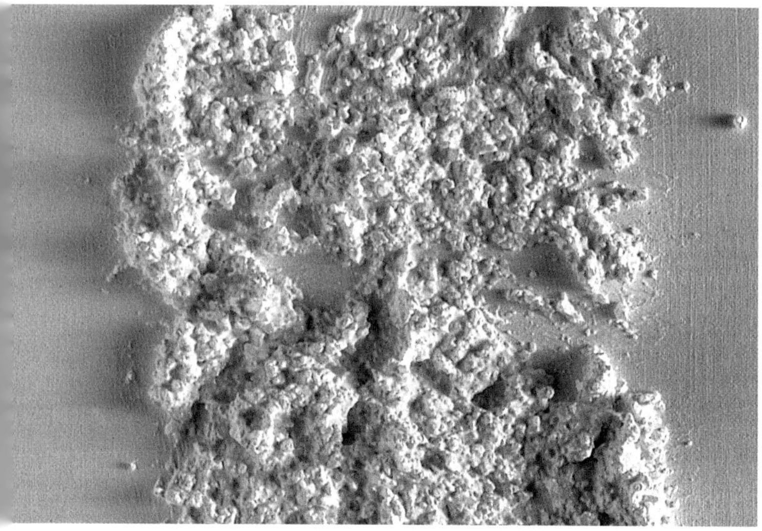

Grobsand-Strukturpaste.

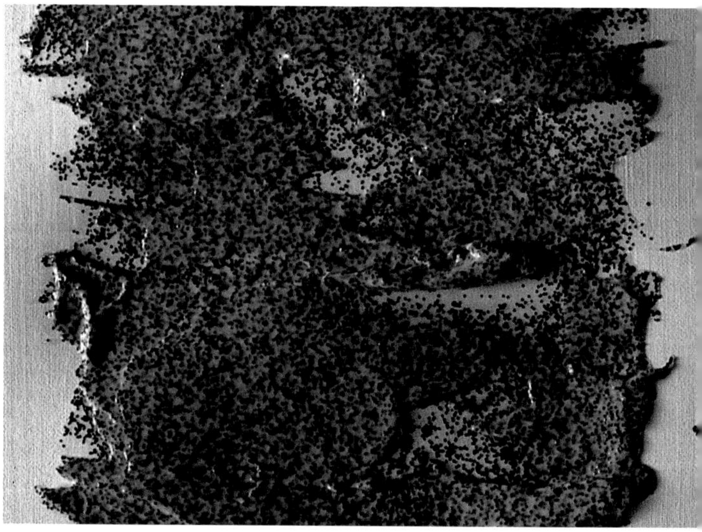

Schwarze Lava.

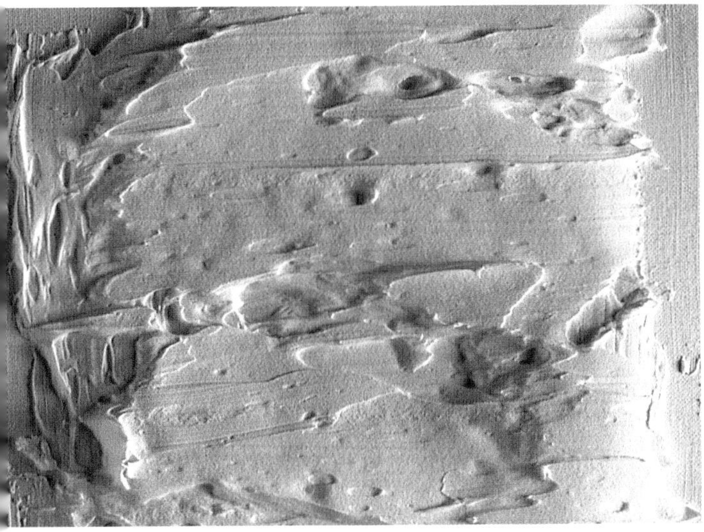

Modellierpaste.

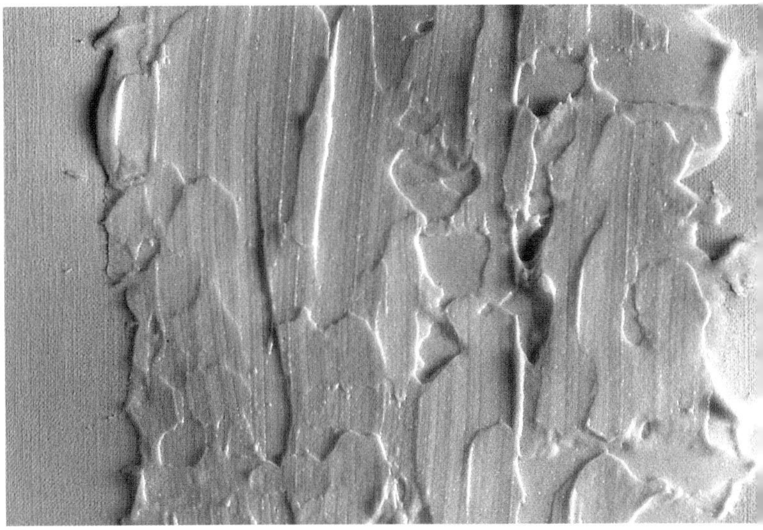

Klarpaste mit Sand.

elemente. Sie besitzt ein besonders geringes Eigengewicht und ist deshalb optimal zum Verarbeiten auf leichteren Malgründen geeignet. Nach dem Trocknen bilden diese Pasten einen elastischen, harten Aufstrich, der (je nach Herstellerangaben) alterungsbeständig und lichtecht ist. Leichtstrukturpaste lässt sich einfärben, was sich allerdings nur bedingt empfiehlt, da ihre spezielle, lockere Konsistenz durch das Vermischen mit Farbe verloren geht. Nach der Trocknung kann sie übermalt werden. Besonders lasierende Farbaufträge ergeben auf den mit Leichtstrukturpasten bearbeiteten Oberflächen interessante Effekte.

Klare Strukturpasten
Neben den weißen Strukturpasten werden außerdem auch transparent auftrocknende Pasten angeboten. Durch ihre hohe Klebkraft sind sie besonders für Collagen, die auch aus stärkeren Elementen bestehen können, geeignet. So bleibt durch die Transparenz der Charakter der verwendeten Collageelemente erhalten. Aus diesem Grund eignen sie sich auch als Überzug für fertige Acrylbilder. (Sie ersetzen allerdings nicht den Firnis!) Es gibt glänzend und matt auftrocknende Klarpasten, die sich alle mit Acrylfarben oder Pigmenten einfärben lassen. Der Farbenhersteller Liquitex bietet Pasten an, die mit einer ganzen Reihe unterschiedlicher Zusatzstoffe versehen sind (z. B. mit Natur- oder Harzsand, Mischfasern, Glaskügelchen oder weißen, deckenden Flocken), mit denen sich die unterschiedlichsten Effekte erzeugen lassen.

Alle oben beschriebenen Hilfsmittel sind auf Acrylbasis hergestellt und damit wasserlöslich. Pinsel und Werkzeuge können somit auf herkömmliche Weise gereinigt werden. Um die Wirkung und jeweiligen Eigenschaften zu erhalten, sollten die Hilfsmittel nur bedingt mit Wasser verdünnt werden.

Andere Strukturpasten
Einige Maler arbeiten mit Werkstoffen aus dem Baumarkt, wie beispielsweise Gips, Füllspachtel, Rauputz, Fugenacryl oder Styroporkleber. Diese Materialien sind im Verhältnis zu den für Künstler entwickelten Produkten häufig sehr viel günstiger.

Wenn Sie mit Struktur gebenden Produkten experimentieren, welche nicht elastisch auftrocknen, sollten Sie auf jeden Fall auf starren Malgründen wie Sperrholz oder MDF-Platten arbeiten, um dem Abplatzen der Reliefs bzw. der Bildung von Rissen vorzubeugen. Auf jeden Fall empfiehlt es sich, diese Produkte vor der Verwendung im Bild durch Vorversuche genau auf ihre Tauglichkeit zu prüfen, um unliebsame Überraschungen zu vermeiden.

Acrylmedium matt/glänzend
Durch Zugabe dieser Malmittel wird der Glanz der jeweiligen Farbe im getrockneten Zustand entweder erhöht oder verringert. Zumeist wird durch die Zugabe auch der Farbfluss verbessert.

Acrylmalmittel
Bei den im Handel angebotenen so genannten Acrylmalmitteln handelt es sich in der Regel um Reinacrylat-Dispersionen, also besonders hochwertiges Acrylbindemittel. Das am häufigsten benutzte Mal- und Verdünnungsmittel in der Acrylmalerei ist natürlich Wasser. Die meisten

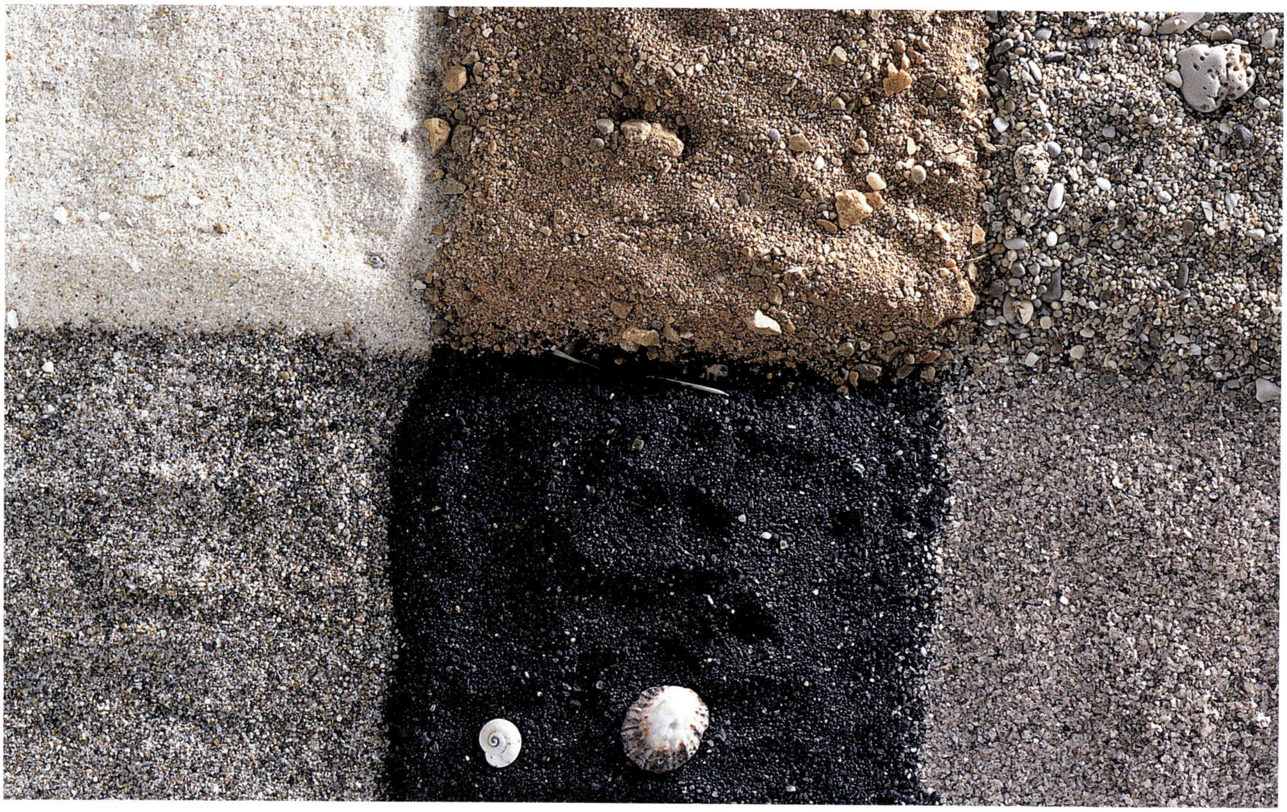

Acrylfarben sind sehr stark abgebunden, sodass auch die stärksten Verdünnungen noch wasserfest auftrocknen.

Werden die Farben mit dem Malmittel angereichert, verbessert sich die Haftfähigkeit auf schwierigen, sehr glatten Untergründen. Bei lasierenden Farbaufträgen wird ebenfalls die Bindung der Pigmente verbessert. In der Regel können preiswerte, weniger abgebundene Farben durch Zugabe von Malmitteln verbessert werden.

Firnisse

Als Firnis bezeichnet man eine schützende Schicht, die nach Fertigstellung und vollständiger Trocknung der Farben auf das Bild aufgebracht wird. Der Firnis erzeugt eine glänzende oder seidenmatte Oberfläche, welche das Bild einheitlicher wirken lässt, die Farbbrillanz verstärkt und dem Bild Tiefe verleiht. Außerdem schützt der Firnis das Bild vor Verunreinigungen und Umwelteinflüssen. Einige Firnisse enthalten einen speziellen UV-Filter als Schutz vor Ausbleichen durch Sonneneinstrahlung. Obwohl Acrylfarben sehr robust sind und sich meist problemlos mit einem feuchten Lappen abwischen lassen, sollten besonders gelungene oder zum Verkauf bestimmte Bilder gefirnisst werden. Ein qualitativ hochwertiger Firnis lässt sich bei Bedarf entfernen und erneuern. Deshalb sollte die Firnisschicht nicht durch Acrylbindemittel oder Klarpaste ersetzt werden – diese Produkte nehmen Schmutz genauso auf, wie es die Farben selbst tun würden, sind aber kaum wieder zu entfernen. Firnisse sind im Handel in Spraydosen oder in Flaschen erhältlich. Nachdem Sie eventuell vorhandenen Staub sowie Fett entfernt haben, sprühen bzw. streichen Sie eine Schicht Firnis in eine Richtung auf. Nachdem die erste Schicht getrocknet ist, tragen Sie rechtwinklig zur ersten Lage eine zweite auf. Lassen Sie das Bild flach liegend trocknen und schützen Sie es vor Staub und Haaren.

Füllstoffe

Um Strukturen zu verstärken oder zu variieren, können den Modellier- und Strukturpasten oder den Farben verschiedene Stoffe zugegeben werden. Die Zugabe von Sand wirkt wie eine natürliche Konsistenzverstärkung. Sand gibt es in unterschiedlichen Körnungen und Farben. Am leichtesten zu beschaffen ist meist Vogelsand aus dem Zoohandel. Aber auch Bau- oder Quarzsand lässt sich gut verarbeiten. Interessante Oberflächen lassen sich durch das Einstreuen in nasse Farbe oder das Verspachteln mit Modellierpasten erzielen. Durch die enorme Klebkraft besonders der Struktur- und Modellierpasten lassen sich aber auch größere Teile wie Granulat, Steine, Muschelkalk, Späne oder Perlen einarbeiten. Beim Einbetten von schwereren Collageelementen sollten Sie eher auf starren Malträgern, also auf Holz arbeiten, da sich das Gewicht der Schichten durch diese Materialien beträchtlich erhöhen kann. Aufgespannte Maltuche werden sich möglicherweise zu stark dehnen; Papiere könnten brechen. Um die Trocknungszeiten zu verkürzen und Rissbildung vorzubeugen, empfiehlt es sich, starke Strukturen in mehreren dünnen Schichten mit Trockenzeiten aufzubauen.

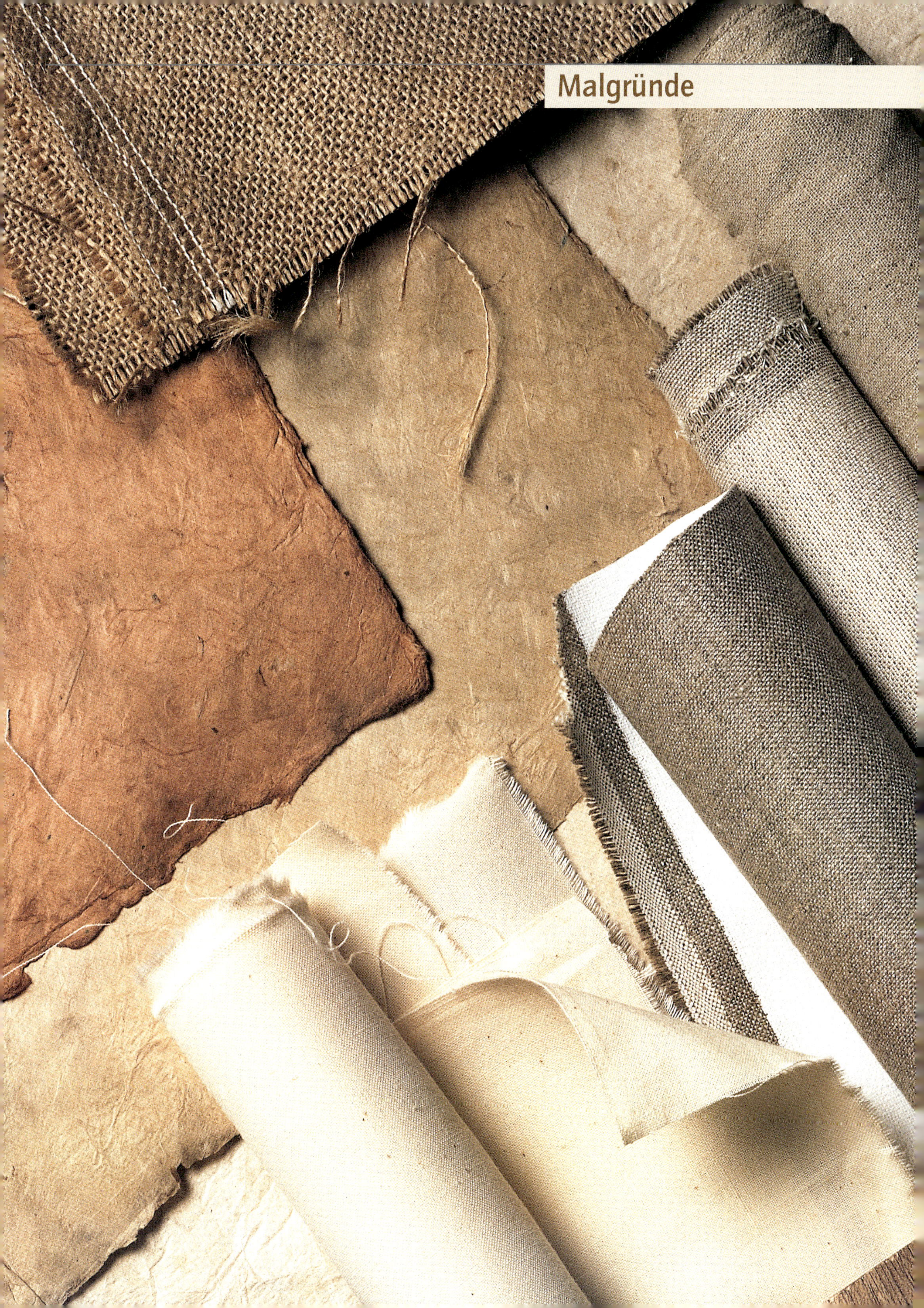

Der Malgrund ist von großer Bedeutung und sollte der Technik, in der gearbeitet wird, unbedingt angepasst werden. Nicht jeder Malgrund eignet sich für jede Technik. Wie bei der Auswahl der Farben und Hilfsmittel sollte auch beim Kauf oder bei der Herstellung von Malgründen auf Qualität geachtet werden.

Papiere

Papier ist ein hervorragender Malgrund für Acrylfarben. Es ist preiswert und für viele Techniken geeignet. Grundsätzlich kann Acrylfarbe auf nahezu allen Papiersorten vermalt werden. Eine Ausnahme bilden hier nur die reinen Ölmalpapiere, da auf ihnen die Farbe aufgrund der speziellen Ober-

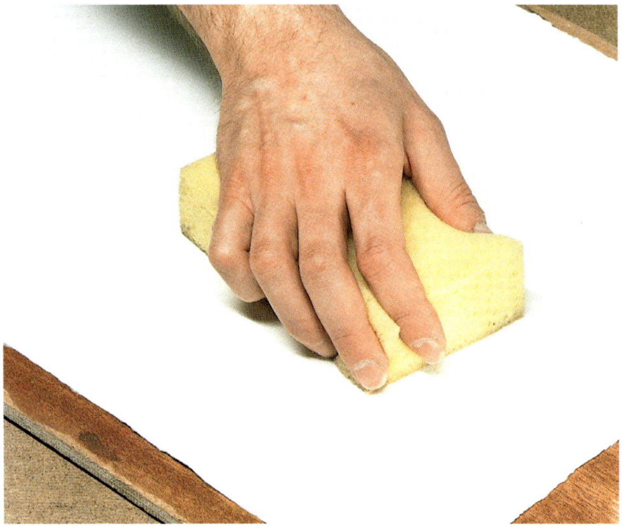

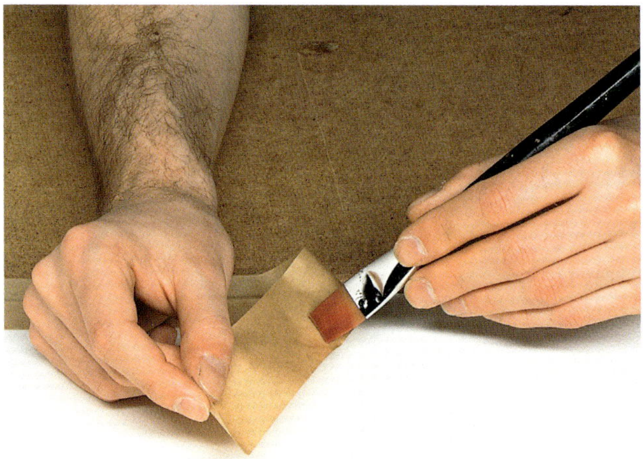

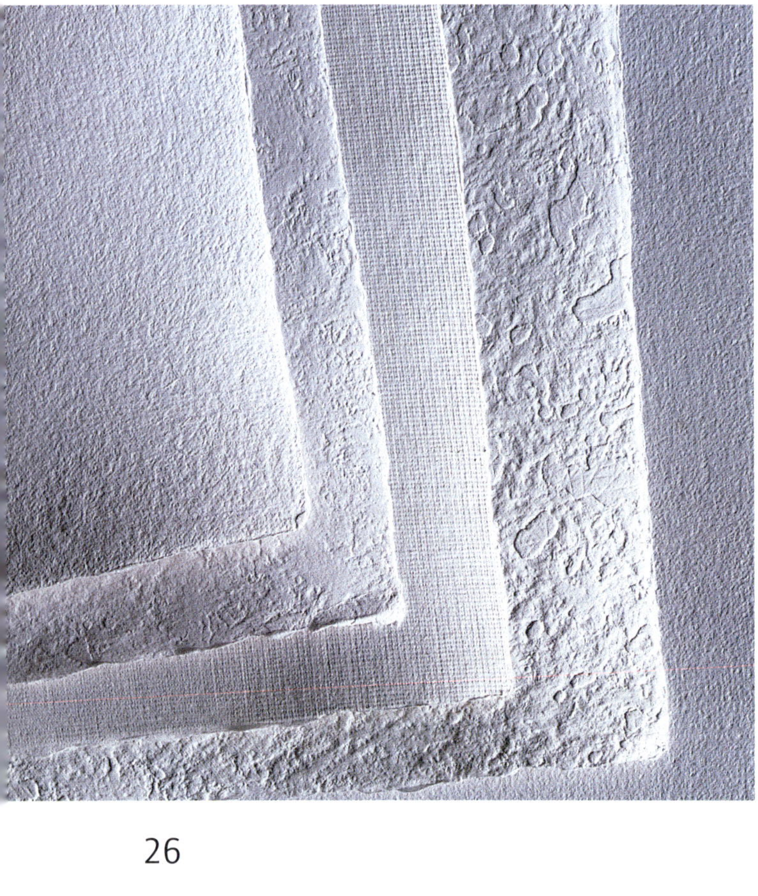

flächenbehandlung nicht sehr gut haftet. Acrylfarbe enthält Wasser, und Papier hat die Eigenschaft, sich beim Kontakt mit Wasser auszudehnen, es wellt sich. Je dünner das Papier ist, auf dem Sie malen, desto stärker wird es sich verformen. Um der Wellenbildung vorzubeugen, sollten Papiere, deren Stärke unter 400 g/m^2 liegt, auf ein Holzbrett aufgespannt werden. Feuchten Sie den Papierbogen hierzu von beiden Seiten an (am besten mit einem Schwamm), sodass das Papier das Wasser aufnehmen kann. Schwerere Bögen können auch direkt unter fließendes Wasser gehalten werden. Lassen Sie den Bogen ein wenig liegen, bis er gleichmäßig befeuchtet ist und sich nicht mehr aufwirft. Legen Sie das Papier auf ein Holzbrett und befestigen Sie die Ränder von allen Seiten mit geleimtem Papierklebeband. Beim Trocknungsprozess schrumpft der Papierbogen dann wieder und zieht sich glatt. Ebenso können Papiere auf bespannte Keilrahmen aufgeklebt werden. Hierzu bestreichen Sie sowohl das Maltuch wie auch den gewässerten Papierbogen mit Acrylbinder und kleben das Papier dann auf. Nach der Trocknung kann mit der Malerei begonnen werden. Auch sehr dünne oder stark strukturierte Papiere aus dem Dekorations- und Verpackungsbereich lassen sich auf diese Weise zu einem interessanten Untergrund verarbeiten.

Acrylmalpapiere
Diese speziell für die Acrylmalerei entwickelten Papiere sind zum Teil mit einer Sperrschicht im Papier ausgestattet, was sie besonders robust macht. Eine besondere Zellstoffzusammensetzung verleiht diesen Papieren zusätzlich Stabilität, sodass sie auch für die Ausführung von Maltechniken mit stärkerer mechanischer Belastung geeignet sind. Diese Papiere sind zumeist als Blöcke in unterschiedlichen Formaten erhältlich. Die besondere Oberfläche dieser Papiere erlaubt sowohl dünnflüssiges, lasierendes Malen als auch das Arbeiten mit Spachtelmassen und anderen Malhilfsmitteln. Obwohl die meisten Blöcke an den Kanten geleimt sind, sollten beim Arbeiten mit stark verdünnten Farben die zu bearbeitenden Bögen herausgelöst und aufkaschiert werden. Einige Hersteller bieten Papiere mit Leinenprägung an, d. h. die Oberfläche dieser Papiere ähnelt in der Struktur Malleinen. Lassen Sie sich im Fachhandel beraten, damit Sie die für Ihre Bedürfnisse benötigten Papiere finden.

Die hier vorgestellten Acryl- und Öl/Acrylmalblöcke der Firma Schleicher & Schuell sind – wie alle Produkte aus diesem Hause – säurefrei und höchst alterungsbeständig.

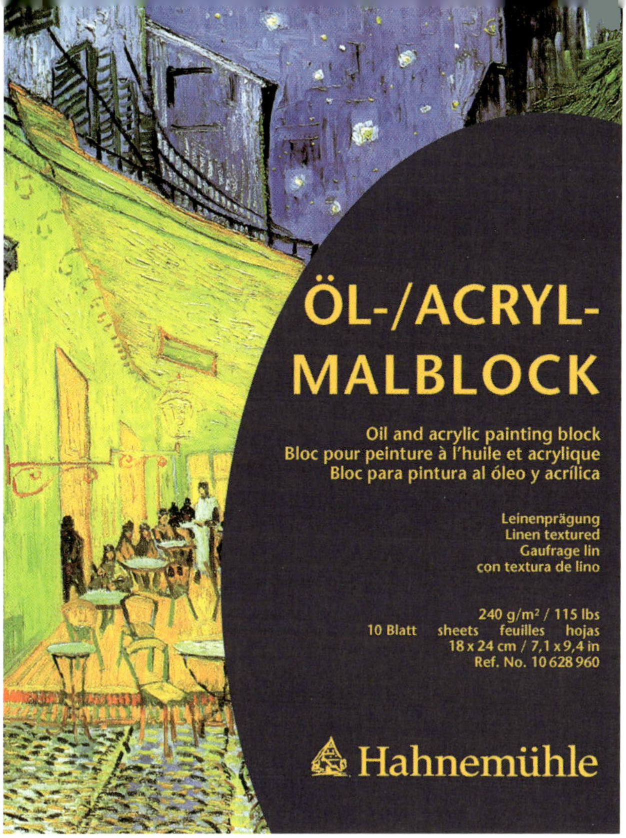

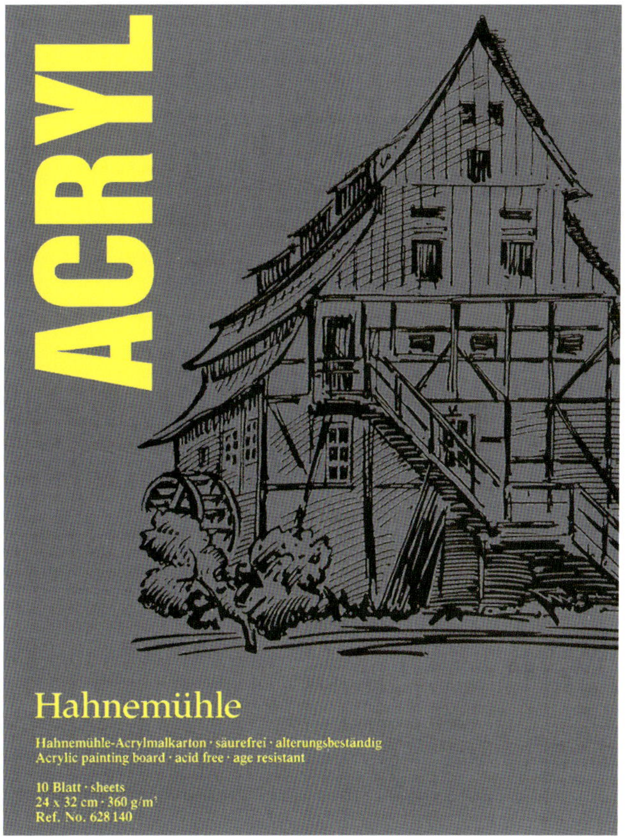

Aquarellpapier
Der Fachhandel bietet eine große Auswahl an Aquarellpapieren, die sich in Stärke und Oberfläche unterscheiden. Diese Papiere eignen sich sehr gut für die Acrylmalerei. Besonders bei wässrigen Maltechniken kommt die Papierstruktur gut zur Geltung. Die verschiedenartige Oberflächenbeschaffenheit der Papiere ergibt sich aus der unterschiedlichen Körnung. Sie sind in diversen Formaten, als einzelne Bögen, in Blöcken oder als Rolle, erhältlich. Herstellerangaben auf Blockdeckeln wie „chlorfrei" oder „holzfrei" weisen darauf hin, dass diese Papiere licht- und alterungsbeständig und umweltschonend in der Herstellung sind. Der Vermerk „Echt Bütten" bezeichnet eine bestimmte Herstellungsart. Diese Papiere sind entweder handgeschöpft oder auf bestimmten Rundsieben entstanden. Diese hochwertigen Papiere weisen den charakteristischen unbeschnittenen Büttenrand auf.

Naturpapiere/Spezialpapiere
Eine interessante Alternative zu den herkömmlichen Papieren bieten handgeschöpfte Naturpapiere, welche in Nepal und Bhutan hergestellt werden. Im Handel sind diese Papiere meistens unter der Bezeichnung „Himalaja-Papiere" zu finden. Zur Herstellung dieser Büttenpapiere wird vorwiegend die Rinde des Lokta- oder Daphnestrauchs verwendet, welche seit Jahrhunderten der grundlegende Rohstoff zum Papierschöpfen ist. Die Rinde wird geerntet, ohne dass die Pflanzen dabei absterben. Auf diese Weise bleibt das ökologische Gleichgewicht gewahrt. Die Reinheit des Papiers wird durch die Produktion in ca. 2000 Meter Höhe bestimmt, zu der nur Quellwasser verwendet wird. Alle diese Papiere sind

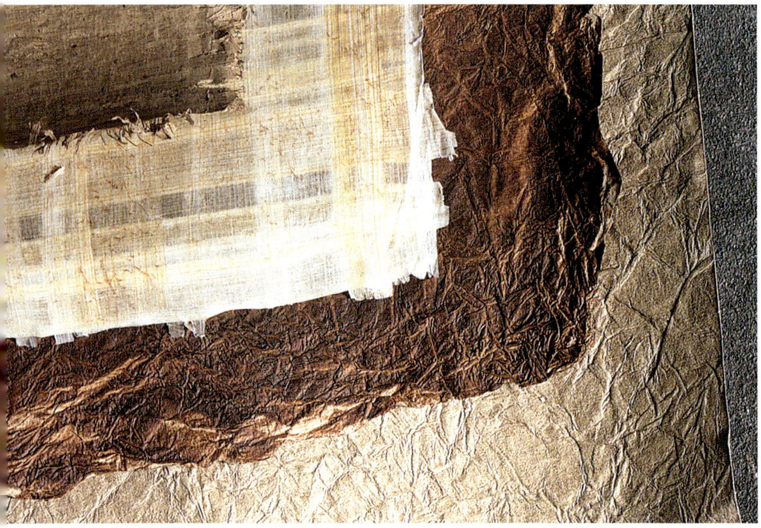

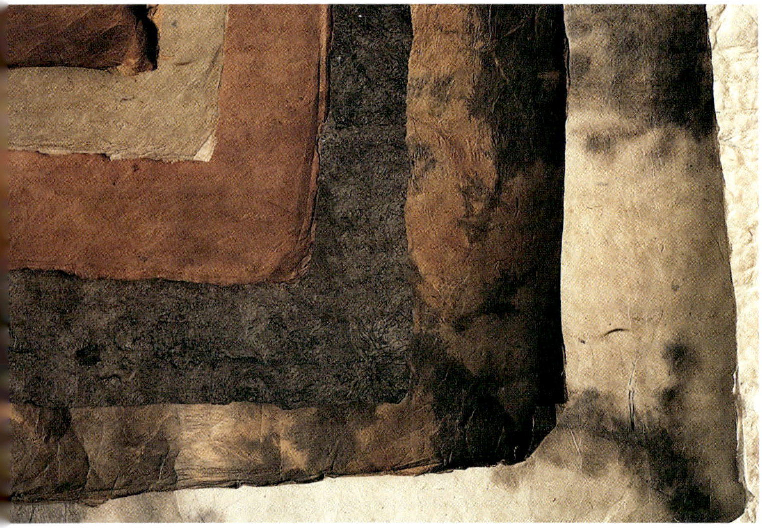

Eine Auswahl aus dem Angebot von Naturpapieren der Firma Elke Oppek.

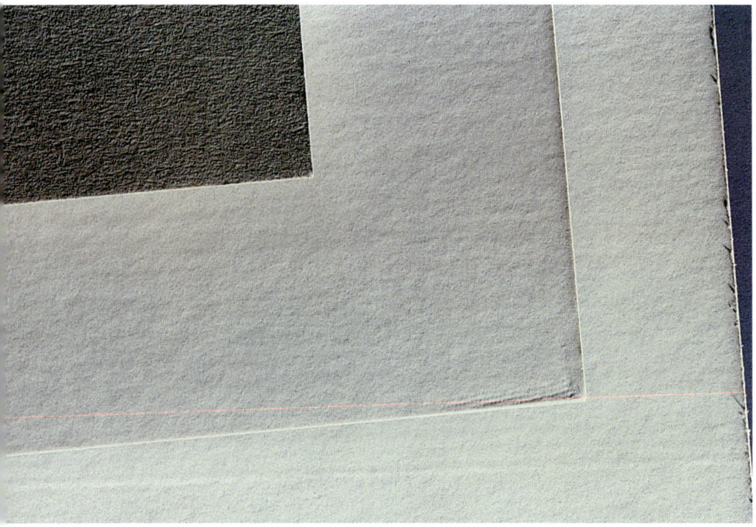

sonnengetrocknet, säurefrei und ungebleicht. Das Papier besitzt eine außergewöhnliche Reißfestigkeit. Die natürliche Herstellungsweise verhindert Pilz- und Insektenbefall und das Verrotten der Papiere. Deshalb sind sie besonders für wertvolle Schriften und Dokumentationen geeignet. Die Verwendungsmöglichkeiten sind sehr umfassend. Naturpapier ist sowohl zum Malen und Kalligrafieren, zum Einbinden von Büchern als auch für Druckgrafiken und Collagen geeignet.

Malpappen/Malkartons

Malpappen und Malkartons bestehen aus Karton oder Pressspan und sind mit Leinen, Baumwollgewebe oder Papier mit Leinenstruktur kaschiert. Diese Pappen sind nur bedingt für stark lasierende Techniken geeignet, da sie sich durch Feuchtigkeit verziehen.

Beim Arbeiten mit Modellierpaste in dickeren Schichten können unter Umständen durch die Verformung des Untergrundes Risse entstehen. Malkartons sind meistens etwas günstiger im Preis als fertig bespannte Keilrahmen.

Holz

Holz war jahrhundertelang der traditionelle Bildträger für Malereien. Auch für Acrylfarben sind Holzuntergründe geeignet. Da qualitativ hochwertige Holzplatten lange abgelagert sein müssen, weil sie sich sonst verziehen, sollte auf Hartfaserplatten, wasserfest verleimtes Sperrholz, Tischler- und MDF-Platten gearbeitet werden. Sie erhalten diese als Zuschnitt im Baumarkt. Hölzerne Untergründe sollten in der Regel beidseitig grundiert werden, da sie sehr stark saugend sind und sich einseitig bemalt verziehen würden. Bei sehr offenporigen Hölzern empfiehlt sich eine Vorbehandlung mit speziellem Tiefgrund auf beiden Seiten. Je nach Art des Holzes sollte nach dem Aufbringen des Tiefgrundes und vor dem Grundieren ein Zwischenschliff erfolgen, der die Oberfläche glättet.

Pappen

Auch feste Pappen, welche eine relativ geschlossene Oberfläche haben, wie Passepartoutkarton, Präsentationspappen oder Reinzeichenkarton, sind für die Acrylmalerei geeignet. Auch Rückseiten von Blöcken und Kalendern sowie Verpackungsmaterial (mit Ausnahme von Wellpappe) können verwendet werden. Bei stark saugendem Karton, wie z. B. Graupappe, ist eine Gesso-Grundierung vorteilhaft, da die Farben sich dann besser vermalen lassen. Um ein Verziehen der Pappen zu vermeiden, kann es sinnvoll sein, die Rückseite des Kartons während der Arbeit anzufeuchten.

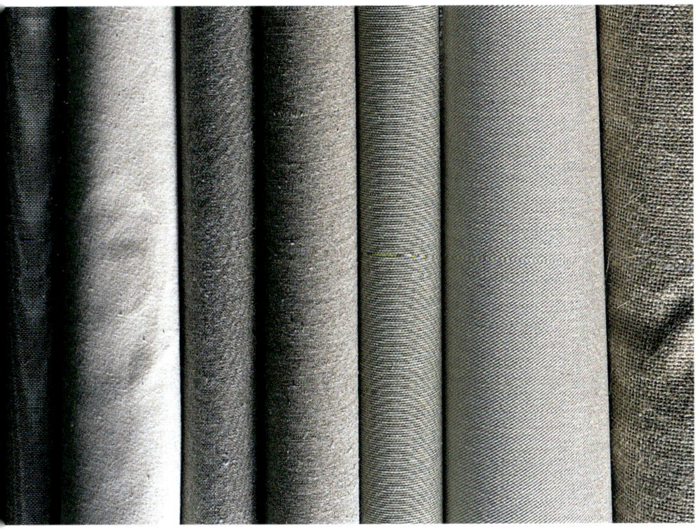

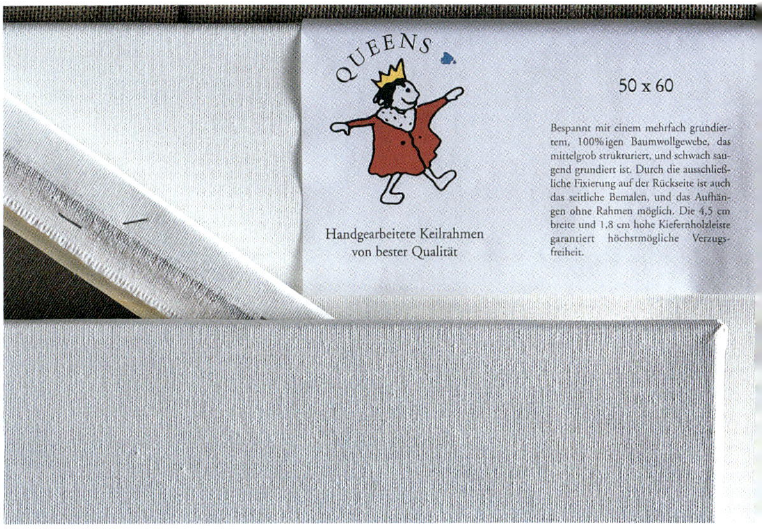

Maltuche

Leinwandgewebe oder Maltuche sind neben den Papieren die gebräuchlichsten Bildträger in der Malerei. Fachgerecht aufgespannt und grundiert sind Maltuche straff, aber angenehm elastisch. Es gibt im Handel eine große Auswahl an Stoffen bzw. Geweben. Sie sind in Rollen oder als Meterware, grundiert oder ungrundiert zu erwerben. Reines Leinen gilt als ein sehr hochwertiges Maltuch. Es hat eine feine, gleichmäßige Struktur und ist alterungsbeständig. Je höher die Qualität, desto dichter und gleichmäßiger ist das Leinen gewebt. Baumwoll- und Baumwollmischgewebe sind eine gute und zudem preiswerte Alternative. Sie sind gerade bei Freizeit- und Hobbymalern sehr beliebt. Rupfen ist ein preiswertes, sehr grobes Gewebe, welches sehr sorgfältig grundiert werden muss. Welche Gewebetextur zu wählen ist, hängt vom Charakter des Bildes ab, das Sie malen. Wenn Sie mit kräftigem, expressivem Pinselstrich arbeiten, eignet sich ein Maltuch mit grober Textur. Für zarte, detailgetreue Pinselführung ist glattes, fein gewebtes Tuch von Vorteil. Die Wahl des Gewebes sollte von dem Format Ihrer Arbeit abhängig sein. Zu grobes Gewebe kann ein kleinformatiges Bild dominieren und so von der Malerei ablenken.

Bespannte Keilrahmen

Wenn Sie sich nicht die Mühe machen möchten, Ihre Keilrahmen selbst zu bespannen, können Sie auch bereits fertig aufgespannte und grundierte kaufen. Es gibt sie in allen gängigen Formaten und mit unterschiedlichen Geweben bespannt. Auch Sonderformate sind in guten Fachgeschäften auf Anfrage erhältlich. Achten Sie beim Kauf auf eine sorgfältige Bespannung und überprüfen Sie, ob die verwendeten Keilrahmenleisten nicht verzogen sind. Auch sollten Sie nur solche Rahmen erwerben, deren Grundierung für Acrylfarbe geeignet ist. Auf Grundierung für Ölfarben haften die Acrylfarben unter Umständen nicht optimal.

Selbstbespannen von Keilrahmen

Indem Sie einen Keilrahmen selbst bespannen, lassen sich Bildträger selbst herstellen. Bei größeren Formaten ist dies eine günstige Alternative zu gekauften Rahmen. Außerdem können Sie ihn in jedem beliebigen Maß herstellen.

Werkzeug

Tacker, Hammer, Schraubendreher, Zange, Winkelmaß, Schneiderschere, evtl. Elektro-Tacker

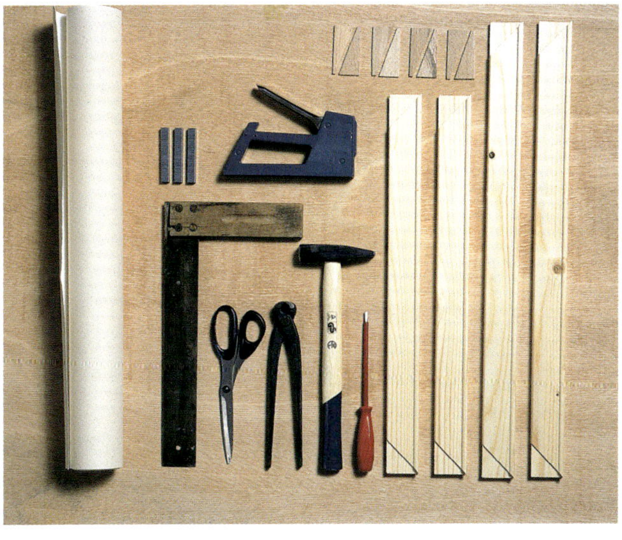

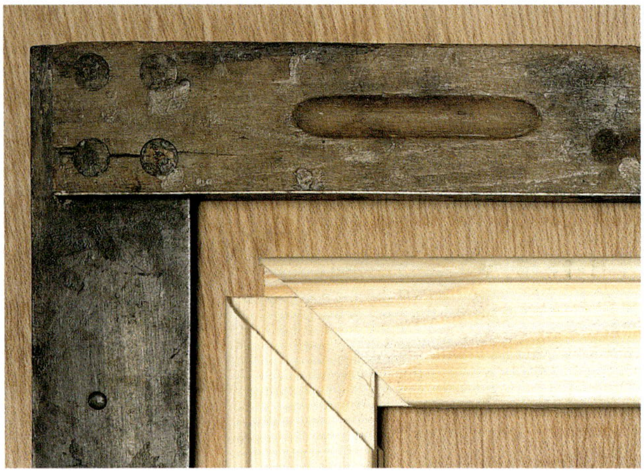

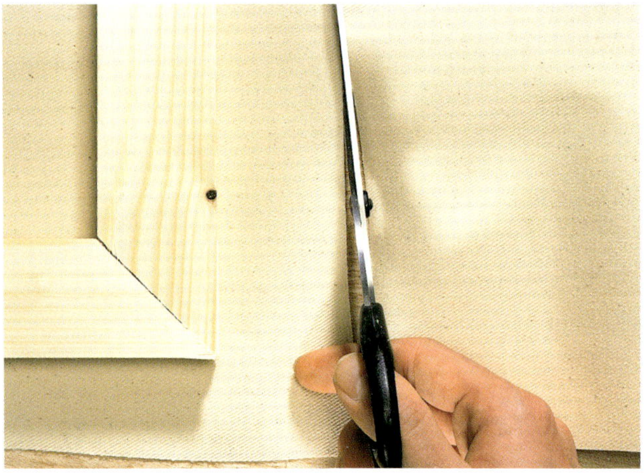

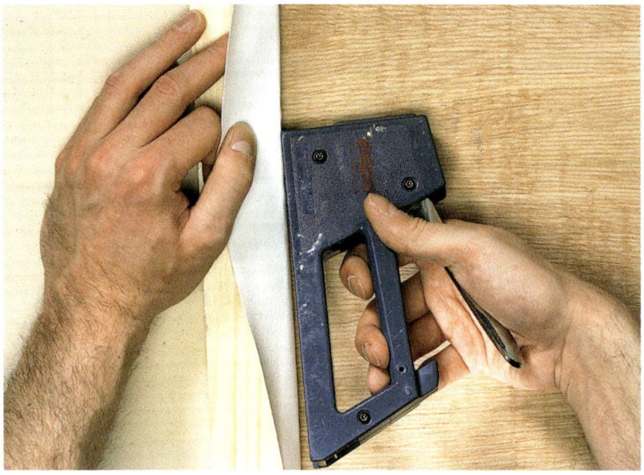

Die Länge der Klammern sollte um die 6 bis 8 mm liegen. Keilrahmenleisten sind in vielen Maßen erhältlich. Die Leisten haben an der Vorderseite ein rundes Profil, über welches das Maltuch gespannt wird, um so ein späteres Durchdrücken des Rahmens beim Malen zu vermeiden.

Achten Sie beim Kauf darauf, dass Sie abgelagertes Holz und keine Leichthölzer erhalten, da sich diese durch Wärme und Feuchtigkeit schnell verziehen. Ebenso ist unbedingt darauf zu achten, dass die Leisten parallel zueinander verlaufen. Legen Sie sie zur Kontrolle nebeneinander; sollte sich irgendwo ein Spalt ergeben, sind diese Leisten für Ihre Zwecke nicht geeignet, denn ein aufgehängter Keilrahmen aus krummen Leisten würde an einer Ecke einige Zentimeter von der Wand abstehen.

Ab einem Format von ca. 1 x 1 m sollte ein Zwischenkreuz, also zusätzliche Leisten zur Stabilisierung in den Keilrahmen eingesetzt werden, um das Durchbiegen der Längsseiten des Keilrahmens zu verhindern. Bei sehr großen Leinwänden werden mehrere Kreuze benötigt – lassen Sie sich beraten. Vergessen Sie beim Kauf die Holzkeile zum Auskeilen des Rahmens nicht, denn dadurch ergibt sich eine straffe Oberfläche, auf der es sich wesentlich besser arbeiten lässt.

Zunächst stecken Sie die Leisten zusammen. Hierbei müssen Sie gegebenenfalls mit einem Hammer nachhelfen, da sich die Leisten manchmal schwer zusammenfügen lassen. Jetzt müssen Sie die Rechtwinkligkeit des Rahmens prüfen, gerade bei großen Formaten ist dies von Wichtigkeit. Sie können dazu ein Winkelmaß benutzen oder die Diagonalen vermessen, ein gerader Türrahmen als Orientierung tut es aber auch. Nun wird das Maltuch auf Maß geschnitten und angepasst. Das Maltuch sollte an jeder Seite 5 cm, besser noch 10 cm, länger sein als der zu bespannende Keilrahmen. Legen Sie das Leinen mit der zu bearbeitenden Seite nach unten auf Ihren Arbeitsplatz oder einfach auf einen festen Boden und dann den fertig gesteckten Keilrahmen mit der Vorderseite darauf.

Nachdem Sie das Maltuch über den Keilrahmen gewölbt haben, ziehen Sie das Leinen an je einer Seite nach oben und setzen jetzt in der Mitte der Leiste eine Tackerklammer. Diese vier Klammern dienen nur dazu, das Tuch grob zu fixieren. Jetzt beginnt das eigentliche Spannen. Spannen Sie das Tuch in Richtung der Ecke des Rahmens und setzen Sie die Klammern möglichst unter Beibehaltung der Spannung schräg in den Rahmen. Beginnen Sie in der Mitte der Leisten und arbeiten Sie zu den Rändern hin.

Um eine gleichmäßige Spannung der Leinwand zu erreichen, sollten immer die einander gegenüberliegenden Seiten bearbeitet werden. Der Abstand zwischen den Klammern sollte ca. 8 cm betragen. Dann entfernt man die Klammer, welche die Seite fixiert hat, und setzt zum Spannen an deren Stelle eine neue. Am leichtesten können Klammern mit einem Schraubendreher entfernt werden, indem man vorsichtig unter die Klammer hebelt; dann kann die lose Klammer mit der Zange herausgezogen werden.

Danach wird das Maltuch weiter an den anderen beiden Seiten aufgespannt, wobei man immer auf die gleichmäßige Verteilung der Klammern achtet.

Sind alle Seiten gespannt, faltet man die Ecken des Maltuches nach innen und befestigt diese unter Zug mit min-

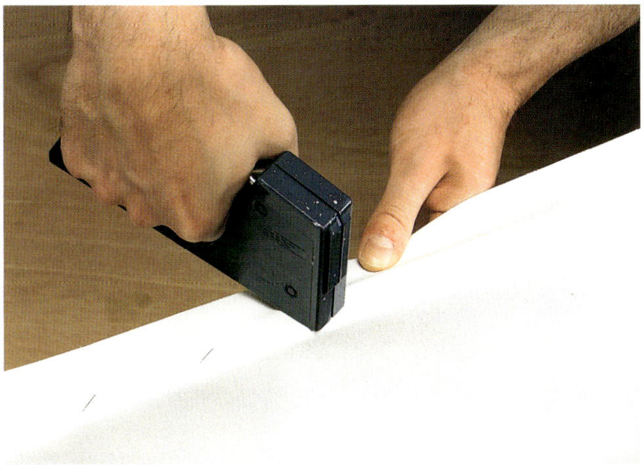

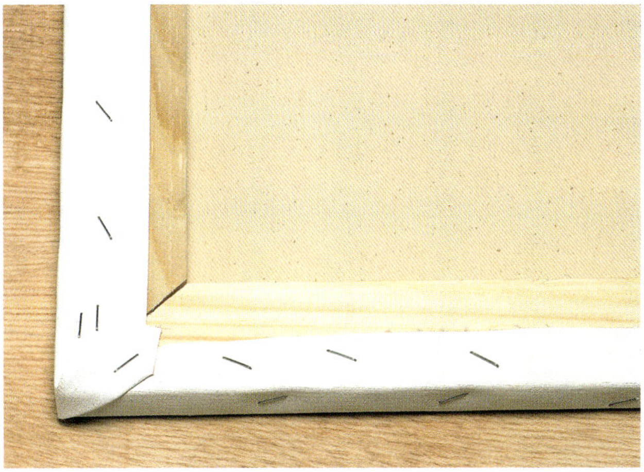

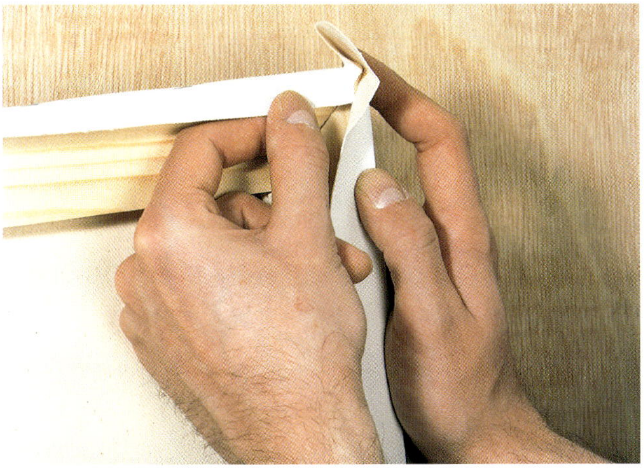

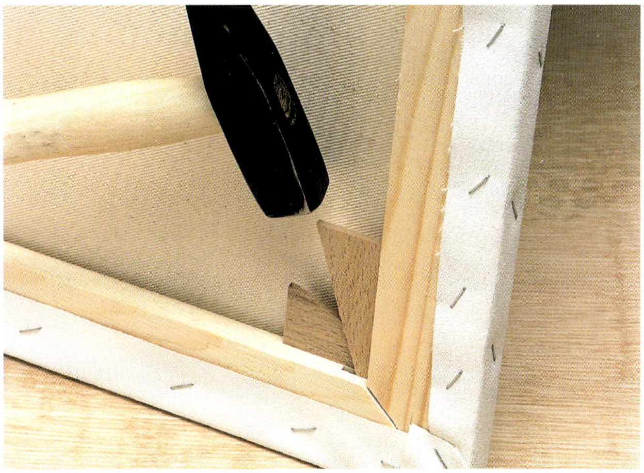

destens zwei Heftklammern. Dabei ist darauf zu achten, dass die Fuge an der Stelle, an welcher der Keilrahmen zusammengesteckt ist, nicht durch Klammern zusammengeheftet wird, da sie sich sonst nicht mehr auskeilen lässt und somit der Rahmen bzw. das Maltuch nicht mehr zu spannen ist.

An der Rückseite des Keilrahmens wird das Gewebe jetzt glatt gezogen und mit Klammern fixiert. Diese sollten immer auf der gleichen Höhe zu den Klammern am Rand des Keilrahmens gesetzt werden, damit der Zug auf das Maltuch gemildert wird und es am Rand später nicht einreißt.

Nun wird der Rahmen ausgekeilt. Für jeden Rahmen benötigen Sie acht Keile (für jede Ecke zwei). Diese werden vorsichtig mit Hilfe eines Hammers in die dafür vorgesehenen Spalten getrieben. Auch hier immer reihum erst ein Keil pro Seite, um einen gleichmäßigen Zug aus der Mitte zu erreichen. Sollte die Leinwand noch nicht straff genug gespannt sein oder werfen sich noch leichte Falten auf, bestreichen Sie die Stellen von der Rückseite mit Wasser. In den meisten Fällen ziehen sich die Falten dann glatt.

Grundierung

Mit Acrylgrundierung können Maltuche, Holzplatten, Papiere und Pappen vorbehandelt werden. Die Bildträger sollten mindestens zweimal grundiert werden, um einen gleichmäßigen Anstrich zu erhalten, auf dem die nachfolgenden Farbschichten haften. Da Acrylgrund schnell trocknet, ist zügiges Arbeiten mit einem breiten Pinsel oder einer Rolle angebracht. Lassen Sie jede Schicht einige Zeit trocknen, bevor Sie weiterarbeiten. Eine traditionelle Grundierung besteht aus Tierleimen und Kreide. Die modernen, industriell hergestellten, synthetischen Gesso-Grundierungen bestehen aus Acryldispersionen mit weißen Pigmenten. Sie sind dauerhaft elastisch, ölfrei und nicht gilbend.

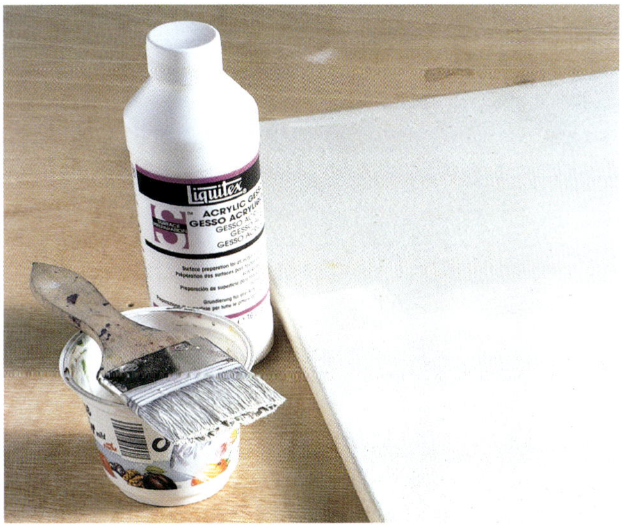

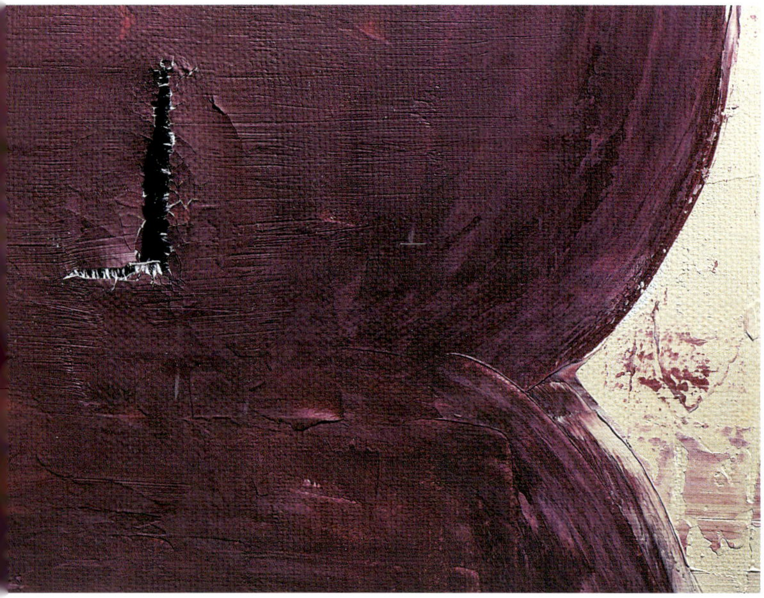

Riss in einer aufgespannten Leinwand.

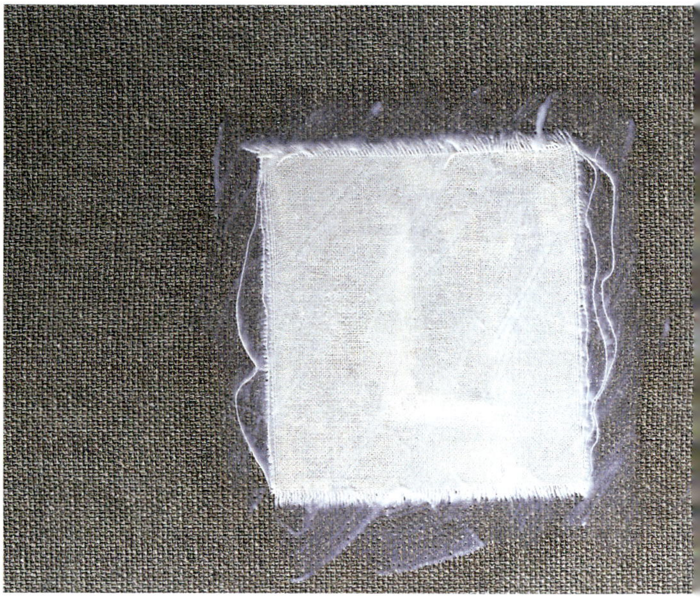

Nessel wird mit Holzleim auf die Rückseite des Bildes geklebt.

Ebenso werden bei den Gesso-Grundierungen auch Acryl-Halbkreide-Grundierungen angeboten. Diese sind halbsaugend und verhindern das Einschlagen der verwendeten Farben. Die meisten im Fachhandel erhältlichen Grundierungen sind auch für Mischtechniken, also nicht nur für die ausschließliche Weiterbearbeitung mit Acrylfarben geeignet.

Wandfarbe gibt ebenfalls eine gute Grundierung ab; verwenden Sie aber auf jeden Fall ein qualitativ hochwertiges Produkt. Billige Dispersionsfarben saugen zu stark und sind weder alterungsbeständig noch elastisch genug.

Falls Sie farbigen Untergrund bevorzugen, kann die Grundierung mit Acrylfarbe (z. B. mit Siena natur oder Schwarz) abgetönt werden. Möchten Sie die ursprüngliche Farbe des jeweiligen Maltuches erhalten, so empfiehlt sich eine Grundierung mit verdünntem Acrylbindemittel.

Haftgrund (Primer)

Zur Vorbehandlung eines so genannten „kritischen" Untergrunds, wie zum Beispiel auf alten Anstrichen und Lackierungen oder glatten Kunststoffen, sollte ein speziell für diesen Zweck entwickelter Haftprimer verwendet werden. Dieses Grundiermittel sorgt für eine gute Haftung der nachfolgenden Farbschichten. Durch die zugesetzten Füllstoffe werden kleinere Unebenheiten des Untergrundes ausgeglichen, und der Haftgrund lässt sich gut schleifen.

Reparatur bespannter Keilrahmen

Sollte es einmal vorkommen, dass ein bespannter Keilrahmen durch Transport oder Ähnliches beschädigt worden ist, so müssen Sie diesen nicht zwangsläufig neu bespannen. Kleinere Risse bzw. Löcher können ausgebessert werden.

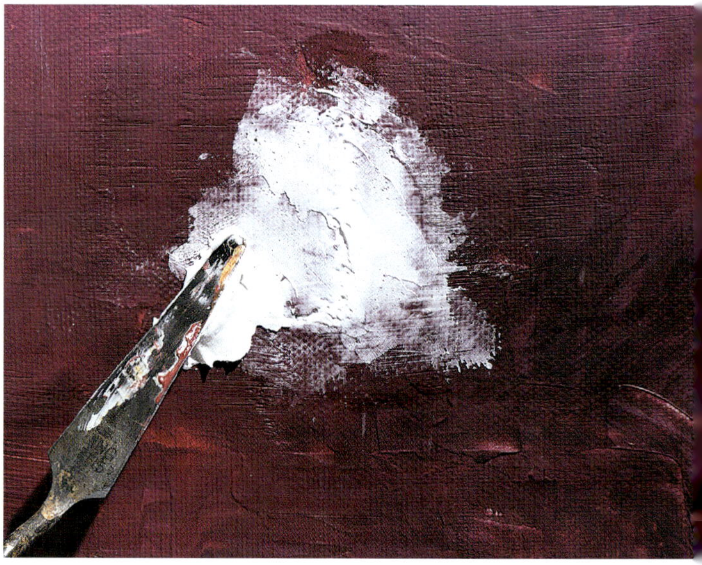

Die Vorderseite der Leinwand wird mit Spachtelmasse versehen.

Dazu drehen Sie den Keilrahmen um und bestreichen die beschädigte Stelle mit Acrylbindemittel (Holzleim ist ebenfalls sehr gut geeignet). Schneiden Sie ein Stückchen Leinwand oder Nesselgewebe passend zu, legen Sie das Gewebe in den feuchten Kleber und drücken Sie es auf die beschädigte Stelle.

Nach der Trocknung kann die schadhafte Stelle dann an der Vorderseite mit Modellierpaste verspachtelt und eventuell glatt geschliffen werden.

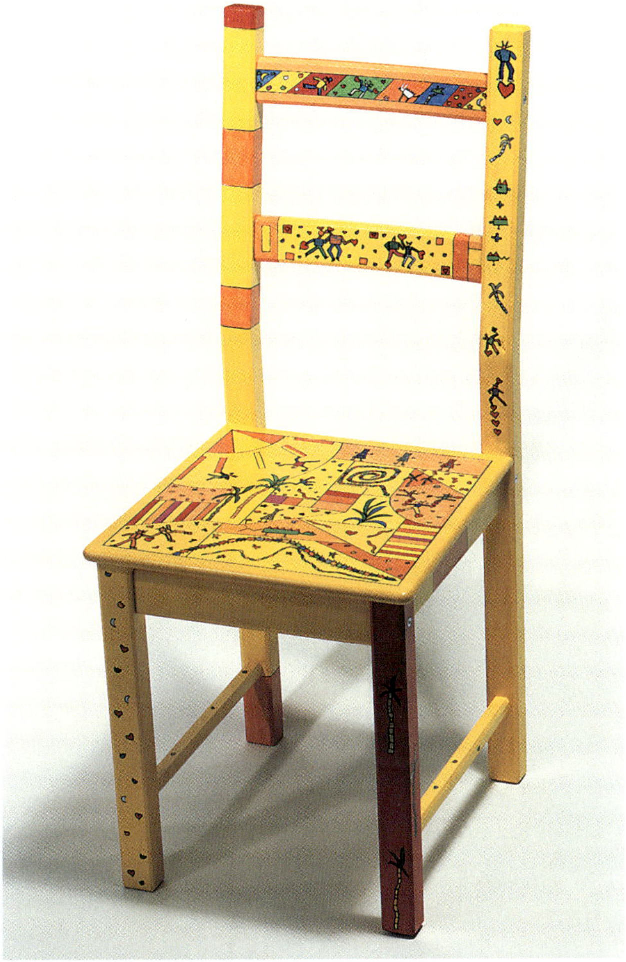

Bemalter Stuhl.

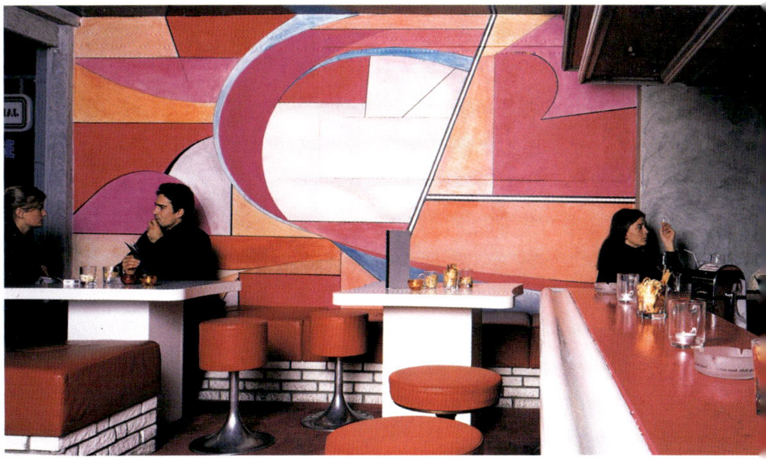

Wandmalerei in einer Hamburger Cocktailbar.

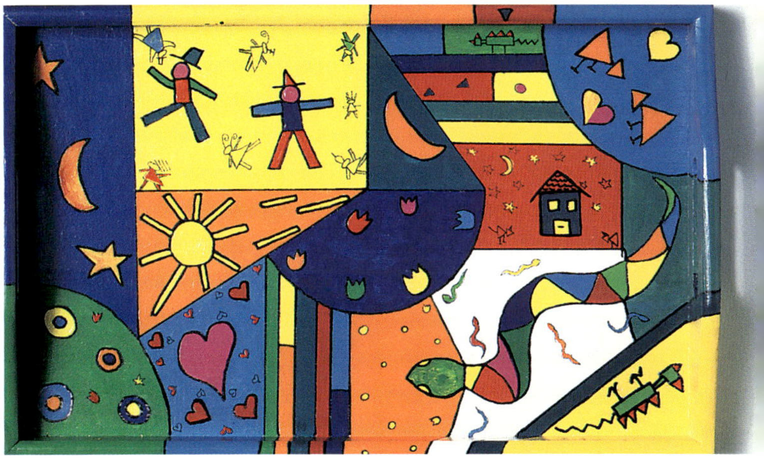

Malerei auf einem Tablett.

Bemalung von Objekten und Möbeln

Die immens gute Haftfähigkeit der Acrylfarben erlaubt breit gefächerte Anwendungen. So eignen sich diese Farben neben der Verwendung auf den „klassischen" Malgründen auch zur Bemalung von Skulpturen und Plastiken sowie zur Gestaltung diverser Objekte aus dem Bastelbereich. Ebenso können mit Acrylfarben Möbel und andere Wohnaccessoires bearbeitet werden.

Stein, Putz, Beton

Acrylfarben eignen sich auch zur Bemalung von Wänden im Innenbereich sowie zur Fassadengestaltung, da sie witterungsbeständig und somit sehr haltbar sind. Grundsätzlich sollte jede Fläche vor der Bemalung auf Schäden wie Risse oder Löcher untersucht werden und diese dann fachgerecht beseitigt werden. Ebenso müssen Altanstriche, sofern sie nicht mehr haften und abblättern, entfernt werden. Alte Leimfarbenanstriche müssen abgewaschen werden, um eine gute Haftung der nachfolgenden Grundierung zu gewährleisten. Beton sollte vor dem Erstanstrich mit speziellem Tiefgrund vorbehandelt werden. Für Gestaltungen im Außenbereich empfiehlt sich eine abschließende Versiegelung der Flächen.

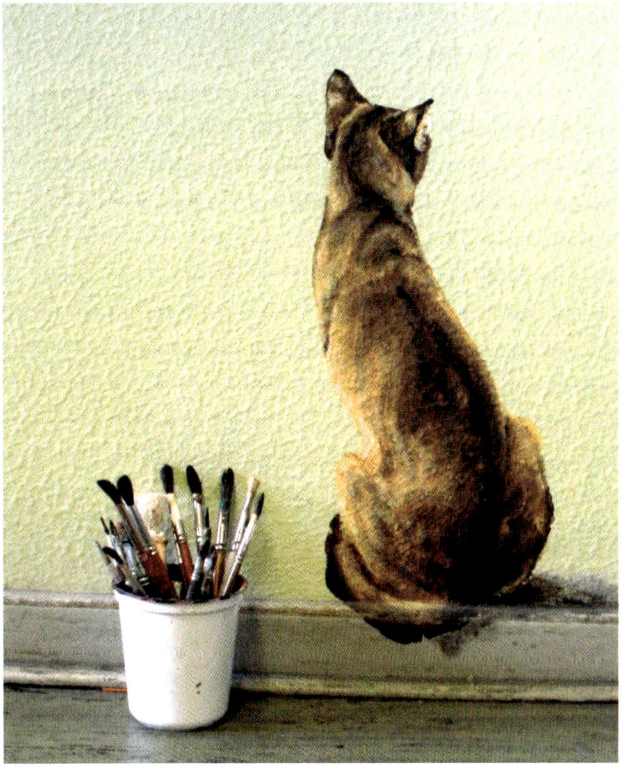

Petra Damke-Rönsch, Wandmalerei in der Goetheschule Einbeck.

Pinsel

Wie bei der Öl- oder Aquarellmalerei gibt es auch speziell für die Acrylmalerei entwickelte Pinsel. Grundsätzlich können Acrylfarben zwar mit jeder Pinselsorte vermalt werden, aufgrund der raschen Trocknungszeiten der Farben und der in ihnen enthaltenen Säuren werden die Pinsel jedoch recht stark strapaziert. Teure Naturhaarpinsel, wie in der Aquarellmalerei üblich, würden schnell unbrauchbar. Die Wahl der Pinsel richtet sich natürlich auch nach der angestrebten Malweise. So hinterlassen Borstenpinsel sehr ausdrucksvolle Spuren. Mit einem weichen Synthetik- oder Naturhaarpinsel lassen sich dagegen weiche Übergänge ohne Pinselspuren erzielen.

Pinsel sind die wichtigsten Malwerkzeuge. Die Qualität und die Beschaffenheit der Pinsel haben entscheidenden Einfluss auf den Charakter eines Bildes. Daher ist es wichtig, die richtigen auszuwählen. Die Wahl der Pinsel ist eine ganz persönliche Entscheidung und hängt auch von Ihrem Malstil ab. Dabei ist es allerdings nicht zwingend notwendig, ausschließlich die teuersten Pinsel zu kaufen. Für großformatige, strukturierte, ungegenständliche Farbaufstriche sowie für Grundierungen können durchaus auch einfachere Pinsel aus dem Baumarkt verwendet werden. Bei detailliertem Arbeiten, besonders im Gegenständlichen, sind Pinsel von guter Verarbeitung und Qualität unentbehrlich. Wir möchten die für die Acrylmalerei gebräuchlichsten Pinselsorten im Folgenden vorstellen:

Pinselformen

Pinsel sind in unterschiedlichen Formen und Größen erhältlich. Jede Form hinterlässt, abhängig von der verwendeten Haarsorte, charakteristische Pinselspuren.

Rundpinsel

Rundpinsel nehmen aufgrund ihrer Form gut Farbe auf und bilden je nach Größe und verwendetem Haar feine Spitzen. Stark verdünnte Farbe lässt sich mit ihnen in weichen Strichen vermalen, aber auch pastose Farbe lässt sich mit ihnen ausdrucksstark auftragen. Kleinere Weichhaarpinsel eignen sich gut für die Ausarbeitung von Details.

Flachpinsel

Flachpinsel haben einen breiten, langen Borstenkörper, weshalb sie besonders geeignet sind zum Anlegen von Flächen, Überlasieren strukturierter Untergründe und zum Granieren.

Mit der Pinselspitze oder Kante lassen sich feine Linien und kalligrafische Elemente malen.

Katzenzungen

Katzenzungenpinsel sind eine Mischung aus Rund- und Flachpinsel, da ihre Spitze in einem leichten Bogen verläuft. Dieser Bogen ermöglicht es, einen weichen, spitz auslaufenden Strich zu erzeugen. Mit ihm können Farbtöne in der Nass-in-Nass-Technik miteinander verschmolzen werden.

Fächerpinsel

Mit Fächerpinseln können in der Ölmalerei feinste Tonabstufungen erzielt werden. Ein Verschmelzen oder Vertreiben von Farbe wie in der Ölmalerei ist aufgrund der Konsistenz und der schnellen Trocknung der Acrylfarben mit diesen Pinseln nur bedingt möglich. Durch die besondere Form dieser Pinsel lassen sich aber in der aquarellartigen Malweise sehr schöne Formen für Bäume und Blätter erzielen.

Schlepper

Schlepper oder Plakatschreiber gibt es als Flach- oder Rundpinsel. Sie haben lange, elastische Haare und können viel Farbe aufnehmen. Beim Malen geben sie über längere Strecken gleichmäßig Farbe ab, sodass sich mit ihnen lange, dünne Linien ziehen lassen.

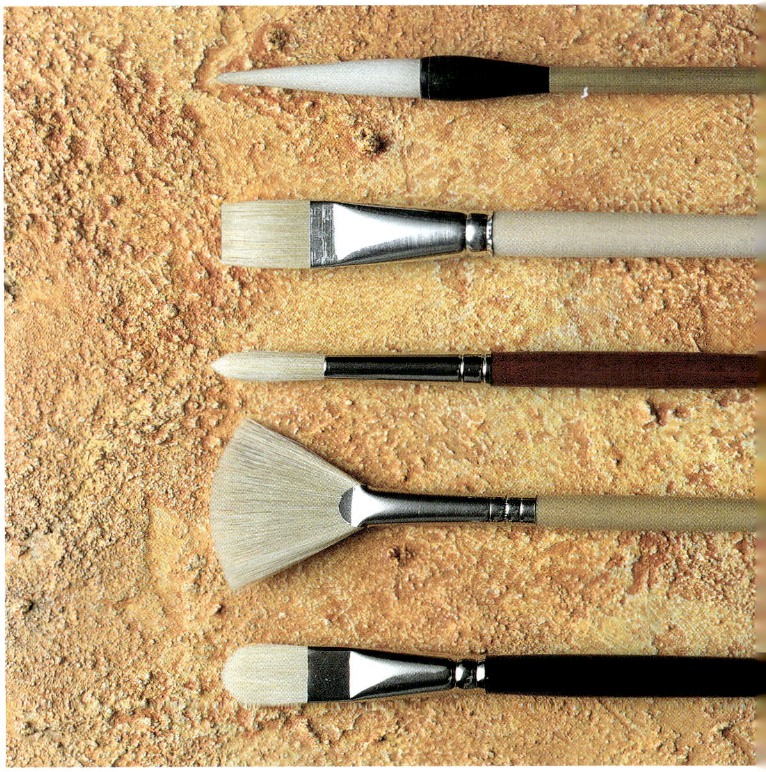

Von oben nach unten: Japanpinsel, Flachpinsel, Rundpinsel, Fächerpinsel, Katzenzungenfaçon.

Kalligrafiepinsel (Japanpinsel)

Im Handel sind verschiedene asiatische Pinsel erhältlich, deren Stiele aus Horn, Bambus oder auch Porzellan bestehen.

Häufig werden Pinsel aus Ziegenhaar angeboten, welche relativ preiswert sind. Aber auch Dachshaare, Ponyhaare, Wiesel- und Schafshaare werden verwendet. Die Ziegenhaarpinsel eignen sich sehr gut zum Lasieren und Auftragen von Farben auf empfindlichen Untergrund, wie zum Beispiel dünnem Japanpapier. Sie sind in der Regel flach und relativ breit gebunden und haben kurzes, weiches Haar.

Die Pony-, Wiesel- und Schafshaarpinsel sind rund und lang im Bart. Die in der asiatischen Malerei verwendeten Haarsorten sind überwiegend sehr weich und wenig elastisch, was unter Umständen zu Schwierigkeiten führen kann, wenn diese Malwerkzeuge mit der europäischen Handhaltung, schräg zum Bild, geführt werden. In Asien werden die Pinsel senkrecht zum Malgrund geführt, sodass die Farbe leicht und gleichmäßig abfließen kann.

Besonders für kalligrafische Zwecke sind diese so genannten Japanpinsel sehr gut geeignet.

Schablonierpinsel

Besonders gut für die Arbeit mit Schablonen eignen sich diese, mit kurzen Borsten versehenen, Spezialpinsel. Durch das Aufstupfen der Farbe beim Schablonieren werden klare Abgrenzungen erzielt und die Farbe gelangt nicht unter die Ränder der Schablone. Auch für Stupftechniken in der herkömmlichen Acrylmalweise und andere experimentelle Techniken sind diese Pinsel geeignet.

Borstenpinsel

Borstenpinsel sind sehr gut für die Arbeit mit Acrylfarben geeignet. Die Borsten stammen vom Schwein und sind robust und relativ dick. Jede einzelne Borste spaltet sich an ihrer Spitze in mehrere kleine Enden, an denen die Acrylfarbe hervorragend haftet. Darin unterscheiden sich die Borsten von den Haaren, da jedes Haar nur über eine Spitze verfügt. Diese Pinsel hinterlassen einen harten, lebendigen Strich, und ermöglichen so eine ausdrucksvolle Malweise. Für einfachere Arbeiten und flächigen Farbauftrag eignen sich die einfacheren Qualitäten mit unlackiertem Stiel und Aluminiumzwinge.

Die Borstenqualität ist von entscheidender Bedeutung. Bei den hochwertigen, von Hand gefertigten Pinselserien werden die einzelnen, von Natur aus gekrümmten Borsten so in der Pinselzwinge ausgerichtet, dass der Pinsel in Form bleibt und ein Abspreizen der Borsten vermieden wird. Die Stiele sind lackiert, um sie vor Wassereinwirkung zu schützen, und liegen auch nach länger dauernder Arbeit noch an-

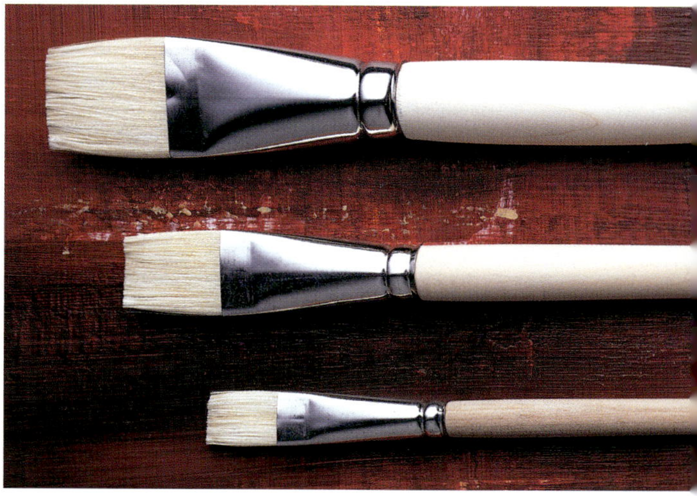

Einfacher Borstenpinsel, da Vinci, Serie 7179.

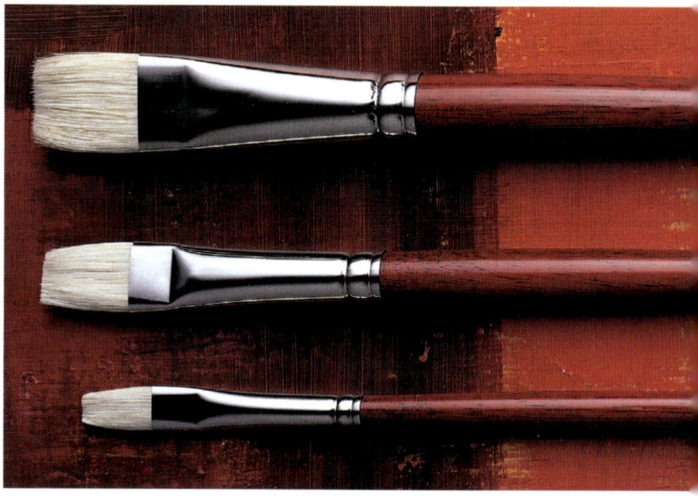

Hochwertig gearbeiteter Borstenpinsel, da Vinci, Serie 7173.

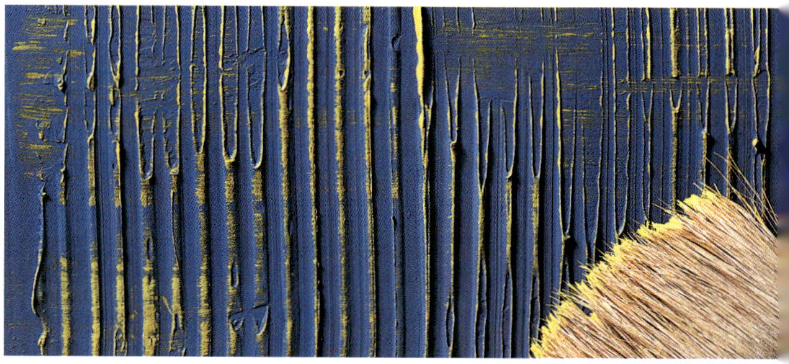

Flächenstreicher, im Baumarkt erhältlich.

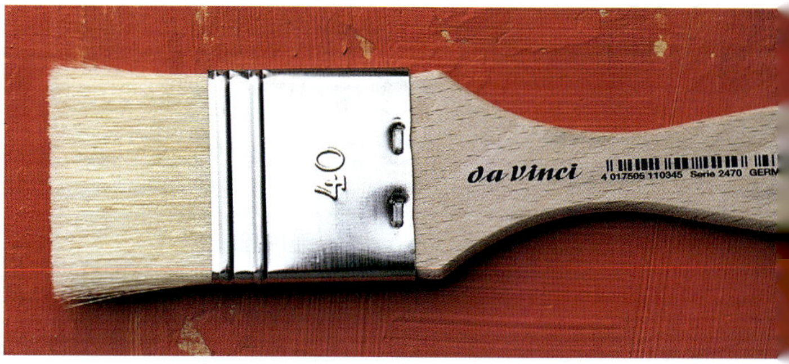

Modler, da Vinci, Serie 2470.

genehm in der Hand. Die besten Borsten kommen aus der chinesischen Stadt Chungking.

Lackierpinsel aus dem Malerfachgeschäft erlauben einen sehr zügigen Farbauftrag auf größeren Formaten. Da diese Pinsel viel Farbe aufnehmen müssen, sind die Zwingen meist dicker als bei den Künstlerpinseln.

Bei den so genannten Modlern handelt es sich um Borstenpinsel mit breiter, flacher Zwinge und kürzeren Borsten. Sie eignen sich besonders zum Grundieren von Maltuchen, da sich mit ihnen das Grundiermittel sehr gut in das Gewebe einmassieren lässt, ohne Pinselspuren zu hinterlassen.

Synthetikhaarpinsel

Pinsel mit synthetisch hergestellten Haaren sind meist preiswerter als Echthaarpinsel. Sie sind sehr elastisch und erlauben einen schwungvollen Strich. Die schnell trocknende Acrylfarbe lässt sich gut auswaschen. Synthetikhaarpinsel haben eine etwas längere Lebensdauer als Echthaarpinsel. Aquarellartiger Farbauftrag lässt sich sehr gut mit diesen Pinseln ausführen. Besonders das sehr feine, weiche, gelbe Haar ist für wässrige Maltechniken und weiche Farbübergänge gut zu verwenden. Für pastoses Arbeiten sind diese Haare jedoch zu empfindlich und es sollten kräftigere Pinselsorten gewählt werden. Die etwas festeren, dunkelroten Nylonhaare eignen sich besonders für einen gleichmäßigen Farbauftrag und zum Verteilen großer Farbmengen auf der Leinwand. Sie sind sehr formstabil und halten auch größerer mechanischer Beanspruchung stand.

Naturhaarpinsel

Das Angebot an Naturhaarpinseln ist sehr vielfältig; angefangen bei dem sehr hochwertigen Rotmarderhaar über Feh-, Ziegen-, Iltis-, Rindsohren-, Dachs- und preiswertem Ponyhaar gibt es für die unterschiedlichsten Anforderungen hergestellte Pinsel.

Wie bereits zu Anfang erwähnt, sind eine Reihe der teureren Haarsorten für die Acrylmalerei nicht notwendig, beziehungsweise fast zu schade, da sie nur sehr schwer von den Farben gereinigt werden können. Durch die raue Haaroberfläche sind die Naturhaarpinsel in der Lage, viel Wasser aufzunehmen und langsam abzugeben. Sie eignen sich daher hervorragend zum Lasieren und Aquarellieren (z. B. ein flacher Fehhaarpinsel). Aufgrund der natürlichen Elastizität der Haare schließen die Spitzen sehr gut. Das ist einer der Gründe, weshalb diese Pinsel sowohl in der gegenständlichen Malerei als auch für Detailarbeiten in abstrakten Gemälden genutzt werden.

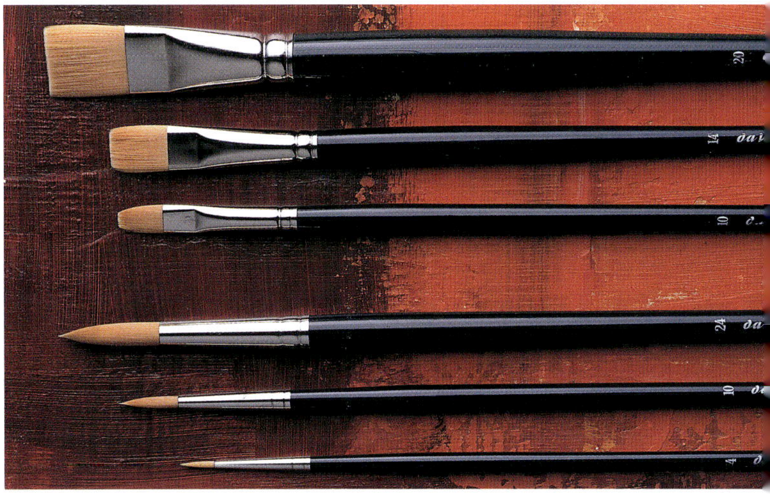

Pinsel aus extra feinem Synthetikhaar, da Vinci, Serie 1670/1870.

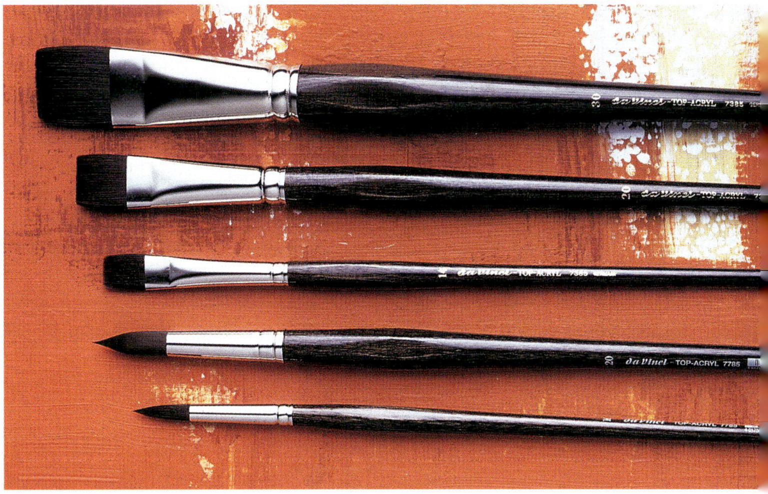

Pinsel aus stärkerer Synthetikfaser, da Vinci, Serie 7785/7385.

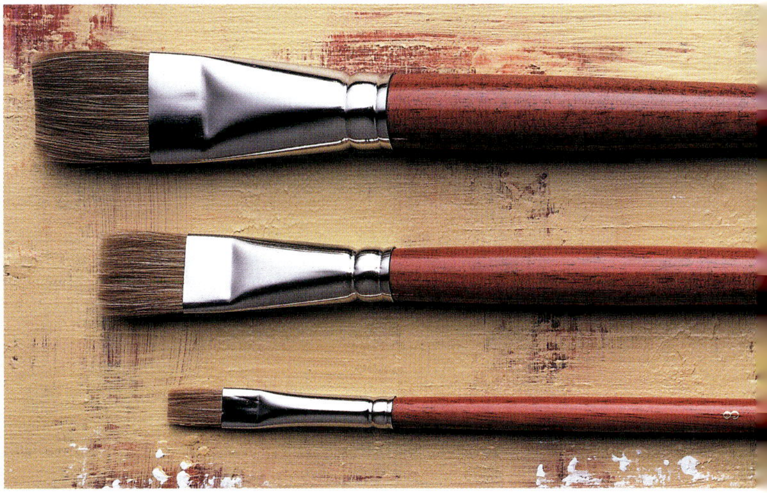

Pinsel aus Rindsohrenhaar, da Vinci, Serie 1887.

Rindshaar

Für diese Pinsel werden die Ohrhaare bestimmter Rinderrassen verwendet. Es ist elastisch und kräftig, die Haarspitzen laufen nicht sehr fein aus. Das Haar ist aber für rechteckige Pinselköpfe sehr gut geeignet.

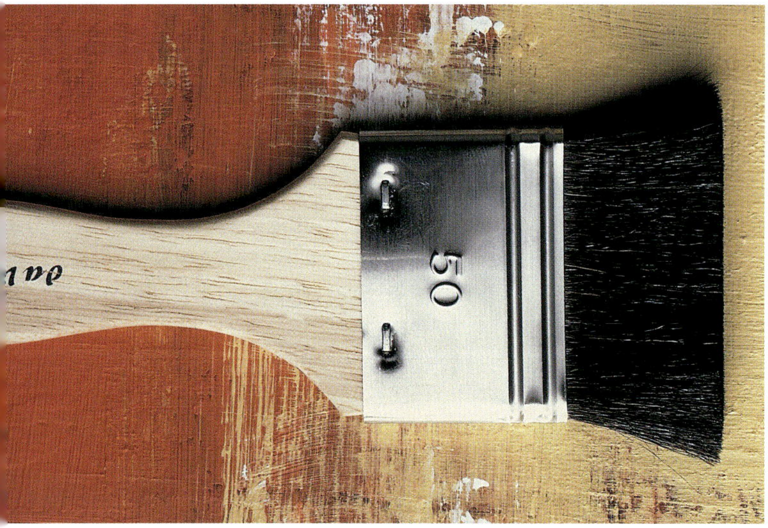

Pinsel aus schwarzem Ziegenhaar, da Vinci, Serie 550.

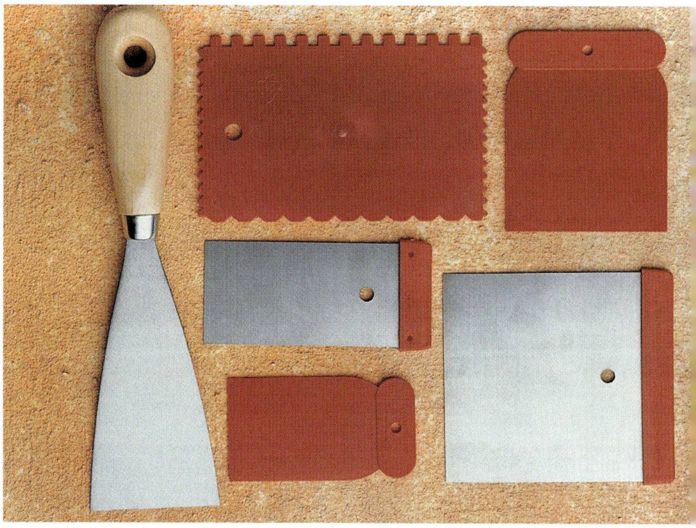

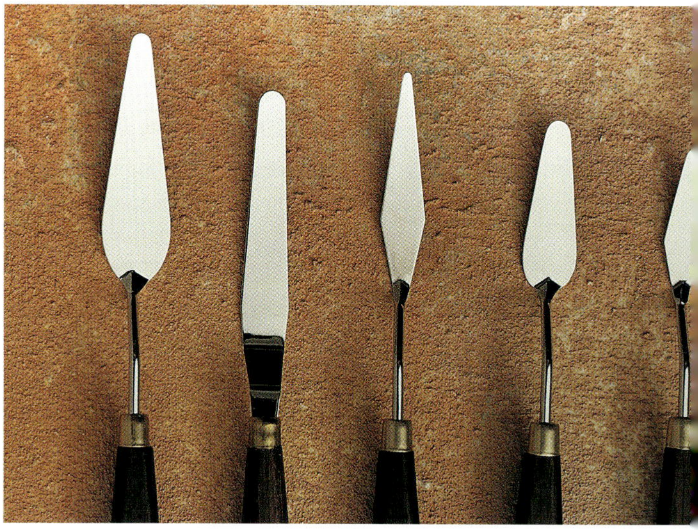

Eichhörnchenhaar
Eichhörnchen- oder auch Fehhaar ist fein, aber wenig elastisch. Solche Pinsel sind günstiger als Rotmarderhaarpinsel. Sie haben eine gute Spitze, aber federn schlecht. Zum Bearbeiten größerer Flächen in Lasurtechnik sind diese Pinsel gerade wegen ihrer Weichheit sehr gut geeignet.

Mischhaarpinsel
Seit einigen Jahren kommen zunehmend Mischhaarpinsel auf den Markt. Sie bestehen aus Synthetikfasern und Naturhaaren. Die Vorteile der beiden Haartypen sollen sich ergänzen.

Der Vorteil der Nylonhaare besteht z. B. in der problemloseren Reinigung, da diese glatter sind als die Naturhaare. Nylonhaare nutzen sich nicht so schnell ab wie Naturhaare. Naturhaare geben eine einheitlichere Pinselspitze, die auch nach längerem Gebrauch noch geschlossen ist; durch ihre rauere Oberfläche halten sie auch mehr Farbe. Sie sind in der Verarbeitung jedoch auch zumeist teurer als die synthetischen Haare. Mit dem Mischen beider Haarsorten werden somit die Herstellungskosten reduziert, was sich letztendlich auch auf den Preis auswirkt. Mischhaarpinsel eignen sich für eine gegenständliche Malweise, da der Pinselstrich durch die recht geschlossenen Spitzen sehr genau ist. Der Farbauftrag wirkt glatt und geschlossen, weshalb die Pinsel auch in der Porträtmalerei eingesetzt werden.

Spachtel

Bei der Verwendung von Spachteln zum Farbauftrag entstehen meist gröbere Strukturen als beim Aufstreichen der Farben mit Pinseln. In Baumärkten findet man eine ganze Reihe unterschiedlicher Spachtel, von den günstig zu erwerbenden Japanspachteln aus Kunststoff über Metallspachtel oder Zahnspachtel. Spachtel unterscheiden sich zumeist in der Form und Größe der Spachtelfläche und der Beschaffenheit des Griffs. Je nachdem, ob Sie Japan-, Stahlspachtel mit Holzgriffen oder Verputzwerkzeuge verwenden, werden die entstehenden Strukturen variieren, was außerdem vom Winkel und vom Druck abhängig ist. Einige Maler verwenden unterschiedliche Spachtel bereits beim Grundieren der Gewebe und erzeugen so stark strukturierte Gründe.

Palettmesser

Im Handel werden verschiedene kleinere Spachtel, die so genannten Palettmesser, angeboten. Die unterschiedlichen Formen und elastischen Klingen ermöglichen einen detaillierteren Farbauftrag als die relativ großen Baumarktspachtel, sodass sie sich auch für gegenständliches Arbeiten eignen.

Colour Shaper

Seit einigen Jahren gibt es im Fachhandel Gummispachtel oder auch Farbverteiler, welche unter dem Begriff Colour Shaper gehandelt werden.

Diese besitzen eine Spitze aus einer speziellen Kautschukmischung und machen es dem Künstler möglich, traditionelles Malen mit einer neuen Technik zu verbinden. Die Farbspachtel sind für fast alle Farbtypen geeignet und sind sowohl fürs Abheben wie fürs Verteilen von Farben zu verwenden; sie können auch gezielt zum Herstellen von Strukturen eingesetzt werden.

Es gibt sie in Weiß, Grau und Schwarz. Die weißen Colour Shaper sind weich und gut für flüssige Farben geeignet. Bei den grauen ist die Spitze etwas härter; das ermöglicht präzises Arbeiten mit pastosen Farben. Die mit der schwarzen, harten Spitze sind zum Schaffen von Strukturen geeignet. Die größeren Modelle dienen dem Gravieren und Modellieren und ermöglichen einen großzügigen Farbauftrag.

Es gibt für jeden Härtegrad außerdem verschiedene Formen, welche unterschiedliche Funktionen haben. Die konkave Spitze ist für detailliertes Arbeiten und zum Abheben von Farben gedacht. Der kerzenförmige Colour Shaper ist ideal zum Skizzieren und Verwischen von Kohle und Pastellkreiden. Der flache Meißel ist hervorragend zum Anmischen von Farben auf der Palette geeignet. Seine elastische Kante trägt zu einem flachen, ebenmäßigen Farbauftrag bei. Der Eckmeißel hat eine lange, scharfe Kante, durch die man ausdrucksvolle Strukturen schaffen kann. Schließlich gibt es noch den kelchförmigen Gummispachtel, welcher ein gutes Werkzeug für pastose Farben ist. Durch die spezielle Form hat man eine gute Kontrolle über den Farbauftrag.

Rollen

Farbrollen verschiedenster Ausführungen (erhältlich in Malerfachgeschäften und Baumärkten) können nicht nur zum Auftrag von Grundierungen eingesetzt werden. Mit ihnen lassen sich auch viele andere interessante Effekte erzielen. So kann z. B. bereits leicht angetrocknete Farbe mit der Fellrolle weiterbearbeitet werden. Schaumstoffrollen – ursprünglich für Lackierungen hergestellt – lassen sich durch das Herausschneiden von Mustern o. Ä. für die individuelle Gestaltung von Flächen einsetzen. Auf größeren Formaten kann der Farbauftrag auch ausschließlich mit der Rolle erfolgen.

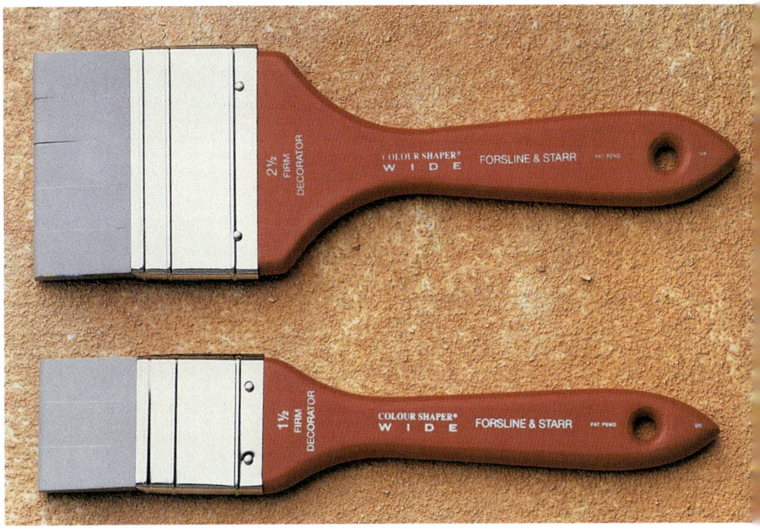

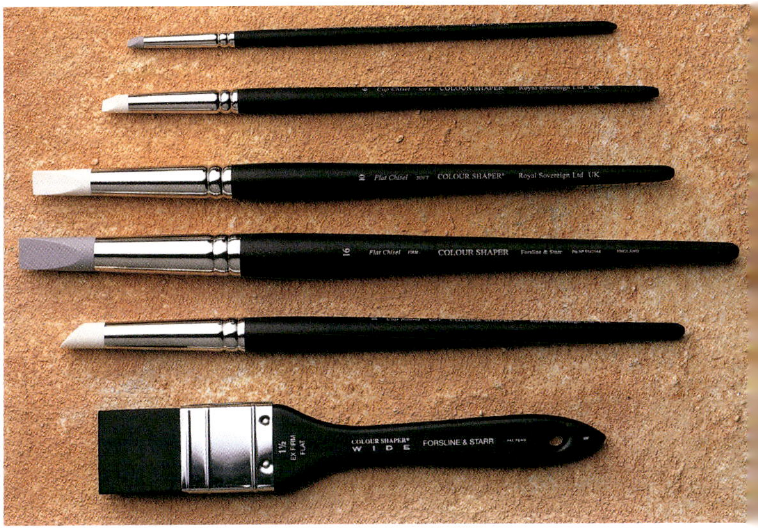

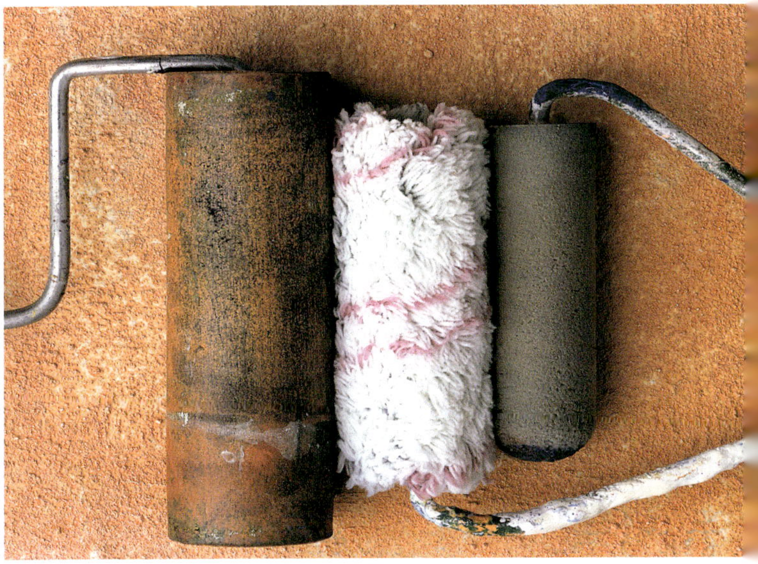

Spritzpistolen

Mit Spritzpistolen lassen sich Farben auf sehr rationelle und saubere Art auf dem Malgrund aufbringen. Das Prinzip ist dabei immer dasselbe: Farbe wird von schnell strömender Luft angesaugt. Gelangen Farbtropfen in den Luftstrahl, werden sie zerstäubt und von der Luft mitgerissen. Auf diese Weise gelangt die Farbe auf den Malgrund. Durch die feine Zerstäubung erhält man einen extrem glatten Farbauftrag. Es gibt im Fachhandel verschiedene Pistolenmodelle, die sich hauptsächlich in der Größe und somit auch in der Stärke der Düsen, durch die der Farbnebel austritt, unterscheiden. Große Flächen bis hin zur detailliertesten Airbrusharbeit lassen sich so bearbeiten.

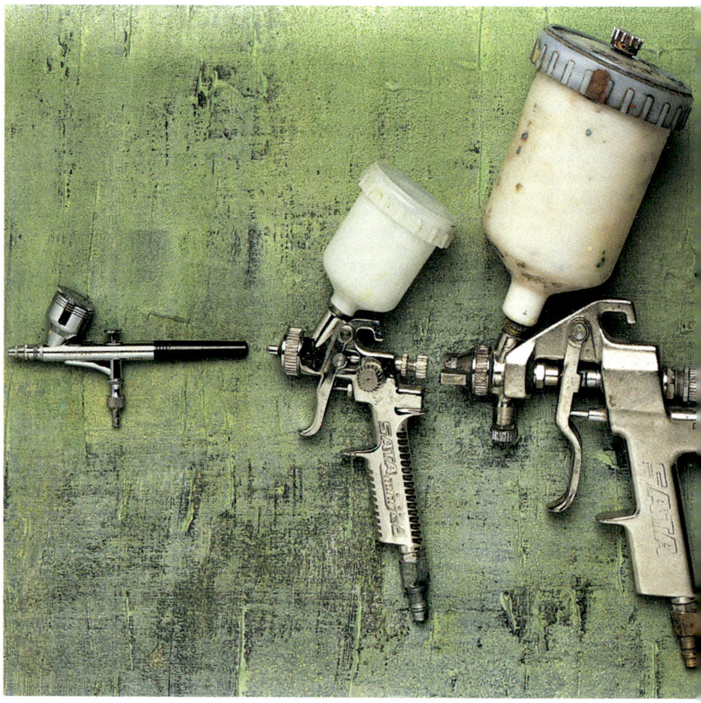

Andere Werkzeuge

Die Möglichkeiten, strukturierte, belebte Oberflächen zu schaffen, sind schier unendlich. Viele Gegenstände lassen sich zum Auftragen von Acrylfarben verwenden: Pappstücke, alte Telefonkarten, Kämme, Bürsten, ein Schwamm oder ein Stück Stoff, und schließlich schafft man auch individuelle Spuren, wenn man die Farbe mit bloßer Hand auf die Leinwand aufträgt.

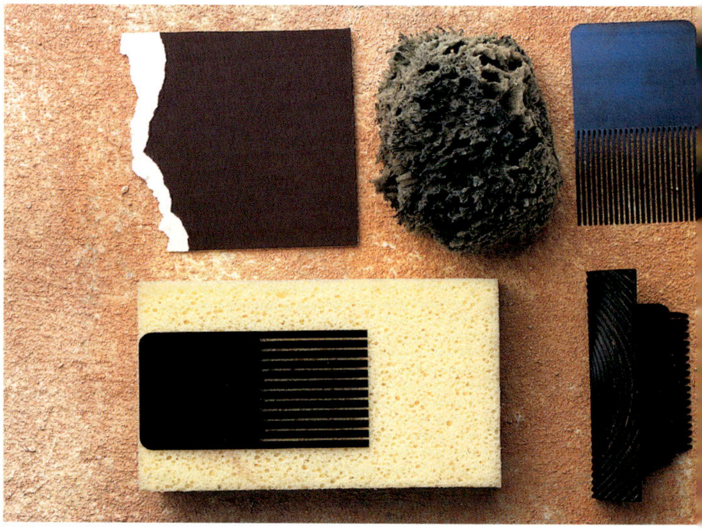

Werkzeugreinigung

Da gutes Werkzeug unentbehrlich für das Malen ist, sollte es entsprechend gut behandelt und gepflegt werden.

Die Pinsel und Werkzeuge sollten stets sofort gründlich mit klarem Wasser gereinigt werden. Acrylfarbe trocknet sehr schnell und lässt sich im getrockneten Zustand z. B. mit dem Lascaux Pinselreiniger ablösen.

Pinsel sollten nicht längere Zeit in Wasserbehältern stehen bleiben, da sonst die Pinselspitze ihre Form verliert und das Wasser in die Holzstiele zieht, wodurch diese dann aufquellen. Beim Trocknen schrumpft das Holz wieder und die Zwinge lockert sich und wackelt.

Von Zeit zu Zeit sollten die Pinsel mit Kernseife ausgewaschen werden. Nachdem man die Spitze durch die Fingerkuppen in Form gebracht hat, sollten die Pinsel am besten liegend trocknen. Wenn Sie neue Pinsel das erste Mal verwenden, sollten diese zunächst mit warmem Wasser ausgespült werden, um die Schutzschicht zu entfernen. Um ein Abknicken abstehender Pinselhaare zu vermeiden, sollten die Plastikhüllen nicht mehr verwendet werden. Getrocknete Pinsel können aufrecht in einem Gefäß stehend aufbewahrt werden.

Von Plastik- oder Metallspachteln sollten nach dem Arbeiten die Farbreste entfernt werden. So bleiben die Kanten sauber und ein gleichmäßiger Farbauftrag ist gewährleistet.

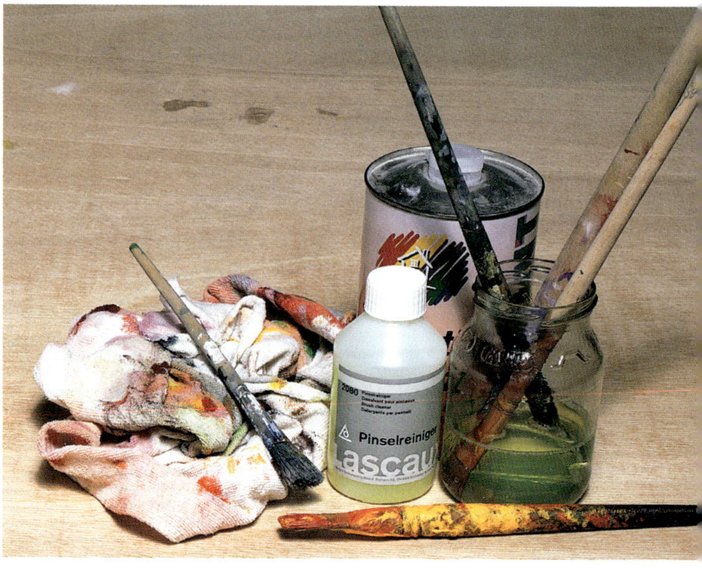

Metallspachtel aus dem Baumarkt sollten nach dem Abspülen abgetrocknet werden, um Rostbefall vorzubeugen.

Auch Schwämme, besonders Naturschwämme, sollten nach Gebrauch gründlich mit Wasser ausgespült werden.

Zum Transport von Pinseln eignen sich spezielle Pinselkästen oder Rollen. Wichtig ist, dass feuchte Pinsel nicht in luftdichten Behältern aufbewahrt werden, da sich sonst Schimmelbefall bilden kann. Außerdem sollten die Pinselspitzen nicht dauerhaft verbogen werden. Um dieses zu vermeiden, eignen sich auch Pinselmatten, die im Fachhandel in verschiedenen Größen, aus unterschiedlichen Materialien bestehend, angeboten werden.

Paletten

Holzpaletten, wie in der Ölmalerei üblich, eignen sich nicht für Acrylfarben, da diese in die poröse Oberfläche eindringen würden und sich praktisch nicht wieder entfernen ließen.

Im Handel erhältliche Paletten für die Malerei mit Acrylfarben sind aus Kunststoff. Da die Farben zu einem elastischen Film auftrocknen und auf der glatten Kunststoffoberfläche schlecht haften, lassen sich die Farbreste recht gut entfernen. Am besten, Sie legen die Paletten über Nacht in Wasser; die Farbreste werden dann weich. Vertiefungen verhindern das Ineinanderlaufen von liquideren Farben.

Die so genannten Blatt- oder Abreißpaletten bestehen aus Transparentpapier, das man am besten vorher befeuchtet, sodass die Farben langsamer eintrocknen. Haben Sie Ihre Arbeit beendet, so werfen Sie das obere Blatt weg.

Natürlich können auch andere Gegenstände als Paletten fungieren. Eimerdeckel (z. B. von großen Wandfarbeneimern), eine Glasscheibe, deren Ränder mit Gewebeband umklebt wurden, aber auch Innenteile von Konfektschachteln lassen sich verwenden, sie enthalten praktischerweise schon Vertiefungen zum Mischen. Ein altes Telefonbuch gibt eine sehr preiswerte Blattpalette ab, sofern Sie sich nicht an den bedruckten Seiten stören.

Arbeitsplatz

Beim Einrichten des Arbeitsplatzes werden Ihnen die richtige Auswahl und Verwendung der Ausstattung helfen, sich ganz aufs Malen zu konzentrieren. Wünschenswert ist natürlich ein eigenes Atelier, in dem Farben, Leinwände und Werkzeuge aufbewahrt werden können. Leider sind solche optimalen Bedingungen in der Praxis nicht immer leicht zu schaffen. Es lässt sich jedoch auch zu Hause gut arbeiten, wenn der Arbeitsplatz dementsprechend vorbereitet wird. Wichtig sind gute Lichtverhältnisse. Tageslicht ist ideal. Wenn Sie bei Kunstlicht arbeiten, achten Sie darauf, dass die verwendeten Lampen Licht erzeugen, das dem Tageslicht so nah wie möglich kommt, da farbiges Licht den Farbeindruck auf dem Bildträger verfälscht. Tageslichtbirnen sind im Fachhandel erhältlich. Die Lichtquellen sollten so im Raum verteilt sein, dass das Licht indirekt auf die Arbeitsfläche fällt, um störende Lichtreflexionen auf noch nassen Farbpartien zu vermeiden. Achten Sie darauf, dass Sie beim Arbeiten nicht zwischen der Lichtquelle und dem Bild stehen, damit keine Schatten auf die Malfläche fallen. Dasselbe gilt für seitlich einfallendes Licht. Je nachdem mit welcher Hand Sie arbeiten, sollte – wenn ein indirekter Lichteinfall nicht erreicht werden kann – die Arbeitsfläche so positioniert werden, dass von der Hand kein Schatten auf die Pinselspitze fällt.

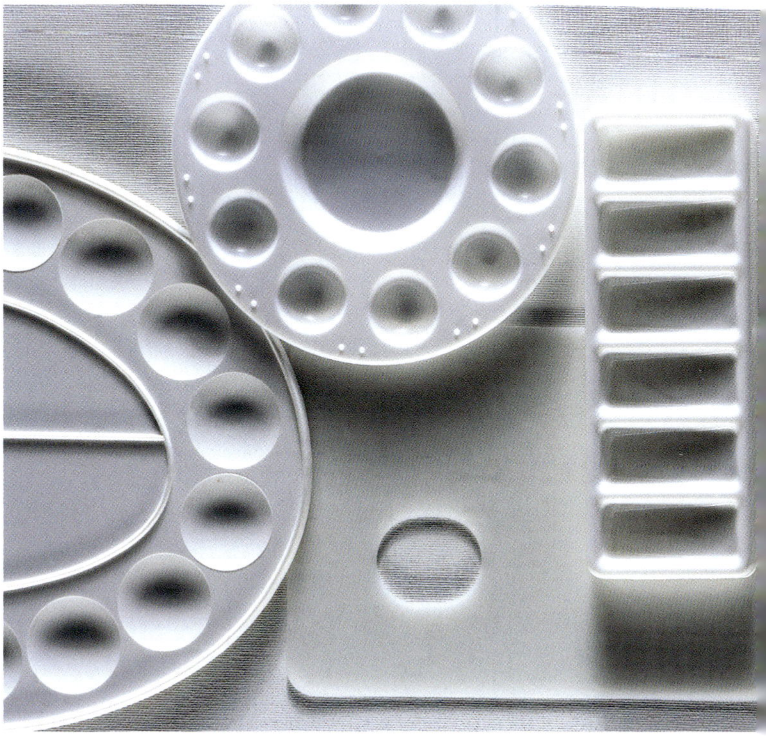

Eine Staffelei ermöglicht ein freies Arbeiten gerade bei größeren Formaten. Sie können jederzeit einige Schritte zurücktreten und Ihr Werk aus der Entfernung betrachten, was zur Überprüfung von Formen und der Komposition hilfreich ist. Zudem wird auf diese Weise das perspektivische Arbeiten erleichtert, da bei flach liegenden, größeren Formaten optische Verkürzungen auftreten können. Wenn auf einem großen Format mit dünnen Lasuren gearbeitet wird, sollte dieses auf dem Boden liegend bearbeitet werden, da so der richtige Abstand gewahrt wird und Sie auch um die Leinwand herumgehen und somit von allen Seiten aus arbeiten können. Decken Sie vor diesen Arbeiten den ganzen Arbeitsplatz mit Folien oder Abdeckpapier ab, um großzügig und gegebenenfalls auch über die Ränder des Formates hinaus arbeiten zu können. Um überschüssiges Wasser und Farbe von den Pinseln und Werkzeugen zu tupfen, sollten Sie immer einen weichen, saugfähigen Mallappen zur Hand haben.

Ist einmal Farbe auf Kacheln, versiegelte Holzfußböden oder Linoleum getropft, kann sie, wenn angetrocknet, wie ein Film, und, solange sie noch nass ist, auch aus Textilien in den meisten Fällen mit Wasser entfernt werden.

Neben der Staffelei sollte möglichst ein kleiner Tisch als Ablage für den Mallappen, Pinsel, Tuben und Werkzeug dienen. Eine weitere Arbeitsplatte oder ein Regal, auf dem grundsätzlich alle Materialien in einer bestimmten Anordnung stehen, ist sinnvoll. Wichtig ist, dass jeder Handgriff sitzt und Sie im konzentrierten Arbeitsprozess nicht durch die Suche nach Materialien gestört werden.

Richten Sie sich Ihren Arbeitsplatz mit System ein. Zur Ausstattung sollten mindestens zwei Wassergefäße gehören, eines zum Verdünnen der Farbe und das andere zum Reinigen der Pinsel, sowie weitere leere, verschließbare Gefäße (z. B. leere Marmeladengläser), um Farbreste aufzubewahren. Wenn Sie Farbe oder Pinselreiniger in Gläser aus dem Haushalt oder Lebensmittelgläser umfüllen, sollten diese unbedingt beschriftet und für Kinder unerreichbar aufbewahrt werden.

Altfarben sollten nur in geringen Mengen ins Abwasser geraten. Sammeln Sie Farbreste getrennt und lassen Sie diese einfach austrocknen. Dann kann Acrylfarbe über den Hausmüll entsorgt werden. Auch leere Flaschen und Tuben sollten offen vollständig eintrocknen, bevor sie weggeworfen werden. Flaschen und Tuben mit noch flüssigem Inhalt gelten in der Regel als Sondermüll. Beachten Sie beim Entsorgen Ihrer Malmaterialien die Herstellerhinweise.

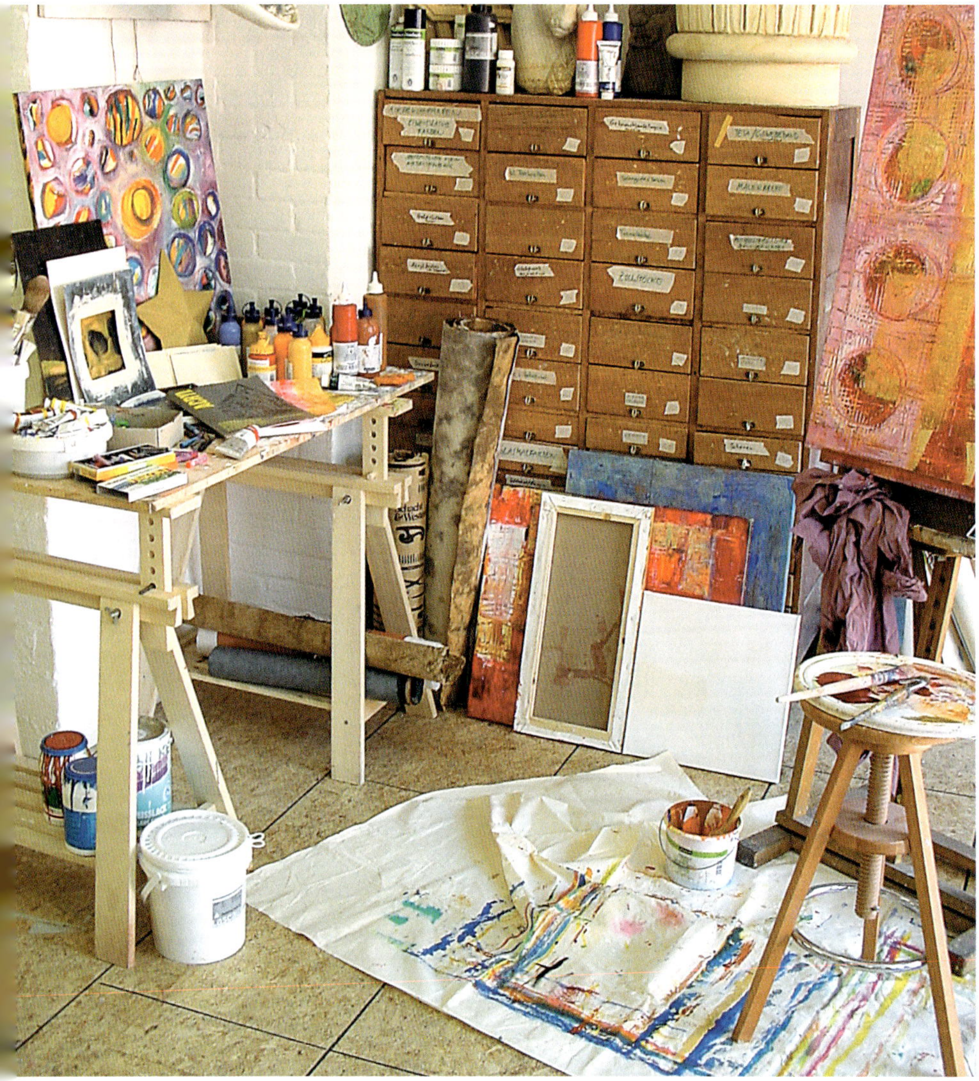

So oder ähnlich könnte ein Arbeitsplatz eingerichtet sein.

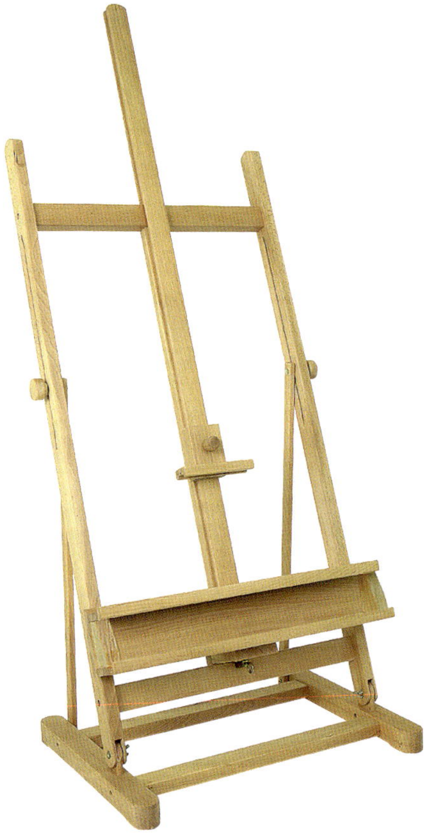

Atelierstaffelei von Jax artcompany, sehr stabil durch die Kufen.

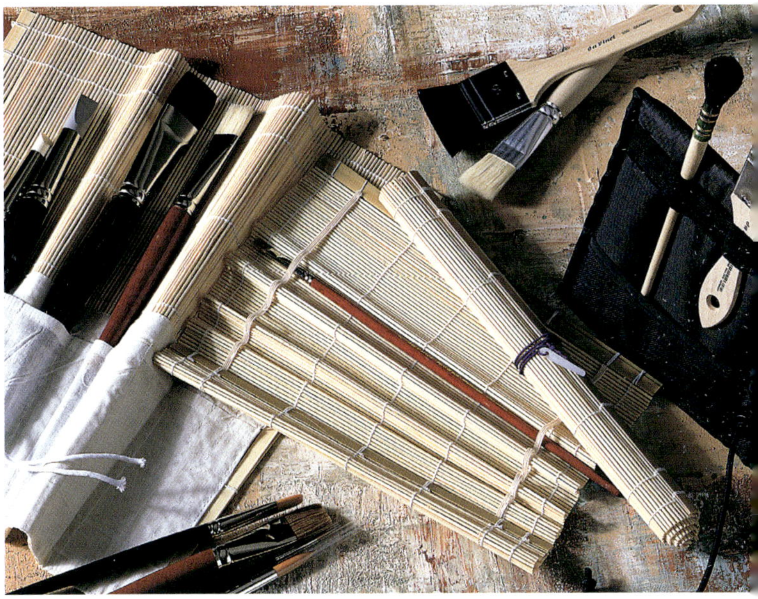

Verschiedene Möglichkeiten, Pinsel aufzubewahren.

Malen im Freien

Landschaftsmalerei lässt sich im Atelier betreiben, indem nach der Erinnerung, nach vorbereitenden Skizzen oder Fotos gemalt wird. Dennoch hat auch die so genannte Plein-air-Malerei in der Natur ihre Reize. Exkursionen vor Ort benötigen jedoch einige Vorbereitungen und auch zweckmäßiges Malzubehör. Sollten Sie größere Wanderungen unternehmen, um zu Ihrem Motiv zu gelangen, muss natürlich die Auswahl an Farben, Pinseln, die Staffelei und der Bildträger so getroffen werden, dass unnötiges Übergewicht vermieden wird. Beim Arbeiten im Freien ist eine Feldstaffelei von Nutzen. Feldstaffeleien sind leichter als Atelierstaffeleien und lassen sich auf ein leicht zu transportierendes Format zusammenklappen.

Eine reduzierte Palette an Farben sollte in einem Kasten transportiert werden. Im Fachhandel werden eine Reihe von Malkästen angeboten. Einige sind aus Holz oder Metall, mit ausklappbaren Deckeln, die sich als Palette nutzen lassen. Eine Kofferstaffelei bietet Platz für Material und lässt sich wie ein Koffer zusammenklappen, der sich an einem Griff tragen lässt. Die Beine können in Sitzhöhe oder für eine stehende Position eingestellt werden. Bei der Auswahl einer Kofferstaffelei sollte darauf geachtet werden, ob die verwendeten Acryltuben oder Flaschen auch hineinpassen.

Wenn Sie für Ihre Farben einen passenden Behälter gefunden haben, in dem aber die Pinsel keinen Platz finden, empfiehlt es sich, diese in einer rollbaren Pinselmatte zu transportieren. Mallappen und das zum Verdünnen und Pinselauswaschen unentbehrliche Wasser sollte in ausreichender Menge eingepackt werden. Wenn Sie das stehende Arbeiten an der Staffelei nicht gewöhnt sind, sollten Sie außerdem einen leichten Klappstuhl mitnehmen.

Beim Arbeiten im Freien ist ein Motivsucher aus Pappe hilfreich. Schneiden Sie in der Mitte eines etwa 12 x 10 cm großen, schwarzen Pappstückes ein Sichtfenster in den Proportionen ihres Bildes. Wenn Sie Ausschnitte aus der vor Ihnen liegenden Landschaft durch diesen Motivsucher betrachten, ist es leichter, diesen Ausschnitt nach Ausgewogenheit von Formen und Farben zu beurteilen. Zudem ist der rechte Winkel des Motivsuchers hilfreich beim Erfassen perspektivischer Linien.

Nachdem Sie Ihre Ausrüstung vervollständigt haben, sollten Sie noch einige Dinge beim Arbeiten bedenken. Stellen Sie Ihre Staffelei nicht in die pralle Sonne. Sie können sonst die Hell-Dunkel-Kontraste nicht gut einschätzen. Arbeiten Sie zudem an windgeschützten Stellen, um die feuchte Farbe vor herumfliegendem Staub oder Blättern zu schützen.

Das rasche und skizzenhafte Malen, das die Plein-air-Malerei meistens mit sich bringt, hat einen ganz eigenen Reiz, egal, ob Sie die Bilder im Atelier oder zu Hause noch weiter bearbeiten oder ob Sie es bei dem Skizzencharakter der eingefangenen Eindrücke belassen. Achten Sie am Ende eines Arbeitstages darauf, dass ihre Bilder auch wirklich trocken sind, um ein Aneinanderkleben zu vermeiden. Feuchte Bilder können auf einem Gemäldeträger transportiert werden. Ein Gemäldeträger kann zwei Leinwände, je eine auf jeder Seite, aufnehmen.

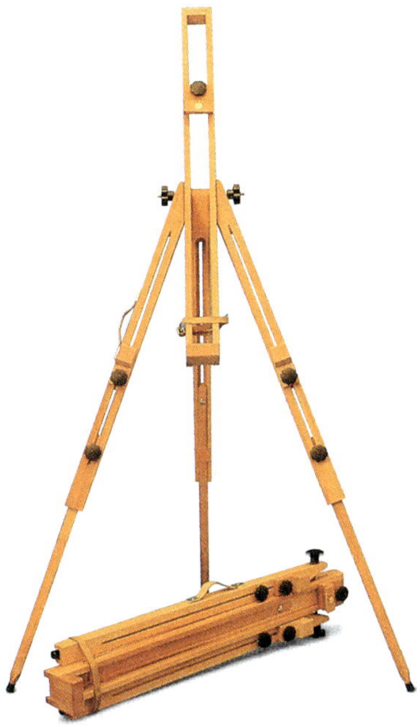

Feldstaffelei von Jax artcompany.

Rahmung

Acrylbilder, die auf mit Maltuchen bespannten Keilrahmen, auf Holzplatten oder Malpappen gemalt sind, werden meistens ohne Passepartout gerahmt. Da das Bild und der Rahmen also direkt aufeinander treffen, ist die richtige Wahl der Rahmenform sehr wichtig, weil unpassende Formen und Dekors stark vom Bild ablenken würden.

Im Fachhandel sind unzählige Varianten von vorgefertigten Rahmen und Profilleisten unterschiedlicher Materialien zu beziehen. Wir wollen an dieser Stelle lediglich einen Überblick über die gängigsten Einrahmungsmöglichkeiten vermitteln. Es gibt keine festen Regeln dafür, welches Profil am besten zu welchem Bild passt – aber einige Anhaltspunkte erleichtern es, den passenden Rahmen für ein Werk zu finden.

Die räumliche Wirkung von Landschaftsbildern und Porträts mit perspektivischer Gestaltung des Hintergrundes wird durch Rahmen mit Hohlkehlen betont, da diese optisch zum Bild hinführen. Zu Bildern ohne perspektivische Elemente, wie z. B. Blumenbildern, Stillleben oder Porträts ohne räumlich ausgearbeiteten Hintergrund, passen Rahmen mit vom Bild wegführenden Profilen. Flache Rahmen eignen sich aufgrund ihrer Schlichtheit für moderne Werke und unterstreichen auf dezente Weise den Wert eines Bildes.

Ebenso zu berücksichtigen ist der angestrebte Gesamteindruck. Überwiegen in einem Gemälde weiche Formen und fließende Linien, so ist ein Rahmen mit gerundetem Profil unter Umständen besser geeignet als ein Rahmen mit eckigen, architektonischen Leisten.

Die Farbe des Rahmens spielt, genau wie seine Form, eine wichtige Rolle. Grundsätzlich sollte darauf geachtet werden, dass der Rahmen nicht mit dem Bild konkurriert. Die Farbigkeit des Gemäldes kann mit dem Rahmen aufgegriffen werden oder wird durch eine kontrastierende Rahmenfarbe betont. Goldene Rahmen passen farblich fast immer, da Gold als „abstrakte" Farbe einen neutralen Übergang vom Bild zum Raum darstellt. Besonders für zeitgenössische Arbeiten sind silberfarbene Rahmen geeignet. Silber wirkt meist kühl und streng, bringt aber abstrakte Formen sehr schön zur Geltung. Für moderne Werke geeignet sind naturbelassene Holzrahmen. Je nach Art der verwendeten Hölzer wirken sie schlicht bis rustikal – Letzteres passt gut zu Bildern in naivem Malstil. Heutzutage werden viele Bilder nicht mehr gerahmt. Bemalt man die Ränder sorgfältig mit, sodass die Nägel oder Tackerklammern nicht mehr so stark zu sehen sind, ist die Einrahmung tatsächlich nicht zwangsläufig notwendig. Einige Bilder gewinnen an Weite, wenn sie ohne Rahmen bleiben, so z. B. großzügig angelegte Landschaften in zarten Farben. Auch abstrakte Bilder werden immer häufiger ohne Rahmung gehängt.

Arbeiten, die auf Papier ausgeführt wurden (besonders Mischtechniken mit Pastellkreide und Kohle), sind viel empfindlicher als Tafel- oder Leinwandgemälde und sollten deshalb hinter Glas gerahmt werden. Es gibt spezielle Glassorten mit UV-reduzierendem Effekt – am besten lassen Sie sich vom Fachmann beraten. Anti-Reflex-Glas bricht das einfallende Licht und verhindert daher störende Spiegelungen. Dieses Glas ist allerdings nur dann zu verwenden, wenn der Abstand zwischen Bild und Glasscheibe sehr gering ist, da ansonsten ein „Weichzeichnungseffekt" auftritt und das Bild unscharf erscheint.

Damit die Glasplatte nicht mit der Bildoberfläche in Berührung kommt, wird meistens ein Passepartout eingelegt. Es handelt sich hierbei um einen Rahmen aus säurefreiem, starkem Karton, der neben seiner Funktion als Abstandshalter auch die optische Verbindung zum Bild herstellt und die Aussage des Werkes unterstreichen kann. Die Kanten des Innenausschnittes sind für gewöhnlich im 45°-Winkel geschnitten; auf diese Weise wird eine optimale Bild- bzw. Tiefenwirkung erzielt.

Rahmung von Collagen

Flache Papiercollagen können, genau wie andere Arbeiten auf Papier, gerahmt werden. Je stärker die einzelnen Teile des Bildes jedoch plastisch hervortreten, desto schwieriger kann sich die Rahmung des Werkes gestalten. Wird ein Passepartout verwendet, so richtet sich dessen Stärke nach der erhabensten Stelle des Bildes, damit die Collage später plan oder mit etwas Abstand zur Glasscheibe im Rahmen liegt. Es besteht außerdem die Möglichkeit, ein Doppel- oder Mehrfachpassepartout zu verwenden, welches auch aus Karton in unterschiedlichen Farben bestehen kann. Soll auf ein Passepartout verzichtet werden, muss der Abstand zwischen Glasscheibe und Bild durch nicht sichtbare Leisten gegeben sein.

Lassen Sie sich in einem guten Fachgeschäft beraten. Ein professionell gefertigter Rahmen wird die Qualität des Bildes unterstreichen und gleichzeitig ein Bestandteil des Gesamtwerkes sein.

Farblehre

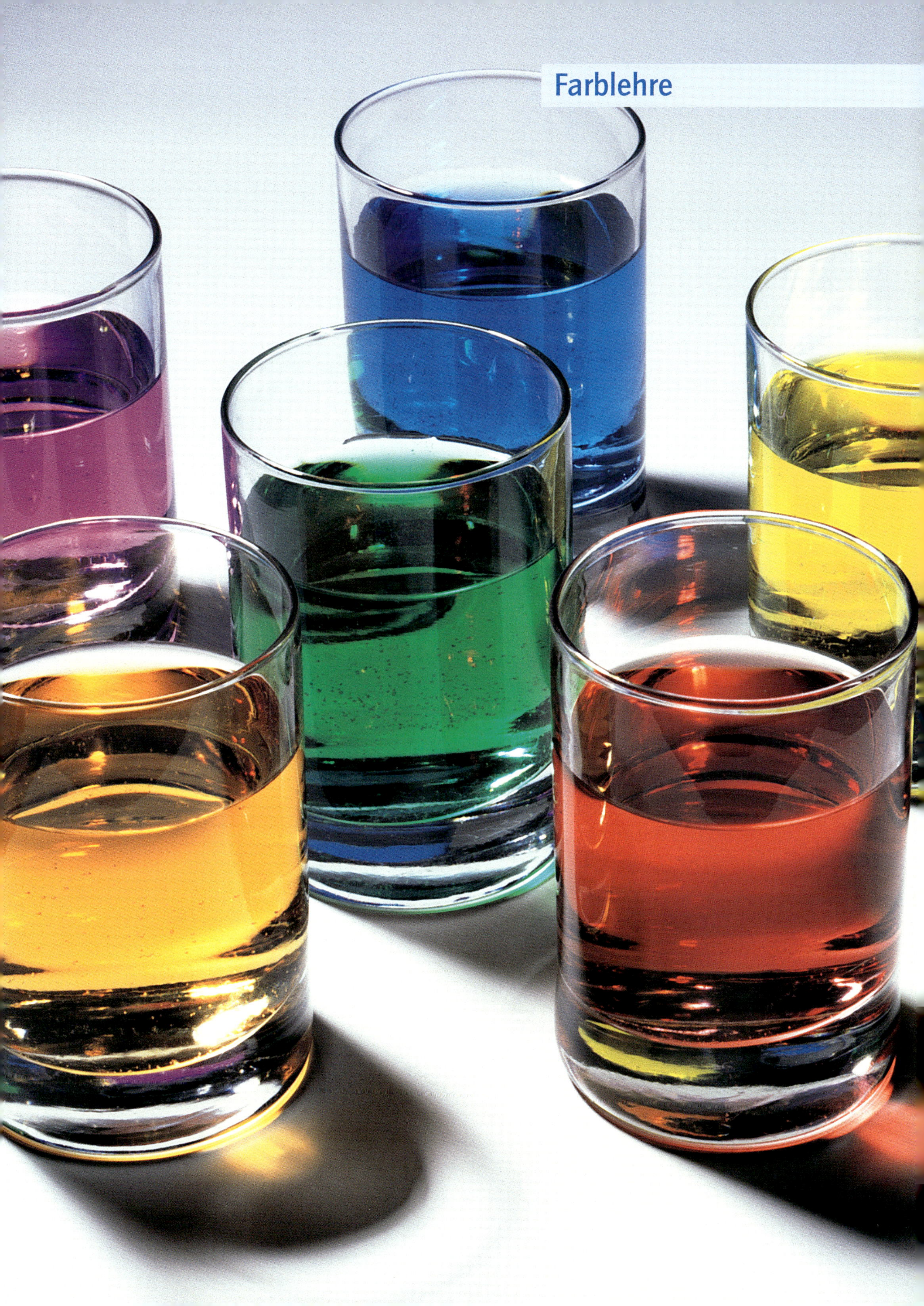

Für das Erzeugen von Stimmungen, das Erzielen von Tiefenwirkungen in der Landschaftsmalerei oder das Ausarbeiten von Hauttönen in der Porträtmalerei, also alle Bereiche, wo Farben in Wechselwirkungen auftreten, ist das Wissen um das Mischen von Farbtönen und wie diese eingesetzt werden, unerlässlich. Dies ist der Grund, warum in nahezu allen Kursen oder Ausbildungszweigen, die sich mit dem Vermitteln von malerischen oder grafischen Fertigkeiten befassen, die Farb- und Kontrastlehre einen zentralen Stellenwert einnimmt. Die Kenntnis der grundlegenden Regeln der Farbtheorie ermöglicht es Ihnen, beim Malen das gesamte Spektrum der Farben in Ihre Palette mit aufzunehmen und durch den gezielten Einsatz der Farben die Wirkung zu erzielen, die Sie anstreben.

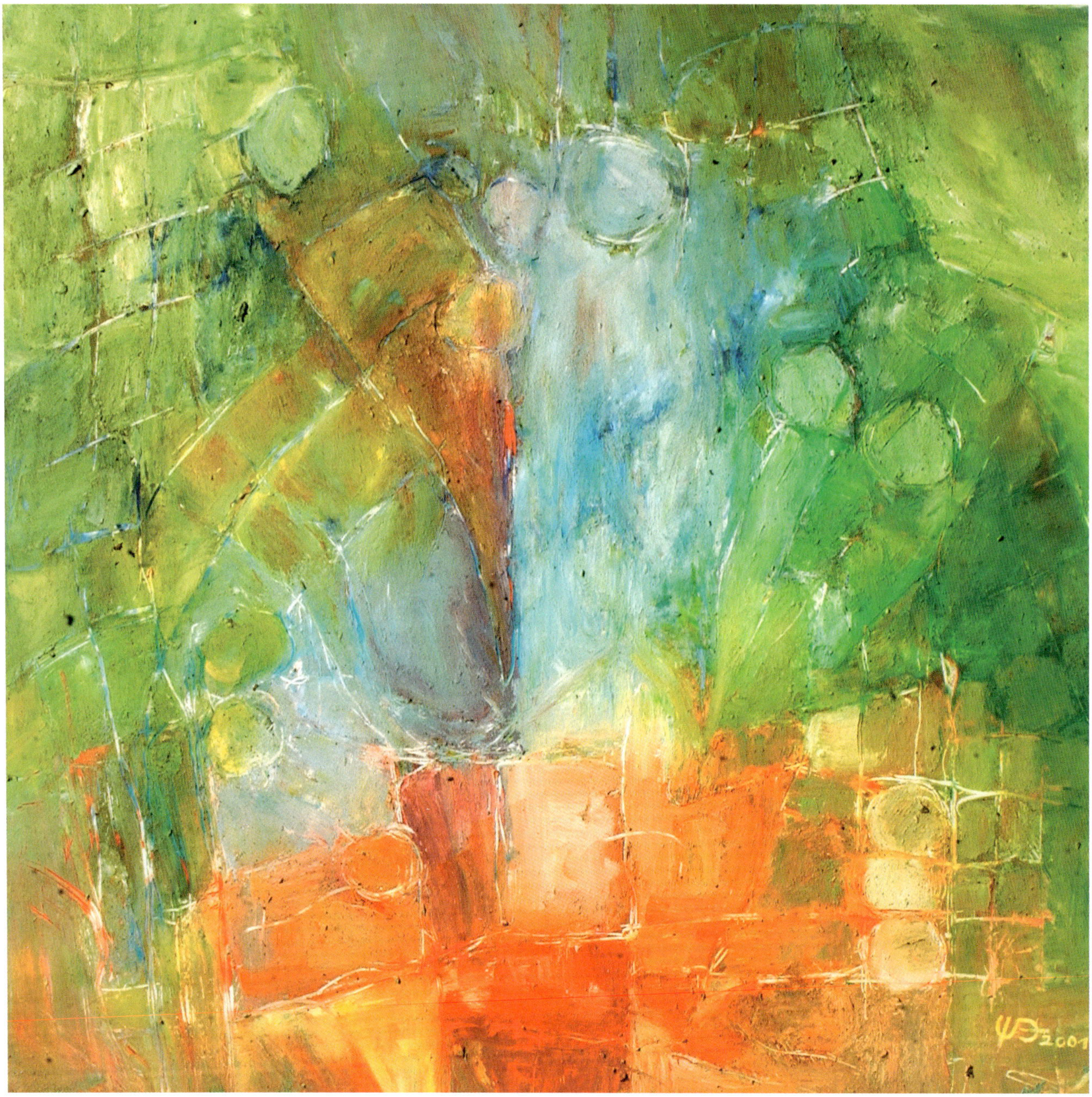

Wulf Peter Bestmann, „Garden of fools“, Acryl und Sand auf Leinwand, 110 x 120 cm.

Farbtheorien

Bereits in der Vergangenheit hat sich eine Reihe von Künstlern ausgiebig mit den physikalischen und mischtechnischen Eigenschaften von Farben und vor allem auch mit deren Wirkung im gegenseitigen Verhältnis und auf die menschlichen Sinne beschäftigt. Einige von ihnen haben Theorien erarbeitet, die dann zumeist nach ihrem Namen benannt worden sind. Die wohl bekanntesten sind die Farbtheorien nach Itten, Küppers und Goethe, aber auch andere Künstler wie Kandinsky, Runge oder Klee haben sich intensiv mit der Wirkung von Farben auseinander gesetzt und haben das in Abhandlungen niedergelegt. Wenn Sie sich eingehender für diese Farbtheorien interessieren, dann greifen Sie zu diesen Texten.

Der Farbkreis

Auf dem Farbkreis sind die Primär- und Sekundärfarben angeordnet. Aus diesen lassen sich alle anderen – auch die Grau- und Brauntöne und die neutralen Farben – mischen. Es ist wichtig, dass der Farbkreis immer aus Farben desjenigen Farbsystems erstellt wird, welches gerade in der eigenen Malerei angewandt wird. Sie sollten, wenn Sie sich einen Farbkreis selbst herstellen wollen, diesen mit den Acrylfarben anlegen, die Sie auch in Ihren Bildern verwenden. Es gibt in der Literatur verschiedene mehrteilige Farbkreise, wobei alle grundsätzlich Primär- und Sekundärfarben umfassen, aber diese können, abhängig von der jeweiligen Farbtheorie, unterschiedliche Zwischenmischtöne und Tertiärfarben enthalten.

Primärfarben

Die Primärfarben (Rot, Gelb und Blau) liegen auf dem Farbkreis gleich weit voneinander entfernt. Die Farben können aus keiner anderen Farbe ermischt werden. Theoretisch können aus den Primärfarben alle anderen Farben gemischt werden. In der Praxis ist das jedoch schwierig, da die reinen Primärfarben nicht als Farbpigmente in Malfarben existieren.

Sekundärfarben

Mischt man zwei Primärfarben zu gleichen Teilen, dann erhält man eine Sekundärfarbe. So entstehen auf dem Farbkreis aus der Mischung von zwei Primärfarben drei Sekundärfarben.

Rot und Gelb ergibt	Orange.
Gelb und Blau ergibt	Grün.
Blau und Rot ergibt	Violett.

Tertiärfarben

Eine Tertiärfarbe entsteht, wenn eine Primärfarbe mit der im Farbkreis nächstliegenden Sekundärfarbe zu gleichen Teilen gemischt wird. Da im Farbkreis an eine Primärfarbe jeweils zwei Sekundärfarben anschließen, ergeben sich durch die Mischung sechs Tertiärfarben.

Rot und Orange ergibt	Rotorange.
Rot und Violett ergibt	Rotviolett.
Gelb und Orange ergibt	Gelborange.
Gelb und Grün ergibt	Gelbgrün.
Blau und Grün ergibt	Blaugrün.
Blau und Violett ergibt	Blauviolett.

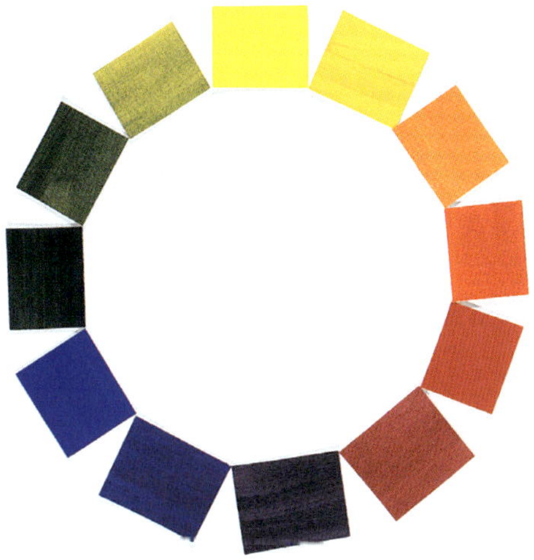

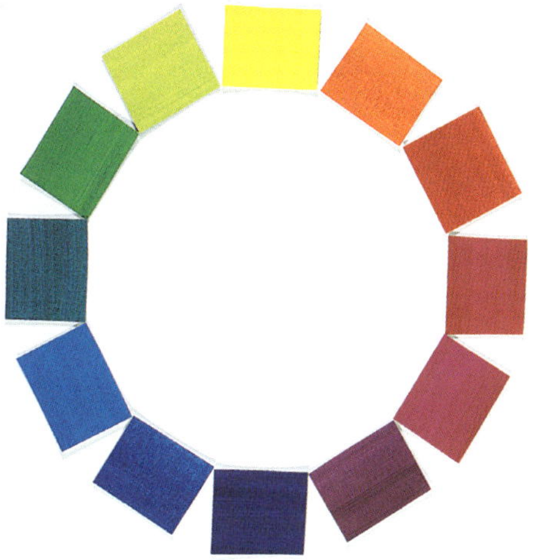

Bei diesen beiden Farbkreisen, die mit dem Sirius Primary System von Lascaux erstellt wurden, ist zu sehen, wie unterschiedlich die Ausmischungen der Zwischentöne ausfallen, wenn unterschiedliche Grundfarben verwendet werden. Die Farbmischung im Farbkreis links ergibt sich aus den drei Grundfarben Cyan, Gelb und Magenta. Die Farbtöne wirken rein. Im Farbkreis rechts wurden anstelle der Farbtöne Cyan und Magenta die warmen Töne Ultramarin und Rot verwendet. Die Mischtöne wirken gedämpfter. Das größte Farbenspektrum und die reinsten Mischergebnisse erhält man allerdings nur mit allen fünf Grundfarben des Sirius Systems.

Werden Primär- und Sekundärfarben in unterschiedlichen Anteilen miteinander gemischt, so ergibt sich ein breites Farbenspektrum. Mischt man eine der Farben, die man zum Mischen verwendet hat, mit der ermischten, entsteht ein Zwischenton; dies fortgeführt, ergibt einen fast kontinuierlichen Übergang der Farbtöne.

Kontrastierende und harmonierende Farben
Farbtöne können auf zwei grundlegende Arten miteinander in Beziehung treten: Sie harmonieren miteinander, wenn sie auf dem Farbkreis nahe beieinander liegen, oder sie erzeugen eine kontrastierende Wirkung, wenn sie auf dem Farbkreis weiter auseinander liegen. Die Farbtöne, welche auf dem Farbkreis nebeneinander liegen, bilden verwandte Farbklänge. Die engste Verwandtschaft besteht zwischen verschiedenen Tönungen eines Farbtones oder zwischen einer Primärfarbe und jener Sekundärfarbe, in der diese Primärfarbe enthalten ist, wie z. B. zwischen Rot und Rotorange oder Rotviolett.

Komplementärfarben
Farbtöne, die sich auf dem Farbkreis gegenüberliegen, nennt man Komplementärfarben. Sie erzeugen stark kontrastierende Farbwirkungen. Komplementärfarben ergeben sich aus der Mischung einer Primärfarbe mit derjenigen Sekundärfarbe, die aus den anderen beiden Primärfarben besteht.

Rot ist die Komplementärfarbe zu Grün.
Gelb ist die Komplementärfarbe zu Violett.
Blau ist die Komplementärfarbe zu Orange.

Diese komplementären Farbbeziehungen lassen sich auch auf die Sekundärfarben anwenden. So ist Rotorange komplementär zu Blaugrün, Blauviolett zu Gelborange usw.

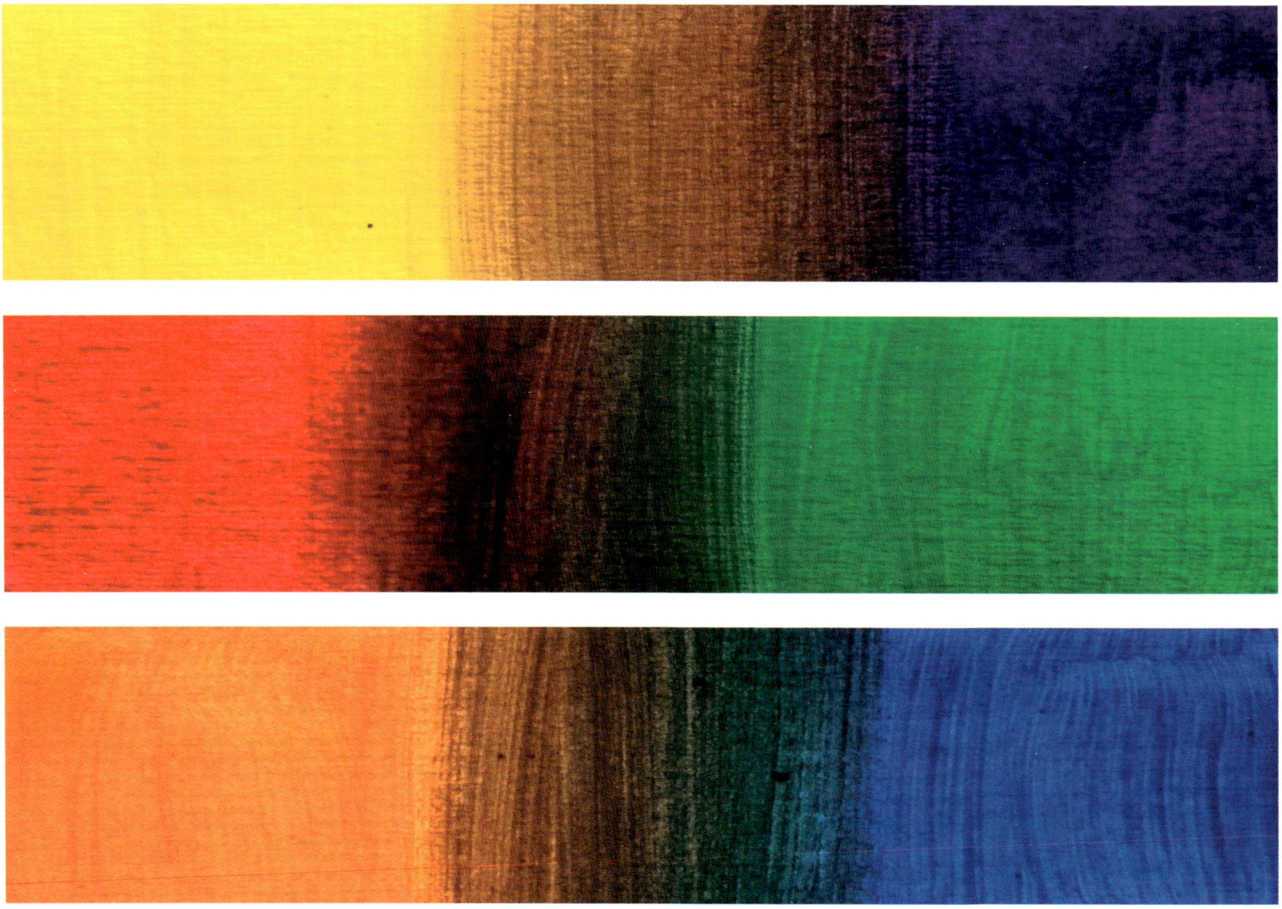

Wenn komplementäre Farben nebeneinander stehen, verstärken sie sich gegenseitig in ihrer Wirkung. Werden komplementäre Farben miteinander gemischt, neutralisieren sie sich gegenseitig und es entstehen so genannte gebrochene Farbtöne. So kann z. B. ein leuchtendes Rot durch die Zugabe von Grün in seiner Intensität gemildert werden.

Warme und kalte Farben

Farben, die im Farbkreis in den rot-orange-gelben Bereich fallen, werden als warme Töne bezeichnet, während die Farben aus dem grün-blau-violetten Spektrum zu den kalten Farben gerechnet werden. Da warme Farben im Bild scheinbar nach vorne kommen und kalte Farben zurückzutreten scheinen, werden diese Farben in ihrer kontrastierenden Wirkung zur Darstellung von räumlicher Tiefe eingesetzt.

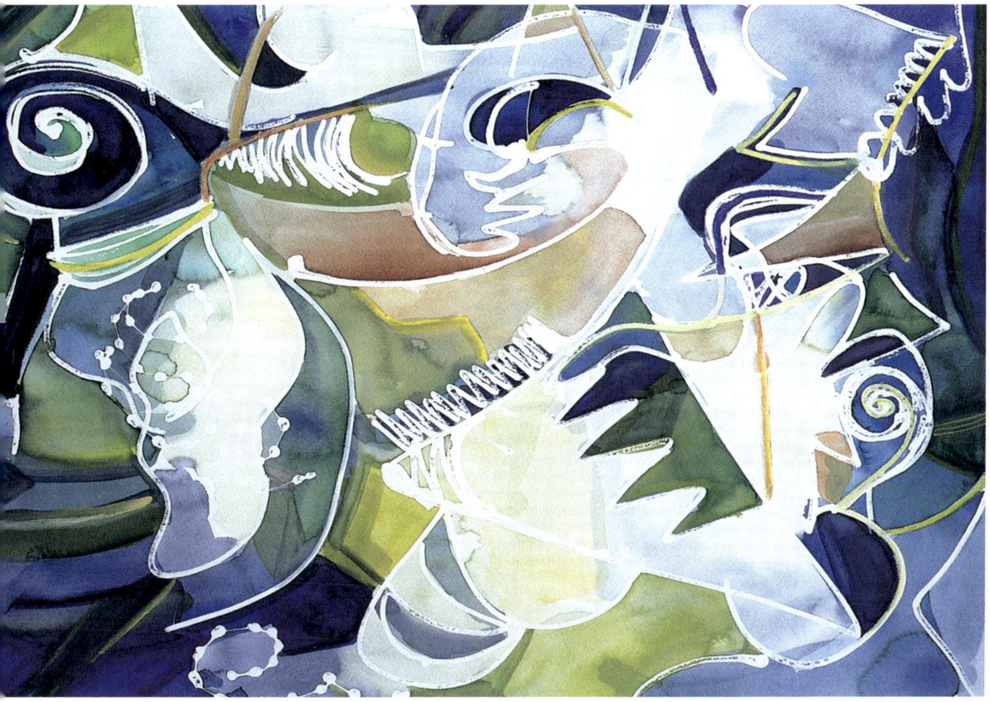

Oben und unten:
Heinke Böhnert, o. T., Acryl auf Papier, je 50 x 64 cm.

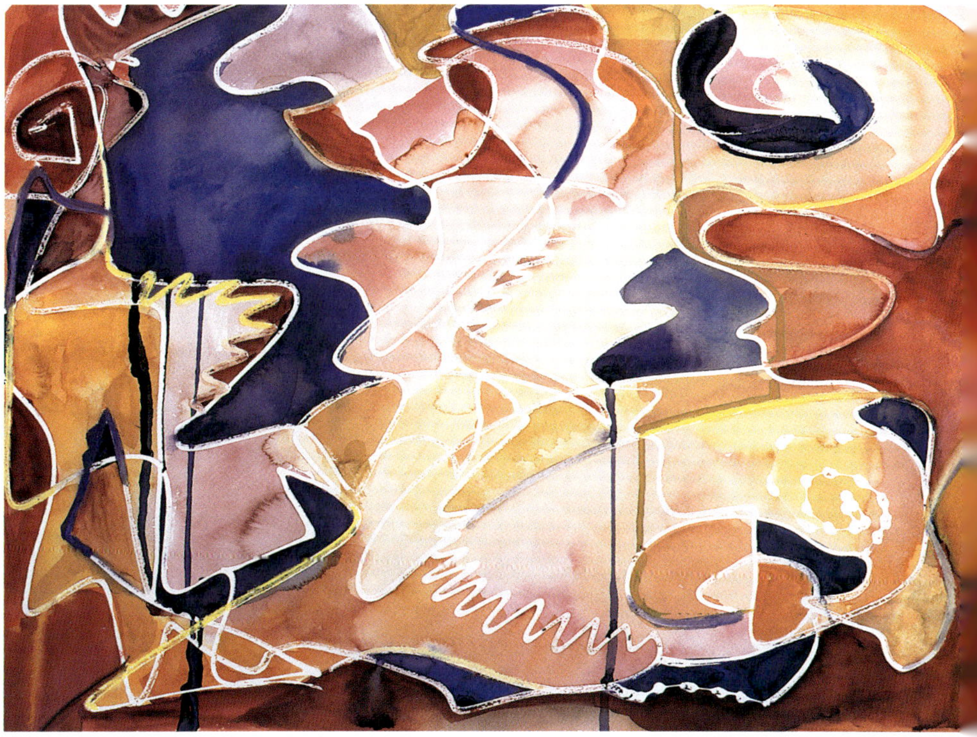

Farben und ihre Wirkung

Farbe ist ein Sinneseindruck, der im Gehirn entsteht. Das menschliche Auge nimmt Licht in unterschiedlichen Wellenlängen wahr, wobei der wahrgenommene Farbton von einem Lichtreiz bestimmter Wellenlänge hervorgerufen wird. Das Auge kann etwa 160 Farbtöne unterscheiden. Wird das von uns als weiß empfundene Sonnenlicht durch ein Prisma gelenkt, so wird es in Spektralfarben zerlegt, die über Rot, Orange, Gelb, Grün, Blau und Violett nahezu kontinuierlich ineinander übergehen. Diese Farben werden auch auf dem Farbkreis dargestellt. Die Farben selbstleuchtender Objekte werden Lichtfarben genannt, der Farbeindruck aller nicht selbstleuchtenden Objekte wird als Körperfarbe bezeichnet.

Der Farbeindruck von Körperfarben entsteht dadurch, dass ein Teil der Farben des auf sie fallenden Lichtes absorbiert (verschluckt) wird und der Rest reflektiert wird. Trifft das zurückgeworfene Licht auf die Netzhaut des Auges, nehmen wir das jeweilige Objekt farbig wahr. Beim Mischen von Farben absorbieren die Pigmente verschiedene Teile des Lichts, und man sieht den Anteil des Lichts, der am wenigsten absorbiert wird. Dieser Vorgang wird subtraktive Farbmischung genannt. Graue oder schwarze Farbeindrücke entstehen dadurch, dass in ihnen kein Teil des Spektrums mehr bevorzugt reflektiert wird. Treffen Lichtwellen, die zu verschiedenen Farben des Spektrums gehören, im Auge auf dieselbe Stelle der Netzhaut, so entsteht ein einziger Farbeindruck. Diese Mischung farbigen Lichts erzeugt die additive Farbmischung. So erscheint eine weiße Fläche, die mit einer grünen und einer orangefarbenen Lampe angestrahlt wird, gelb.

Farben sind jedoch weit mehr als ein physikalisches Phänomen. Sie haben einen wesentlichen Einfluss auf unsere Wahrnehmungen und unsere Gefühle. Nehmen wir Farben wahr, so werden diese Eindrücke über die Sehnerven beider Augen zum Gehirn weitergeleitet. In der mit dem Gehirn verbundenen Sehrinde werden aus den eingehenden elektrischen Impulsen Wahrnehmungen. Die Sehrinde wiederum steht mit Nervenzellen aus anderen Bereichen des Gehirns sowie mit den gesamten Speicherfunktionen des Großhirns in Verbindung. Das ist der Grund, warum wir mit Farben mehr verbinden als nur den einzelnen Farbeindruck. Viele Künstler haben Farben mit Tönen in Verbindung gebracht – wir sprechen oft auch von Farbklängen oder sagen, dass Bilder komponiert werden. Wenn wir Farben wahrneh-

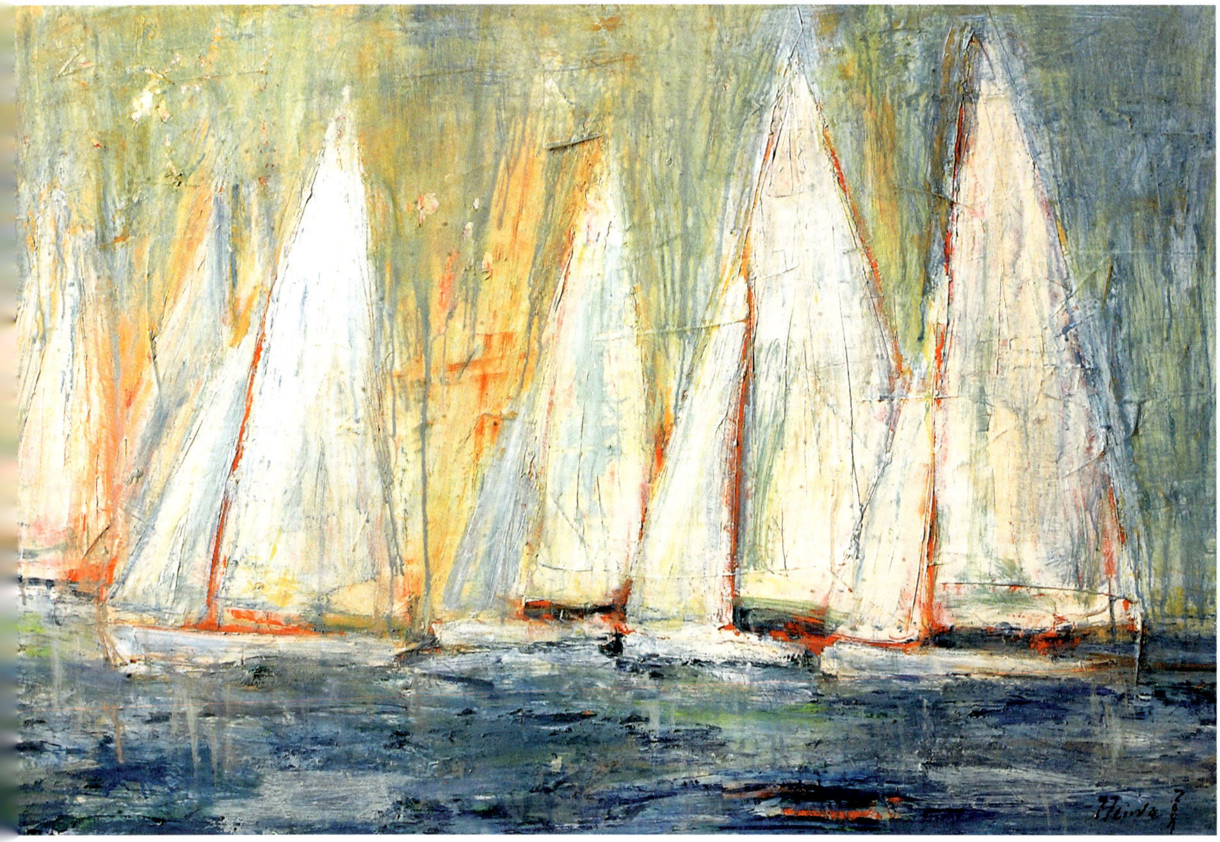

Heinke Böhnert, „The Race", Acryl auf Leinwand, 70 x 100 cm.

men, kommt es auch oftmals durch die Verbindung mit Erinnerungen zur gleichzeitigen Wahrnehmung von Gerüchen. Menschen, die einen sehr stark ausgeprägten Geruchssinn haben, können verschiedenen Farben Gerüche zuordnen und umgekehrt. Die eingangs beschriebene Einteilung in warme und kalte Farben ist ebenfalls ein Ergebnis des Zusammenspiels von unterschiedlichen Impulsen anderer Sinne mit der Wahrnehmung von Farben.

Den Farben wurden in einzelnen Kulturen verschiedene Begriffe zugeordnet und sie wurden in der Malerei als Verkörperung von Symbolgehalten verwendet. Bereits die Ägypter stellten einige Gottheiten in bestimmten Farben dar, da die Farbe für Eigenschaften stand, die diese verkörperten. Der Symbolgehalt der christlichen Altarmalerei des Mittelalters konnte außer durch die figürliche oder räumliche Darstellung auch anhand der Verwendung von Farben für Gewänder oder Gegenstände entschlüsselt werden. Kandinsky, der als einer der Begründer der abstrakten Malerei gilt, komponierte seine Bilder in Farbtönen, die für Gefühlszustände standen. In der modernen Werbung werden Farben nach ihrer Wirkung auf den Käufer eingesetzt.

Es gibt unzählige Beispiele dafür, dass Menschen aus demselben Kulturkreis bestimmten Farben gleiche oder ähnliche Begriffe zuordnen. So wird mit der Farbe Rot zumeist Feuer oder Blut assoziiert, aber auch Liebe, Leidenschaft oder Aggression. Rot kann negativ oder positiv besetzt sein; der Aggression, dem Verbrennen oder dem Blutvergießen steht die Liebe, Wärme und Leidenschaft gegenüber. Rot hat auch Signalwirkung. Die Farbe Blau empfinden wir als kalt, sie ist die Farbe des Wassers und Himmels. Schon in frühen Kunstepochen wurden Phänomene wie das Geistige, Tiefe oder Reinheit mit dieser Farbe verbunden. In Mariendarstellungen wurde für die Gewänder Blau verwendet, da Blau für die Verbindung von Reinheit und göttlicher Herkunft stand.

Da Farben im Bild immer von den sie umgebenden Farbtönen beeinflusst werden, erzeugen sie in Beziehung zueinander unterschiedliche emotionale Reaktionen. Diese sind abhängig davon, welchen Grad an Reinheit die jeweils verwendeten Farben haben, ihren Tonwert und den Kontrasten, in denen sie stehen.

Tonwert

Der Tonwert einer Farbe bezeichnet ihren Helligkeits- oder Dunkelheitswert.

Weiß ist die höchste Helligkeitsstufe und Schwarz die tiefste. Zwischen diesen beiden Polen lassen sich alle anderen Farben ihrem Tonwert nach einstufen.

So hat z. B. Orange einen helleren Tonwert als Dunkelblau. Hellgrün und Hellrot haben zwar unterschiedliche Farbtöne, jedoch einen ähnlichen Tonwert. Durch den Einsatz unterschiedlicher Tonwerte in der Malerei lassen sich Kontraste erzielen, durch die bestimmte Bildteile hervorgehoben werden können.

Die Modulation von Tonwerten ist in der gegenständlichen Malerei unerlässlich zur Gestaltung von Plastizität und räumlicher Tiefe.

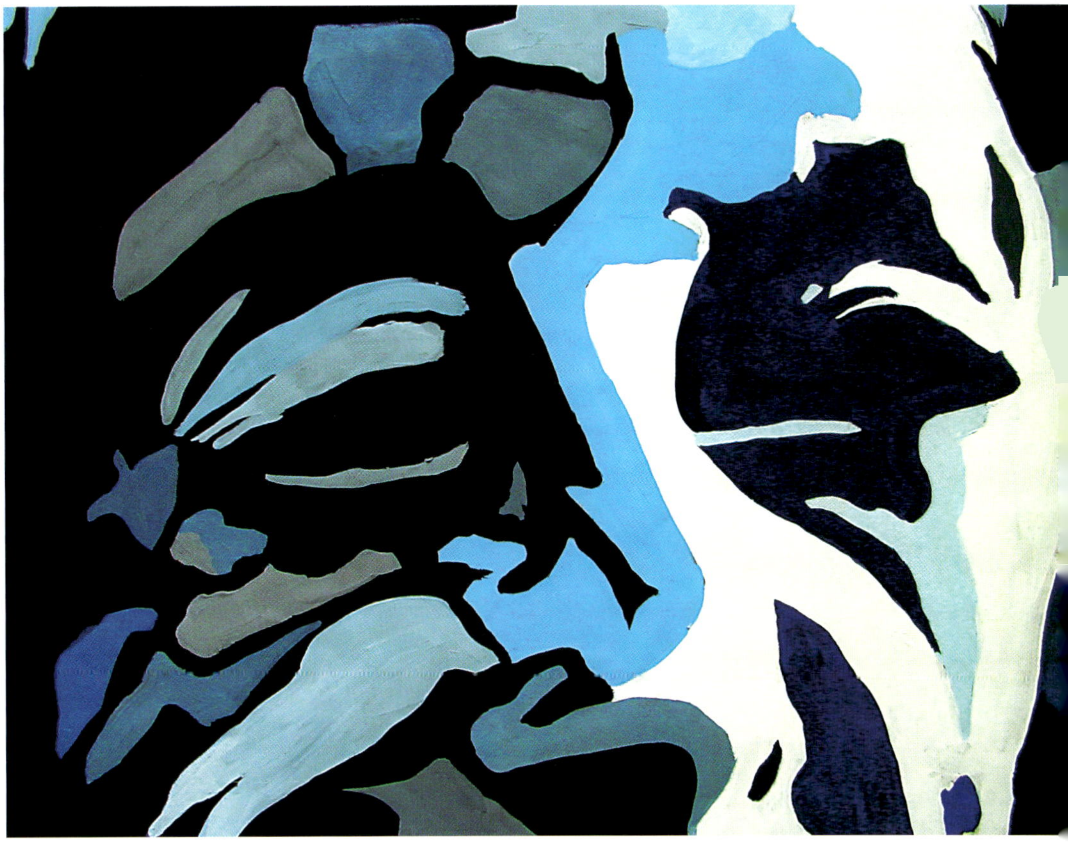

Reinheitsgrad
Der Reinheitsgrad einer Farbe ist abhängig davon, wie nah sie an den Farbton herankommt, der ihr im Farbspektrum entspricht. Im Spektrum sind alle Farben in ihrer reinsten Form enthalten. Je mehr sie abgetönt werden, desto mehr verlieren sie an Intensität und Leuchtkraft. Farben lassen sich sowohl durch das Hinzufügen von Weiß oder Schwarz abtönen bzw. brechen als auch durch das Hinzumischen von Komplementärfarben.

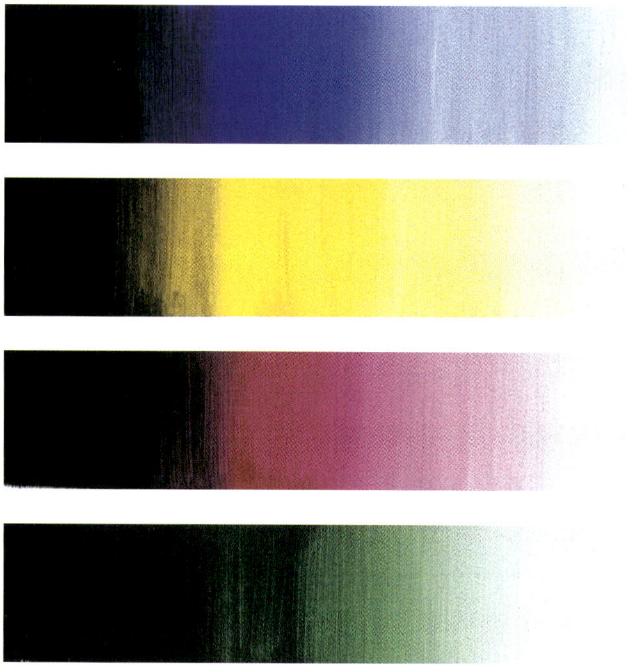

Kontraste
Farben, die mit unterschiedlichen Farb- und Tonwerten oder in unterschiedlicher Reinheit nebeneinander gesetzt werden, erzeugen eine starke Wirkung. Das Aufeinandertreffen von Farben mit gegensätzlichen Eigenschaften erzeugt Kontraste, die in der Malerei eingesetzt werden, um unterschiedliche Bildwirkungen zu erzielen. Es gibt eine Reihe von Kontrasten, von denen wir einige hier vorstellen wollen.

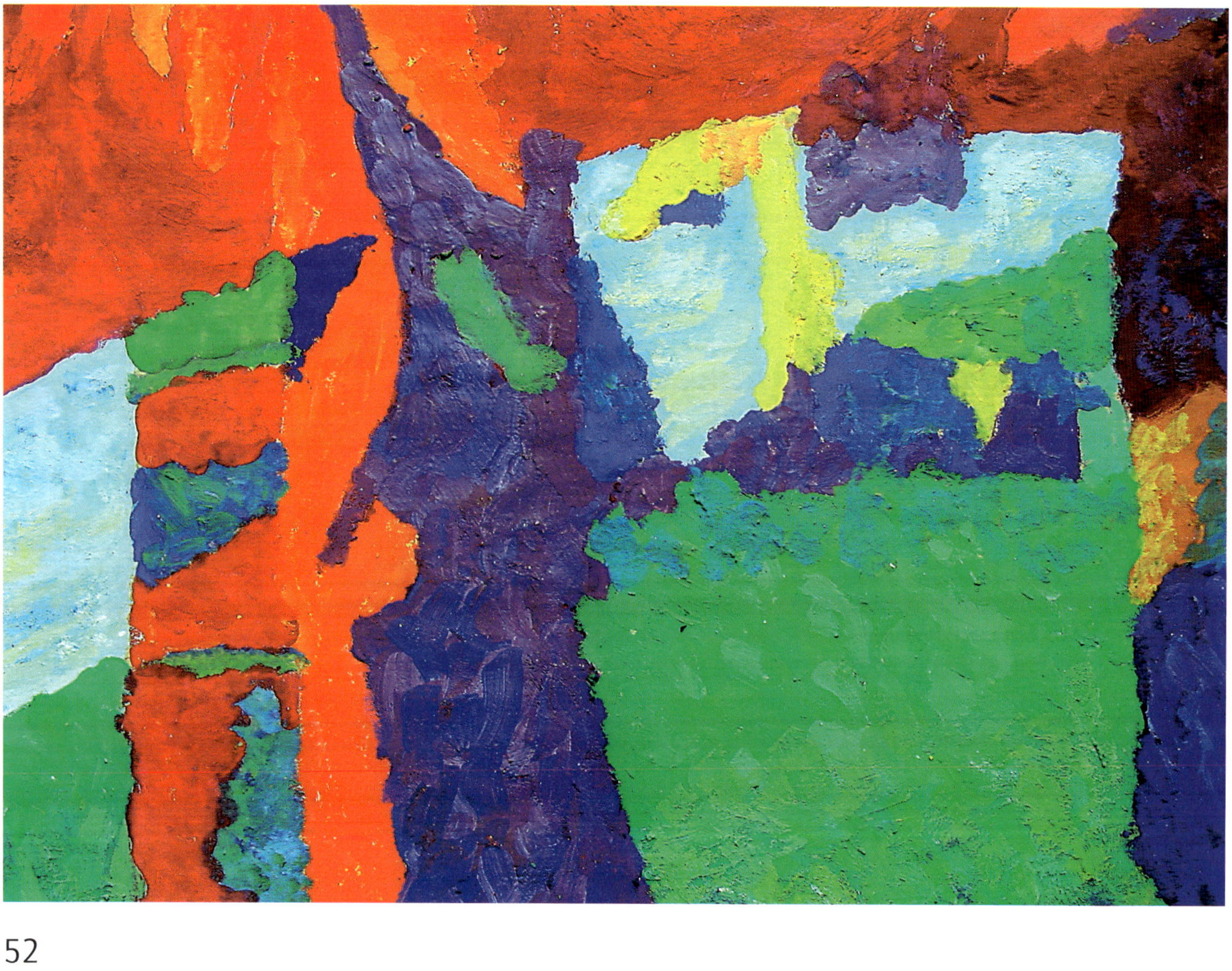

Der Hell-Dunkel-Kontrast

Im Hell-Dunkel-Kontrast stehen helle Formen oder Farbflächen dunklen gegenüber. Durch die Wechselwirkung von Licht und Schatten und ihren geschickten Einsatz in der Malerei wird der Blick des Betrachters durch das Bild geführt. Betrachten wir mehrere Gemälde nur flüchtig, hinterlassen Bilder mit raffiniert aufgebauten Hell-Dunkel-Kontrasten einen stärkeren Eindruck.

Die Maler der Renaissancezeit griffen auf Hell-Dunkel-Kontraste zurück, um dramatische Wirkungen oder räumliche Tiefe zu erzeugen. Künstler wie Caravaggio waren Meister des Chiaroscuro – des Schaffens von Kontrasten von Licht und Schatten – und gebrauchten eine subtile Lichtführung als kompositorisches Mittel in ihren Gemälden.

Oliver Löhr, o. T., Acryl auf schwarzem Cansonpapier, 61 x 48 cm.

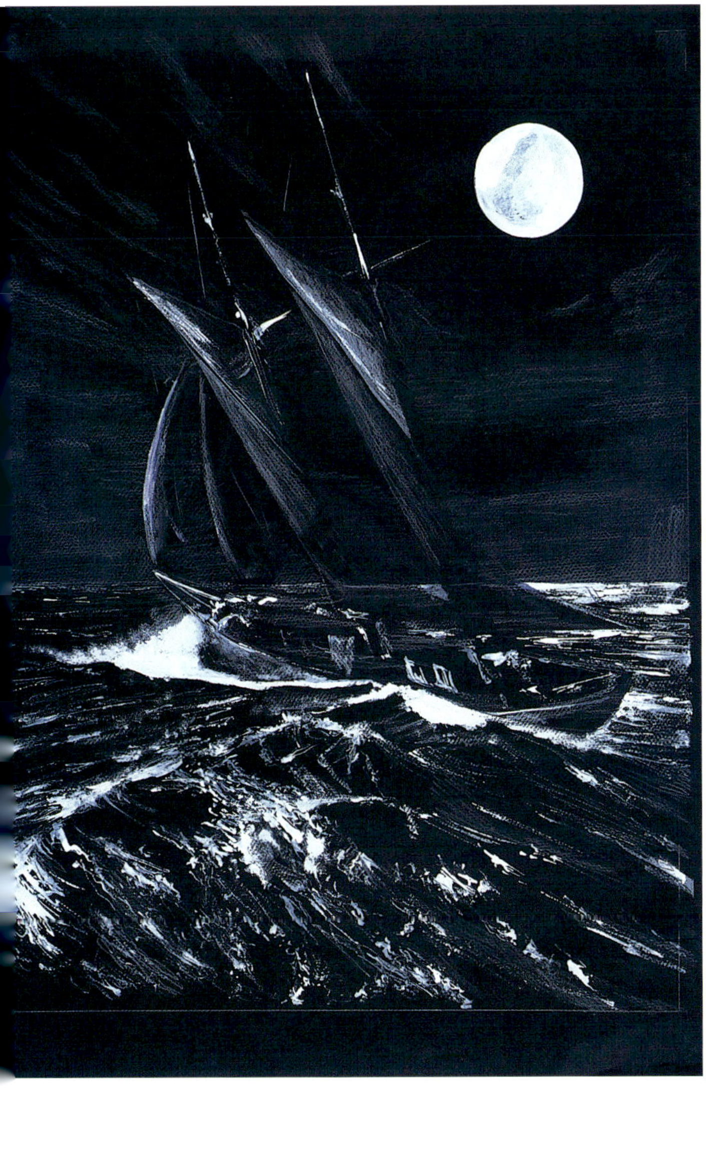

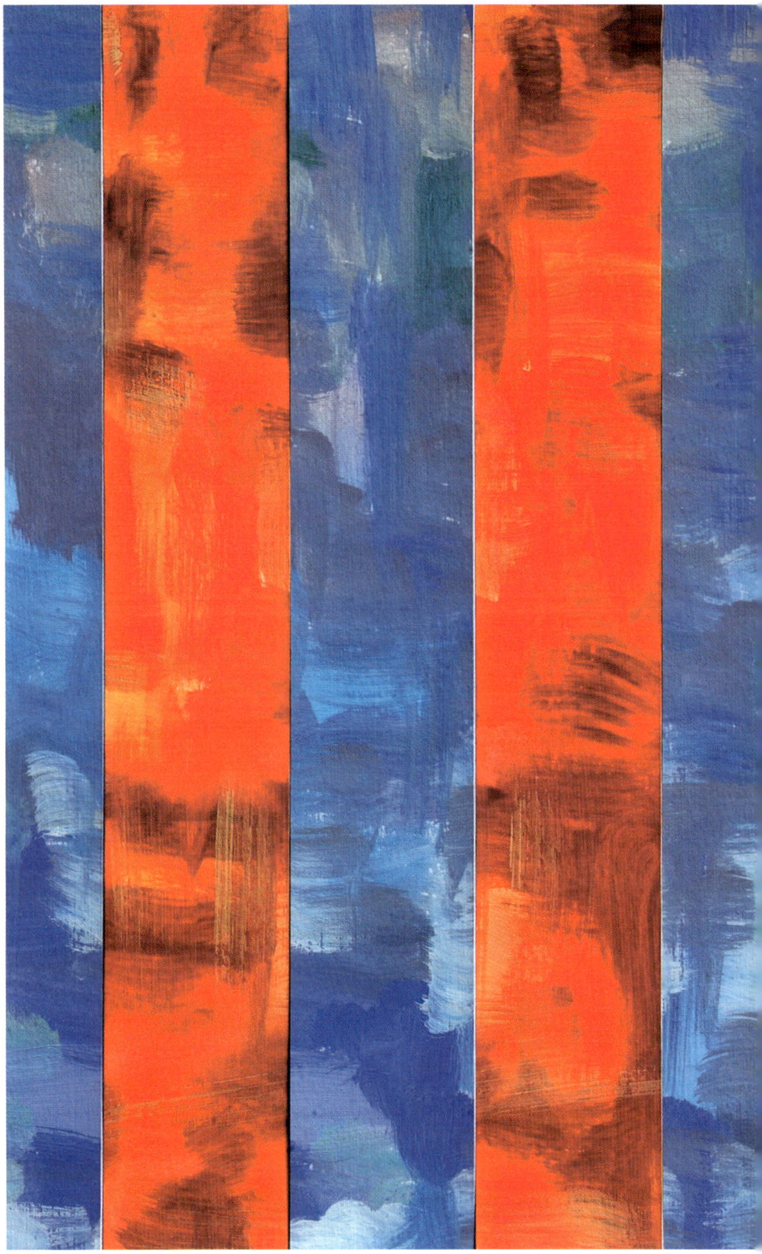

Der Warm-Kalt-Kontrast

Der Kontrast zwischen warmen und kalten Farben ist wichtig für den Bildaufbau und bei der Gestaltung von Räumlichkeit und Lichtstimmungen. Da warme Farben den Eindruck erwecken hervorzutreten und kalte Farben scheinbar zurückweichen, wird der Warm-Kalt-Kontrast häufig in der Landschaftsmalerei angewandt. Die Impressionisten nutzten die Wirkung warmer und kalter Farben zur Darstellung von atmosphärischen Phänomenen und zur Steigerung der Tiefenwirkung. Die Expressionisten setzten diesen Kontrast oft auch zur Darstellung von Gemütszuständen ein.

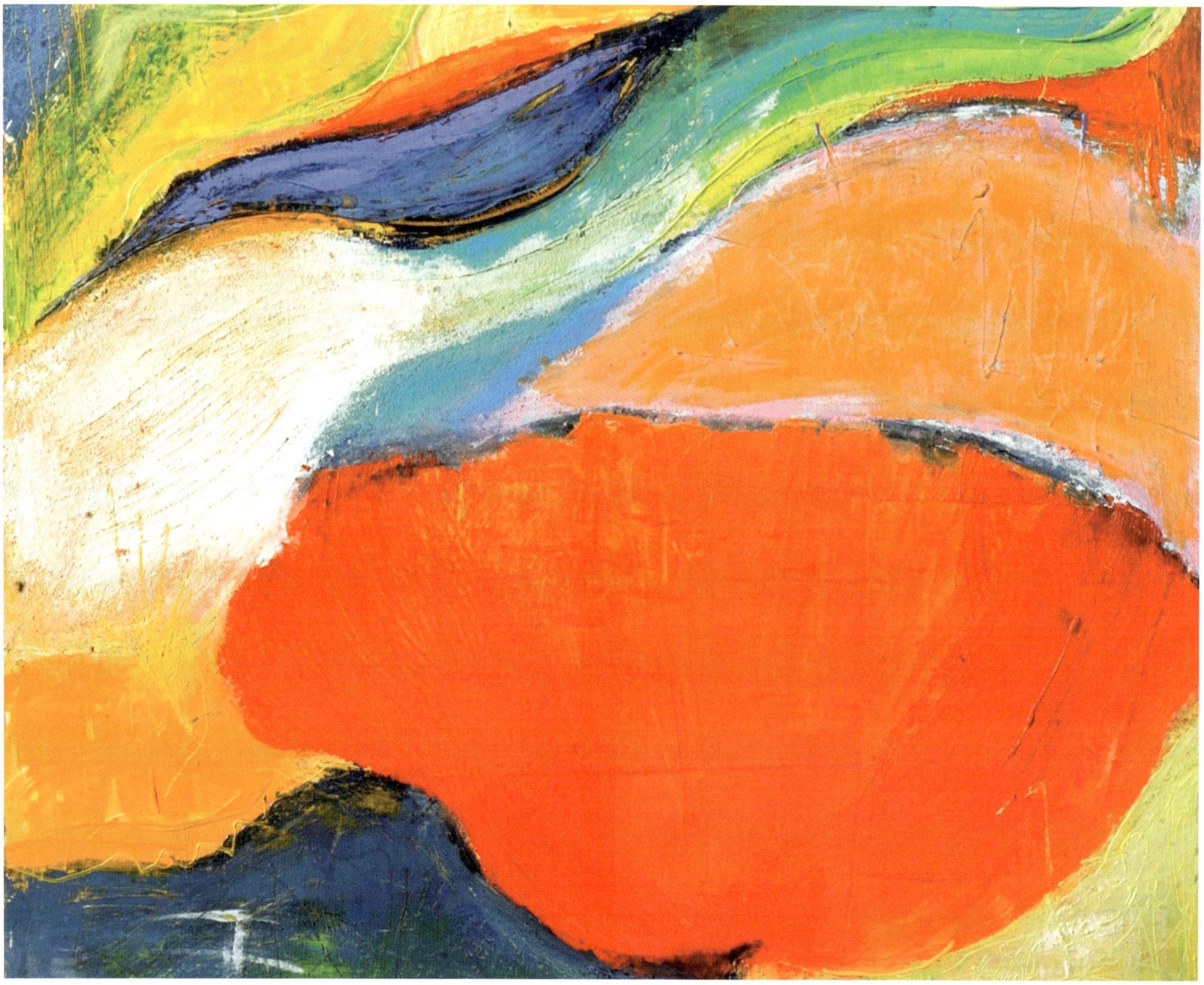

Heinke Böhnert, „Mohn pur", Acryl auf Leinwand, 60 x 60 cm.

Der Farbe-an-sich-Kontrast
Reine Farben erzeugen einen Kontrast, wenn sie nebeneinander stehen. Nach der Farbtheorie von Johannes Itten ist dieser am stärksten, wenn Gelb, Rot und Blau ungemischt verwendet werden. Mit reinen Farbtönen lassen sich Spannungen und Farbwirkungen aufbauen, die den Betrachter unmittelbar ansprechen.

Der Komplementärkontrast
Werden Komplementärfarben nebeneinander gesetzt, steigern sie sich gegenseitig in ihrer Wirkung. So wirken beispielsweise orangefarbene Flächen, die auf blauem Untergrund stehen, leuchtender als auf neutralem Untergrund. Die angestrebte Kontrastwirkung ist abhängig von der Größe der Flächen sowie der Reinheit der verwendeten Komplementärfarben und deren Tonwert. Die stärkste Kontrastwirkung besitzen Komplementärfarben gleicher Reinheit und mit gleichem Tonwert. Gleich große Flächen nebeneinander gesetzt, erzeugen eine schrille, dynamische Wirkung, während man mit kleineren Flächen auf komplementärfarbenem Grund die Farbintensität des Untergrunds steigern kann.

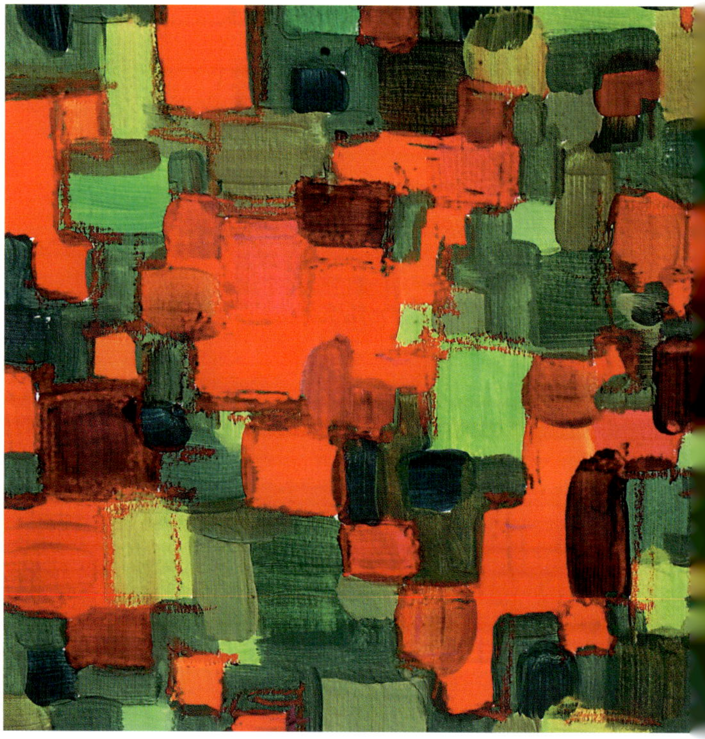

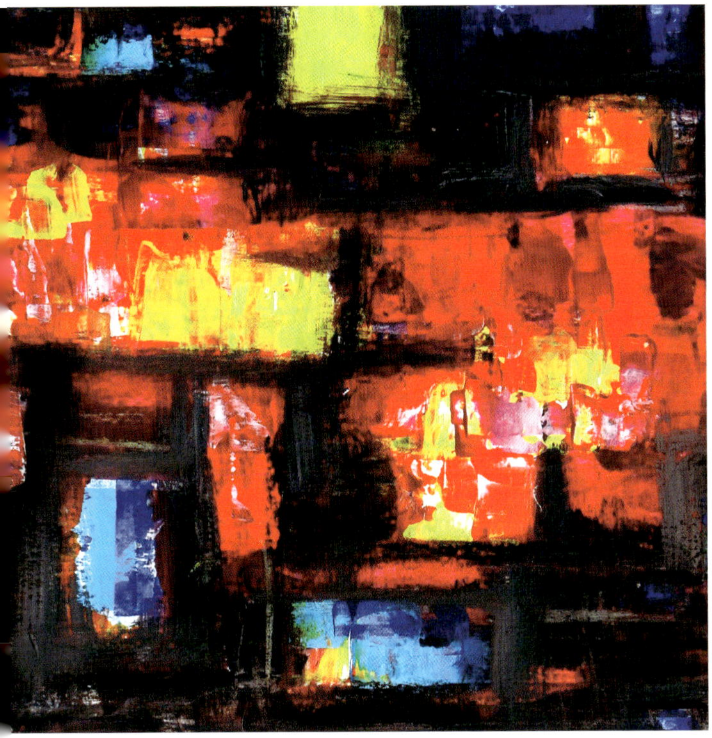

aufeinander abgestimmt sind, sodass sich mit ihnen ein ausbalancierter Farbkreis erstellen lässt. Einige Farbenhersteller haben speziell auf diese Bedürfnisse abgestimmte Farbsortierungen in ihrem Sortiment.

Die Schweizer Farbenfabrik Lascaux bietet mit ihrem „Sirius Primary System" ein Farbsystem an, welches von fünf Primärfarben ausgeht: Magenta, Rot, Gelb, Cyan und Ultramarin; sie ergeben – zu gleichen Teilen gemischt – ein tiefes, neutrales Schwarz.

Mit diesen fünf Primärfarben lassen sich alle erdenklichen Farben mischen. Ergänzt wird die Farbpalette durch Schwarz und Weiß. Die in diesem Buch abgebildeten Farbkreise und die Ausmischungen der anderen Farbtöne wurden mit Farben dieses Systems erstellt.

Der Qualitätskontrast

Reine Farben wirken brillanter, wenn sie in Verbindung mit abgetönten oder neutralen Farbflächen stehen. Man kann Partien dadurch hervorheben, dass man reine Farbtöne in Bereichen einsetzt, die von neutralen Tönen dominiert werden. Auch hier kann durch die Wechselwirkung von reinen und neutralen Farbtönen der Blick des Betrachters durch das Bild geführt werden.

Der Quantitätskontrast

Sollen in einem Bild bestimmte Bereiche hervorgehoben oder ein Bildzentrum geschaffen werden, ist es wichtig, dass der Blick des Betrachters auf die kontrastreichsten Stellen im Bild gelenkt wird. Tauchen in der Komposition Bereiche auf, die stärker kontrastiert sind als das eigentliche Thema des Bildes, wird die Aufmerksamkeit von diesen angezogen. Ein Gleichgewicht in der Komposition lässt sich dadurch erzielen, dass kontrastierende Farben unterschiedlich gewichtet werden. So können große dominierende Farbflächen durch kleinere Akzente anderer Tönung harmonisiert oder wichtige Bildteile mithilfe kontrastierender Farben aus einem neutral gehaltenen Bildgrund hervorgehoben werden.

Farbmischsysteme im Handel

Wie zu Anfang bereits dargestellt, fallen die Ergebnisse beim systematischen Ermischen von Farben – abhängig von den verwendeten Ausgangsfarbtönen – häufig recht unterschiedlich aus.

Um die grundlegenden Gesetze der Farblehre nachvollziehen zu können, ist es wichtig, Farbtöne zu verwenden, die

Grautöne lassen sich nicht nur in der Mischung von Schwarz und Weiß erzeugen, sondern verschiedene Grautönungen auch durch das Mischen von komplementären Farben. Häufig wirkt das Grau aus diesen Mischungen lebendiger.

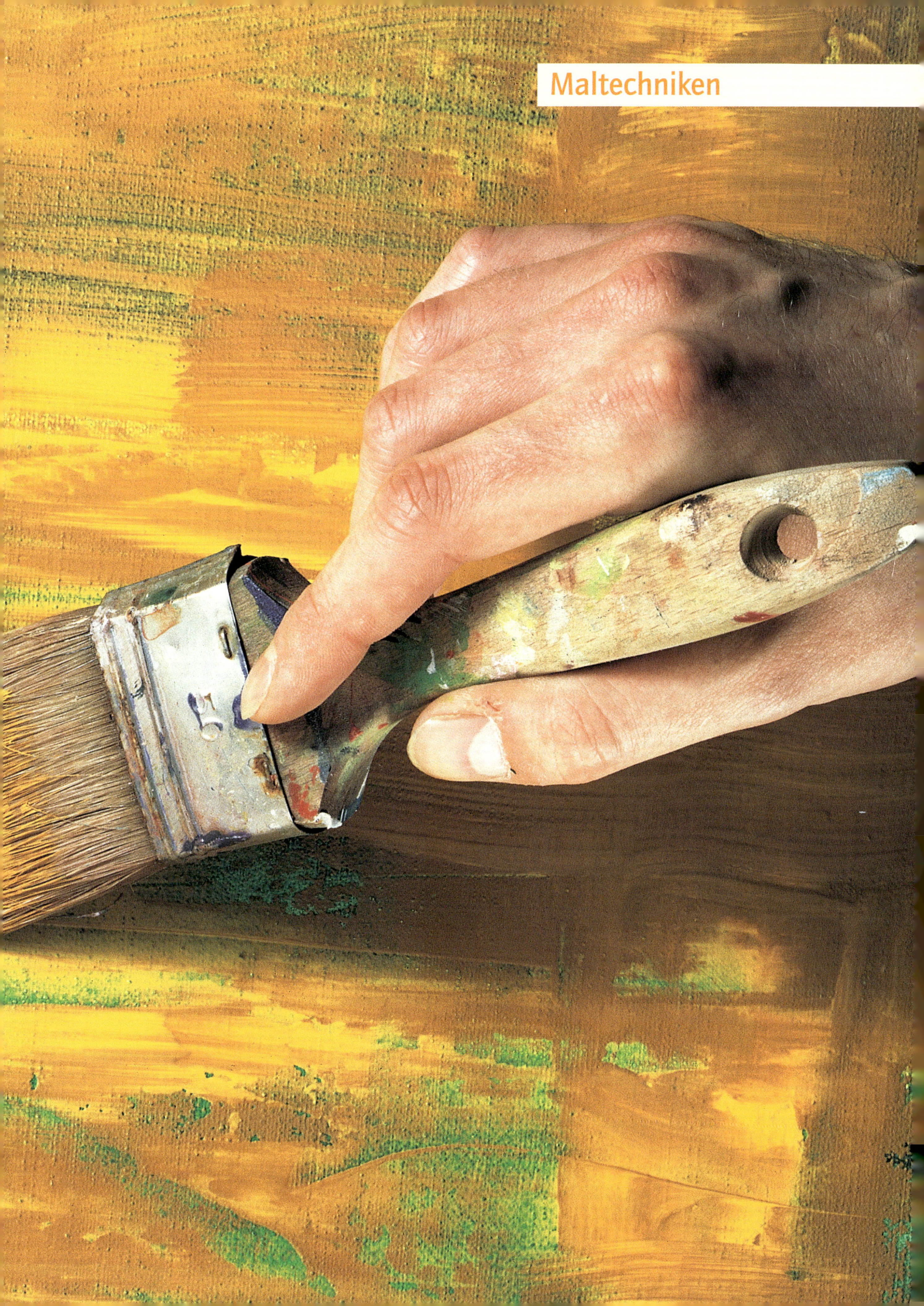

Grundlagen

Pinselführung

Es gibt viele verschiedene Möglichkeiten, Farbe mit dem Pinsel aufzutragen. Der Duktus – also die wechselnden Strichstärken, die ein Pinsel hinterlässt – sind zum einen von seiner Beschaffenheit, wie zum Beispiel der Haarqualität, abhängig, werden aber natürlich in noch weit größerem Maß von demjenigen bestimmt, der den Pinsel führt. Pinselstriche sind die Mittel, mit denen der Künstler seine Persönlichkeit ausdrückt. Mit der Zeit werden Sie eine eigene Pinselführung entwickeln, die genauso charakteristisch ist wie Ihre Handschrift.

Wenn Sie noch ungeübt im Umgang mit Farbe und Pinsel sind, empfehlen wir einige Übungen zum „Aufwärmen": Befreien Sie sich von dem Gedanken, gleich ein vollständiges Bild schaffen zu müssen. Wählen Sie einige Ihrer Lieblingsfarben und probieren Sie verschiedene Möglichkeiten des Farbauftrags aus. Bei dieser Gelegenheit lernen Sie zugleich, wie sich verschiedene Farbtöne beim direkten Vermalen auf dem Malgrund mischen lassen, und werden so mit dem Material vertraut.

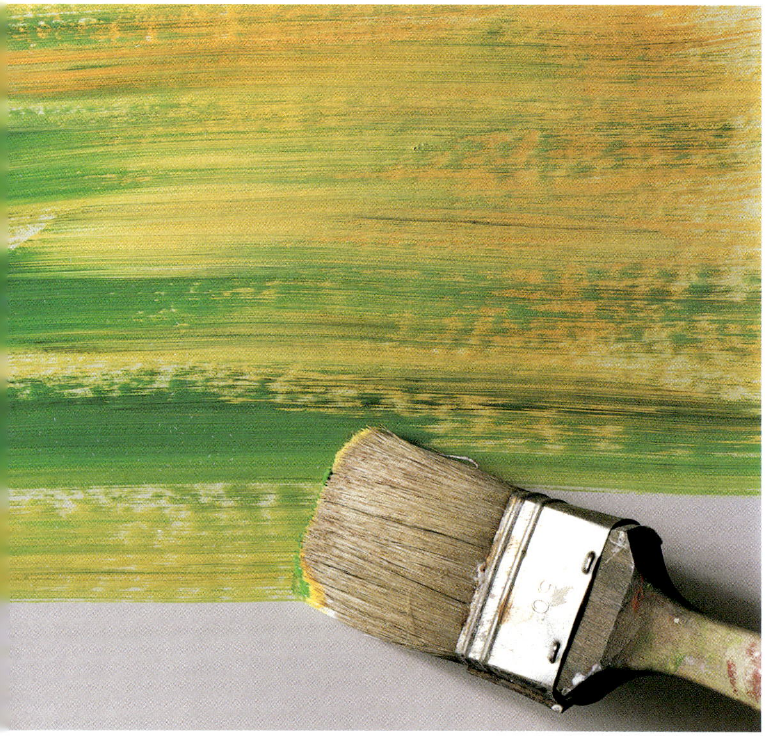

Farbauftrag mit dem Flächenstreicher.

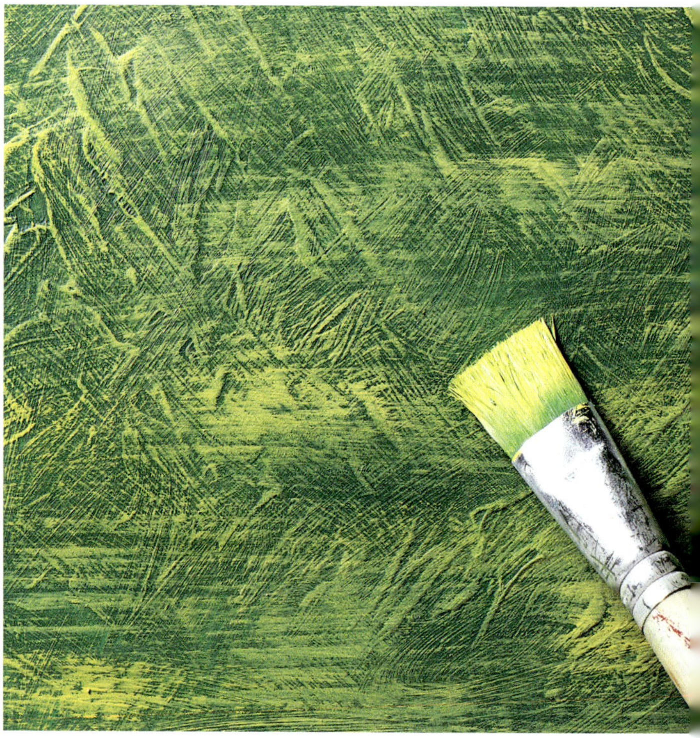

Trockenpinseltechnik: Bereits getrocknete Farbflächen können durch eine locker aufgebrachte, nicht deckende Schicht in ihrer Farbigkeit verändert werden. Dabei wird der Pinsel so lange ausgemalt, bis er kaum noch Farbe abgibt. So scheint die ursprüngliche Farbe durch die zuletzt aufgetragene Farbschicht. Verdünnen Sie die Farbe möglichst nicht.

Schwungvoller Farbauftrag in eine Richtung.

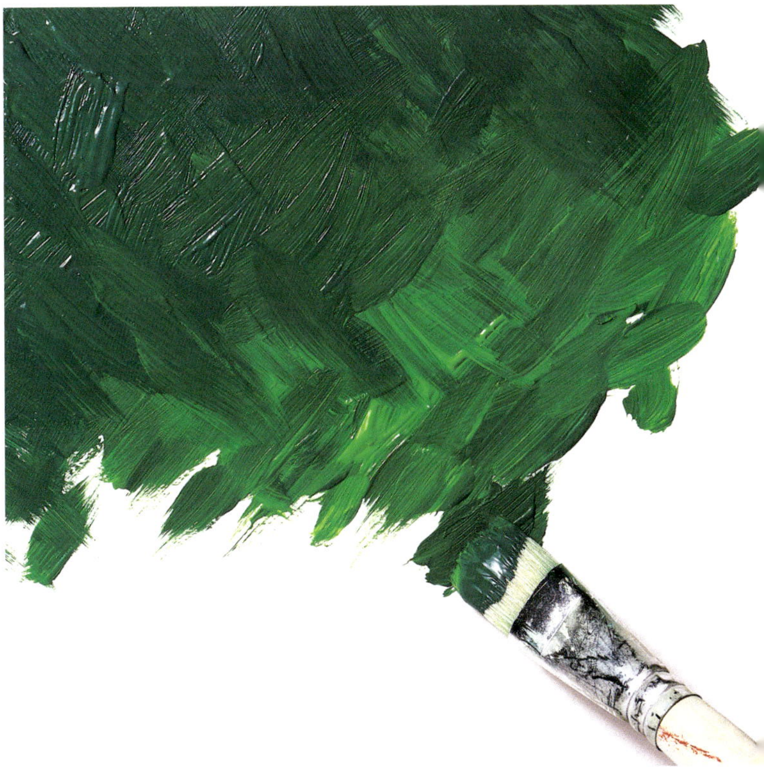

Die Farbe wird mit kreuzweisen Pinselbewegungen aufgetragen.

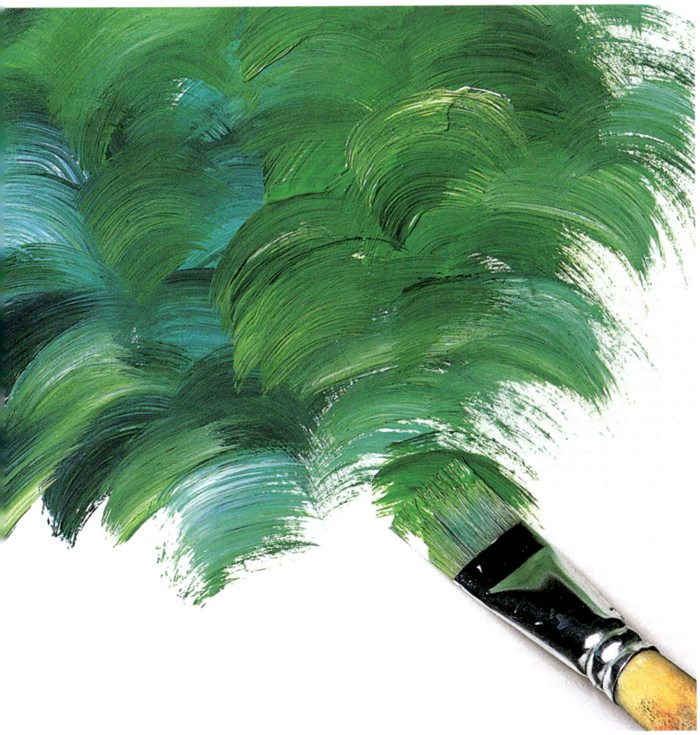

Wolkiger Farbauftrag.

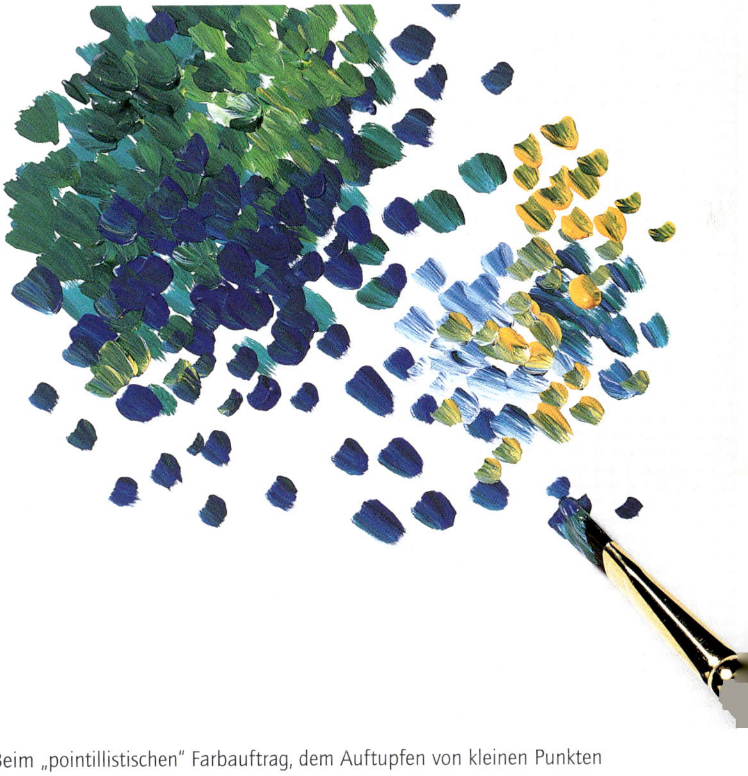

Beim „pointillistischen" Farbauftrag, dem Auftupfen von kleinen Punkten oder Flecken, entsteht räumliche Tiefe durch die Überlagerung mehrerer Schichten in unterschiedlichen Farbtönen.

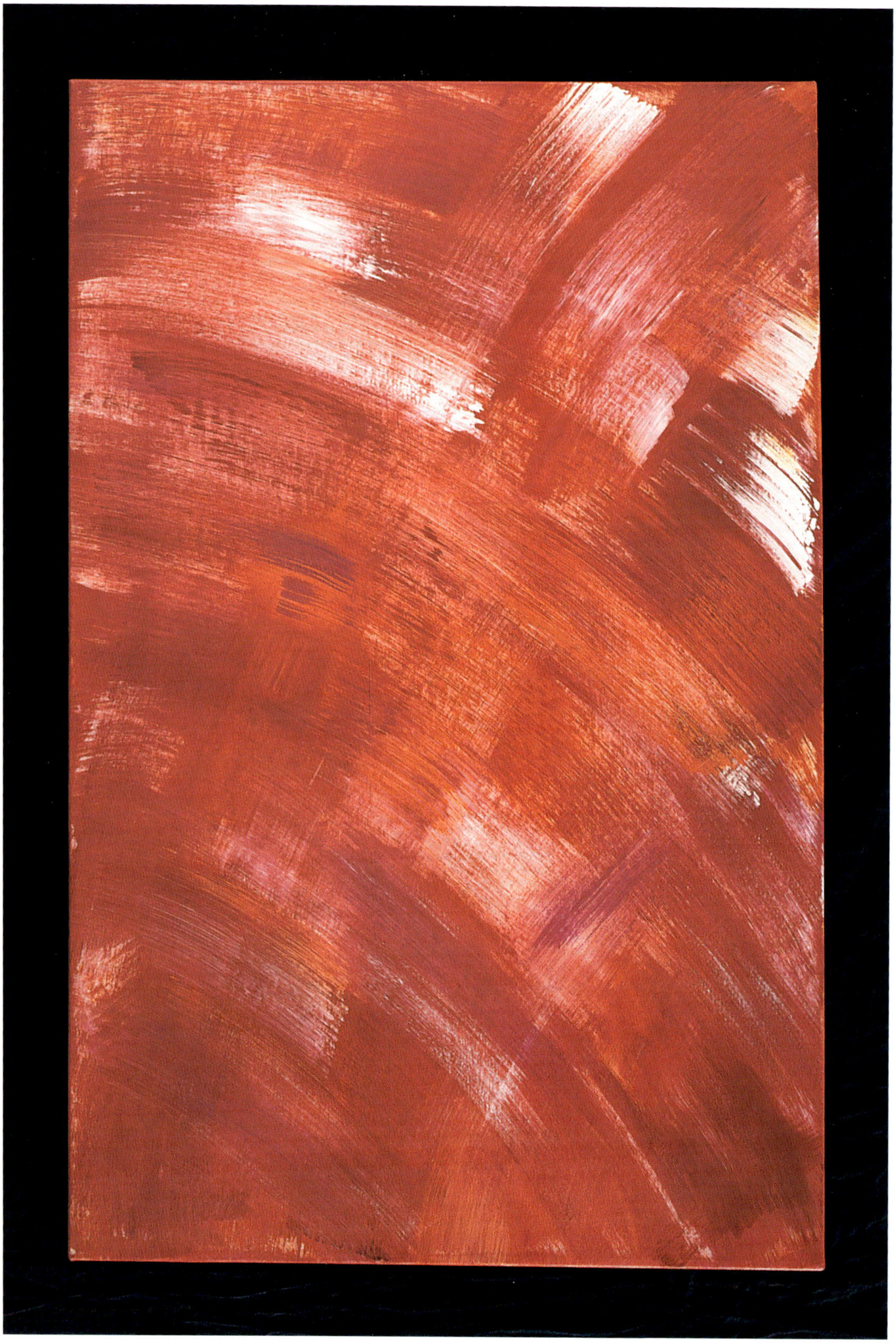

Ute Zander, „fuorco", Acryl auf Leinwand, 120 x 80 cm.

Die dynamische Wirkung entstand, indem die Farbe mit einem Quastpinsel zum Tapezieren aufgetragen wurde.

Arbeiten mit dem Spachtel

Beim Auftragen von Farbe und Strukturpasten sind Spachtel sehr hilfreich. Zum einen lassen sich größere Flächen zügig bearbeiten und zum anderen entstehen sehr schöne, interessante Strukturen. Natürlich lässt sich die Farbe nicht so exakt vermalen wie beim Arbeiten mit Pinseln, aber mit ein wenig Übung kann der Farbauftrag durchaus gesteuert werden. Mit dem Spachtel kann die Farbe sowohl aufgetragen als auch wieder entfernt werden.

Beim Farbauftrag wird der Spachtel mit wenig Druck über den Malgrund gezogen. Er liegt locker auf den Fingerkuppen auf und wird nur vom Daumen gehalten. Je flacher der Winkel zum Malgrund, desto mehr „reißen" die Farben auf und erzeugen schöne Effekte. Beim Entfernen der Farbe wird der Spachtel senkrecht zum Malgrund mit Druck geführt. Auf diese Weise können Stellen im Bild verändert werden, die vorschnell übermalt wurden, oder es können auch sehr reizvolle Muster erzeugt werden.

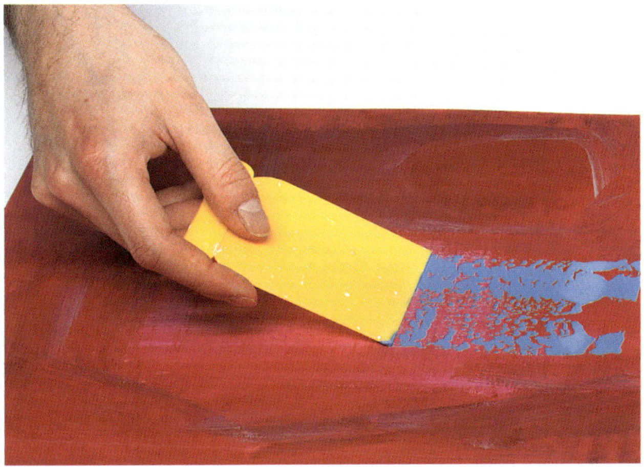

Die blaue Farbe wird durch Ziehen des Spachtels mit wenig Druck auf den Malgrund aufgetragen.

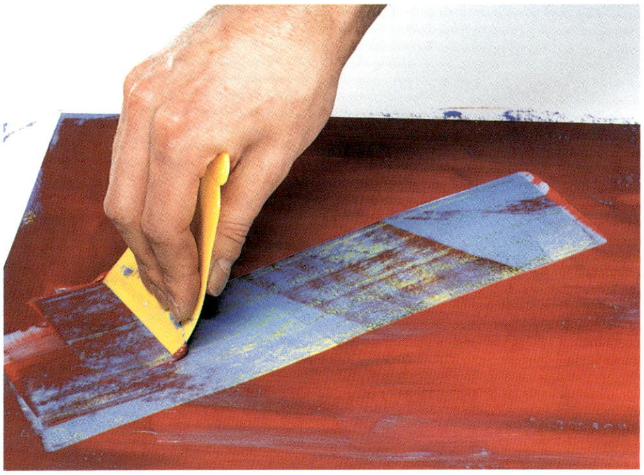

Durch kräftigen Druck wird die rote Farbe wieder entfernt und der Untergrund freigelegt.

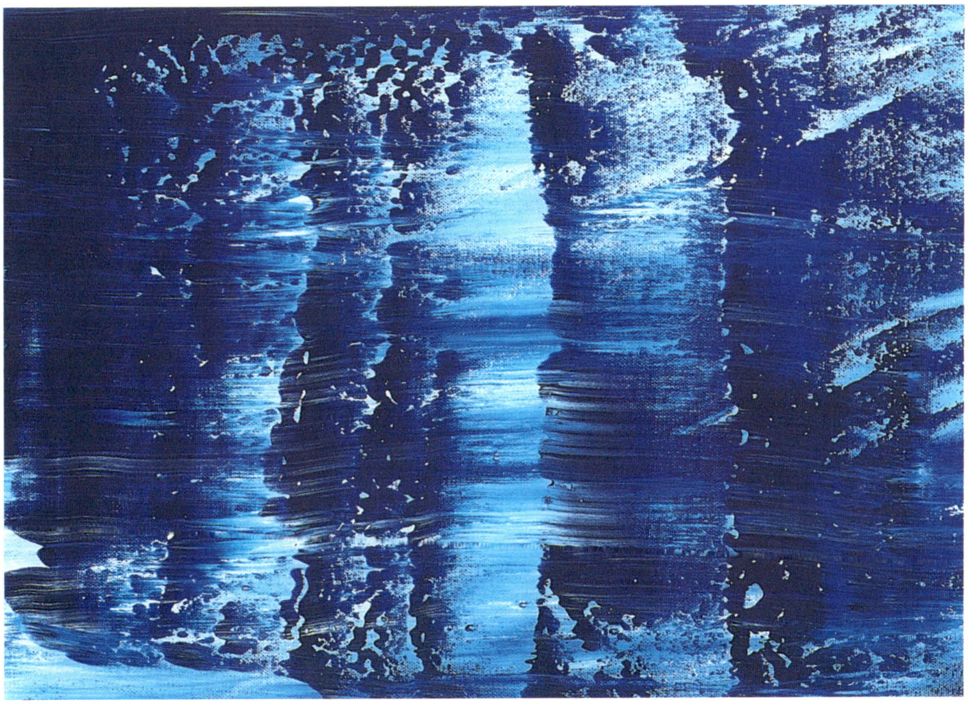

Bei diesem Beispiel wurde die dunkelblaue Farbe in einer einzigen Zugbewegung mit einem Pappstück in der Größe der Leinwand aufgetragen. Besonders bekannt für diese Art des Farbauftrags ist der deutsche Maler Gerhard Richter.

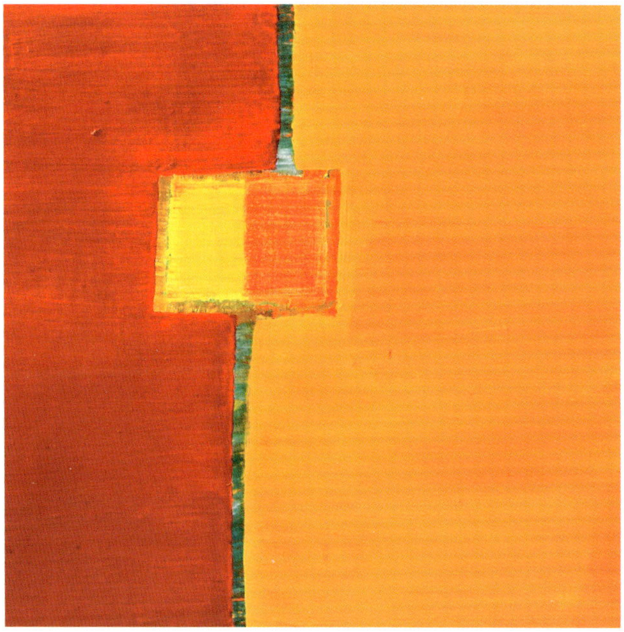

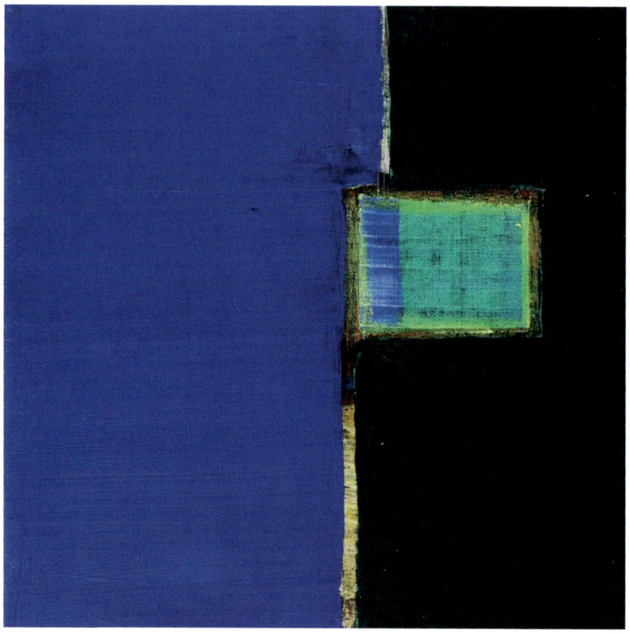

Regine Köster, Acryl und Ölkreide auf Leinwand, je 40 x 40 cm.

Die kleinen Farbflächen dieser Arbeiten wurden einfach mit dem Japanspachtel freigekratzt, wobei die Farbe des Untergrundes wieder zum Vorschein kam. Ein schöner Kontrast entsteht zwischen den ruhigen, deckenden Farbflächen und den belebten Details. Akzente wurden mit Ölpastellkreide gesetzt.

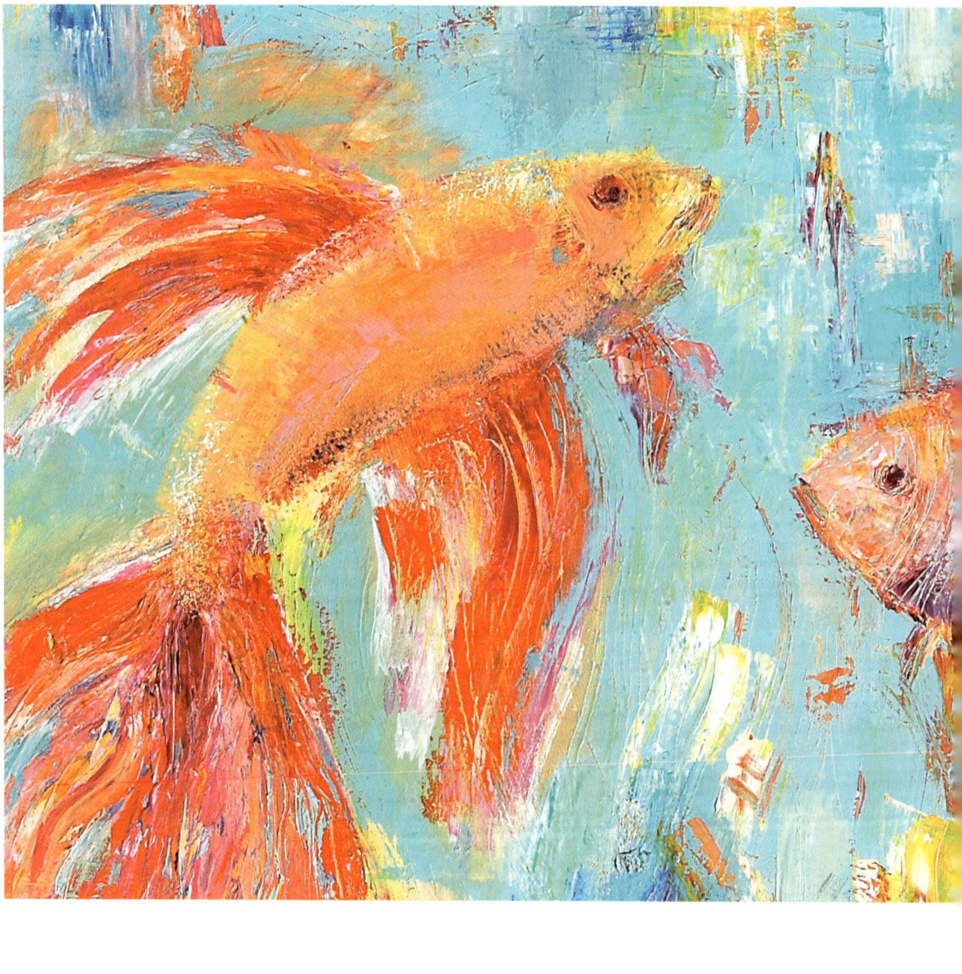

Heinke Böhnert, „Fische im Dialog", Acryl auf Leinwand, 50 x 50 cm.

Lasuren

Acrylfarben trocknen sehr schnell und wasserfest auf. Durch diese Eigenschaften sind sie besonders gut für die lasierende Malweise geeignet. Beim lasierenden Farbauftrag wird die Farbe so weit verdünnt, dass der Malgrund bzw. die darunter liegenden Farbschichten durchscheinen. Auf diese Weise wirken mit Lasuren gestaltete Farbflächen lebendig und erhalten eine besondere Leuchtkraft. Werden nacheinander mehrere Farbschichten in unterschiedlichen Tönen übereinander gelegt, so mischen sich die Farben optisch – die Farbtöne entstehen im Auge des Betrachters. Auf diese Weise können Farbtöne erzielt werden, die sich nur schwer auf der Palette mischen lassen.

Acrylfarbe kann zum Lasieren mit Wasser verdünnt werden. Sehr stark verdünnte Farbtöne trocknen dann allerdings ein wenig stumpf auf. Durch die Zugabe von glanzverstärkenden Malmitteln kann die Transparenz der Farben verstärkt werden, ohne ihre Leuchtkraft zu beeinträchtigen.

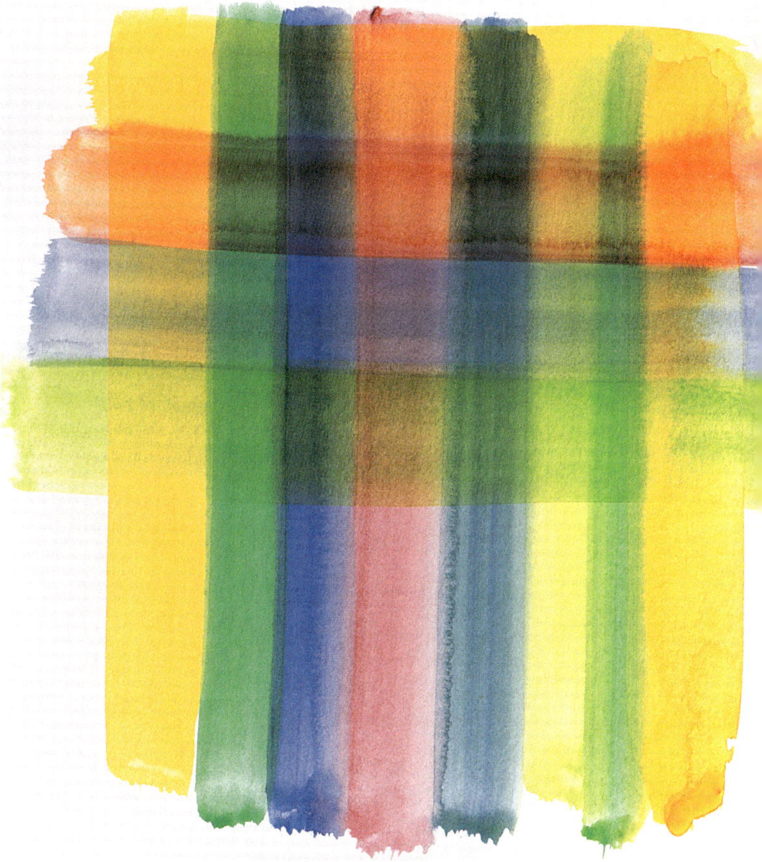

Deckender (opaker) Farbauftrag

Beim deckenden Farbauftrag werden die Farben nicht oder kaum verdünnt, sodass der Malgrund oder die darunter liegenden Farbschichten abgedeckt werden. Bei dieser Malweise lässt sich der Farbauftrag sehr gut steuern und Flächen und Details können sehr genau ausgearbeitet werden. Wartet man mit dem Auftrag des nächsten Farbtons, bis die Farbe der angrenzenden Flächen getrocknet ist, entstehen scharfe Konturen. Werden die einzelnen Farben nass ineinander gemalt, erhält man weiche Übergänge.

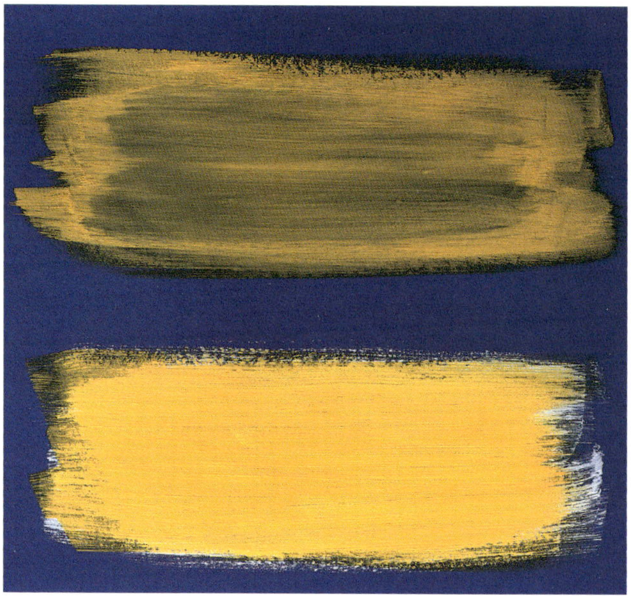

Soll eine helle Farbe über eine dunkle gesetzt werden, können die zu übermalenden Partien zuvor mit weißer Farbe unterlegt werden, um den Untergrund vollständig abzudecken (unten Gelb mit Weiß unterlegt, oben Gelb auf blauem Grund).

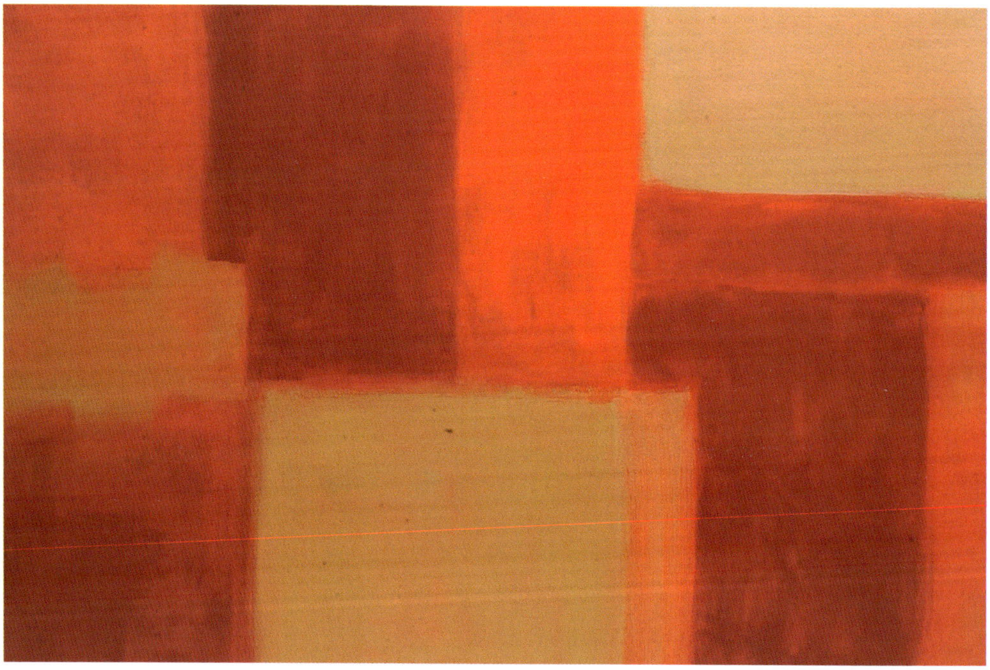

Ute Zander, „red", Acryl auf Leinwand, 80 x 120 cm.
Farbfelder wurden in mehreren Schichten mit einem weichen, breiten Flachpinsel aufgetragen.

Verläufe
Durch das Vermalen zweier Farbtöne entstehen weiche, verschmelzende Übergänge zwischen den beiden Farben. Wegen der kurzen Trocknungszeiten der Acrylfarben ist leider keine Zeit vorhanden, einen Verlauf immer wieder zu übermalen, bis das gewünschte Ergebnis erreicht worden ist, wie das in der Ölmalerei möglich ist. Durch Zugabe von Verzögerern kann die Bearbeitungszeit allerdings verlängert werden.

Verlauf nass in nass
Legen Sie zwei Farbflächen nebeneinander an, die sich nicht berühren, und vermalen Sie die beiden Flächen mit einem sauberen, feuchten Pinsel mit leichtem Strich.

Vermalen von trockenen Farben
Mit lockeren, tupfenartigen, etwas trockeneren Pinselstrichen lassen sich ebenfalls gleichmäßige Übergänge zwischen zwei Farbtönen erzielen. Um eine harte Kante bereits getrockneter Farbe zu übermalen, verwenden Sie den Mischton der beiden Farben und legen diesen locker über die Berührungslinie der Farben.

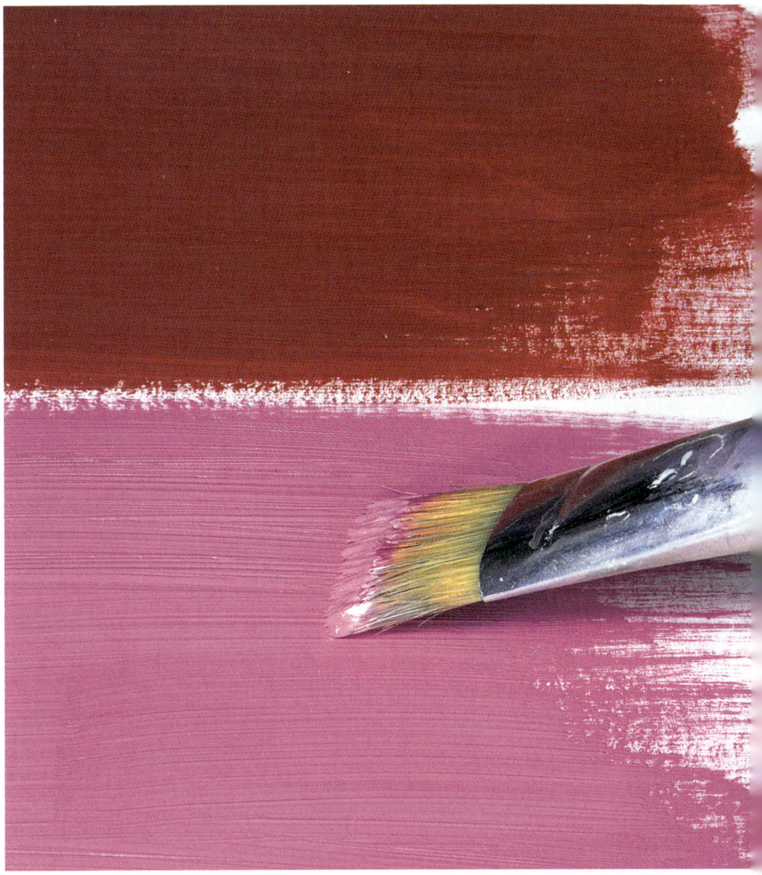

Zwei Farbflächen werden nebeneinander aufgetragen ...

und zügig mit einem weichen Pinsel vermalt.

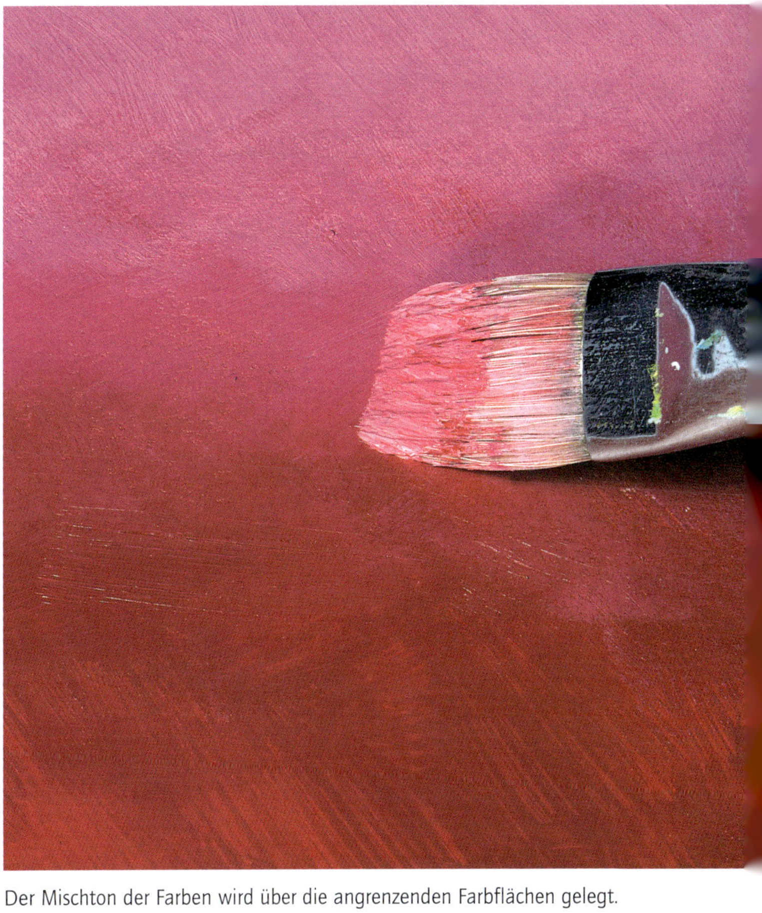

Der Mischton der Farben wird über die angrenzenden Farbflächen gelegt.

Deckende Maltechniken

Alla Prima

Bei der Alla-Prima-Malerei handelt es sich um eine Malweise, bei der auf möglichst direktem Weg auf das fertige Ergebnis zugesteuert wird. „Alla Prima" kommt aus dem Italienischen und bedeutet „zuerst, aufs Erste". Das Wesentliche des Motivs soll unvermittelt und intuitiv erfasst und mit lebendigem, frischem Malstil wiedergegeben werden. Auf Untermalung wird bewusst verzichtet und die Farbtöne, die als möglichst endgültige Farbgebung direkt auf der Malfläche verteilt werden, werden auf der Palette vorgemischt. Bei dieser Maltechnik wird ein Bild in nur einer einzigen Arbeitseinheit fertig gestellt.

Die Impressionisten waren die ersten, die diese Technik im großen Stil in der Kunstmalerei verwendeten. In den vorhergehenden Malstilen wurde der Schichtenaufbau als einziges Mittel propagiert, ernsthafte Themen zu bearbeiten, und erst die Impressionisten griffen diese Technik auf, die bisher nur für Studien und Skizzen verwendet wurde. Als Vertreter der Plein-air-Malerei arbeiteten sie zumeist direkt nach der Natur und kreierten so einen Malstil, mit dem sie auch die Auswirkungen von Licht und Bewegung erfassen konnten.

Die Alla-Prima-Technik erfordert Selbstvertrauen und Übung, um die Farben schnell und großzügig zu setzen. Besonders bei der Arbeit mit Acrylfarben, die im Vergleich zu Ölfarben wesentlich kürzere Verarbeitungszeiten haben, sind Spontaneität und eine klare Vorstellung vom Endergebnis gefragt. Sehr große Formate vollständig in dieser Technik unter Verwendung von Acrylfarben zu bearbeiten ist allerdings in den meisten Fällen nicht möglich, da die Farben zu schnell trocknen und somit doch auf Übermalungen zurückgegriffen werden muss. Um die Farben länger feucht zu halten, sollte Trocknungsverzögerer zugegeben werden.

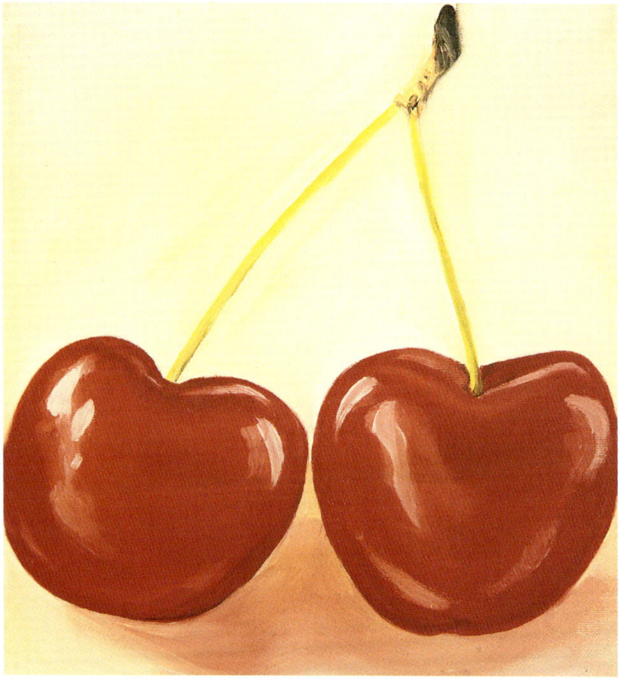

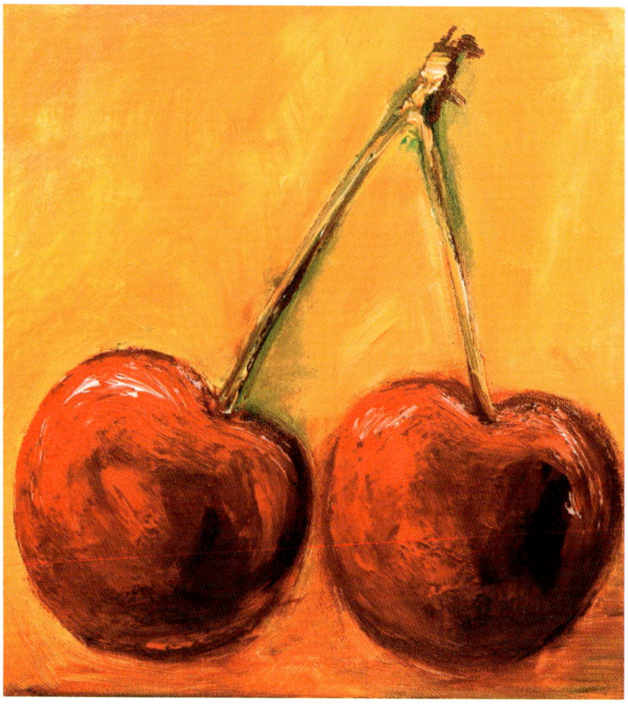

Das gleiche Motiv wurde jeweils in Alla-Prima-Technik gemalt. Ein Beispiel, wie unterschiedlich die Ergebnisse ausfallen können. Oliver Löhr verwendete für seine Arbeit (links) weiche Synthetikhaarpinsel, das Kirschmotiv (rechts) wurde mit Borstenpinseln mit sich kreuzenden Pinselstrichen von Kristina Schaper gestaltet. Bei beiden Bildern wurden den Farben Trocknungsverzögerer beigemengt.

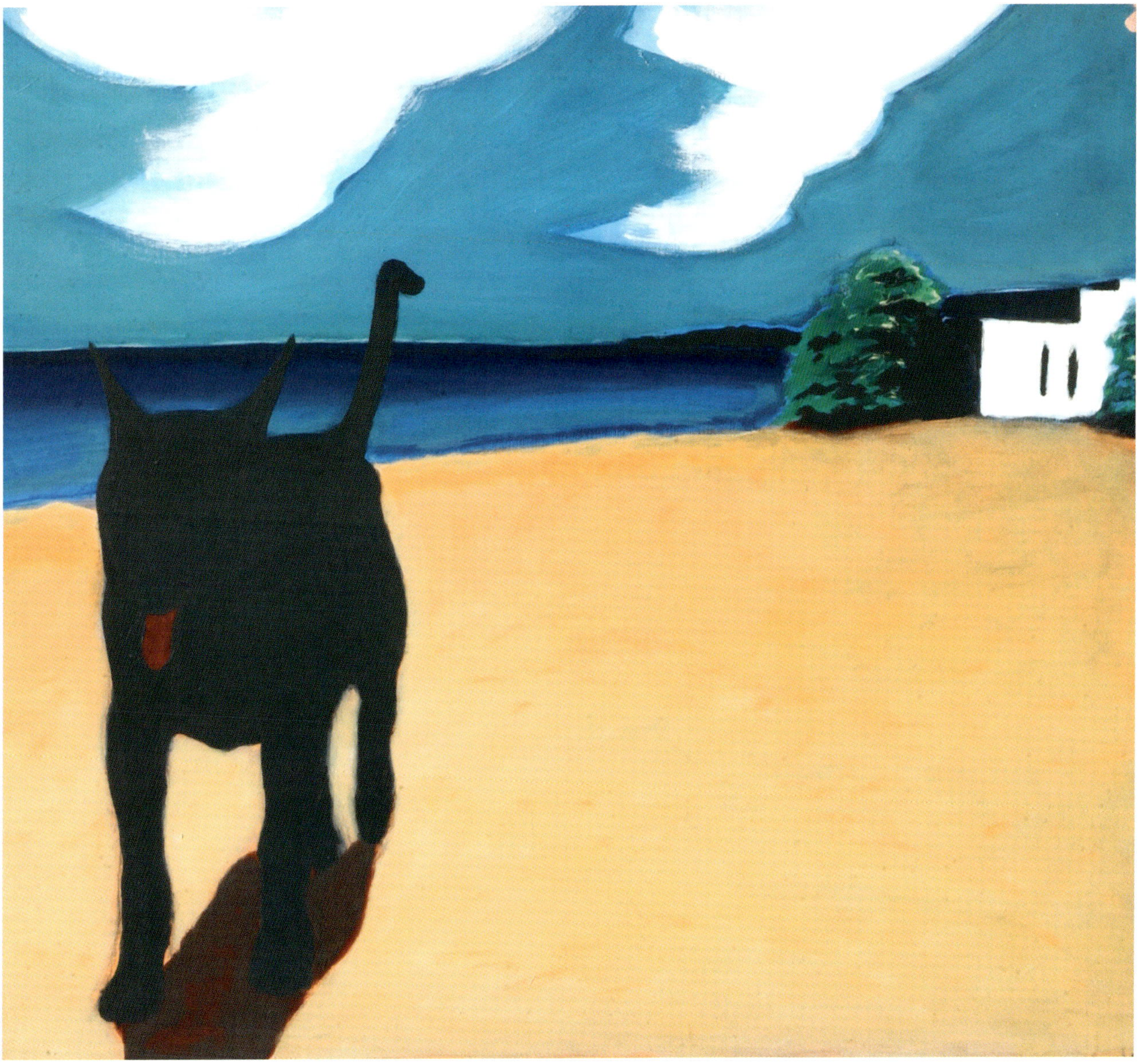

Sabine Lange, o. T., Acryl auf Hartfaserplatte, 50 x 60 cm.

Impasto

Im Gegensatz zum Malen mit Lasurfarben – dem Übereinanderlegen dünner Farbschichten – werden bei der Impasto-Technik dicke Farbschichten auf den Malgrund aufgetragen, sodass die Spuren der verwendeten Werkzeuge deutlich sichtbar bleiben. Es ergibt sich eine unregelmäßig texturierte Oberfläche mit erhabenen Stellen und Vertiefungen.

Da Acrylfarben ein wenig flüssiger als Ölfarben sind und beim Trocknungsprozess an Volumen verlieren, sollten Sie den Farben ein konsistenzverstärkendes Malmittel zugeben.

Bei der Impasto-Technik kann die Farbe mit unterschiedlichen Werkzeugen auf den Malgrund aufgebracht werden. Palettmesser und schmale Holzstücke eignen sich ebenso wie flache Borstenpinsel. Eine andere Möglichkeit, ein Impasto zu erzeugen, besteht darin, Acrylfarben direkt aus der Tube auf den Malgrund aufzutragen, die so entstehende pastose Farbschicht kann dann entweder so stehen gelassen oder mit Pinsel oder Palettmesser weiter bearbeitet werden.

Um die freie und intuitive Wirkung der Impasto-Technik gezielt einsetzen zu können, ist auch bei dieser Art zu malen – ähnlich wie bei der Alla-Prima-Malerei – ein gewisses Maß an Vorplanung angebracht. Werden Malfarben zu gründlich ausgemischt, verlieren sie ihre Vitalität. Das gilt auch für direkt aufgetragene Farbe, wenn sie zu lange auf dem Malgrund bewegt wird. Jeder neue Strich mit dem Pinsel oder dem Spachtel vermischt die unterschiedlichen Farbtöne ein wenig. Um einem schmutzigen Farbeindruck sowie einer „totgemalten" Bildoberfläche vorzubeugen, ist es ratsam, Acht zu geben, wann der Punkt erreicht ist, an dem die Arbeit beendet werden sollte.

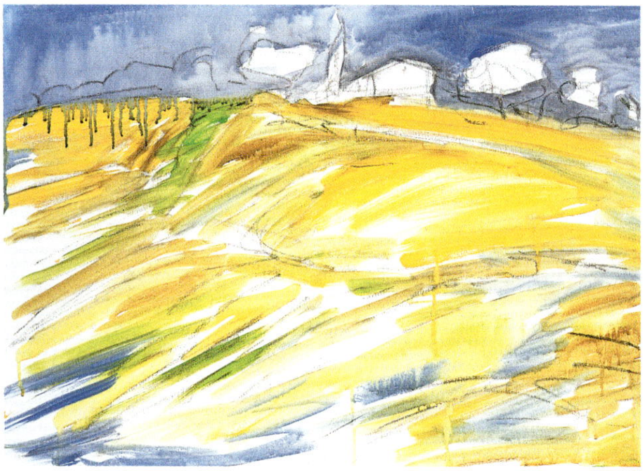

Schritt 1: Die Vorzeichnung wurde mit brauner Pastellkreide auf der Leinwand angelegt. Danach folgte ein erster, wässriger Farbauftrag. Dieser diente zum einen zur Überprüfung der Komposition, zum anderen wurde so das Weiß der Leinwand reduziert.

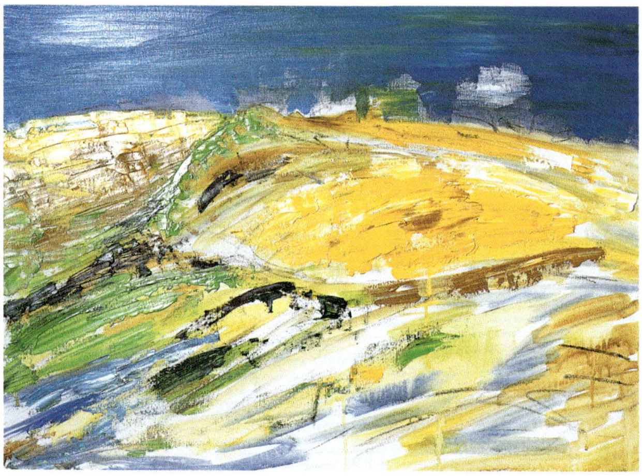

Schritt 2: Der Himmel wurde mit einem breiteren Pinsel angelegt. Die Farbflächen der Wiesen und Felder wurden zügig mit dem Palettmesser bearbeitet. Wenn Sie so arbeiten, achten Sie darauf, die einzelnen Farben nicht zu lange zu vermischen! Warten Sie lieber etwas, bis die Farbe zu trocknen beginnt, und arbeiten Sie dann weiter.

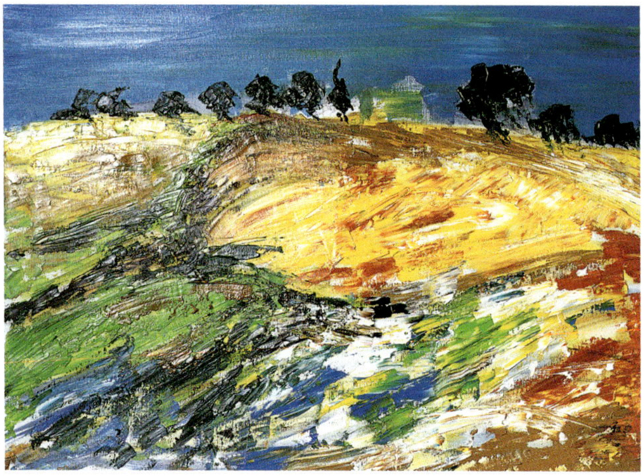

Schritt 3: Nachdem das ganze Bild einen Farbauftrag erhalten hatte, wurde die Farbe des Himmels etwas aufgehellt, da dieser zu dominant wirkte. Danach folgten weitere gespachtelte Farbschichten und auch die Bäume und das Haus wurden ausgearbeitet.

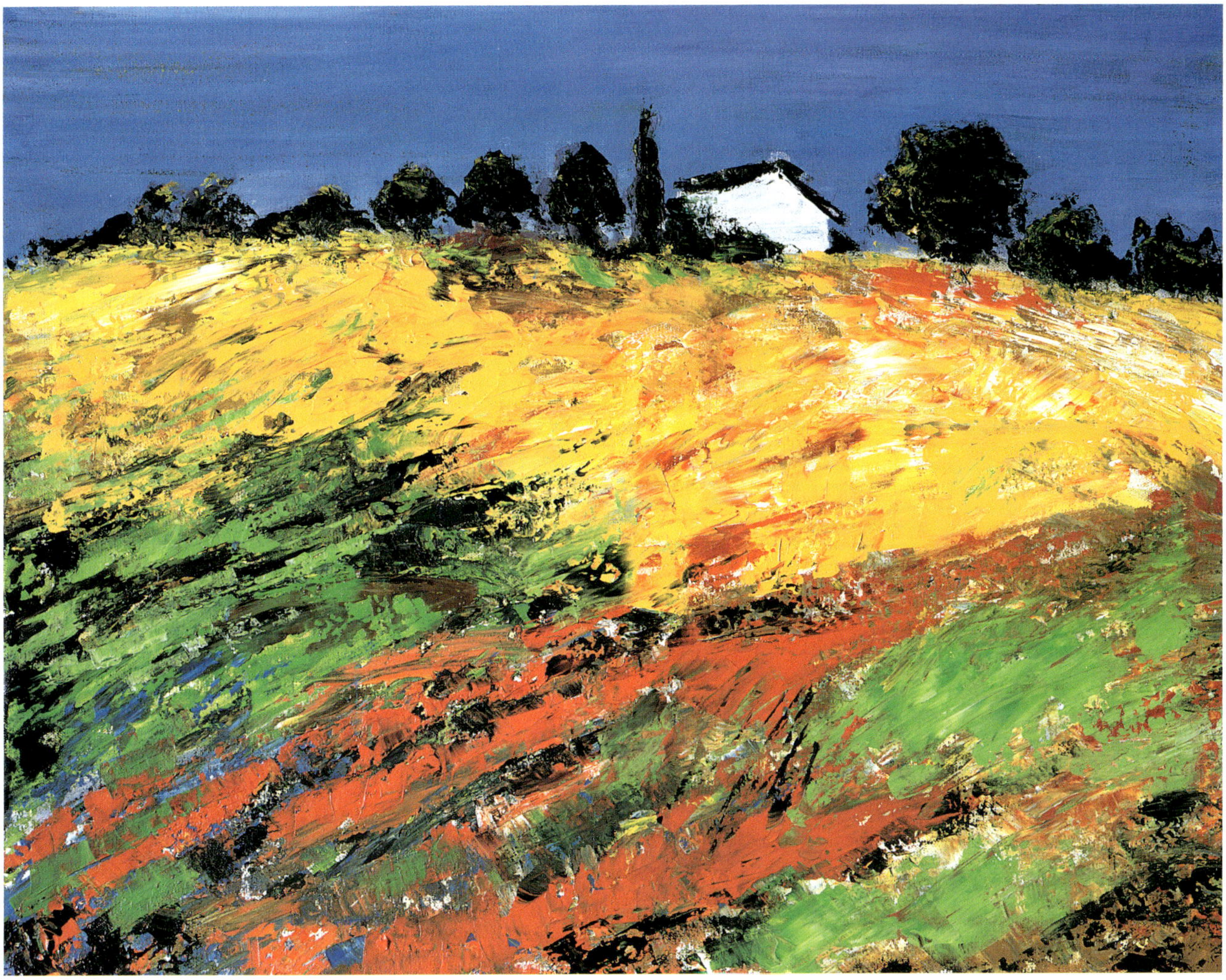

Schritt 4: Palettmesser mit feinen Klingen erlauben es, einzelne Farbakzente zu setzen.

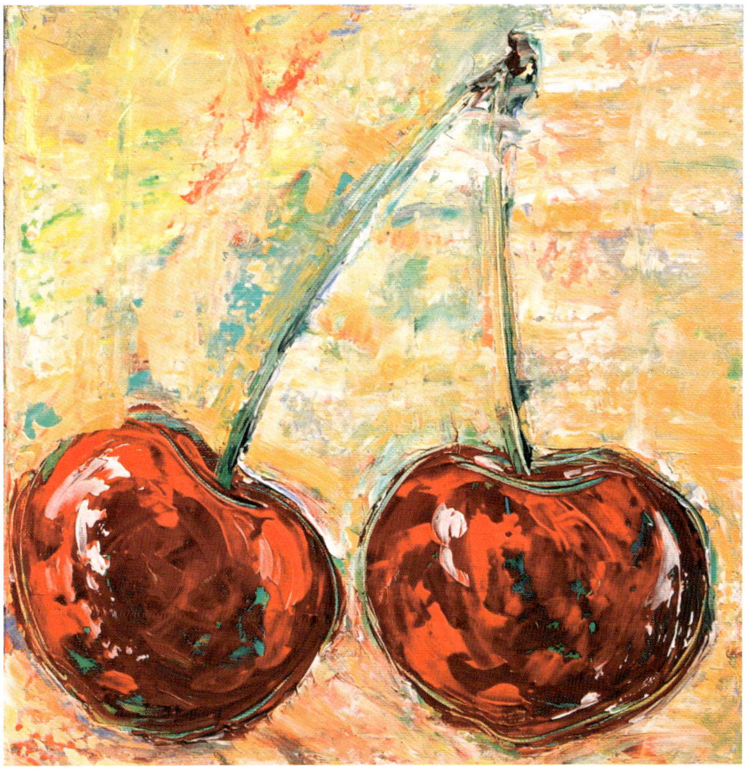

Dieses dekorative Kirschenmotiv wurde ebenfalls mit dem Palettmesser in mehreren Schichten erarbeitet. Den Farben wurde eine verdickende Paste zugesetzt. Die Konturen der Früchte wurden mit dem Pinselstiel gekratzt.

Sgraffito (Kratztechnik)

In der Renaissancezeit zur Dekoration von Fassaden entwickelt, handelt es sich bei dieser Technik nicht um eine Mal-, sondern um eine Kratztechnik (ital.: sgraffare = kratzen). Bei dieser Technik wurden zwei eingefärbte Kalkputzschichten übereinander gelegt und in der oberen Schicht Flächen oder Linien ausgekratzt, wobei diese in der Farbe der unteren Schicht sichtbar wurden.

Übertragen auf die Acryltechniken bedeutet das, dass mit der Rückseite des Pinselstiels oder anderen spitzen Gegenständen in die noch feuchten Flächen Muster, Schriften oder Konturen gezogen werden können. Dabei kommt die Farbe des Untergrundes wieder zum Vorschein.

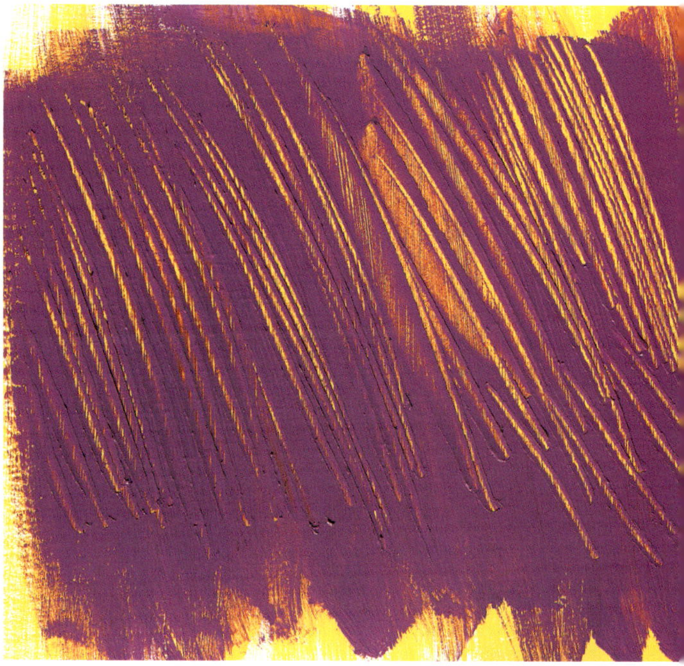

Sgraffito mit zwei Farben. Die untere, trockene Farbschicht wird freigelegt.

In deckende Farbe eingekratzte Spuren.

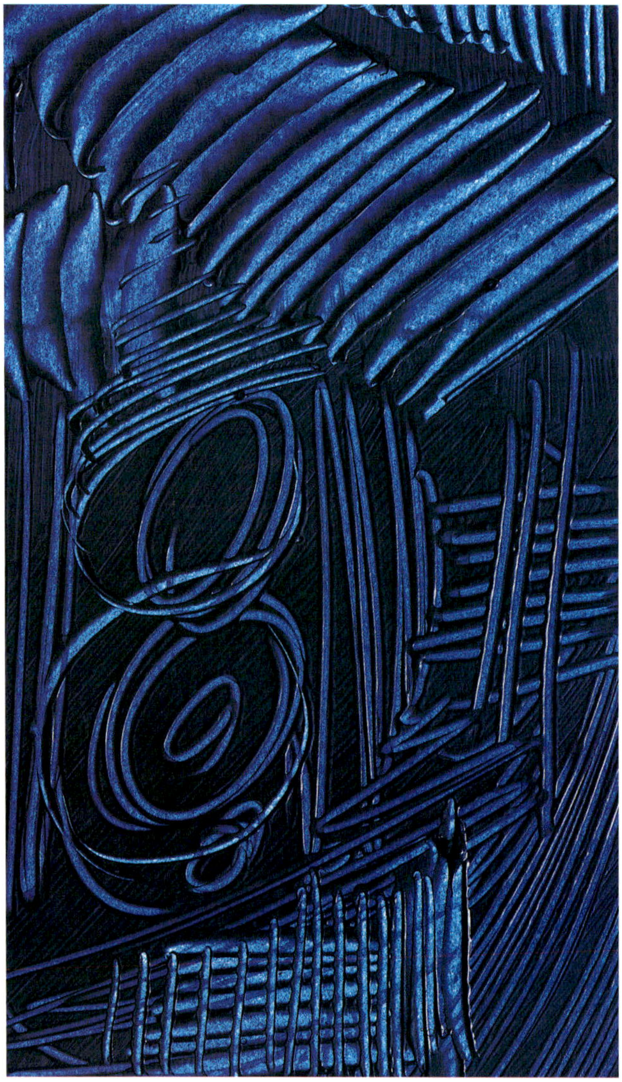

Mehrere Farbschichten wurden übereinander gelegt und das Motiv wurde eingekratzt.

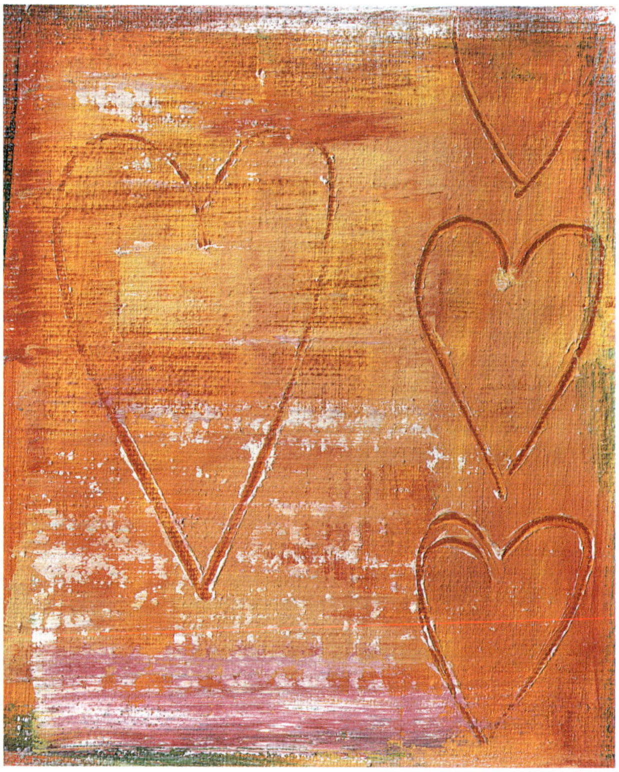

Reliefartige Oberflächen

Das Beimengen und Hinzumischen von Zuschlagstoffen zu den Malfarben hat in der Kunstgeschichte eine lange Tradition. In nahezu allen Stilepochen waren Künstler auf der Suche nach Materialien, mit denen sie die Konsistenz und Verarbeitbarkeit ihrer Malfarben beeinflussen konnten. Oftmals haben Restauratoren sich den Ergebnissen dieser Experimente anzunehmen, da einige der verwendeten Zuschlagstoffe über die Zeit chemische oder physikalische Reaktionen eingegangen sind, die der Oberfläche und Haltbarkeit der Werke geschadet haben.

Die technische Entwicklung bei der industriellen Herstellung heutiger Malfarben und Strukturpasten ist so weit fortgeschritten, dass diese unbedenklich zur Verarbeitung mit malfremden Materialien verwendet werden können. Allerdings sollte darauf geachtet werden, dass keine Materialien verwendet werden, die sich ihrerseits mit der Zeit verändern, also zu schrumpfen oder zu schimmeln beginnen.

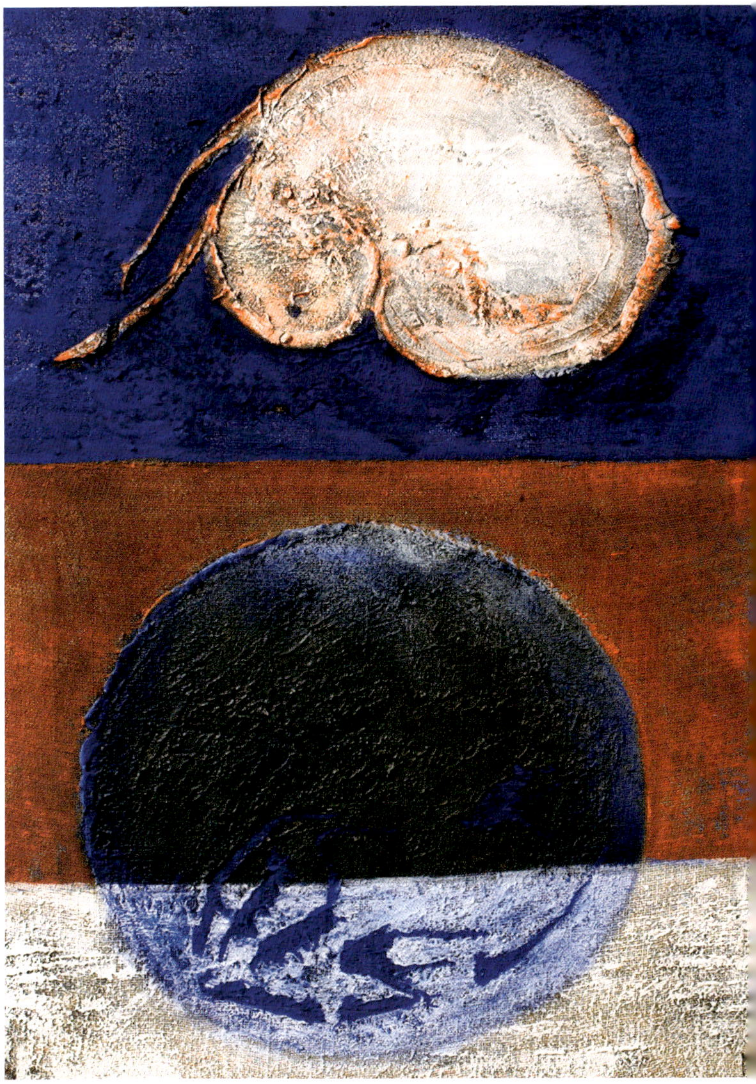

Miriam Bröllos, o. T., Acryl, Feinmakulatur auf Rupfen, 111 x 70 cm.

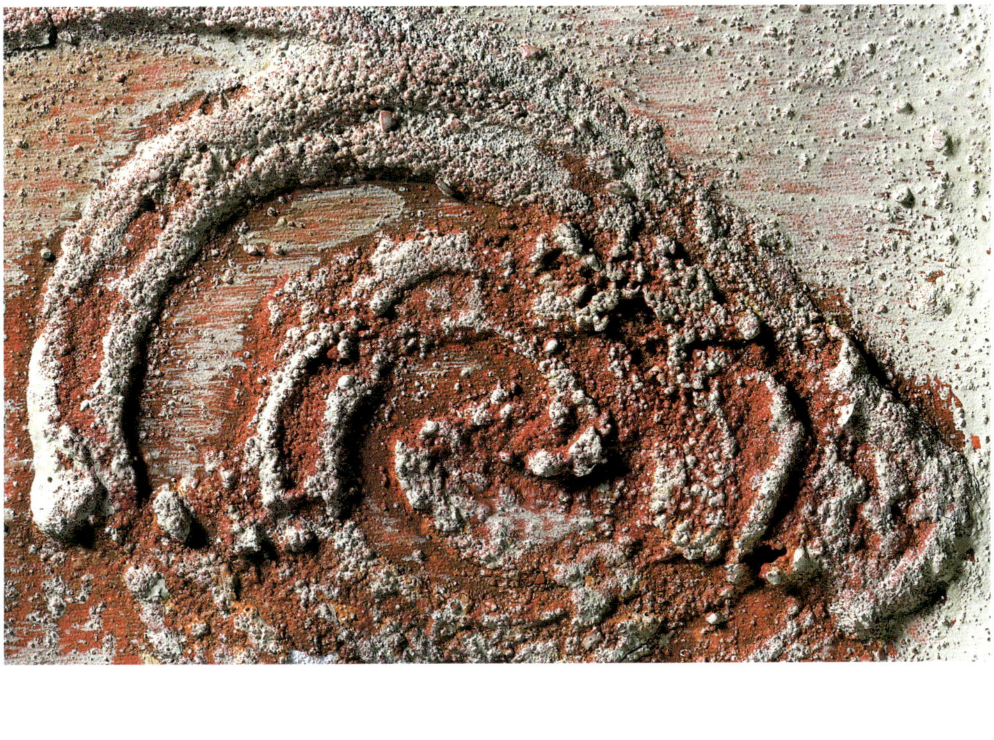

In die frische Farbe wurde Sand gestreut – es entsteht eine raue, körnige Oberfläche.

Einarbeiten von Füllstoffen in die Farbe

Aufgrund der guten Klebeeigenschaften der Acrylfarben lassen sie sich mit den verschiedensten Stoffen vermischen. Die Farben können auf diese Art verdickt werden und erzeugen interessante, einem Flachrelief ähnliche Oberflächen. Dabei hängt die Struktur zum einen vom verwendeten Werkzeug ab, zum anderen natürlich auch von der Beschaffenheit des Füllmaterials. Geeignet sind fast alle mehr oder weniger körnigen Materialien wie Sand, Sägemehl oder Granulate aus Kunststoff. Die so entstandene Farbpaste sollte von dicker Konsistenz sein. Achten Sie darauf, dass Sie nicht zu viel Füllstoffe zusetzen, da die Paste dann zu trocken wird und nicht mehr gut auf dem Malgrund haften kann. Besonders bei saugenden Stoffen, wie z. B. Sägemehl, das seinerseits der Farbe Feuchtigkeit entzieht, ist Vorsicht geboten.

Die erste Schicht sollte sorgfältig mit einem Pinsel in das Maltuch eingestrichen werden, um gute Haftung zu gewährleisten. Danach kann in dickeren Schichten mit Pinsel oder Spachtel weitergearbeitet werden.

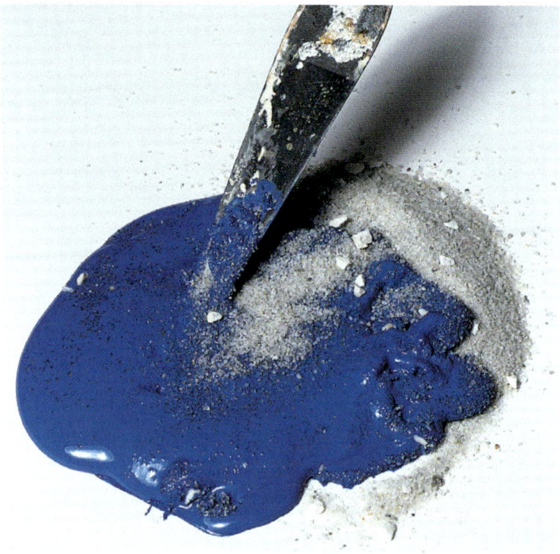

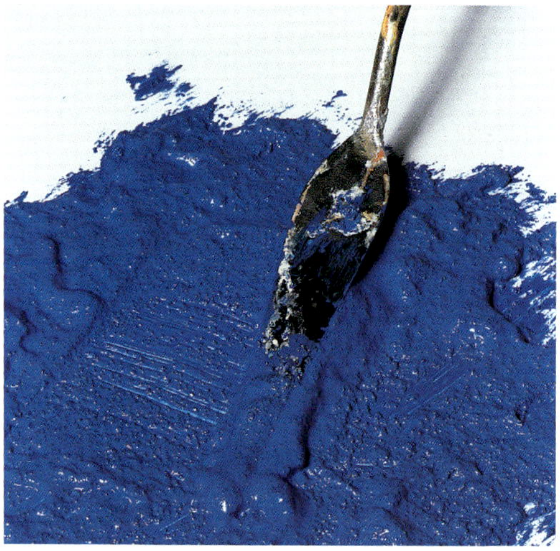

Die Acrylfarbe wird mit Vogelsand vermengt und kann jetzt auf dem Malgrund aufgetragen werden.

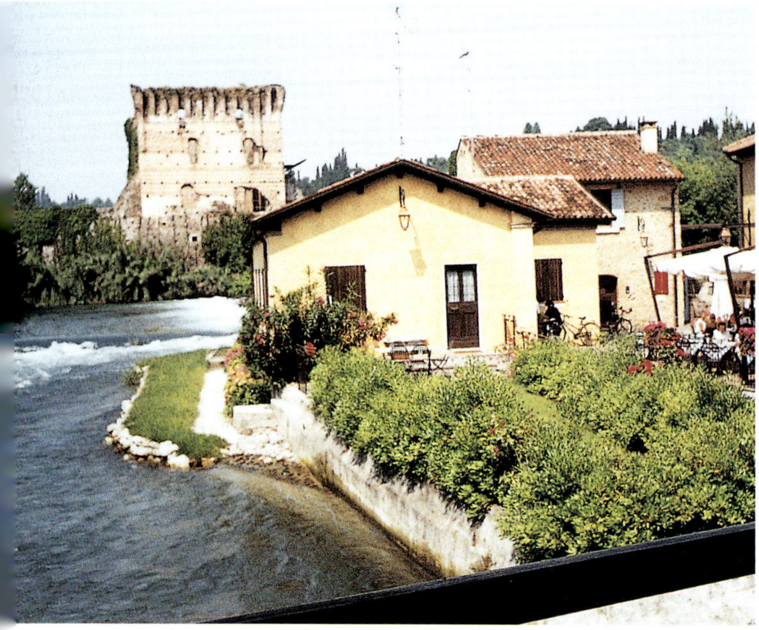

Dieses Urlaubsfoto inspirierte Rüdiger Steffens dazu, es malerisch umzusetzen. Er vermischt seine Malfarben mit Vogelsand. Auf diese Weise entsteht eine fein strukturierte Oberfläche.

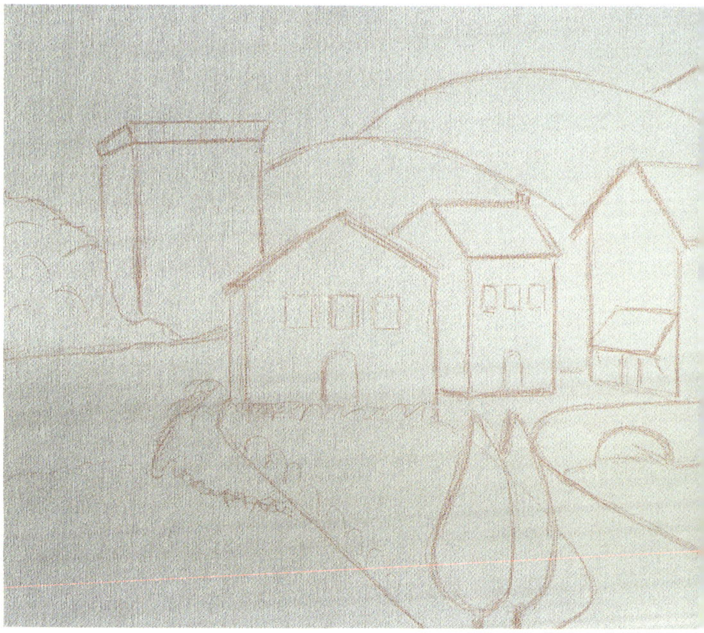

Schritt 1: Auf der Leinwand werden mit Buntstift die Konturen vorgezeichnet. Details werden vernachlässigt oder stark vereinfacht – das Augenmerk des Malers liegt hier auf der Komposition von Flächen und Formen.

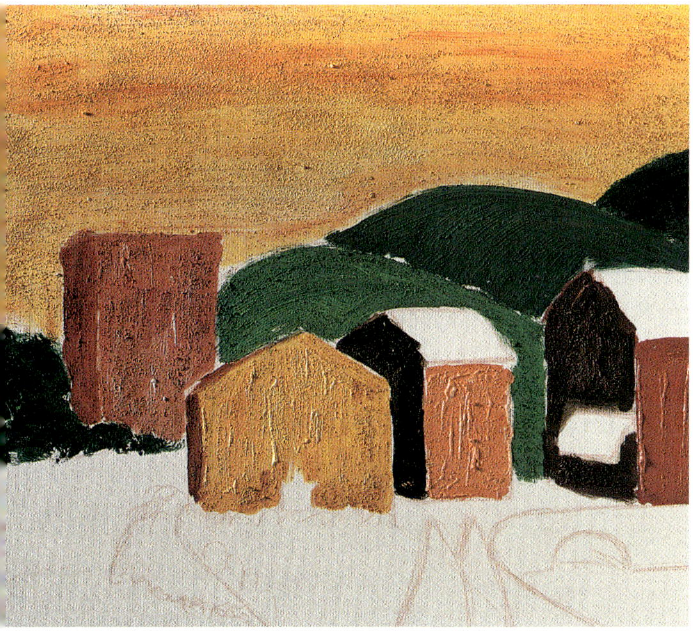

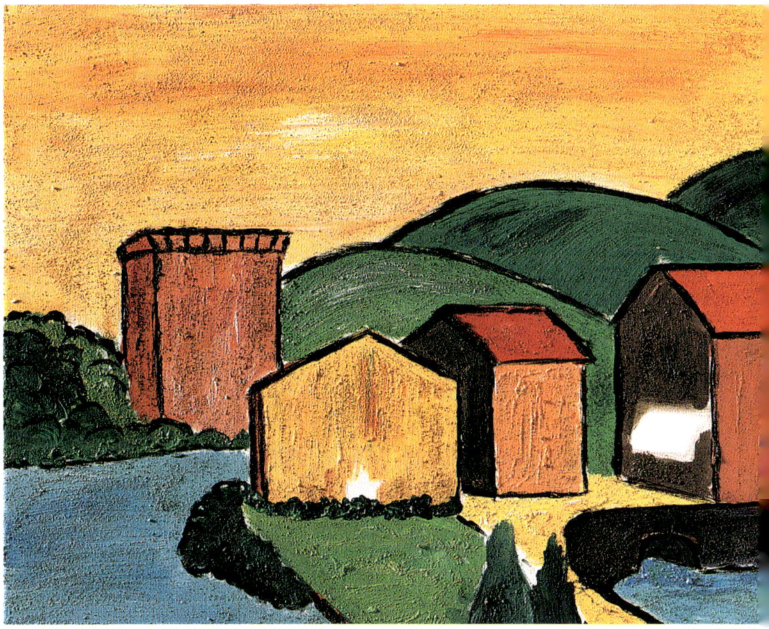

Schritte 2 und 3: Die Flächen werden farbig angelegt. Der Sand wird bereits auf der Palette der Farbe beigemengt. Nachdem die erste Farbschicht aufgetragen ist, werden die Flächen weiterbearbeitet. Durch die Sandkörner ist ein rauer Untergrund entstanden, der die neu aufgetragenen Farben nur unregelmäßig aufnimmt. Mit dieser Technik entstehen die besonderen Farbstimmungen. Anschließend werden mit schwarzer Farbe Konturen gezogen. Die Konturen fassen die Komposition zusammen und die Leuchtkraft der Farben wird verstärkt.

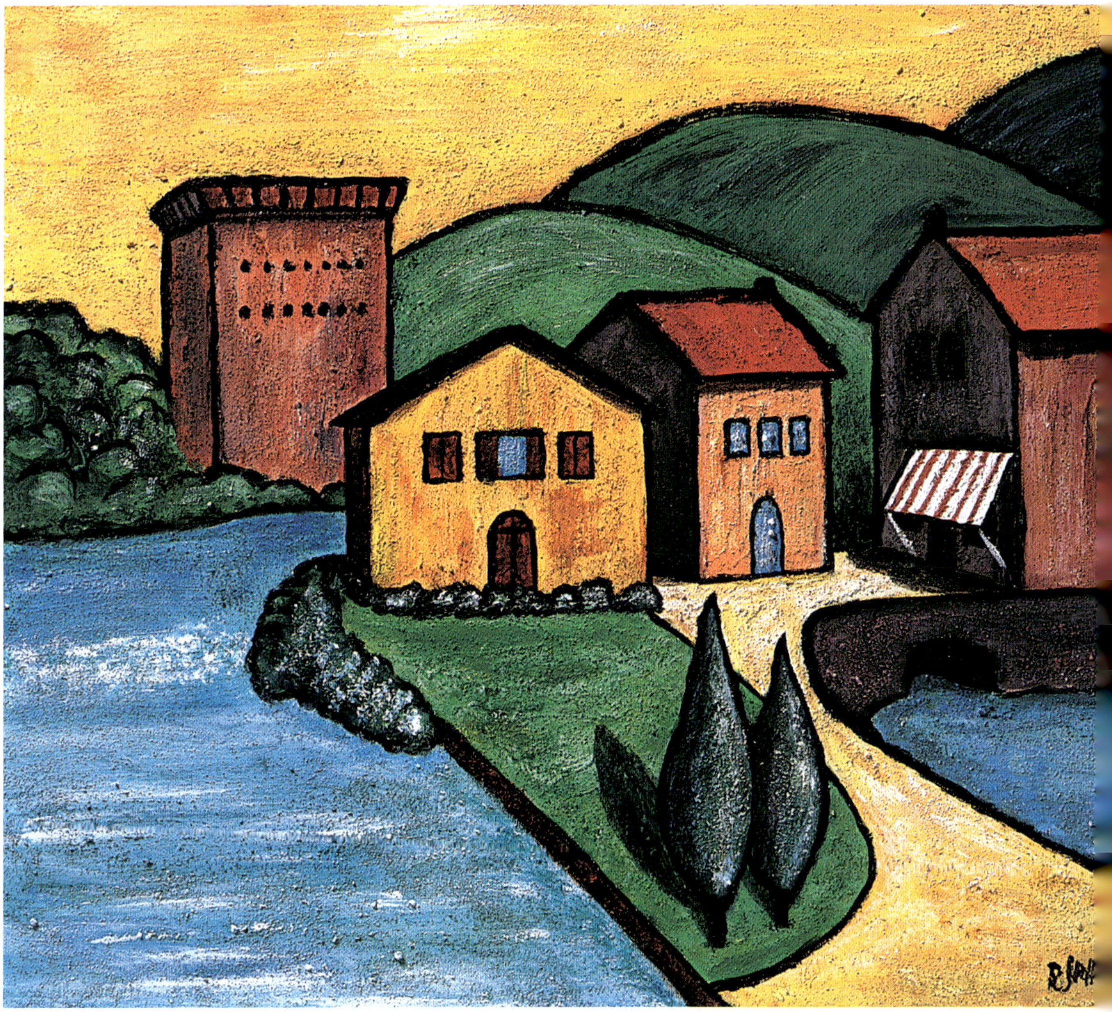

Schritt 4: Die Farbflächen bekommen ihre letzten Nuancen und Schatten und die Details werden eingefügt.

Verwendung von Modellierpaste

Der Fachhandel bietet heutzutage eine große Auswahl an verschiedenen, speziell auf die Bedürfnisse von Künstlern zugeschnittenen Modellier- und Strukturpasten an. Diese ermöglichen einen unkomplizierten Aufbau von dicken Schichten. Grundsätzlich können diese Pasten mit den unterschiedlichsten Werkzeugen aufgetragen und weiterbearbeitet werden, der Fantasie sind hierbei keine Grenzen gesetzt. Wünschen Sie sehr starke Strukturen, so ist es wichtig, die Paste in mehreren dünneren Schichten aufzutragen. Zwischen jedem Arbeitsgang sollte eine Trockenphase liegen, um Rissbildung zu vermeiden.

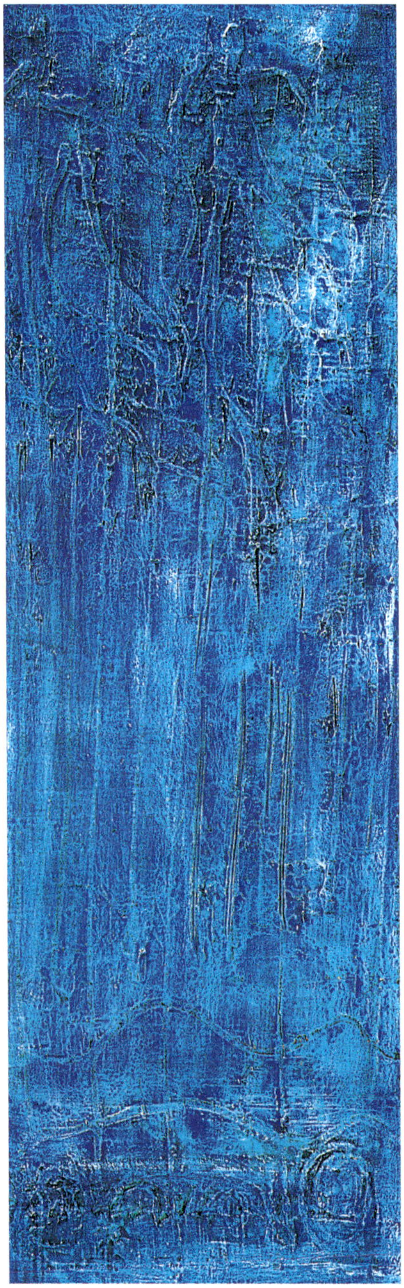

Ute Zander, „l'acqua", 120 x 50 cm.

Leinwand, Modellierpaste und anschließend mehrere Lasurschichten.

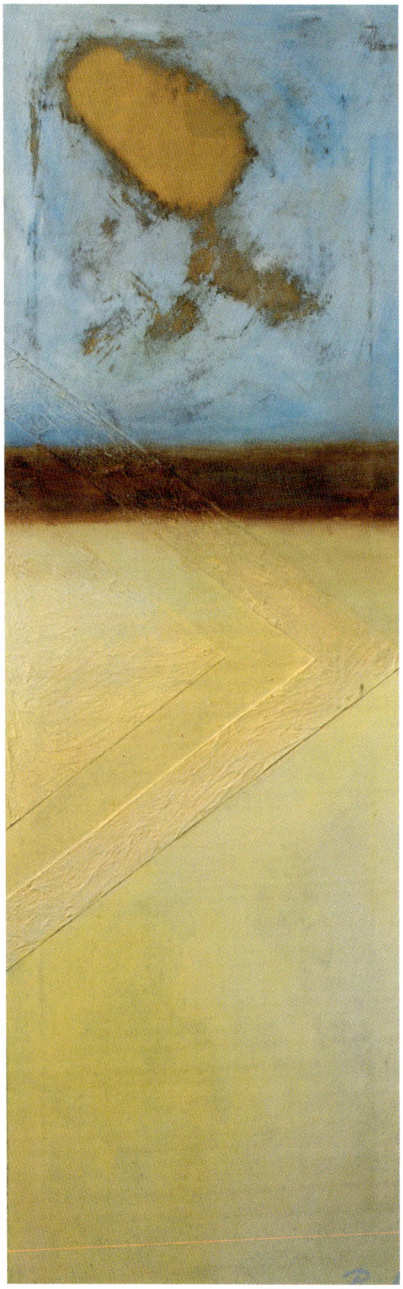

Mitte und rechts: Regina Porip, „Dynamik", Acryl auf Leinwand, je 120 x 40 cm.

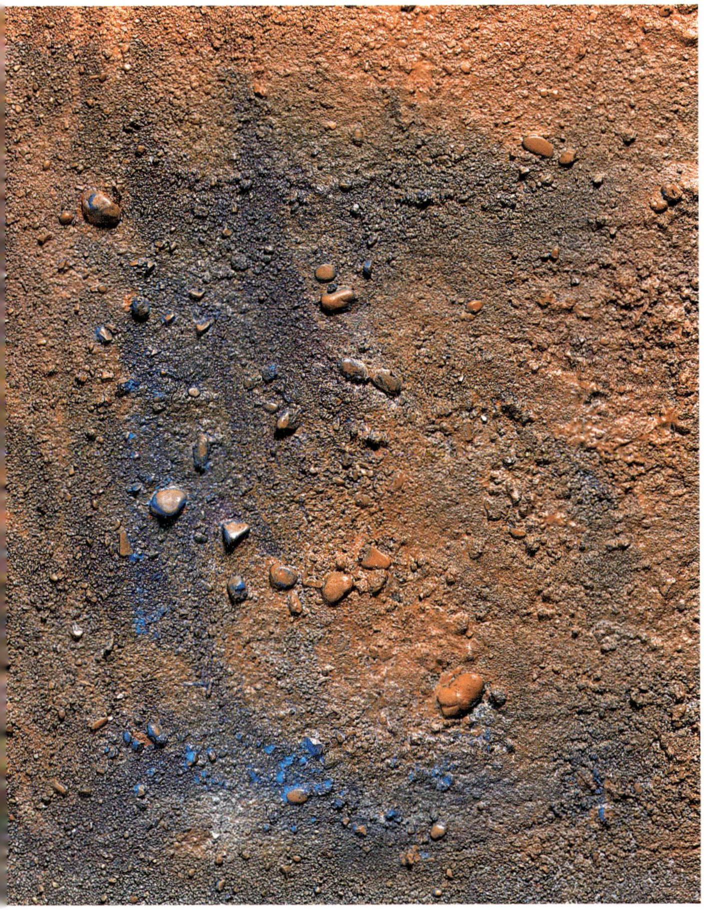

Sand und Kies wurden in eine pastos aufgetragene Mischung aus Modellierpaste und Farben eingebettet. Damit die größeren Teile auch wirklich haften, sollte die Oberfläche mehrmals mit Acrylbinder überstrichen werden. Daraufhin folgt die farbige Weiterbearbeitung.

Einarbeiten von Füllstoffen in Modellierpaste

Beim Einarbeiten von Struktur gebenden Materialien in die Modellierpasten gelten die gleichen Regeln in Bezug auf das Mengenverhältnis von Füllstoff zur Paste wie bei der Einarbeitung in Farbe. Unterschiedliche Oberflächentexturen erhalten Sie, wenn Sand oder ähnliches Material in die vorher aufgetragene Modellierpaste gestreut wird. Nach der Trocknung werden die überschüssigen Körnchen einfach durch Klopfen abgeschüttelt. Dann kann die weitere farbliche Gestaltung erfolgen.

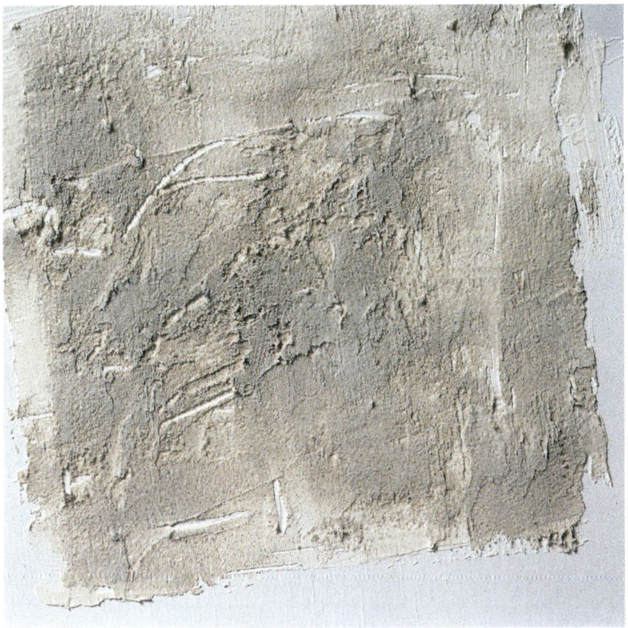

Modellierpaste wird mit Sand gemischt und auf dem Malgrund verteilt.

Sand wird auf die noch feuchte Modellierpaste gestreut. Die Körner liegen obenauf; es ergibt sich eine andere Oberfläche als beim Vermischen der Paste mit dem Sand.

Verwendung von Fugendichtungsmasse auf Acrylbasis

Im Baumarkt ist Dichtungsmasse für Anschlussfugen auf Acrylbasis zu bekommen (auf keinen Fall mit Fugensilikon zu verwechseln!). Fugenacryl wird in Spritzkartuschen abgefüllt und lässt sich so bequem auf dem Malgrund platzieren.

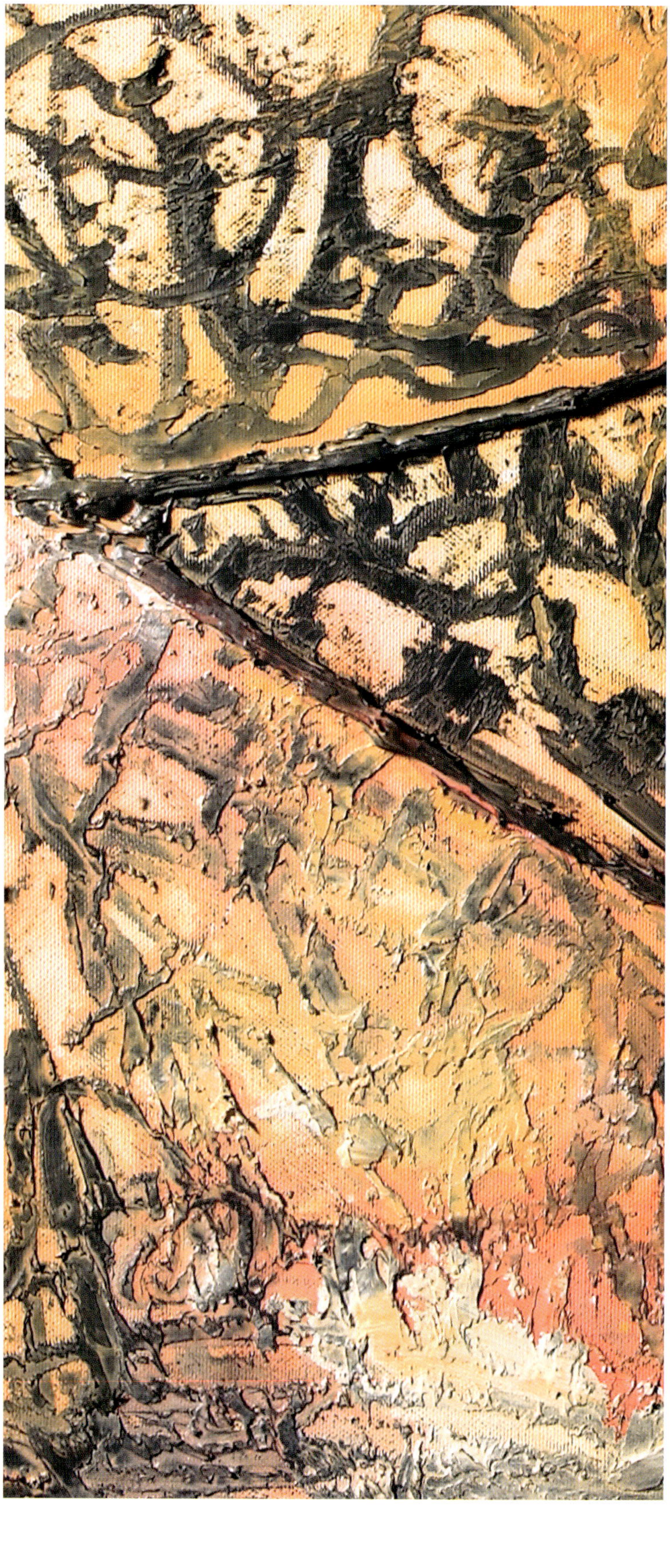

Für dieses Beispiel wurde schwarzes Fugenacryl verwendet.

Farbe direkt aus der Tube

Werden die Farben direkt aus der Tube bzw. der Flasche aufgetragen, entstehen sehr plastische Effekte. Durch das Bestreuen der feuchten Farbe mit Sand kann man diesen Elementen eine raue Oberfläche verleihen. Wenn die so bearbeiteten Stellen vollständig durchgetrocknet sind, wird der überschüssige Sand abgeklopft und die übrige Fläche kann weiterbearbeitet werden.

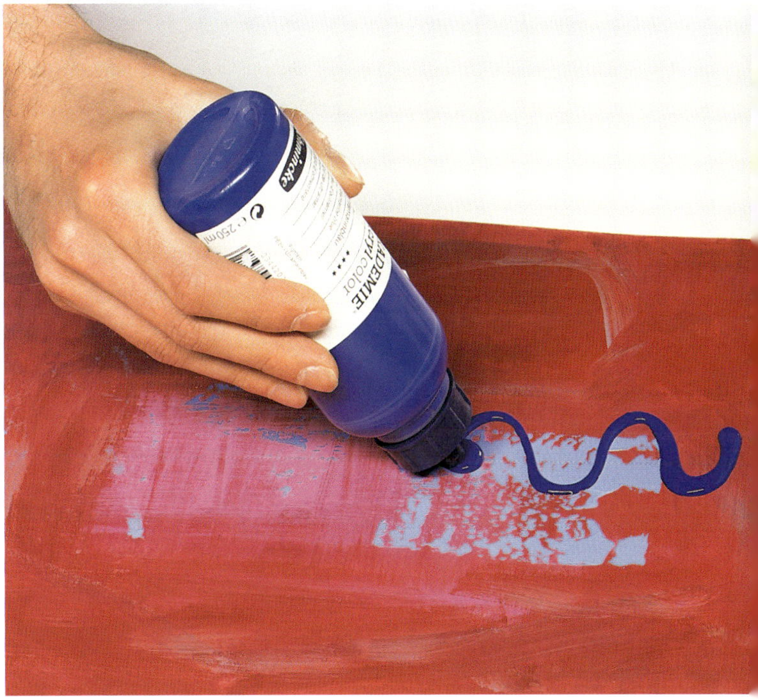

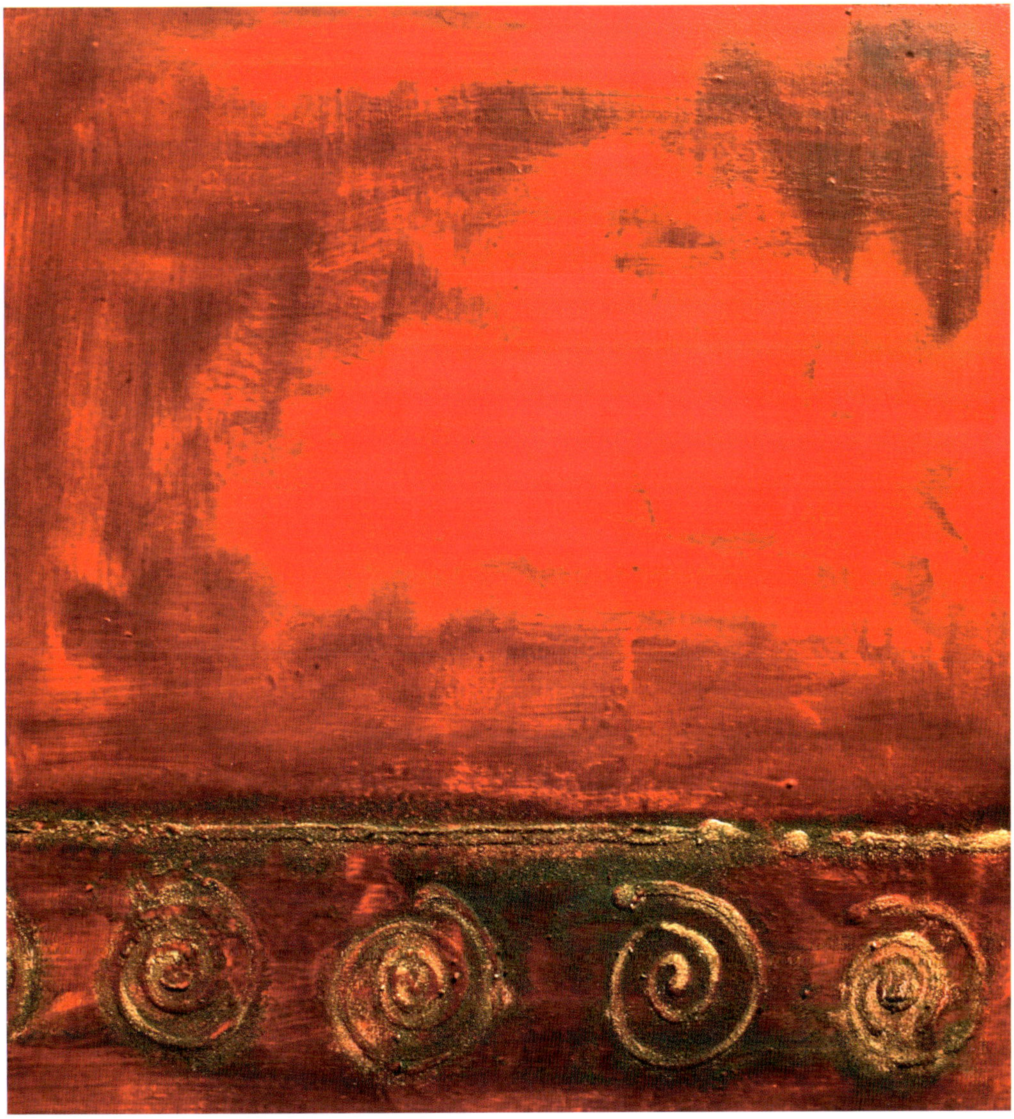

Ute Zander, o. T., Acryl, Sand auf Leinwand, 80 x 80 cm.
Die Schnecken wurden mit Farbe aus der Tube angelegt und anschließend mit Sand bestreut.
Nach dem vollständigen Trocknen folgten mehrere halbdeckende Farbaufträge.

Verwendung von Window-Color

Die so genannten Window-Color-Farben erfreuen sich sehr großer Beliebtheit im Hobbybereich. Es handelt sich hierbei um Farben auf Acrylbasis, welche sehr elastisch sind, damit sie sich von glatten Flächen leicht ablösen lassen. Auf rauen, leicht saugenden Untergründen wie Leinwand oder Papier haften diese Fenstermalfarben allerdings sehr gut. In Bastelgeschäften sind sie in handlichen Flaschen mit sehr feinen Öffnungen erhältlich. Sie eignen sich hervorragend zum Schreiben von Texten oder zum Ziehen von Konturen und können gut übermalt werden. Achten Sie darauf, dass die Farbe gut durchgetrocknet ist, bevor Sie sie übermalen, da es sonst zu Rissbildung kommen kann.

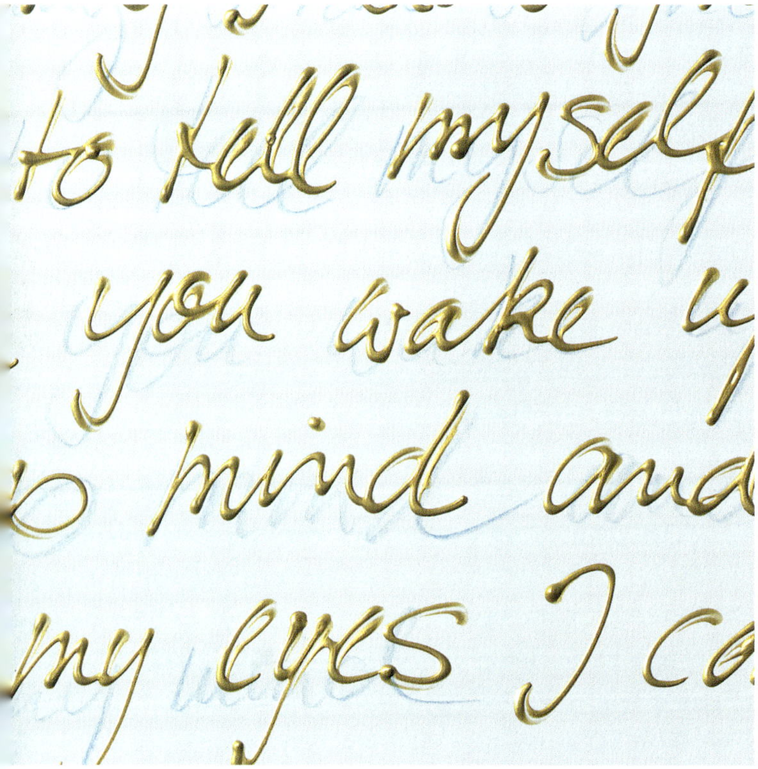

Schritt 1: Beim Schreiben von Texten ist es sinnvoll, mit Kreide oder Bleistift vorzuschreiben, um sicher zu gehen, dass die Worte richtig positioniert werden. Mit gleichmäßigem Druck auf die Flasche wird dann die Schrift aufgebracht. Wenn Sie sich verschrieben haben sollten, können Sie die Stelle einfach auswischen und überschreiben.

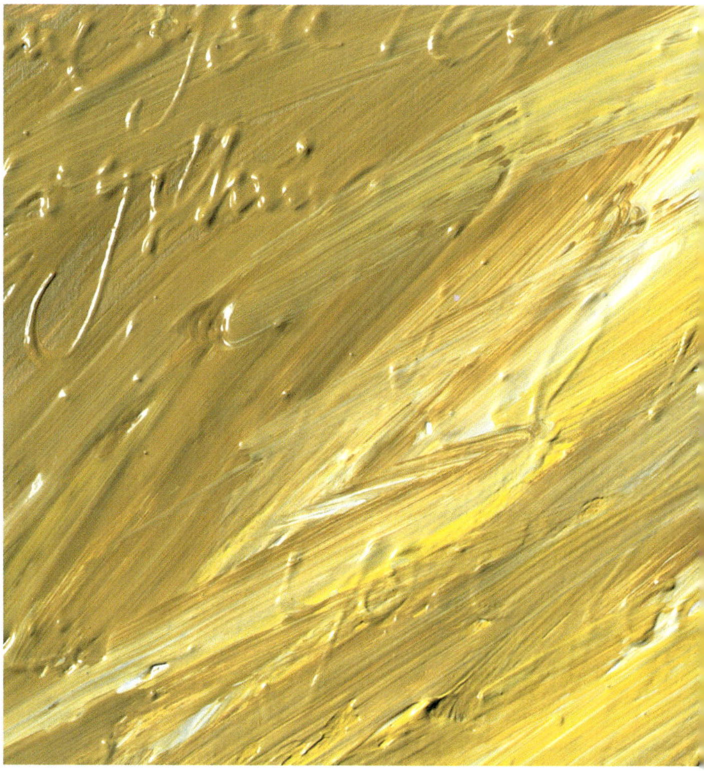

Schritt 2: Der Text wird mit deckender Farbe überarbeitet. Da die Acrylfarben beim Trocknen an Volumen verlieren, wird die Schrift noch zu sehen sein. Auf diese Weise verbinden sich die geschriebenen Elemente mit dem Hintergrund und treten etwas zurück. Wünschen Sie eine stärkere Abgrenzung zwischen den plastischen Teilen und den anderen Flächen des Bildes, kann die Window-Color-Farbe auch zum Schluss aufgetragen werden.

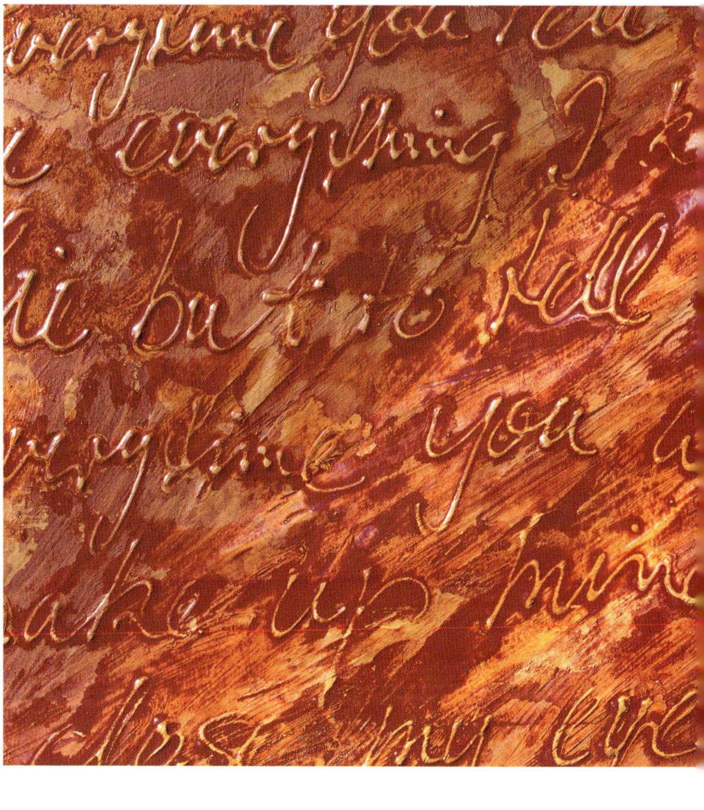

Schritt 3: Nun wird das Bild mit mehreren Lasurschichten weiterbearbeitet. So werden die Schriftzüge betont.

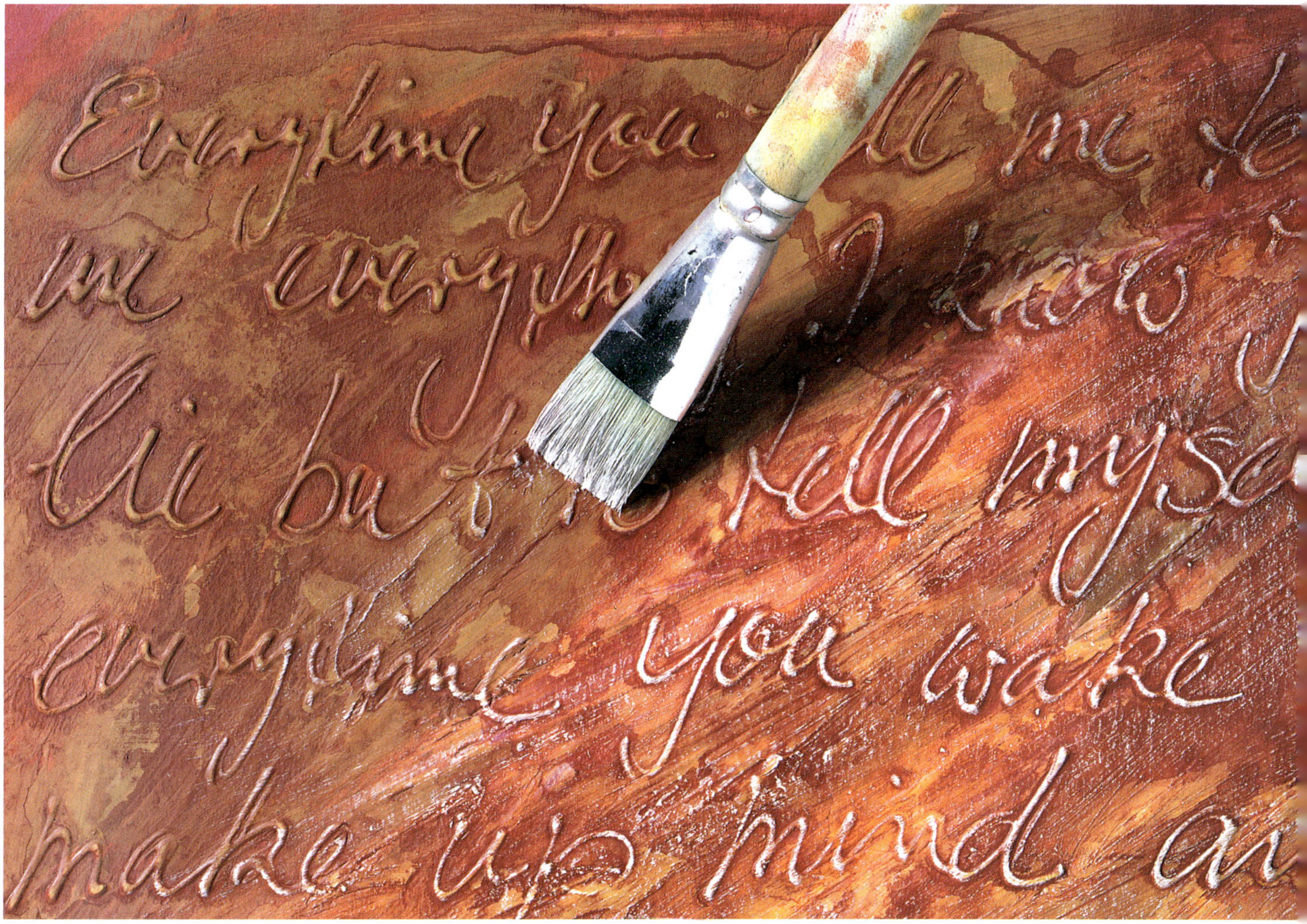

Schritt 4: Um die Schrift noch stärker zu betonen, wird mit heller Farbe granuliert.

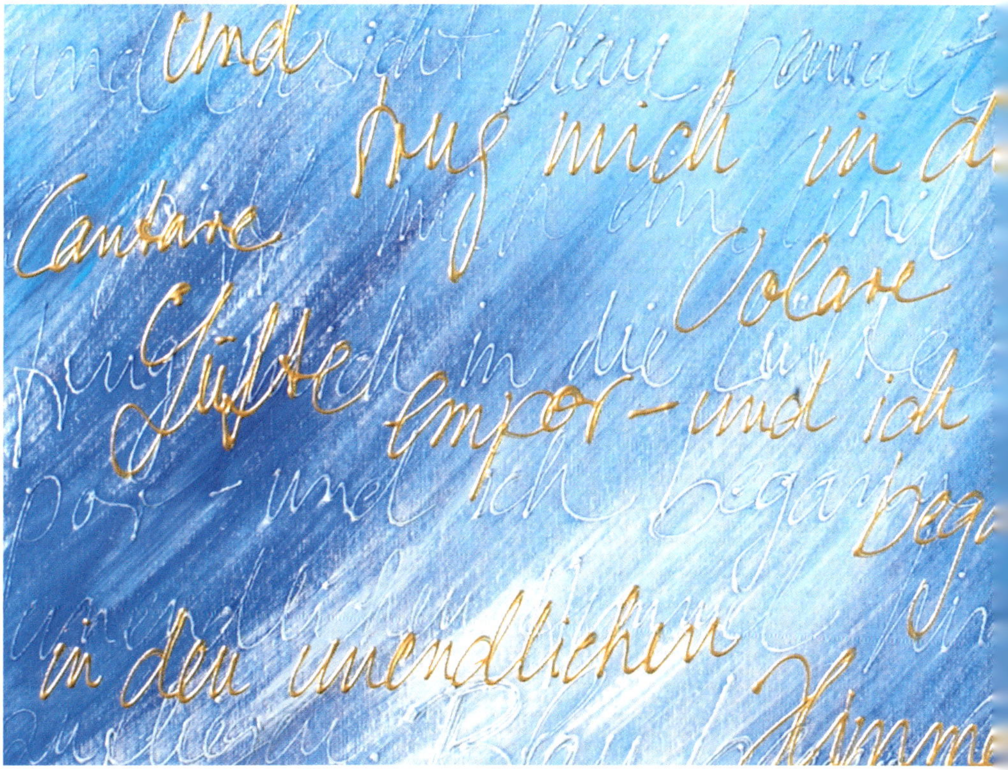

Bei diesem Beispiel wurde ein bereits überarbeiteter Untergrund nochmals mit goldener Window-Color-Farbe überschrieben.

Farbige Bearbeitung von reliefartigen Oberflächen

Lasur
Reliefartige Oberflächen lassen sich besonders gut mit Lasurfarben weiterbearbeiten. Die Flüssigkeit sammelt sich dabei in den Vertiefungen, während sie von den erhabenen Stellen abfließt. Auf diese Weise können die plastisch gearbeiteten Stellen akzentuiert werden und das Bild erhält Tiefe.

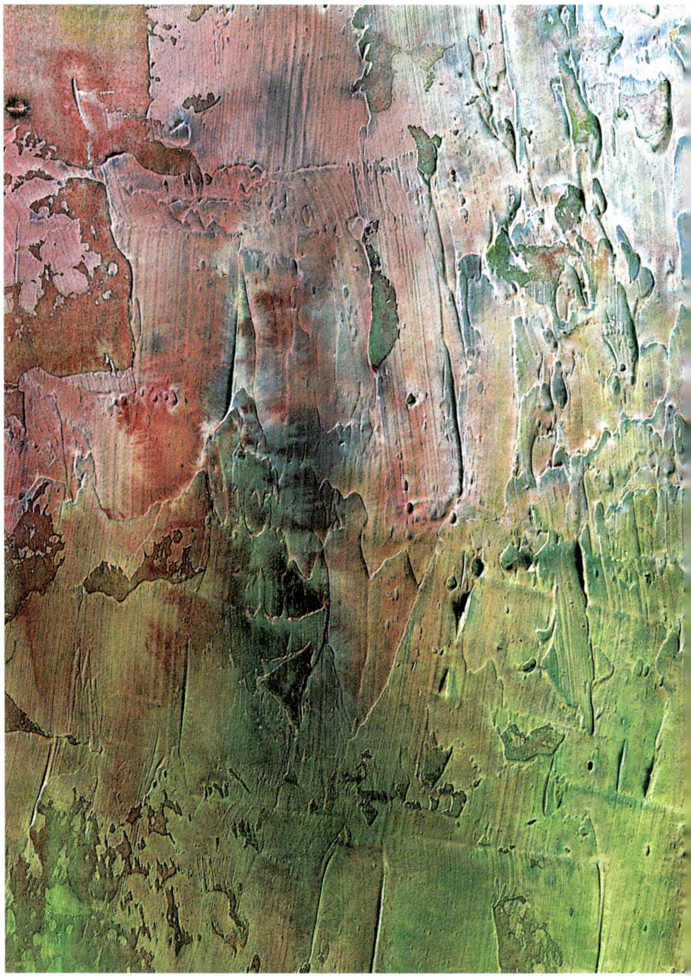

Mehrfarbiger Lasurauftrag.

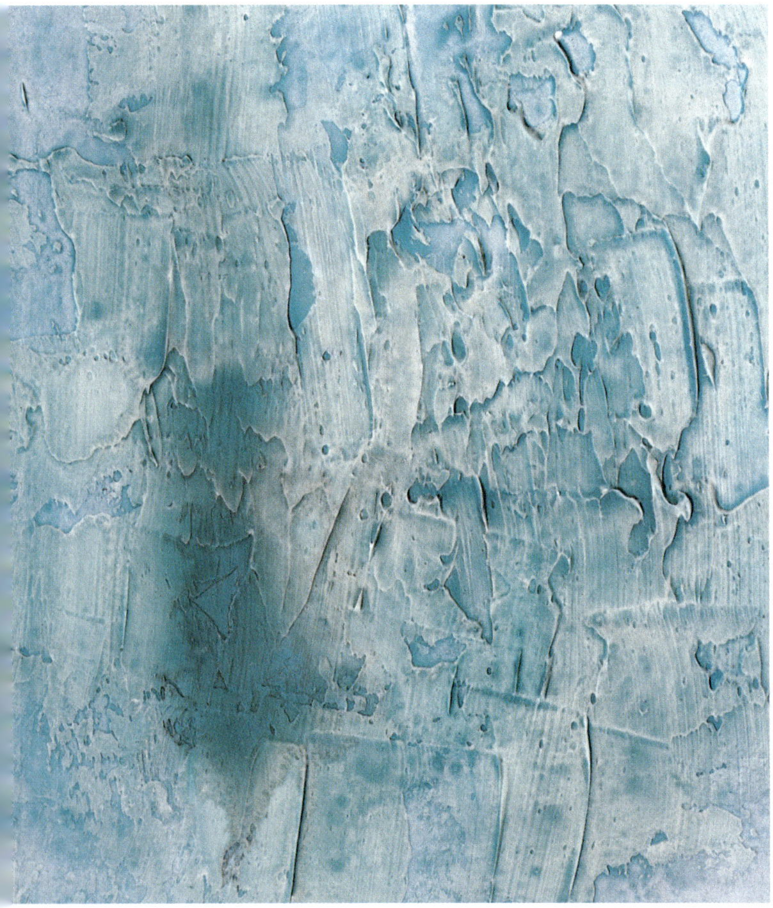

Türkisfarbene Lasur auf mit Modellierpaste gestaltetem Grund.

Granulieren
Wird der Pinsel oder der Spachtel mit wenig Druck über die zu bearbeitende Fläche geführt, so bleibt die Farbe an den erhabenen Stellen haften. Je erhabener die Strukturen, desto deutlicher treten diese Stellen in den Vordergrund. Bei dieser Technik sollten Sie die Farbe möglichst unverdünnt verwenden und auch darauf achten, dass der Pinsel trocken ist. Sonst kann es passieren, dass das Wasser aus der Pinselzwinge beim Arbeiten nach unten läuft und die Farbe zu stark verdünnt wird.

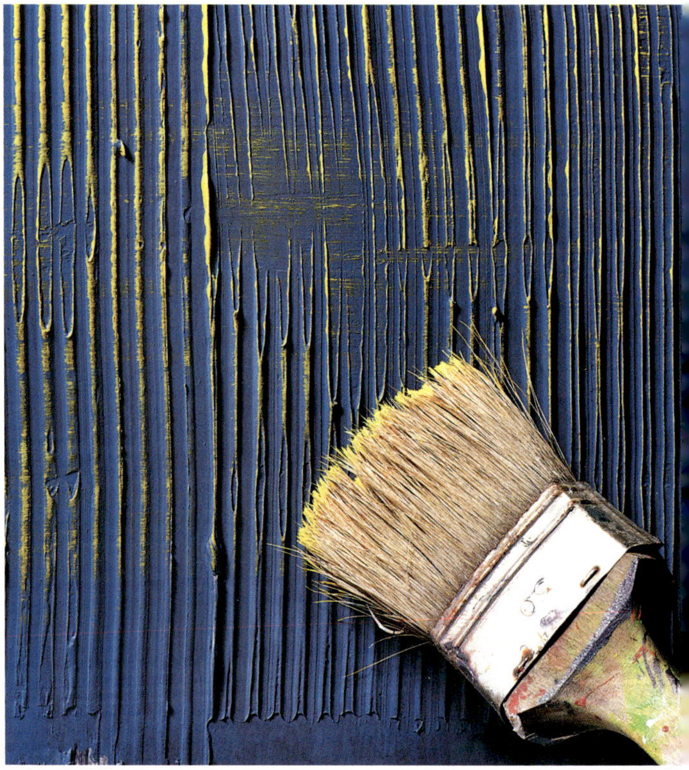

Collagen

Der Begriff Collage ist vom französischen Verb „coller" abgeleitet, das „kleben" bedeutet; damit bezeichnet man die unterschiedlichen Methoden, Gegenstände in ein Bild mit aufzunehmen.

Im ursprünglichen Sinn wird damit ein Verfahren bezeichnet, bei dem gerissene oder geschnittene Papierformen zu einem Bild geklebt wurden.

In der Kunstgeschichte gibt es jedoch schon früh eine Reihe von Künstlern, die neben diesen Papierkompositionen noch andere Materialien mit ihrer Malerei verbanden. Die Anfänge als eigene Kunstform reichen bis zu den Kubisten zurück. Künstler wie Pablo Picasso, Georges Braque oder Juan Gris begannen zu Beginn des 20. Jahrhunderts damit, malfremde Gegenstände wie Briefmarken, Zeitungsausschnitte, Briefumschläge oder Theaterkarten in ihre Gemälde zu integrieren. Hatte Juan Gris in einigen seiner frühen Bilder sich noch der Materialimitation bedient, um den Eindruck von gemasertem Holz oder die Stofflichkeit von Tapeten zu vermitteln, begannen er und seine Künstlerkollegen Braque und Picasso kurze Zeit später, diese Imitationen durch reale Gegenstände zu ersetzen.

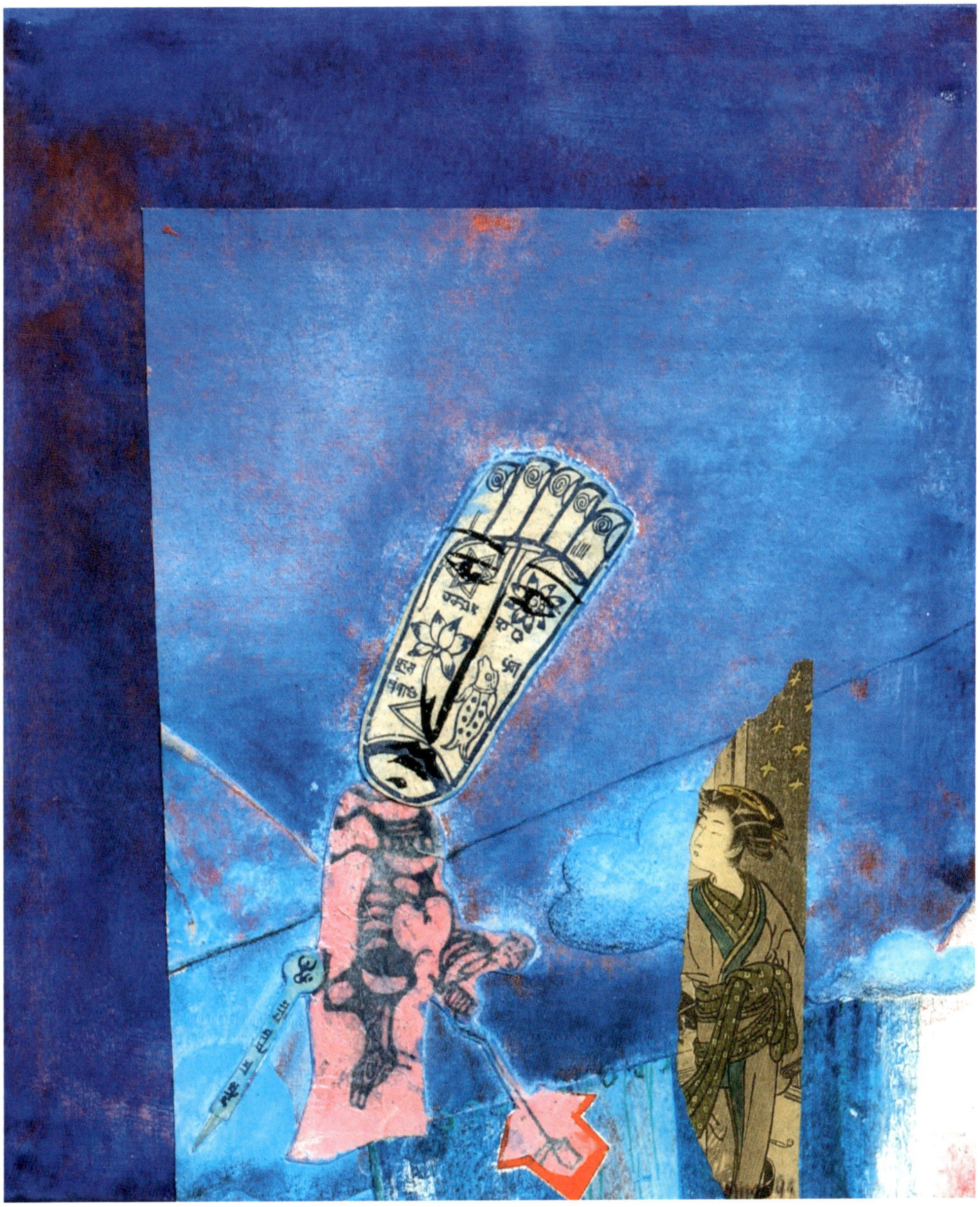

Miriam Bröllos, „Mariko", Collage, Acryl auf Leinwand, je 40 x 45 cm.

Postkarten einer japanischen Brieffreundin wurden zu diesen stimmungsvollen Bildern verarbeitet.

Die Technik der Collage wurde von den Dadaisten aufgenommen und zum Teil abgewandelt; so erfand 1918 Raoul Hausmann die Fotomontage, in der Zeitungsausschnitte, Fotos und Illustrationen arrangiert und zusammengeklebt wurden. In den darauf folgenden Stilrichtungen wurde immer wieder auf die Technik der Collage zurückgegriffen, so u. a. auch von Kurt Schwitters oder in den 60er Jahren von den Amerikanern Jasper Johns und Robert Rauschenberg. Hier wurden die eingearbeiteten Elemente immer plastischer und damit die Bildoberfläche zum Teil so weit aufgelöst, dass halbplastische Objekte entstanden. Bei einigen dieser so genannten Assemblagen, wie z. B. dem berühmten „Migof-Labyrinth" von Bernard Schultze, entwuchsen aus den Collageelementen derart stark plastische Bildteile, dass diese sich zu raumgreifenden Installationen ausweiteten. Viele moderne Künstler bearbeiteten in ihren Bildern Collageelemente zunehmend in Kombination mit Acrylfarben.

Grundsätzliches zur Herstellung von Collagen

Die hohe Klebekraft nicht nur der Acrylfarben, sondern besonders der Strukturpasten erlaubt es, in der Collagetechnik mit unterschiedlichsten Materialien zu experimentieren. Viele zufällig gefundene oder bereits gebrauchte Objekte wie altes Geschenkpapier, Zeitungsausschnitte, Stoffreste oder auch plastische Elemente wie Muscheln, Treibholz, Glas- oder Fliesenscherben und Metallreste lassen sich mit Hilfe von Spachtelmassen problemlos in eine Collage einbeziehen.

Einer der großen Vorteile der Spachtelmassen ist, dass sich die Strukturen, die beim Aufkleben auf den Bildträger entstehen, übergangslos mit den Texturen von eingeklebten Materialien verbinden lassen. Strukturpasten eignen sich auch dazu, die Materialien auf bereits farbig gestalteten Untergrund zu kleben. In der Kombination mit Malerei lassen sich die Collageelemente, nachdem sie mit Klarpasten versiegelt wurden, auch übermalen. Sollen z. B. Pflanzenteile in der Collage verwendet werden, dann sollten diese vorher unbedingt getrocknet werden. Vermeiden Sie verderbliche Materialien, auch trockene Lebensmittel wie Nudeln, Reis oder Hülsenfrüchte sind mit Vorsicht zu behandeln und nicht unbedingt für wässrige Techniken geeignet. Alle Collageelemente sollten sorgfältig geklebt werden. Spätere Beschädigungen entstehen zumeist an den herausstehenden Punkten; ein vorsichtiges Besprühen mit Firnissen erhöht die Widerstandsfähigkeit und verbindet die einzelnen Elemente noch einmal zusätzlich.

Je nach angestrebtem Effekt sollte Collagematerial unterschiedlich eingearbeitet werden. Achten Sie darauf, dass bei geschlossenen, ungegenständlichen Oberflächen die organisch anmuten sollen, sich die einzelnen Teile zu einem harmonischen Ganzen fügen. Dazu ist es wichtig, dass die Elemente ineinander übergehen. Papiere sollten hierzu eher gerissen als ausgeschnitten werden, da sich so die Übergänge besser kaschieren lassen. Stärkere Papiersorten müssen vor dem Aufkleben angefeuchtet werden, wenn Sie ein

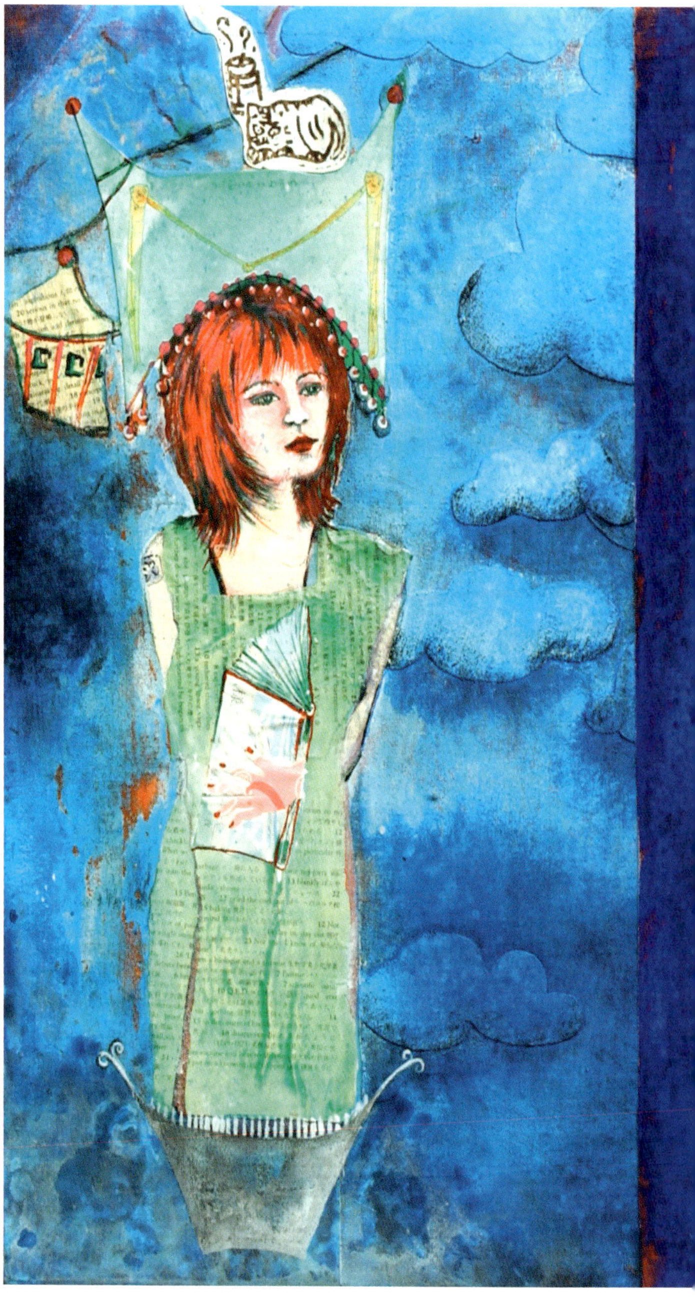

Miriam Bröllos, „Mariko", Detail.

Aufquellen und Faltenbildung vermeiden wollen. Nur sehr dünne Papiere wie Seidenpapier können auch direkt aufgeklebt werden. Wenn Sie oft mit Bildern oder Ausschnitten aus Illustrierten arbeiten, beachten Sie, dass Printmedien nicht lichtecht in den Farben sind. Wenn diese Collagen für längere Zeiträume fixiert werden sollen, müssen sie abschließend mit einem Firnis bearbeitet werden, der einen UV-Schutz enthält, und Sie dürfen die Bilder zudem keiner direkten Sonneneinstrahlung aussetzen.

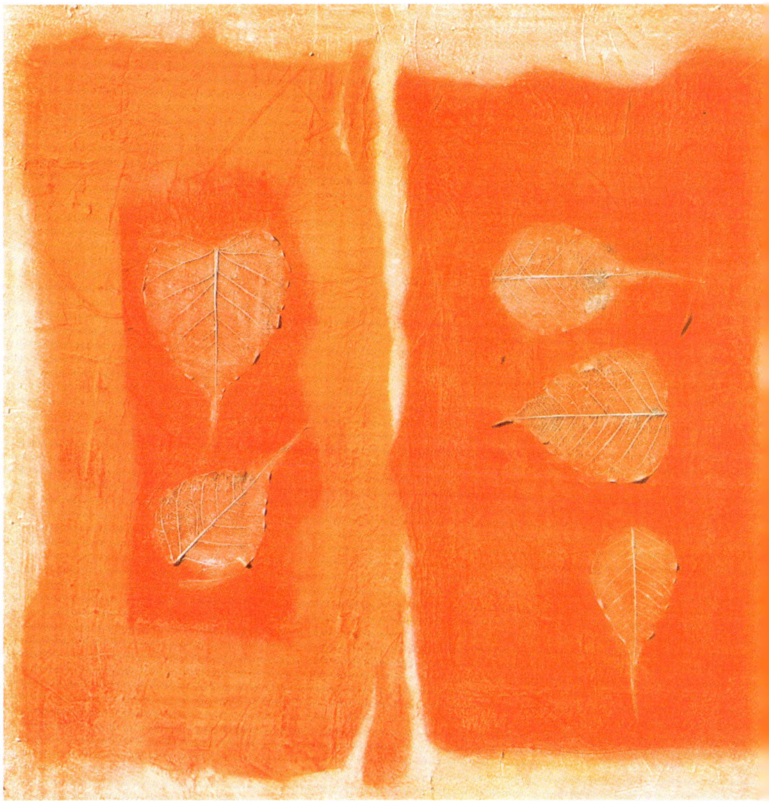

Susanne Westphal, o. T., Acryl, Papier, Blätter, Sand auf Leinwand, 50 x 50 cm.
Diese dezente Collagearbeit entstand während eines Workshops. Auf den noch feuchten, mit körniger Strukturpaste gespachtelten Untergrund wurden farbiges Seidenpapier und getrocknete Blattgerippe aufgebracht. Nach der Trocknung wurden die Flächen vorsichtig granuliert.

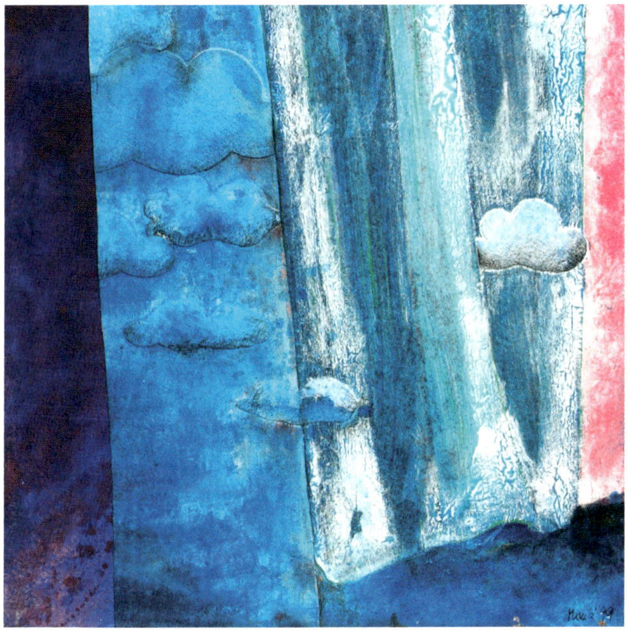

Miriam Bröllos, „Mariko", Detail.

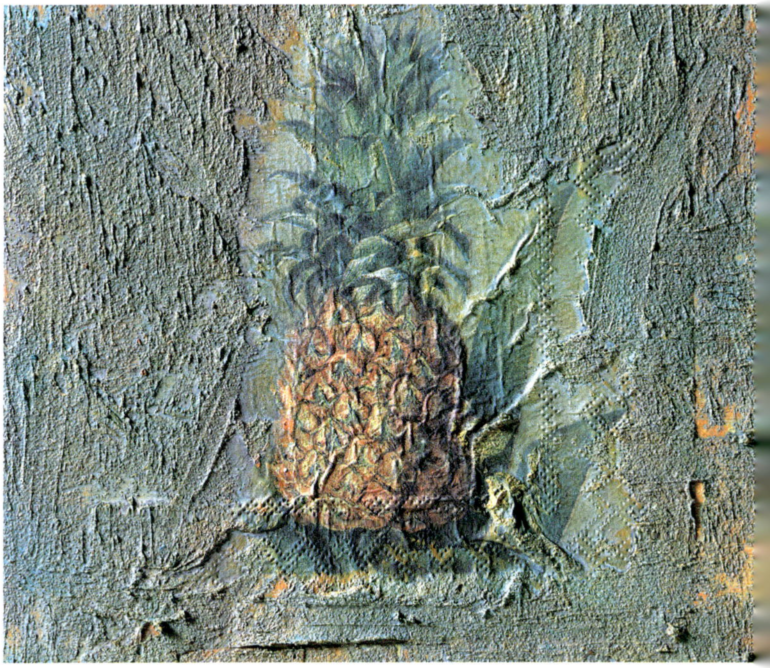

Ute Zander, „Ananas", Acryl, Sand, Papier auf Leinwand, 50 x 60 cm.
Das Ananasmotiv entstammt einer Papierserviette. Bei der so genannten „Serviettentechnik" werden die Motive ausgeschnitten oder herausgerissen. Anschließend wird nur die oberste, farbige Lage der Serviette auf eine mit Acrylbinder eingestrichene Fläche gelegt und vorsichtig angedrückt. Nach dem Trocknen wird das dünne Papier noch einmal mit Binder bestrichen und kann dann weiterbearbeitet werden.

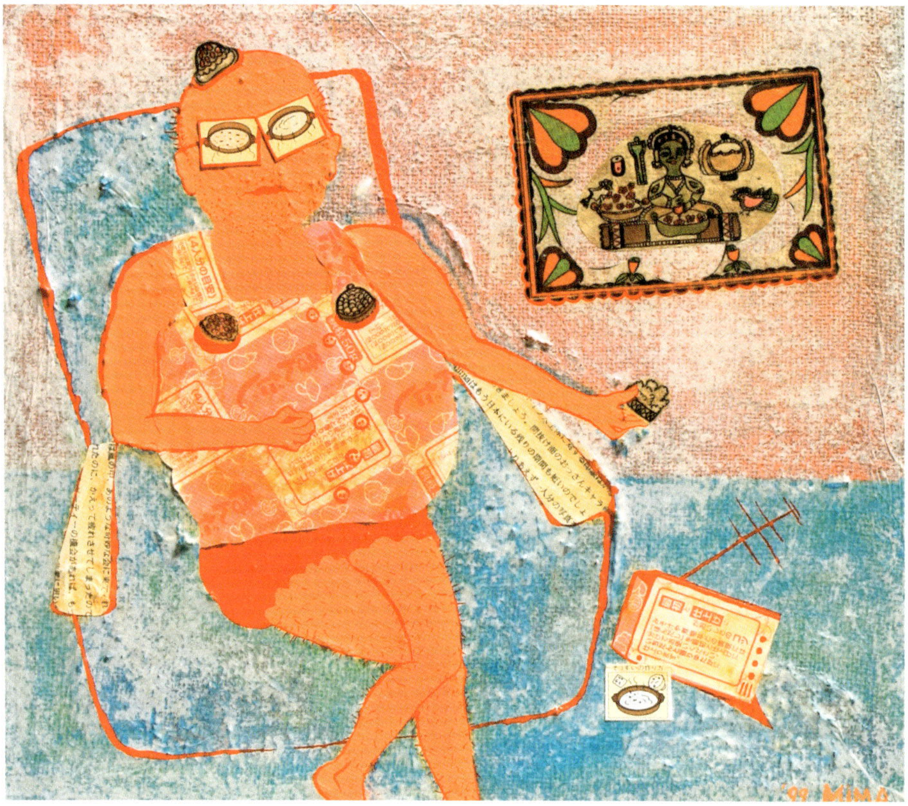

Oben und unten:
Miriam Bröllos, „When esoterica erotica Erika left her couch-potatoe-papa", Papiercollage, Acryl auf Leinwand, je 40 x 45 cm.
Für diese Art zu arbeiten ist es sinnvoll, einen Fundus an Material anzusammeln, welches sich zu Bildern weiterverarbeiten lässt. Aus alten Zeitschriften, Funden vom Flohmarkt, Teilen von verworfenen Arbeiten oder Folienresten entsteht auf diese Weise eine ganz eigene Bilderwelt.

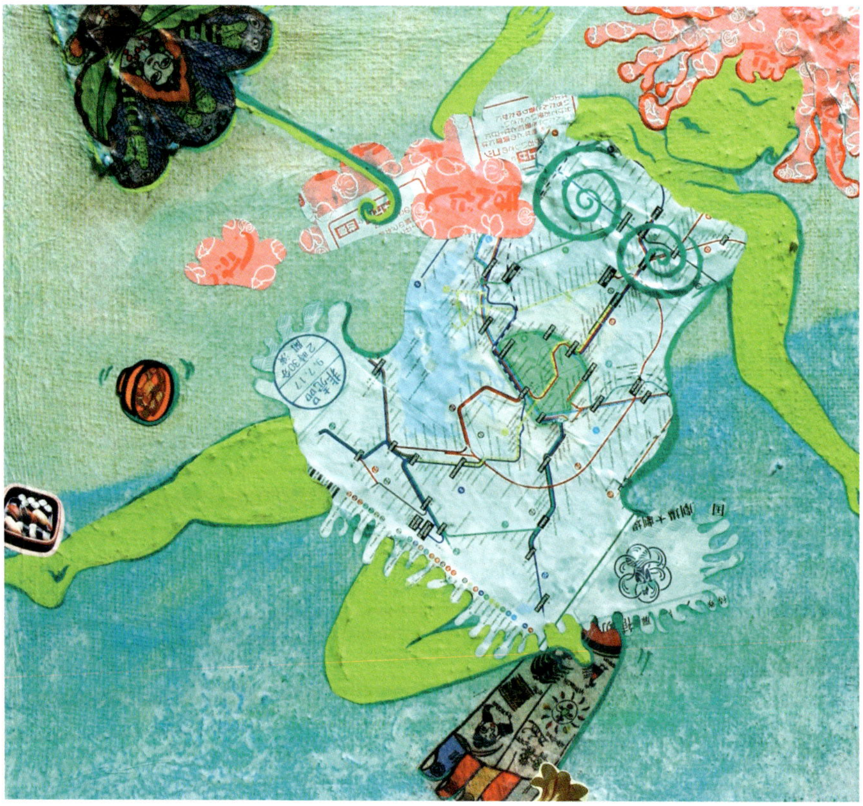

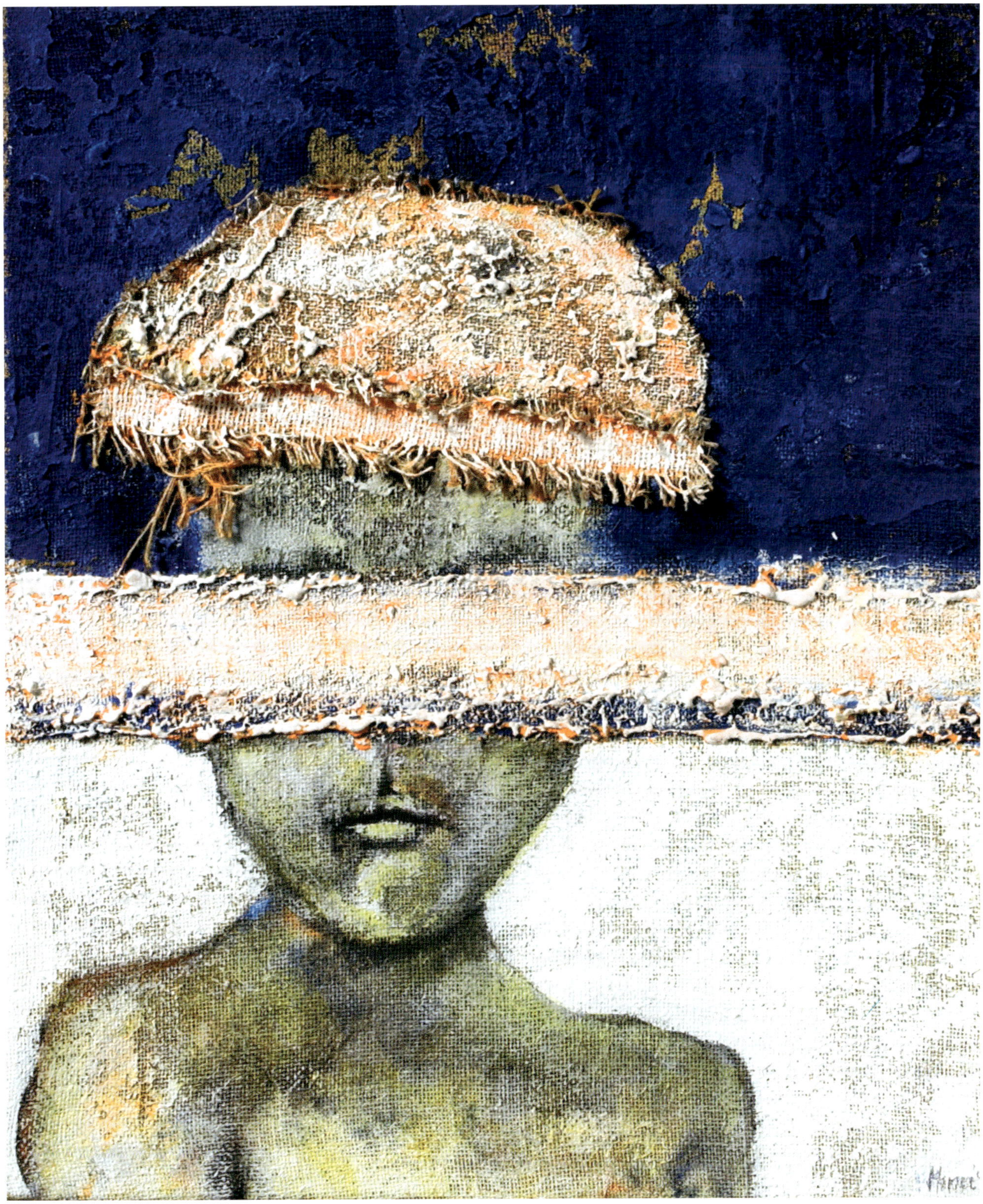

Miriam Bröllos, o. T., Acryl, Feinmakulatur auf Rupfen.

Die Collageelemente dieser Arbeit sind ebenfalls aus Rupfen und wurden mit Acrylbinder geklebt.

Besonders betont wurde der Hut der Figur durch Überstreichen mit einer mit Makulaturpulver vermischten Farbe.

Einarbeiten schwerer Gegenstände in die Modellierpaste
Beim Einarbeiten schwerer Objekte sollte nicht an Modellierpaste gespart werden, um eine gute Verbindung mit dem Untergrund zu gewährleisten. Besonders Hohlräume (z. B. in Muscheln oder Ähnlichem) sollten auch mit Paste ausgefüllt werden. Nachdem die Collage getrocknet ist, kann ein Überzug mit Acrylbinder sinnvoll sein, um eventuell lose Teile zu fixieren.

Schwerere Gegenstände lassen sich besser mit Modellierpasten und den klaren Strukturpasten kleben als mit Acrylbinder. Der Malgrund muss den verwendeten Objekten angepasst werden. Je nach dem Gewicht der eingearbeiteten Gegenstände und der Schichtstärke der Modellierpaste empfiehlt es sich, einen stärkeren Untergrund zu verwenden. Schwere Collageelemente sollten auf einem starren Bildträger – leichte, aber feste Holzmalgründe eignen sich am besten – verarbeitet werden.

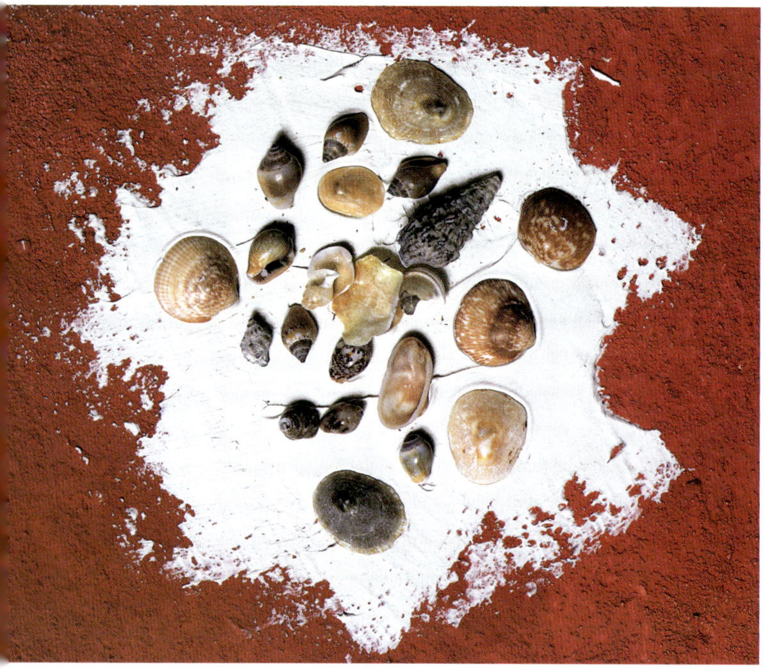

Muscheln eingebettet in Modellierpaste.

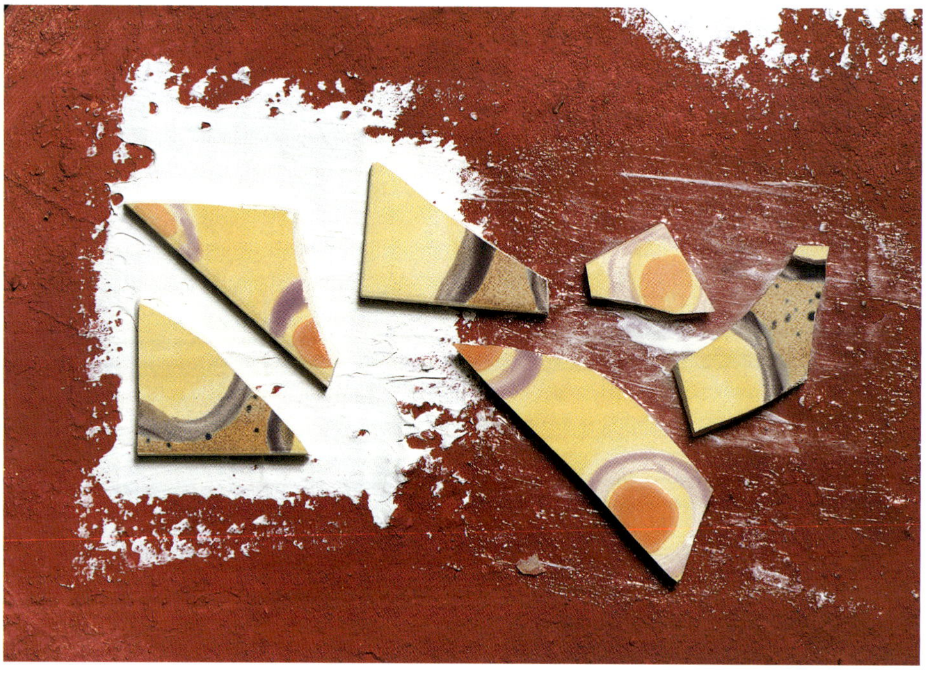

Mosaikscherben eingebettet in Klar- und Modellierpaste.

Verwendung von klar auftrocknenden Strukturpasten
Wenn Sie Collageelemente verwenden, deren Eigenfarbe nicht oder nur wenig verändert werden soll, wie zum Beispiel Fotos, Zeitungsausschnitte oder Ähnliches, können diese Dinge auch mit den Klarpasten geklebt werden. Wird der Klarpaste ein wenig Farbe beigemischt, erhält man durchscheinend auftrocknende Schichten.

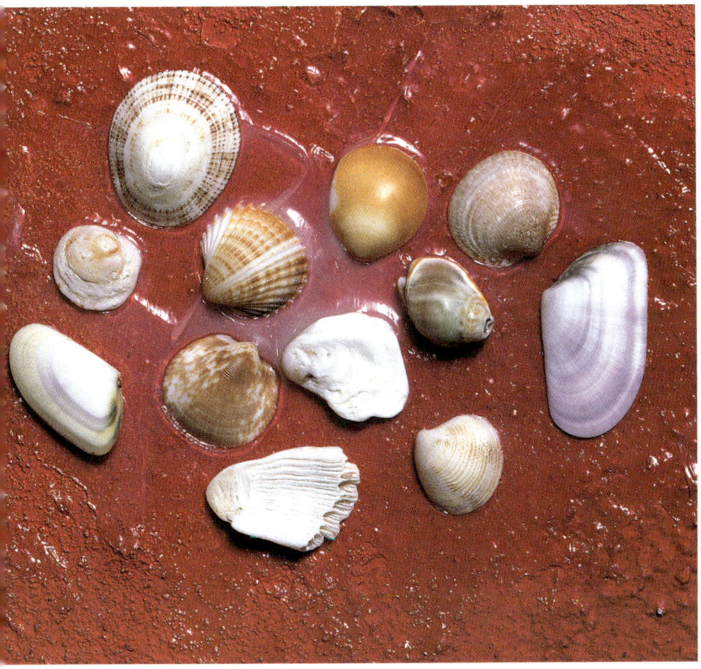

Muscheln wurden in Klarpaste eingebettet.

Seidenpapiercollage
Seidenpapiere sind aufgrund ihrer besonderen Eigenschaften gut für Collagearbeiten geeignet. Die Saugfähigkeit dieses dünnen Papiers ermöglicht ein sehr spontanes Arbeiten, da keine langen Einweichzeiten beachtet werden müssen. In dünnen Schichten aufgetragen, lassen sich sehr dezente, zurückhaltende Texturen gestalten, und auch sehr starke

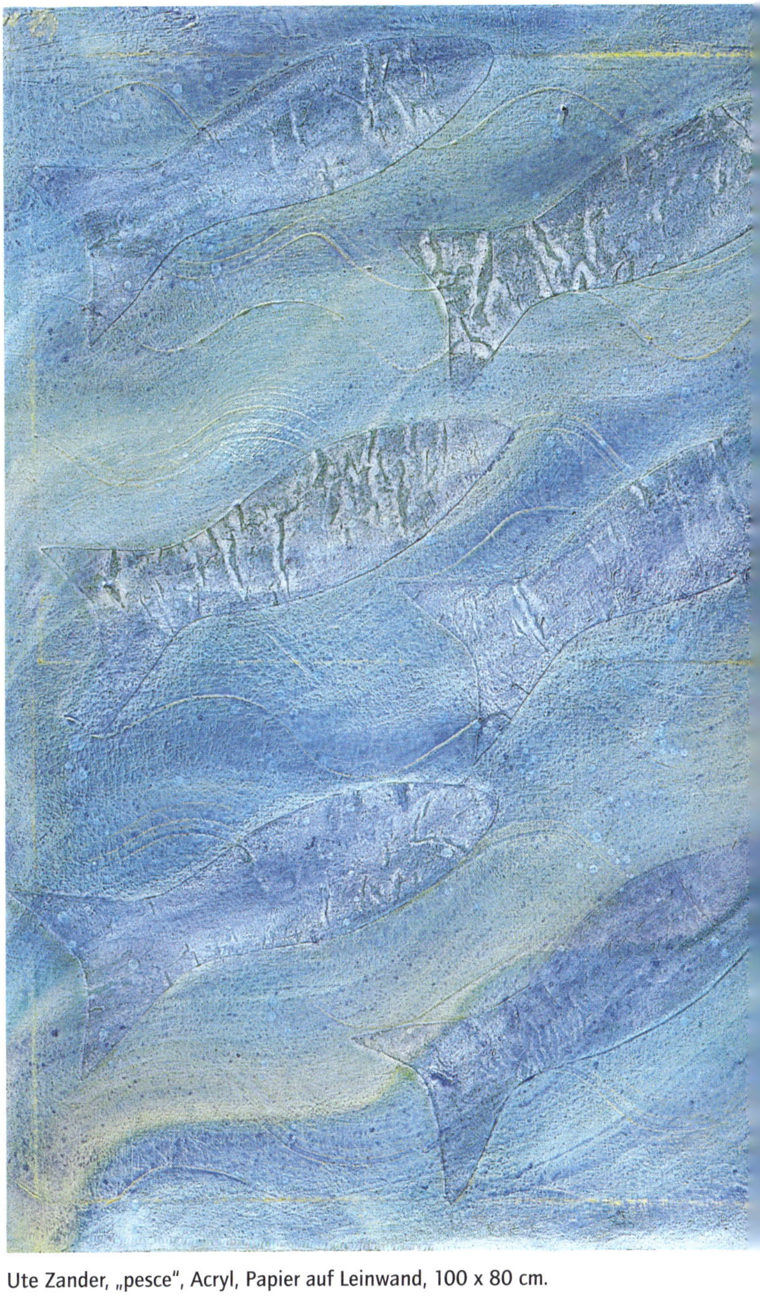

Ute Zander, „pesce", Acryl, Papier auf Leinwand, 100 x 80 cm.
Aus dünnem Japanpapier wurden Fische ausgeschnitten und anschließend mit Acrylbinder auf einen noch feuchten, kolorierten Malgrund aufgezogen.

Schichten geknüllten Papiers nehmen das Klebemittel gut auf und lassen sich noch gut in Form bringen. Mit Seidenpapier können sowohl freie Formen und Flächen entwickelt wie auch präzise Formen ausgearbeitet werden, um damit gegenständlich zu arbeiten.

Seidenpapier ist in Hobbygeschäften zu bekommen und ist in verschiedenen Farben erhältlich. Die bunten Varianten sind allerdings weder lichtecht noch wasserfest, die Farbe blutet also stark aus. Wird eine mit farbigem Seidenpapier beklebte Stelle nach der Trocknung mit Farbe in einem helleren Farbton übermalt, so schlägt der Farbstoff des Papiers durch die oberen Farbschichten durch. Ein durchaus reizvoller Effekt, sofern gewollt!

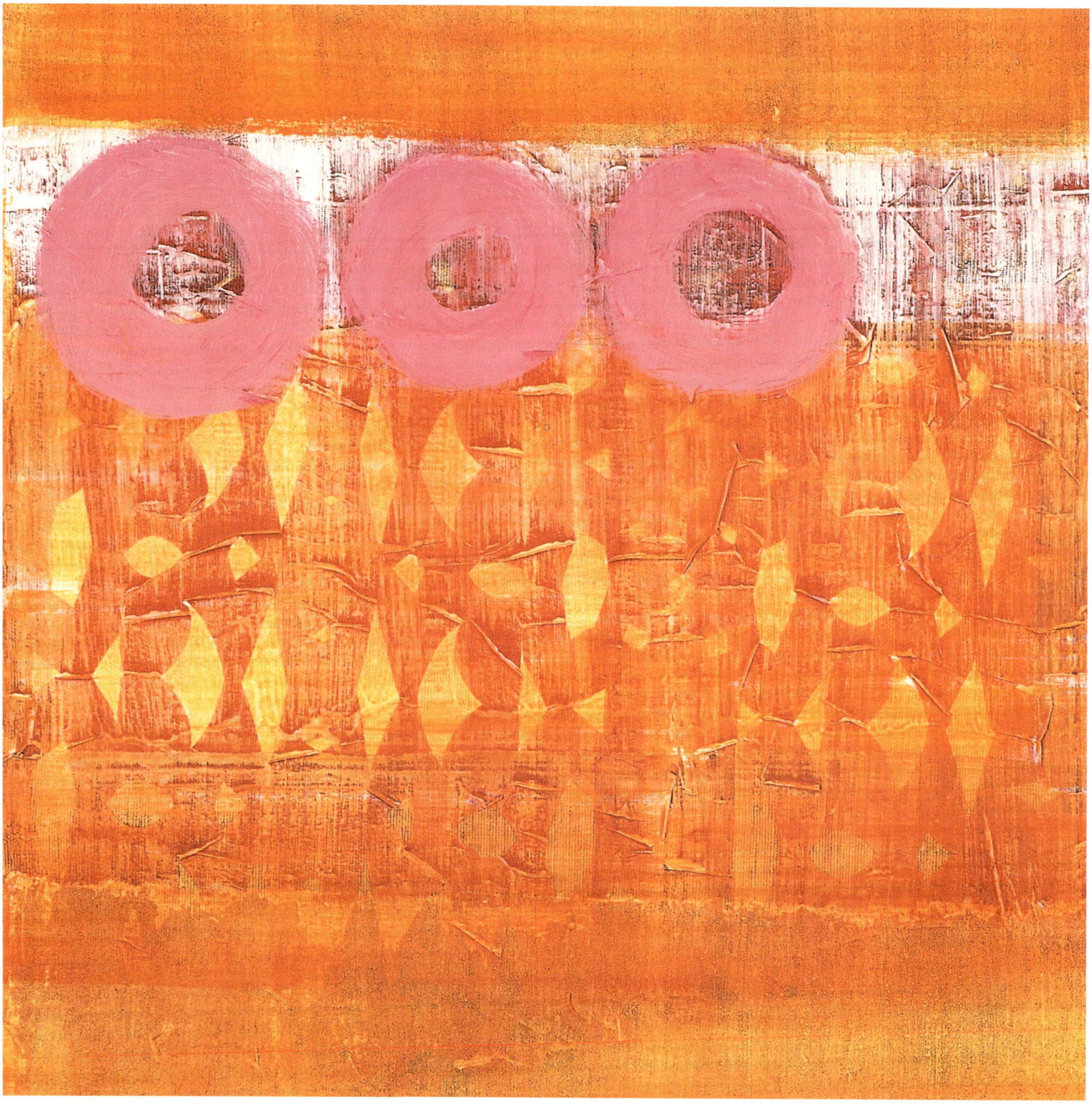

Kristina Schaper, o. T., 40 x 40 cm.

Bei dieser Arbeit kann man sehen, dass der Farbstoff des roten Seidenpapiers durch die nachfolgenden Farbschichten durchgeschlagen ist.

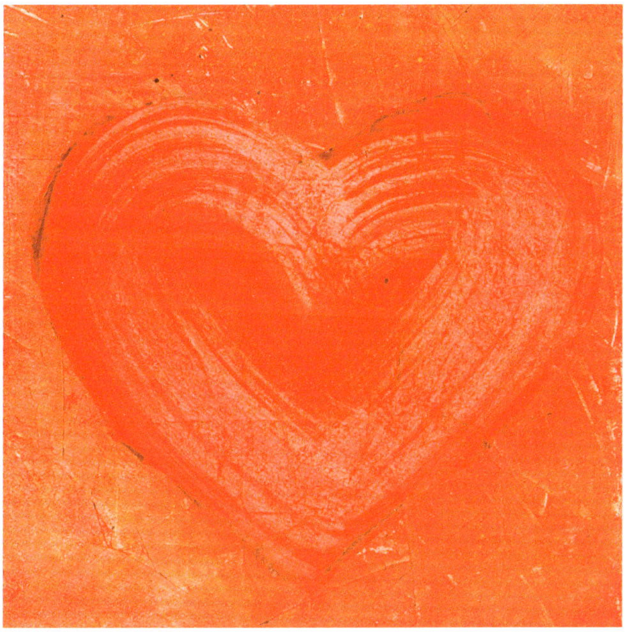

Susanne Westphal, „Herz",

Acryl, Seidenpapier auf Leinwand, 40 x 40 cm.

Der Untergrund dieser Arbeit wurde mit Modellierpaste und Spachtel angelegt. Nach der farbigen Bearbeitung wurde ein aus rotem Seidenpapier ausgerissenes Herz mit Acrylbindemittel aufgeklebt.

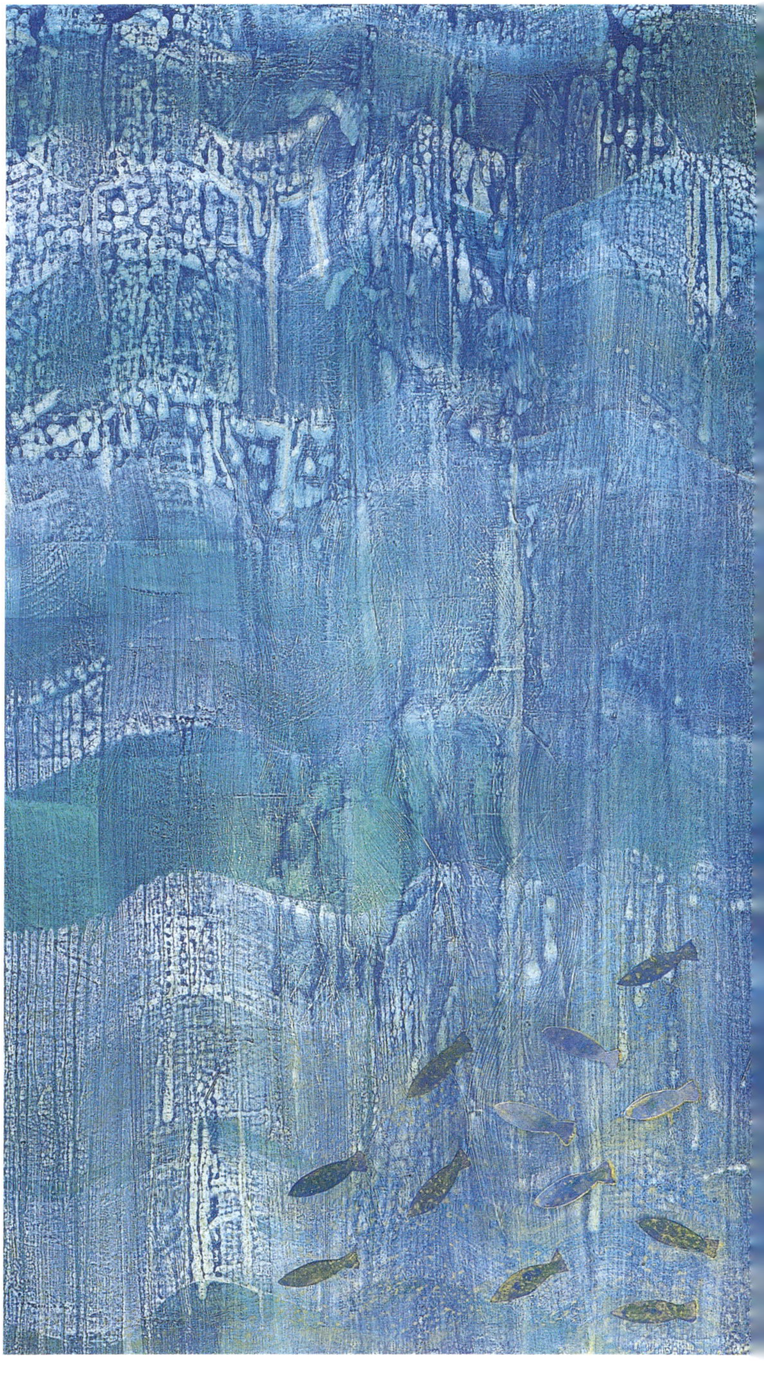

Ute Zander, „maroccain", Acryl,

Papier auf Leinwand, 120 x 80 cm.

Dieses Bild wurde in vielen Lasurschichten erarbeitet, wobei die letzte Schicht über einen Acrylbinderauftrag gemalt wurde, welcher die Farbe abperlen ließ. Anschließend wurden kleine Papierfische mit Klarpaste aufgeklebt.

Wässrige Maltechniken

Acrylfarben sind für wässrige Maltechniken gut geeignet und somit auch für passionierte Aquarellmaler eine interessante Alternative. Dadurch, dass die Acrylfarben wasserunlöslich auftrocknen, werden in der Lasurmalerei andere Möglichkeiten eröffnet, denn – anders als beim Malen mit Aquarellfarben – werden die unteren Farbschichten nicht wieder angelöst.

Bei Acrylfarben in Künstlerqualität ist die Pigmentkonzentration sehr hoch, sodass sich auch bei starker Verdünnung noch Farbverläufe, ähnlich wie beim klassischen Aquarell, erzeugen lassen. Wenn Sie überwiegend in der Aquarelltechnik malen, empfehlen wir, Acryl-Künstlerfarben zu verwenden.

Neben der reinen, aquarellartigen Lasurmalerei lassen sich verdünnte Acrylfarben auch für weitere Zwecke nutzen. So lassen sich Malgründe mit groß- oder ganzflächigen Lasuren vorbereitend einfärben, und durch das Lasieren von gegenständlichen oder abstrakten Partien eines Bildes lassen sich veränderte Farbstimmungen erzeugen. Das findet man auch in der Schichtenmalweise, wo Dunkelheiten zumeist lasierend aufgebaut werden.

Abhängig vom Malgrund und Motiv lassen sich durch die Zugabe von Malmitteln und anderen Zusätzen vielfältige Effekte erzielen. Wie für alle experimentellen Techniken gilt auch hier: Vor der Anwendung im Bild sollten Proben durchgeführt werden.

Lavierung

Lavierungen (Verlaufeffekte) gehören zu den Grundlagen der Aquarellmalerei. Je nach bearbeitetem Motiv werden Lavierungen unterschiedlich eingesetzt. Farbverläufe werden in der Landschaftsmalerei z. B. bei der Darstellung von Himmel oder Wasserflächen verwendet, flächige Lavierungen, die gleichmäßig getönt sind, werden oft dazu genutzt, den Malgrund mit einer einheitlichen Hintergrundfarbe einzufärben.

Die Wirkung einer Lavierung ist vom verwendeten Pigment, d. h. der Qualität der Acrylfarbe, dem Grad der Verdünnung der Farbe und der Beschaffenheit des Malgrundes abhängig.

Für die Aquarellmalerei typische Lavierungen lassen sich natürlich am besten auf Papier – speziell auf Aquarellpapieren – erzielen. Hierbei ist die Körnung, also die Oberfläche und die Leimung des Papiers, ausschlaggebend für das unterschiedliche Auftrocknen der Farbe.

Eine Lavierung streifenfrei über eine größere Fläche anzulegen, erfordert ein wenig Übung. Beim Arbeiten auf Papieren sollten diese vorher aufgespannt werden, um Faltenbildung zu vermeiden (siehe Seite 26). Weiche, regelmäßige Farbverläufe lassen sich durch das großflächige Anfeuchten des Malgrundes mit Hilfe eines Schwamms erzielen. Auf angefeuchtetem Papier verteilt sich die Farbe gleichmäßiger, da das Pigment auf der schon feuchten Oberfläche gut verlaufen kann, ohne harte Abstufungen zu bilden. Natürlich lassen sich auch auf trockenem Papier Lavierungen durchführen. Zügiges Arbeiten ist hierbei erforderlich, um die Bildung von Kanten zu vermeiden.

Beachten Sie, dass bei großflächigen Lavierungen genügend Farbe in der richtigen Konsistenz angemischt werden muss. Geht Ihnen auf halbem Weg die Farbe aus, kann diese selten rechtzeitig nachgemischt werden, bevor die begonnenen Partien getrocknet sind.

Arbeiten Sie mit größeren, weichen Pinseln und gleichmäßigem Strich mit wenig Druck. Bei wenigen breiten Strichen ist das Risiko der Streifenbildung geringer. Wenn der Malgrund leicht geneigt wird, kann der Farbfluss zusätzlich gesteuert werden.

Wenn Sie Lavierungen auf glatte, nicht saugende Oberflächen aufbringen wollen, sollte der Farbe Ochsengalle (erhältlich im Fachhandel) zugesetzt werden, um die Oberflächenspannung zu verringern.

Nass in nass malen

In der Technik der Nass-in-Nass-Malerei lassen sich einige der ausdrucksstärksten und schönsten Ergebnisse beim Aquarellieren erzielen. Diese Technik lässt sich am besten auf Aquarellpapieren anwenden. Achten Sie bei der Wahl des Papiers darauf, keine allzu glatten oder zu stark geleimten Papiere zu verwenden. Raue, saugfähige Papiere sind ideal.

Um bestimmte Effekte mit der Nass-in-Nass-Malerei zu erzielen, ist viel Übung und Erfahrung erforderlich. Mit der Zeit werden Sie einschätzen können, wie nass das Papier sein muss und wie stark die Farben verdünnt werden müssen, damit sich die Ausbreitung und der Verlauf der Farben lenken lässt. Wenn die gesamte Oberfläche des Papiers mit einem Schwamm oder großen Flächenstreicher gleichmäßig angefeuchtet wurde, sollte bei gegenständlichen Motiven vorher eine Vorzeichnung mit Bleistift erfolgt sein, um das Setzen der verschiedenen Farbtöne zu erleichtern. Dennoch sollte bei dieser Technik entschieden und großzügig gearbeitet werden. Lassen Sie die Farbflächen ineinander laufen, ohne zu lange mit dem Pinsel über die Oberfläche des Blattes zu streichen.

Überschüssige Farbe lässt sich mit einem Papiertaschentuch aufnehmen. Wenn Farbflächen außer Kontrolle geraten oder in eine falsche Richtung verlaufen, kann die Farbe auch mit einem trockenen Haarpinsel entfernt werden.

Sollte die Farbe beim ersten Auftrag zu dünn geraten sein, können nach vollständigem Durchtrocknen eine oder mehrere Schichten in der gleichen Technik aufgetragen werden. Auf diese Weise gewinnt das Bild an Tiefe. Auch lassen sich durch das Übereinanderlegen mehrerer stark verlaufender Farbschichten farbliche Effekte und Strukturen erzeugen, die so in der deckenden Malweise nicht erzielt werden können.

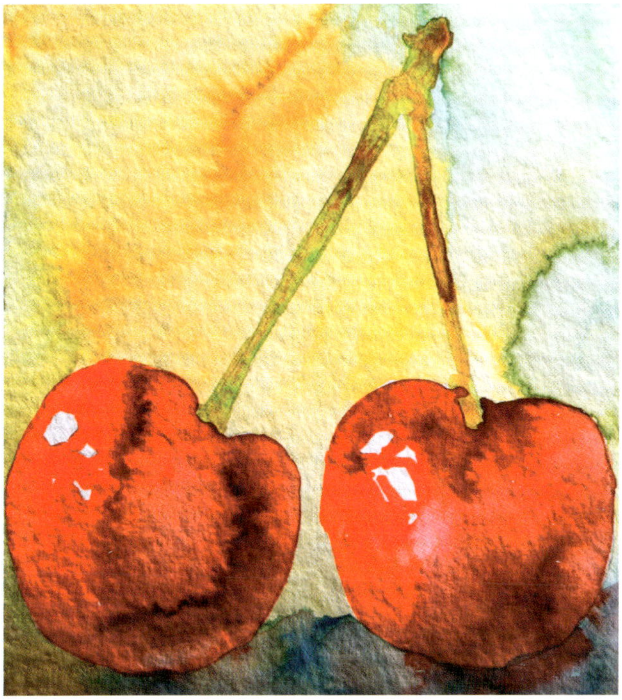

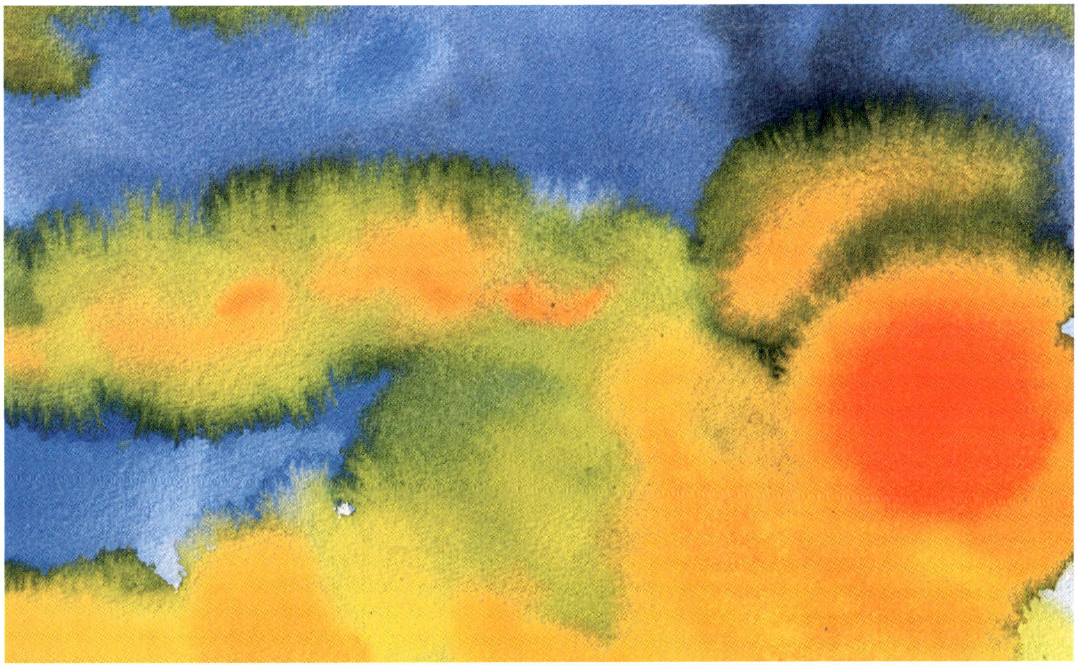

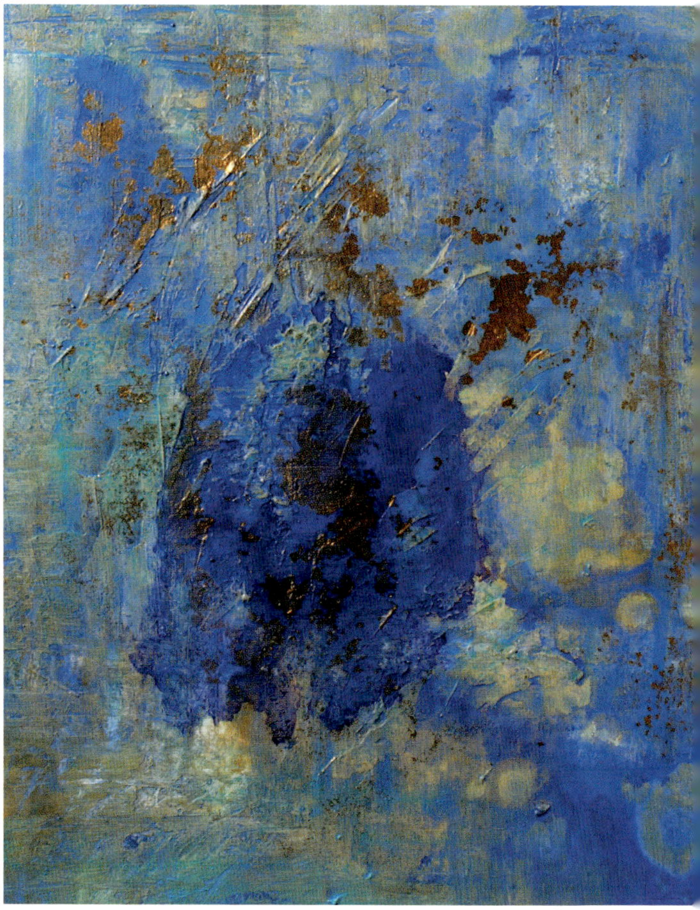

Effekte mit Spiritus

Interessante Strukturen und bizarre Formen erhalten Sie, wenn Sie in die dünnflüssigen Lasurschichten Spiritus träufeln. Der Spiritus verdrängt das Wasser und die in ihm schwimmenden Pigmente. Durch diesen etwas zufälligen Effekt bilden sich Formen, welche sich auf herkömmlichem Weg nur schwer malen lassen. Am besten gelingen diese Effekte auf schwach oder kaum saugenden Untergründen.

Goldbronze in Pulverform wird auf eine wässrige Oberfläche gestreut. Durch das Aufspritzen des Spiritus wird das Bronzepulver zusammen mit dem Wasser verdrängt.

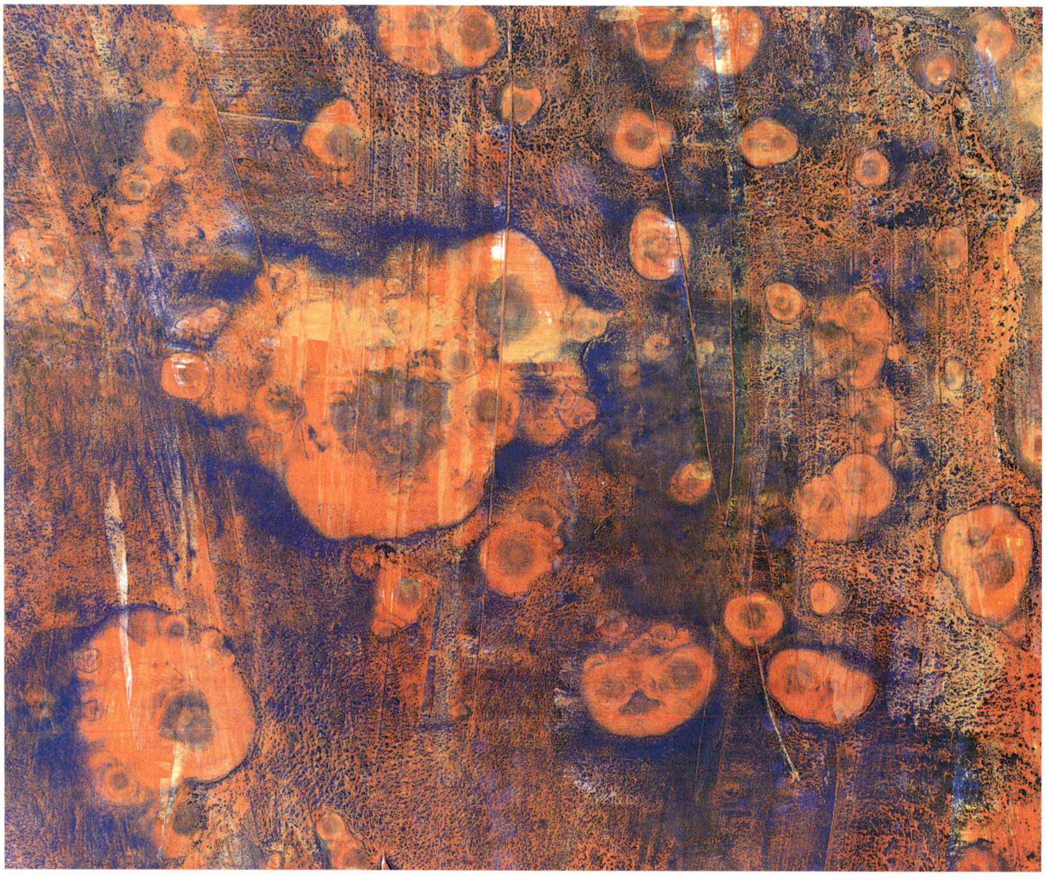

Effekte durch Salz

Weitere Effekte lassen sich erzielen, wenn in die noch nassen Farbflächen Salz eingestreut wird. Verwenden Sie einfaches Haushaltssalz oder gröberes Meersalz und streuen Sie es in die nasse Farbe, wenn diese ihren Oberflächenglanz verliert, d. h., wenn die Farbschicht zu trocknen beginnt. Das Salz absorbiert das Wasser und es entstehen ganz spezielle Strukturen. Diese Technik erfordert etwas längere Trockenzeiten.

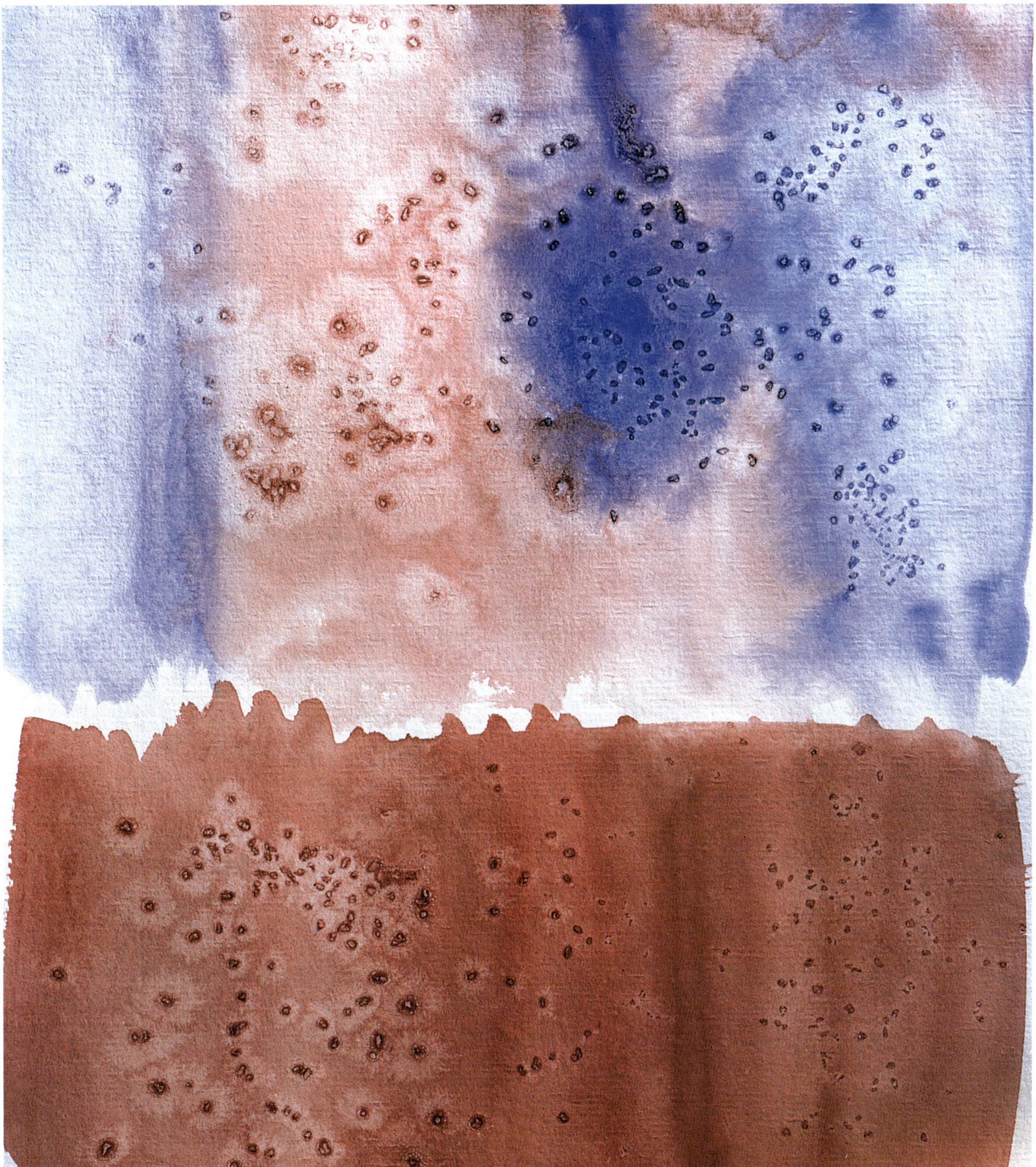

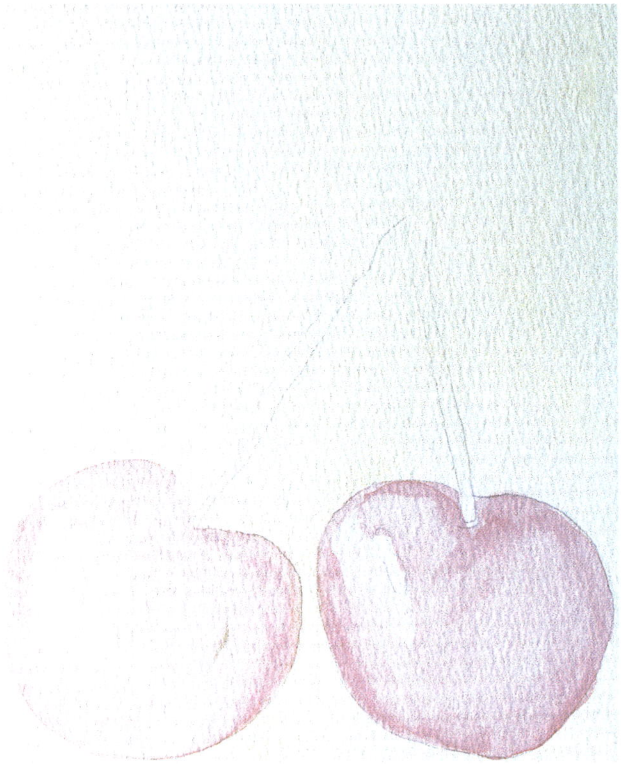

Nass auf trocken malen

Bei dieser klassischen Technik werden die Farbtöne in lasierenden Schichten übereinander gelegt. Dabei sollte jede Schicht vollständig auftrocknen, um ein Ineinanderlaufen der Farben zu verhindern. Übereinander gelegte, dünne Lasuren ergeben einen volleren Farbeindruck als eine flächige Lavierung in einem satten Ton. Besonders feine, detaillierte Arbeiten können in dieser Technik ausgeführt werden.

Im Gegensatz zur Nass-in-Nass-Technik sind hier glatte, oberflächengeleimte Papiere von Vorteil, da diese einen Malgrund darstellen, auf dem die Farbe länger stehen bleibt. Bei reiner Lasurmalerei sollten Sie darauf achten, dass nicht zu viele Schichten übereinander gelegt werden, um einen frischen Farbeindruck zu erhalten. Wie bei den meisten Acrylmaltechniken gilt auch hier, rechtzeitig aufzuhören, um ein „Totmalen" zu vermeiden. Achten Sie beim Malen zudem darauf, dass die Pinsel, mit denen Sie die reinen, leuchtenden Lasuren auftragen, sauber sind, d. h., die Pinsel müssen zwischen den Arbeitsgängen gründlich ausgespült werden und auch das Wasser, das Sie zum Verdünnen verwenden, muss regelmäßig erneuert werden.

Für die Kirschen wurden Airbrushfarben verwendet. Nachdem eine leichte Vorzeichnung mit Bleistift angelegt wurde, erhielt der Hintergrund eine erste, schwache Farbschicht. Um ein Ineinanderlaufen der Farben zu vermeiden, wurden die Kirschen erst mit Farbe bearbeitet, als der Hintergrund trocken war.

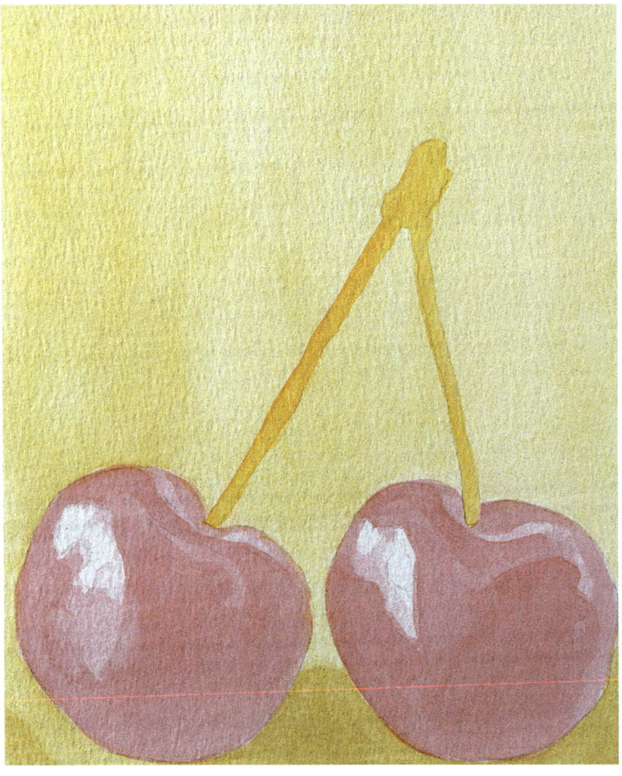

Nach der Trocknung erfolgte der nächste Farbauftrag mit etwas intensiveren Farben. Die hellen Stellen wurden dabei ausgespart.

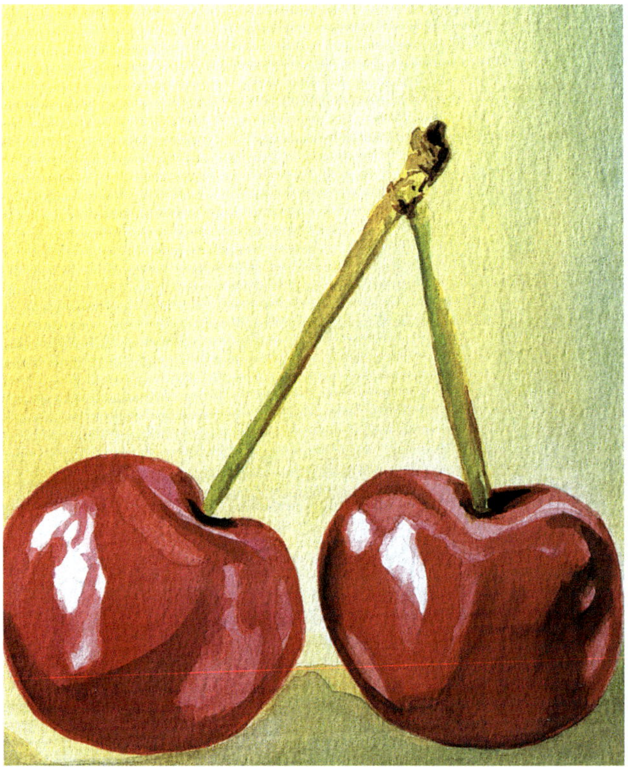

Auf diese Weise wurde dann in weiteren Schichten von Hell nach Dunkel gearbeitet, wobei die Farben immer weniger verdünnt wurden.

Glanzlichter setzen

In der klassischen Aquarellmalerei wird ein Bild zumeist von Hell nach Dunkel aufgebaut, wobei die Lichter ausgespart werden. In den traditionellen Aquarelltechniken fehlt Weiß als Farbe völlig, in den hellsten Partien des Bildes ist die Farbe am dünnsten aufgetragen, sodass das Weiß des Malgrundes durchscheint. Beim Aquarellieren mit Acrylfarben können in der reinen Lasurtechnik die gleichen Regeln angewendet werden wie in der traditionellen Aquarelltechnik, wenn man ähnliche Ergebnisse erzielen will. Die Zugabe von weißer Farbe würde der Transparenz entgegenwirken.

Einsatz von weißer Farbe

Lichter bzw. weiße Flächen können auch mit weißer Farbe als abschließender Arbeitsgang auf ein aus lasierenden Schichten aufgebautes Bild aufgebracht werden.

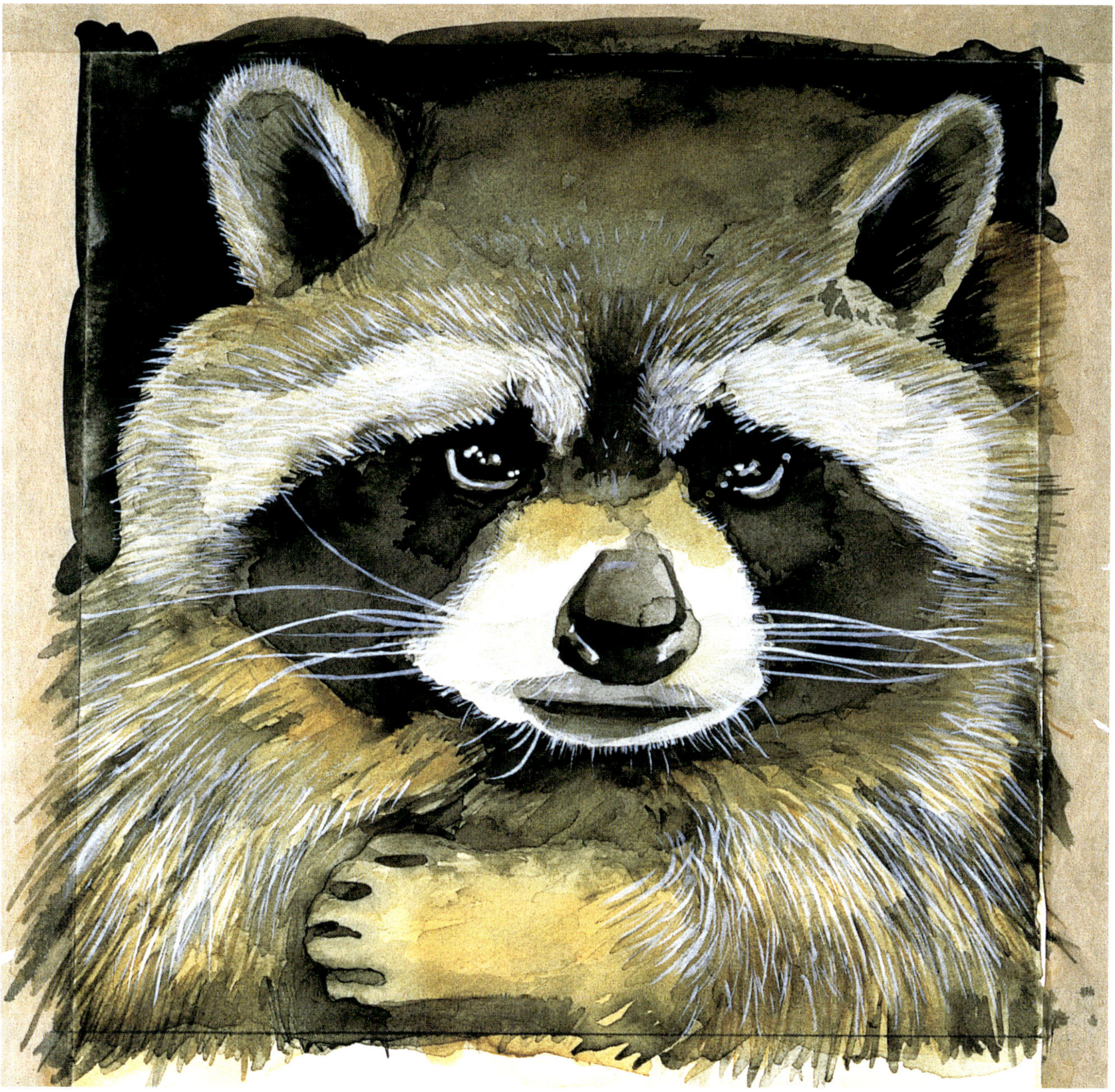

Bei dieser kleinen Studie eines Waschbären wurden die hellen Haare des Fells und die Lichter in den Augen mit weißer, deckender Farbe aufgesetzt.

Abheben von Farbe

Eine weitere Möglichkeit, Lichter zu schaffen, besteht darin, feuchte Farbe mit einem Tuch oder Wattestäbchen abzuheben. Die so entstandenen Lichter haben im Gegensatz zu ausgesparten Flächen weiche Ränder. Auf diese Weise können Farbübergänge geschaffen werden, wie sie z. B. beim Malen von Wolken oder von matt glänzenden Gegenständen auftreten. Beachten Sie beim Bearbeiten der Farbe, dass sich Acrylfarben nur im feuchten Zustand abheben lassen – anders als Aquarellfarben. Differenzierte Farbeffekte lassen sich erzielen, wenn durch das Abheben bereits angelegte Farbschichten freigelegt werden.

Herauskratzen von Lichtern

Feinste Lichter lassen sich mit dem Skalpell oder Cuttermesser auskratzen. Bei dieser Kratztechnik sollte umsichtig gearbeitet werden, um den Malgrund nicht zu stark zu beschädigen. Dabei lassen sich grobe, feste Papiere meist besser bearbeiten als Maltuche. Sollen größere Partien flächig bearbeitet werden, so sollten Sie hierfür Schleifpapier unterschiedlicher Körnung verwenden.

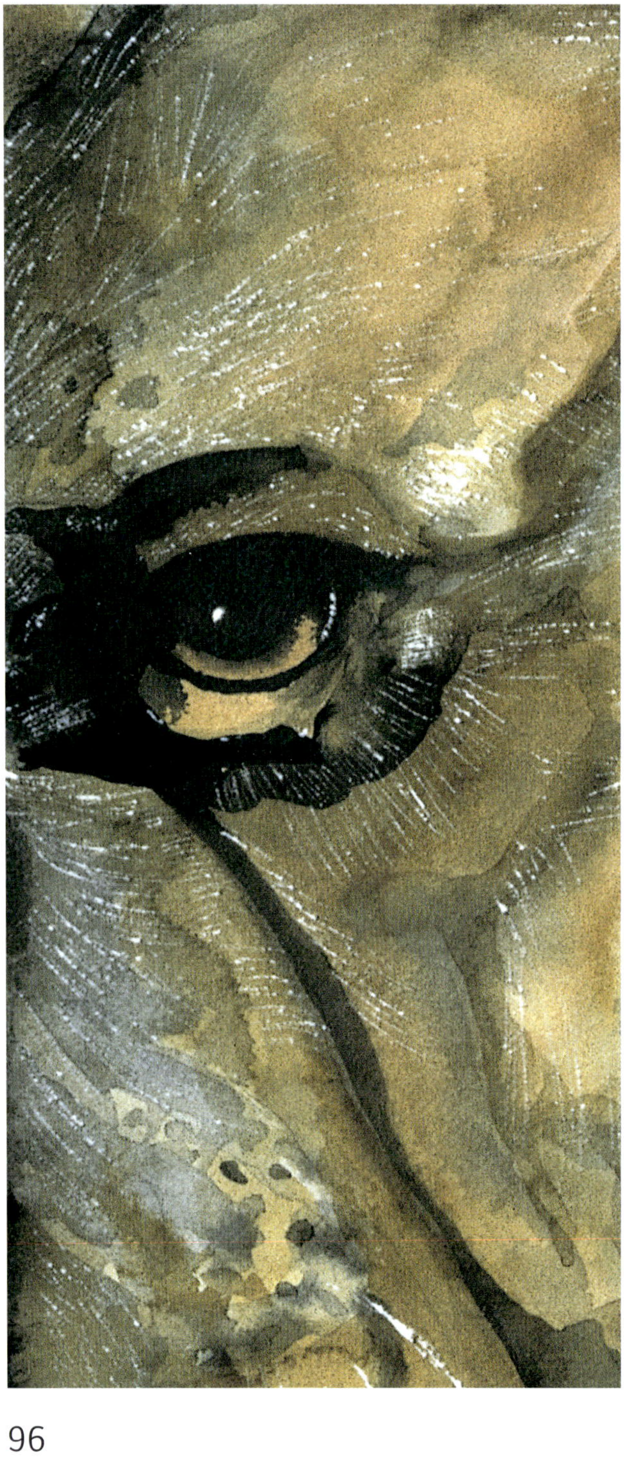

Bei dieser Studie eines Hundeauges wurden Airbrushfarben mit dem Pinsel aufgetragen. Die Lichter wurden mit einem Skalpell eingekratzt.

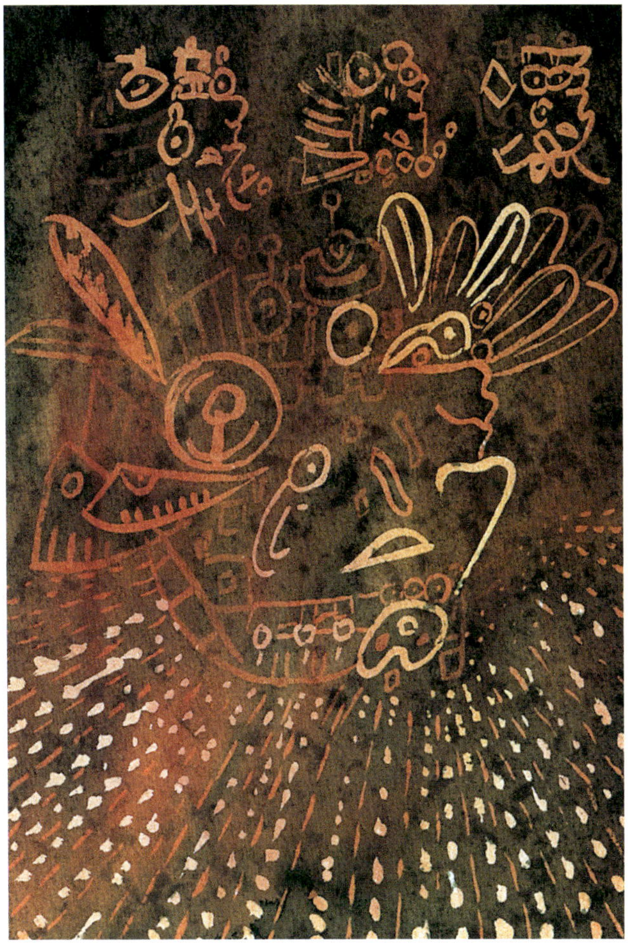

Maskierflüssigkeit (Rubbelkrepp)
Wenn weiße Flächen innerhalb eines Details ausgespart werden, können diese vor der ersten Farbschicht mit Maskierflüssigkeit bearbeitet werden. Dies ist eine gummiartige, weiße Flüssigkeit, die farblos auftrocknet und sich danach wieder abreiben lässt. Wässrige Farben perlen von der Oberfläche ab, und der so präparierte Grund wird nicht mit Farbe bedeckt.

Beim Arbeiten mit Abdeckflüssigkeit ist eine Vorzeichnung sinnvoll. Auf diese Weise werden die abzudeckenden Stellen festgelegt. Mit dem Pinsel aufgetragen, lassen sich so kleinste Details sowie auch interessante Strukturen erzeugen. Waschen Sie die Pinsel, mit denen Sie die Abdeckflüssigkeit aufgetragen haben, sofort nach dem Gebrauch aus; angetrocknete Flüssigkeit verklebt die Pinselhaare und lässt sich nur schwer wieder entfernen. Es empfiehlt sich, für diese Arbeiten alte oder sehr billige Pinsel zu benutzen.

Der größte Vorteil beim Maskieren besteht darin, dass ein mühsames Malen um kleinste Lichter vermieden wird. Einmal angetrocknet, lässt sich Rubbelkrepp problemlos übermalen. Sind die darüber liegenden Lasuren vollständig durchgetrocknet, kann die Abdeckflüssigkeit mit einem Plastikradierer oder den Fingerkuppen abgerubbelt werden.

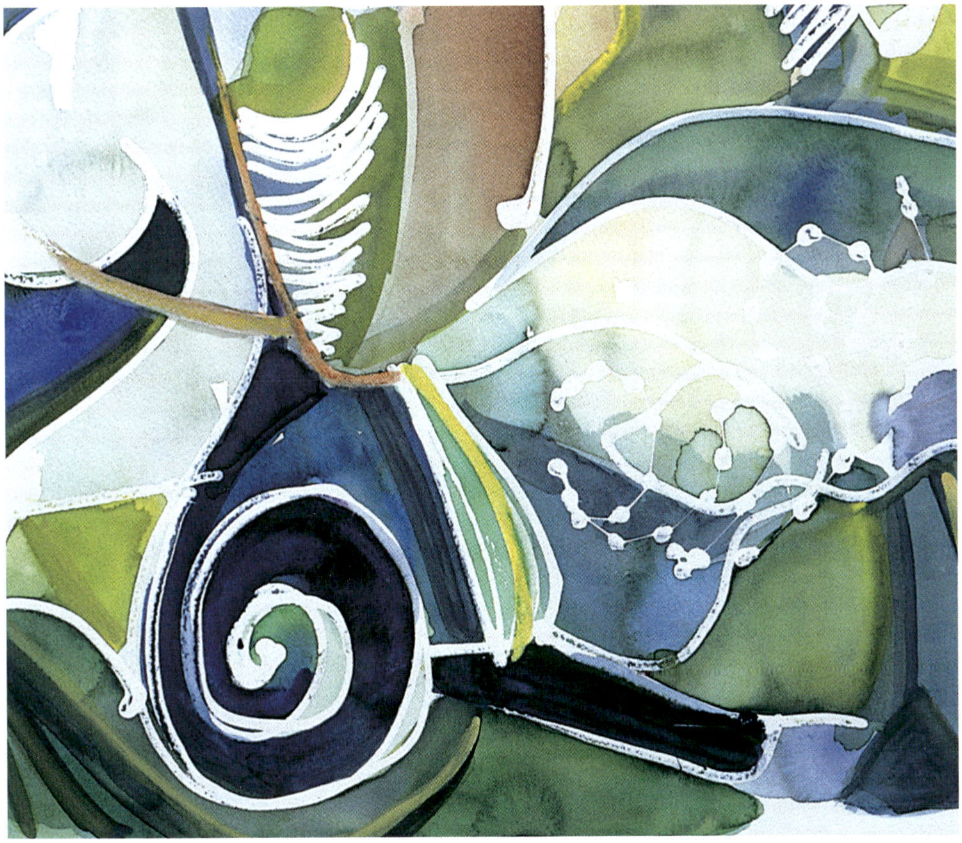

Absprengtechnik

Eine andere Möglichkeit, Lichter oder hellere Töne zu erhalten, bietet die so genannte Absprengtechnik. Bei dieser Technik werden der Malgrund oder bereits angelegte Flächen mit Materialien bearbeitet, deren Oberflächen Wasser und damit die darin gelöste Acrylfarbe abstoßen.

Wachs (Kerzenwachs) oder Wachsmalstifte und Kreiden eignen sich genauso wie ölhaltige Pastellkreiden oder Terpentinöl. Jedes dieser genannten Materialien erzeugt ganz eigene Effekte.

Auch transparent auftrocknende Kleber oder Holzleim sowie Acrylbinder lassen sich für die Absprengtechnik einsetzen. Strukturen mit Fugensilikon ergeben ebenso interessante Effekte. (Beachten Sie auf jeden Fall die sehr langen Trockenzeiten des Silikons.) Auch von diesen Materialien wird die Farbe abgestoßen und die reliefartigen Strukturen des applizierten Materials können als Gestaltungselemente genutzt werden. Im Gegensatz zur Maskierflüssigkeit verbleiben diese Werkstoffe auf dem Untergrund.

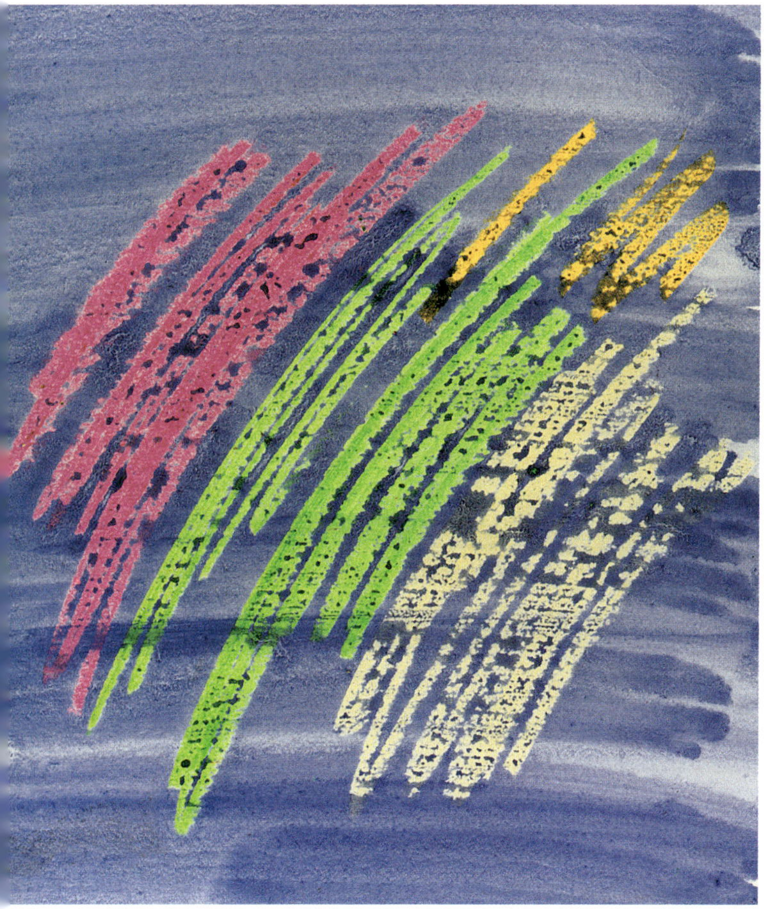

Absprengtechnik mit Ölkreide.

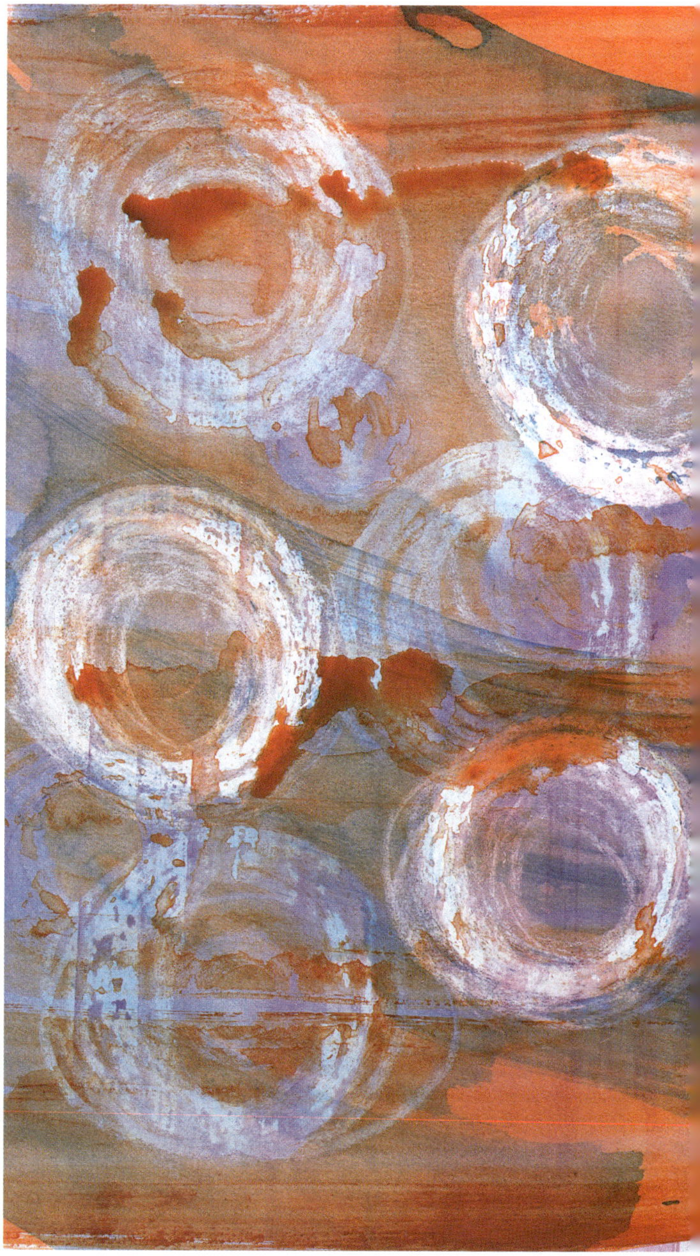

Absprengtechnik mit Kerzenwachs.

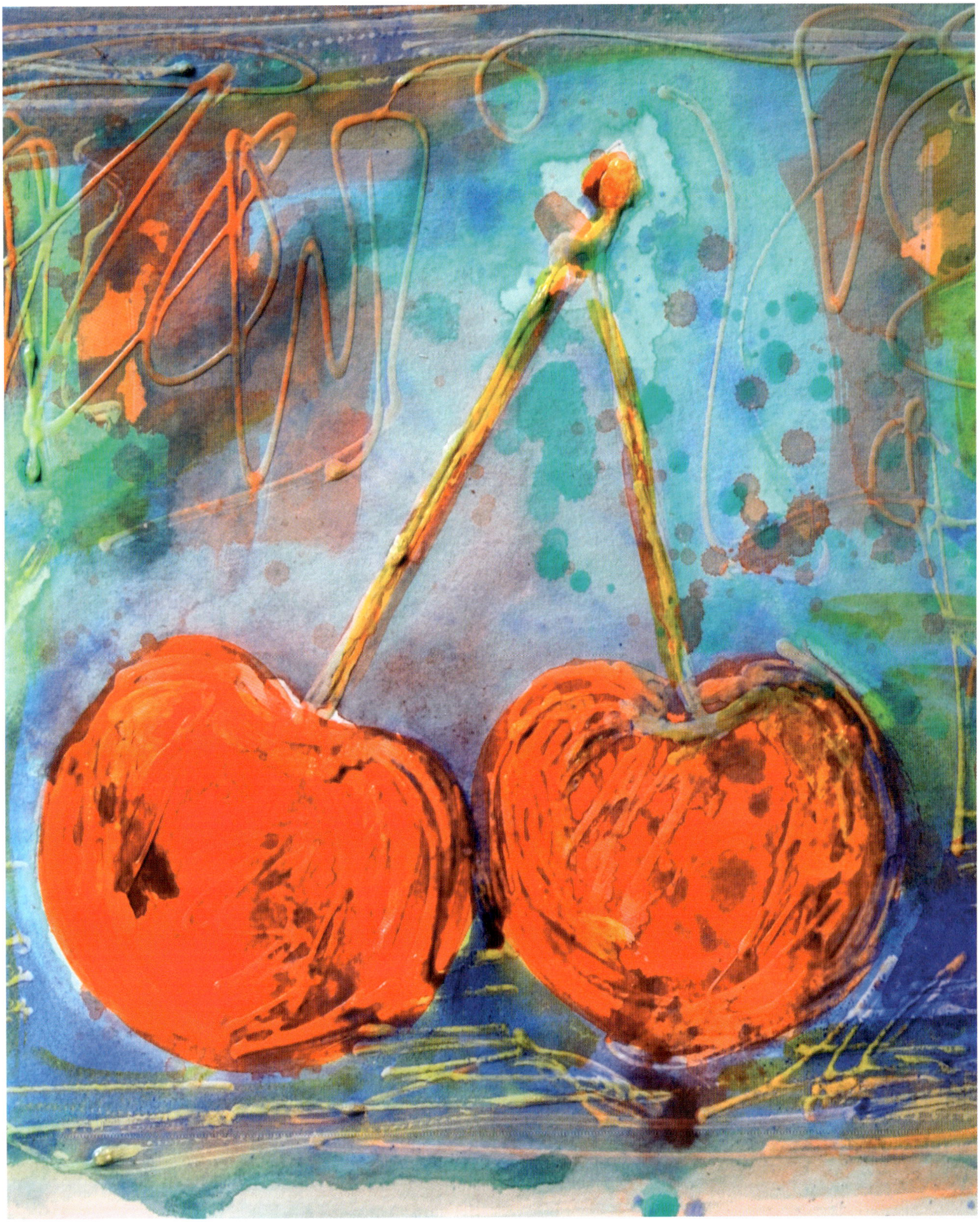

Absprengtechnik mit transparentem Alleskleber. Es wurde von Hell nach Dunkel gearbeitet und nach jedem Arbeitsgang wurden weitere Stellen des Bildes mit Klebstoff bedeckt.

Aquarellartiger Farbauftrag auf strukturiertem Grund

Verwendung von Strukturpasten
Die für pastoses Arbeiten und das Anlegen von Reliefoberflächen angebotenen Strukturpasten lassen sich auch zur Belebung des Untergrunds in der Aquarelltechnik einsetzen. Für das Arbeiten auf Papier sind besonders die leichten Strukturpasten geeignet. Der Kontrast zwischen den erhabenen Strukturen der Pasten und den zarten Farbverläufen kann sehr spannungsvoll sein.

Ritztechnik
Wird das Papier vor dem Farbauftrag mit einem spitzen Gegenstand (z. B. mit einer Radiernadel) eingeritzt, so dringt die Farbe an diesen Stellen besonders tief in den Malgrund ein und lässt die Linien dunkler erscheinen. Für diese Technik eignet sich stärkerer Aquarellkarton.

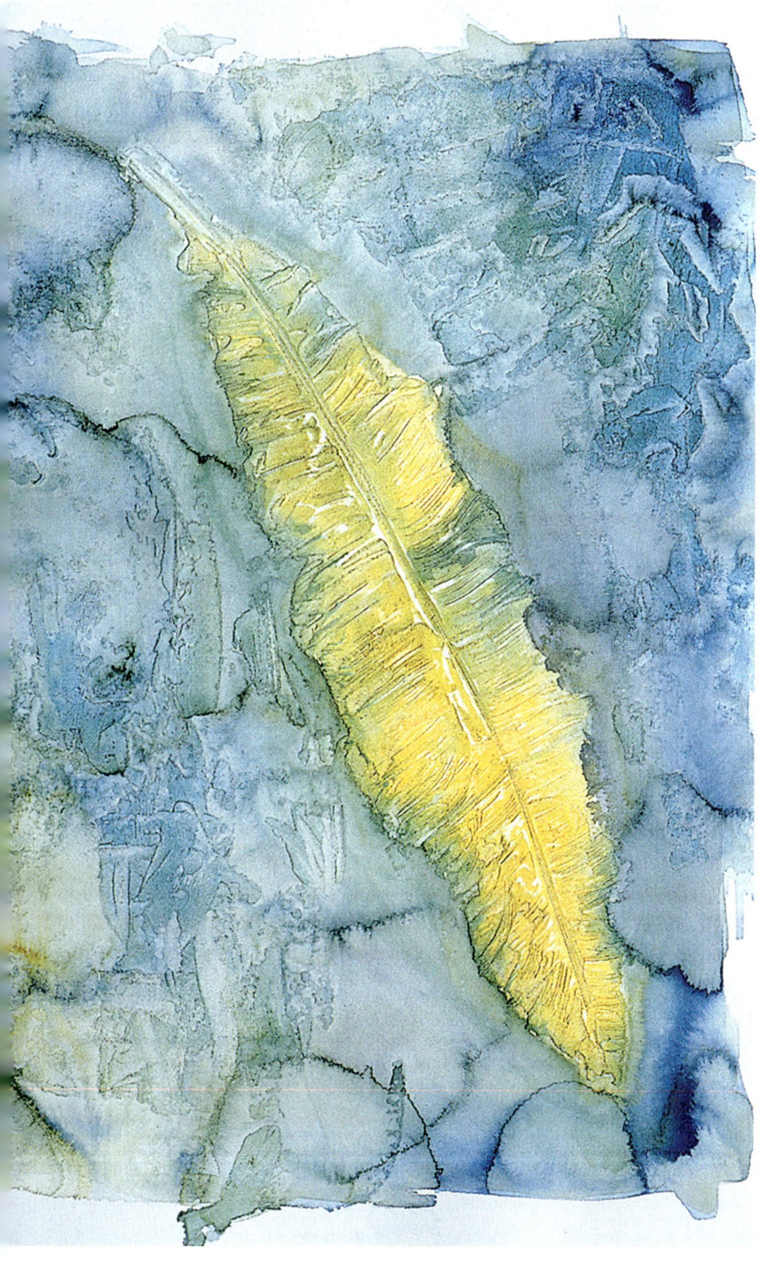

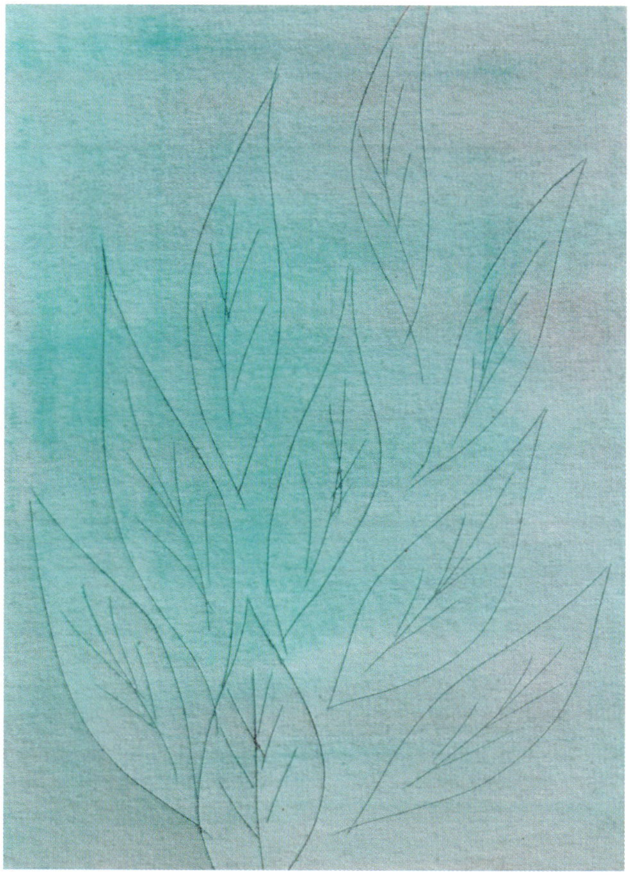

Struktur mit weißer Farbe
Eine sehr feine Strukturierung des Malgrundes erhalten Sie, wenn Sie das Motiv im ersten Arbeitsgang mit unverdünnter weißer Farbe und einem Borstenpinsel anlegen. Nachdem die Farbe getrocknet ist, tragen Sie die nachfolgenden Lasurschichten wie gewohnt auf.

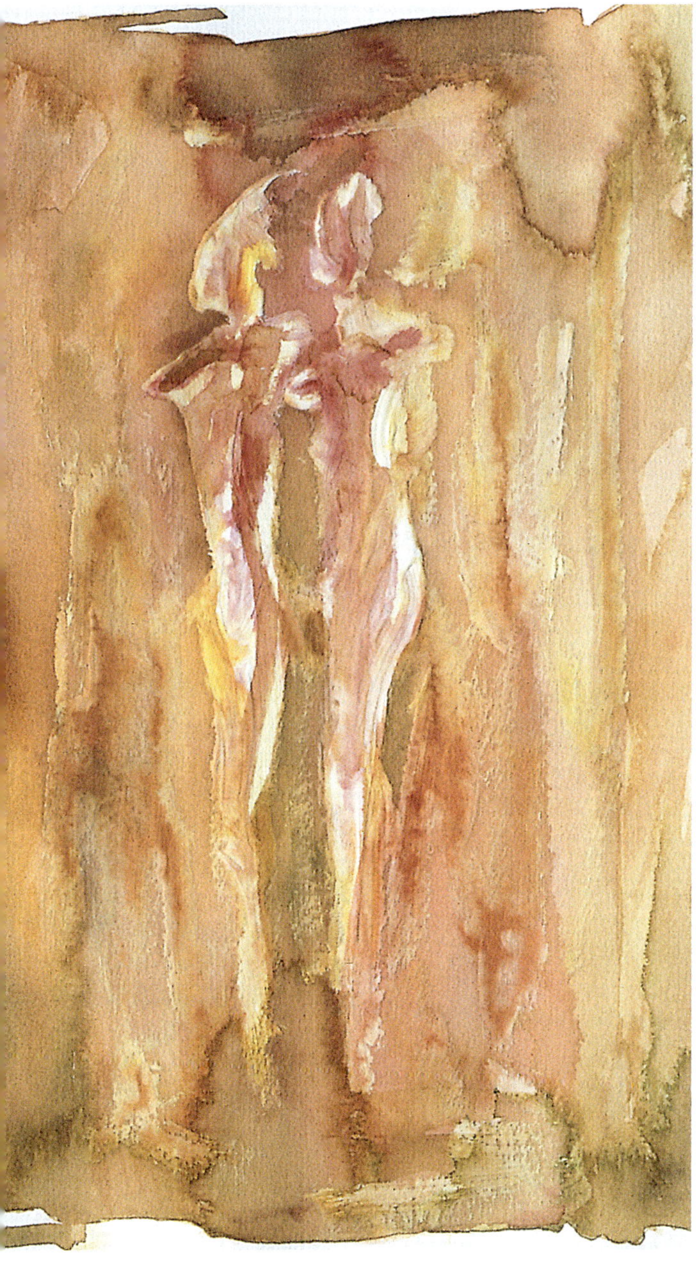

Schichtenmalerei

In den klassischen Abhandlungen über Maltechniken und deren Differenzierungen gibt es die Einteilung in die Alla-Prima-Malweise und die Schichtenmalweise, dabei beziehen sich diese zumeist auf die Tempera- und Ölmalerei. Die reine Lasurmalerei wird zudem meistens als Besonderheit des Aquarells hervorgehoben.

Die nahezu universelle Einsetzbarkeit der Acrylfarbe vom zarten, aquarellartig lasierenden Farbaufbau über die deckende Malweise bis hin zu schweren Impastos erlauben ein Arbeiten in jeder dieser genannten Techniken, ohne dass man beim Malen auf die maltechnischen Eigenschaften der verwendeten Farben so viel Rücksicht nehmen muss, wie das bei anderen Farbsystemen der Fall ist. Gerade deshalb ist eine klare Abgrenzung zwischen den Malweisen beim Arbeiten mit Acrylfarben schwierig. Die kurzen Trockenzeiten gestalten das Übermalen angelegter Partien so einfach, dass ohnehin zumeist im Schichtenaufbau gearbeitet wird. Etwas anderes ist es, diesen Aufbau bewusst arbeitsteilig vorzunehmen. Bei dieser Art der Schichtenmalerei, die oftmals etwas irreführend als die Technik Alter Meister bezeichnet wird, erfolgt eine Arbeitsteilung in Form und Farbgebung dahingehend, dass dem Aufbau der farbgebenden Schichten eine monochrome Untermalung vorangeht.

Eine mögliche Vorgehensweise besteht darin, über eine mit Kohle oder Kreide ausgeführte Vorzeichnung, die anschließend mit verdünnter Farbe nachgezogen und damit fixiert wird, eine monochrome Lasur z. B. aus Grau oder Ocker aufzutragen. Diese so genannte Imprimitur, durch die die Linien der Vorzeichnung hindurchscheinen, bildet die Grundlage für die Untermalung. Einige alte Meister fertigten dann eine Grisaille an. Bei dieser Malweise wurde nur in grauen Tonwerten gearbeitet (franz.: gris = grau), wobei die hellsten Töne bis hin zu reinem, pastos aufgetragenem Weiß und die dunkelsten Schattenpartien über Dunkelgrau bis hin zu Schwarz angelegt wurden. Nach der Fertigstellung der Grisaille, in der ausschließlich das Augenmerk auf die Modellierung der Formen und der Hell-Dunkel-Tönung gerichtet wurde, wurden dann die Farben in dünnen Schichten lasierend oder halbdeckend aufgetragen, wobei die Untermalung durch diese Farbschichten hindurchscheint. Oft wurde nach dem Prinzip verfahren, dass Helligkeiten halbdeckend und die dunkleren Töne lasierend aufgebaut wurden.

Während die reine Grisaille eine neutrale Unterlage für alle Farben bildet, beeinflussen farbige Untermalungen den nachfolgenden Farbeindruck. Bei farbigen Untermalungen verfuhren schon die Maler der Renaissance nach zwei unterschiedlichen Prinzipien: Entweder wurde die Untermalung aus gleichartigen, den nachfolgenden Farbschichten verwandten Tönen aufgebaut, wie von Leonardo da Vinci oftmals praktiziert, oder es wurden die Kontrastwirkungen von Gegenfarben in der Untermalung genutzt. So verwendeten die alten Sieneser Meister oder Künstler wie Michelangelo Buonarotti einen Untermalungston aus Grüner Erde, der „Verdaccio" genannt wurde, als Komplementärkontrast in den Fleischtönen bei Figuren oder Porträts.

Bei allen diesen Untermalungen, die zumeist in Tempera angelegt waren, wurde anschließend nach der alten Malregel „fett über mager" mit Eitempera oder Ölfarben lasierend oder halbdeckend das Bild vollendet.

Diese Technik der Schichtenmalweise über einer vorbereitenden Untermalung lässt sich auch mit Acrylfarben anwenden. Das fertige Ergebnis wird etwas anders aussehen als ein entsprechend in Öl oder Tempera ausgeführtes Bild. Das liegt vor allem am Volumenverlust der Acrylfarben.

Bei der kombinierten Öl- und Temperamalerei nimmt im fortschreitenden Malprozess die reale Schichtstärke mehr zu als bei den Acrylfarben, denn Öl- und Temperafarben behalten auch nach dem Trocknen ihre Körperhaftigkeit.

In der modernen Malerei kommen auch polychrome, z. T. stark farbige Untermalungen zur Anwendung, wobei kaum ein Maler bei dieser Verfahrensweise von altmeisterlicher Schichtenmalweise sprechen würde, obwohl die Vorgehensweise dieser immer dann ähnlich ist, wenn in den ersten Untermalungen eine Anlage des Bildes erfolgt, die den Farbeindruck der darauf folgenden Schichten mitbestimmt.

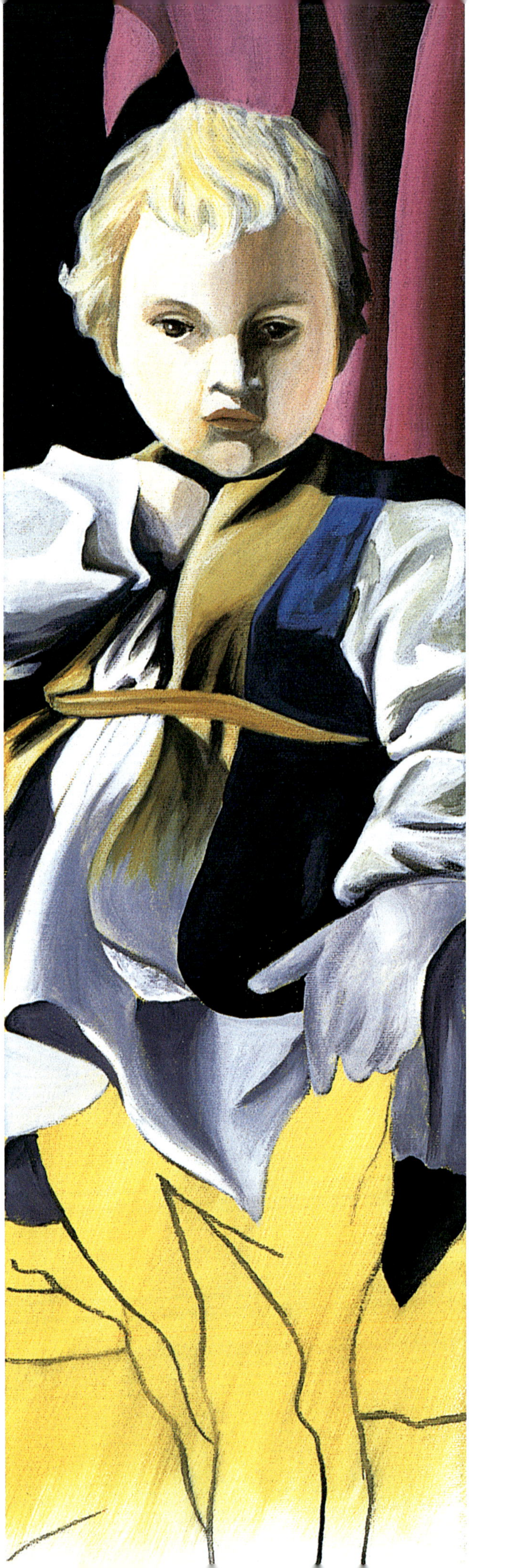

Dieses Beispiel zeigt in vereinfachter Weise den schichtweisen Aufbau des Bildes. Über die Vorzeichnung mit Bleistift folgt eine Imprimitur in Siena Natur. Daraufhin wurde die Untermalung in Schwarz-Weiß ausgeführt. Erst dann wurde mit der farbigen Ausarbeitung des Bildes begonnen.

Spritzen von Acrylfarben

Farbsprenkel

Durch das Aufsprenkeln von Farbe kann man lockere Akzente setzen oder ganze Flächen im Bild beleben. Auch zur Gestaltung von Blumen und Wiesen in der Landschaftsmalerei wird diese Technik mitunter verwendet. Verdünnen Sie die Acrylfarbe mit Wasser, bis diese durch schnelle Abwärtsbewegungen des Pinsels in kleinen Sprenkeln auf die Fläche verspritzt wird. Üben Sie das Aufsprenkeln der Farbe erst auf einem Probestück; auf diese Weise können Sie die Farbmenge ein wenig steuern und diese Technik gezielt einsetzen.

Ute Zander, Triologie „mare", Acryl auf Leinwand, je 120 x 50 cm.

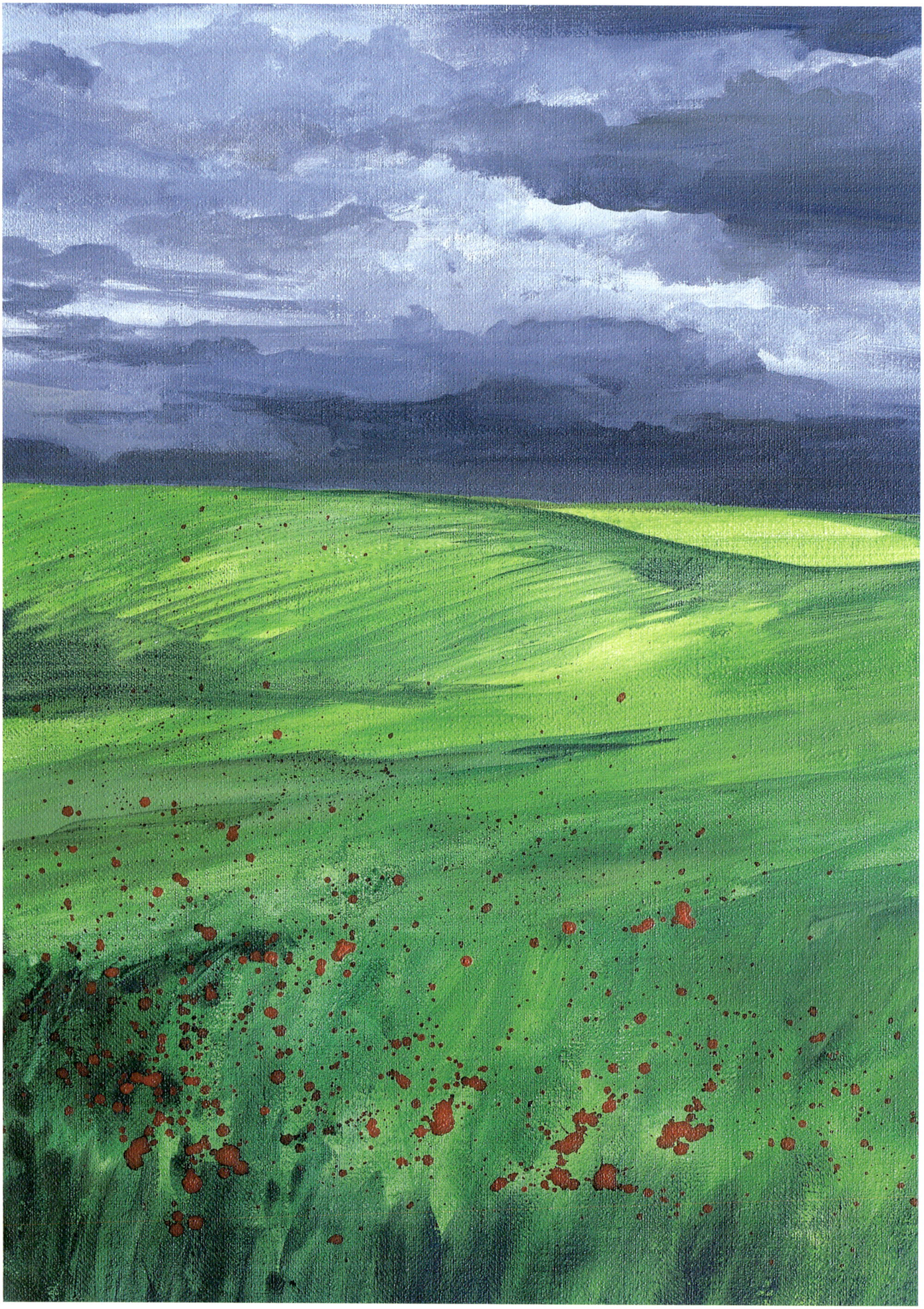

Aufspritzen von Farbe mit Bürste oder Pinsel
Ein mehr oder weniger gleichmäßiges Muster feiner Sprenkel erhält man, wenn die Farbe mit einer Zahnbürste, einem Pinsel mit kurzen Borsten oder einem Spritzsieb aufgespritzt wird. Streichen Sie mit dem Finger an der Bürste bzw. am Pinsel entlang. Beim Zurückschnellen der elastischen Borsten werden kleine Farbtropfen auf die Fläche geschleudert.

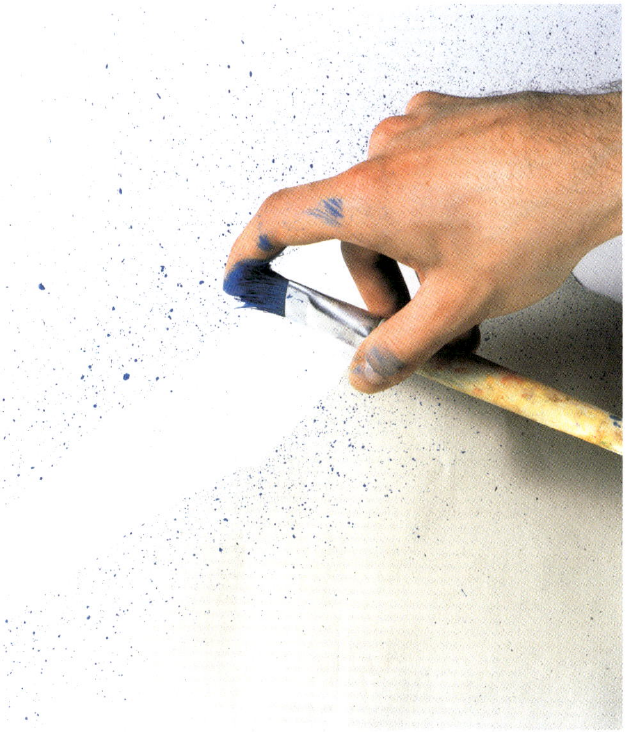

Spritzverfahren mit der Pistole
Sollen in einem Bild größere Flächen mit einem gleichmäßigen Fleckenmuster versehen werden, ist der Einsatz einer Spritzpistole von Vorteil. Es gibt Modelle, bei denen verdünnte, herkömmliche Acrylfarbe eingefüllt werden kann. Obwohl sich qualitativ hochwertige Acrylfarben gut in Wasser lösen, sollten Sie dennoch beim Einfüllen ein Sieb benutzen, damit angetrocknete Rückstände aus Flaschen oder Tuben nicht in den Spritzkanal gelangen. Möchten Sie eine kleine Airbrushpistole benutzen, sollten Sie die speziell dafür hergestellten Airbrushfarben verwenden; die zum Malen hergestellten Farben würden aufgrund ihrer größeren Pigmente die feinen Düsen sehr schnell verstopfen.

Je nachdem, wie hoch Sie den Luftdruck und die Farbmenge einstellen, variieren die im Farbnebel enthaltenen Tropfen in ihrer Größe.

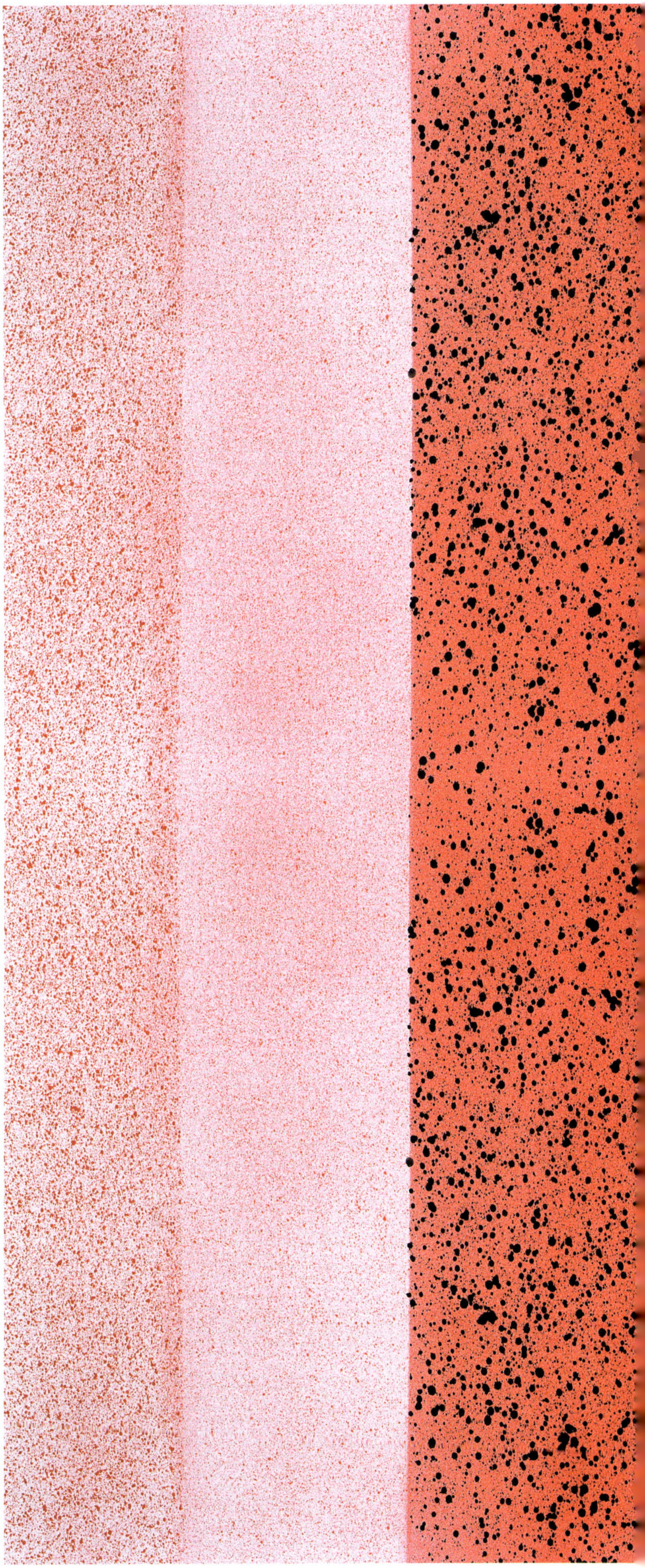

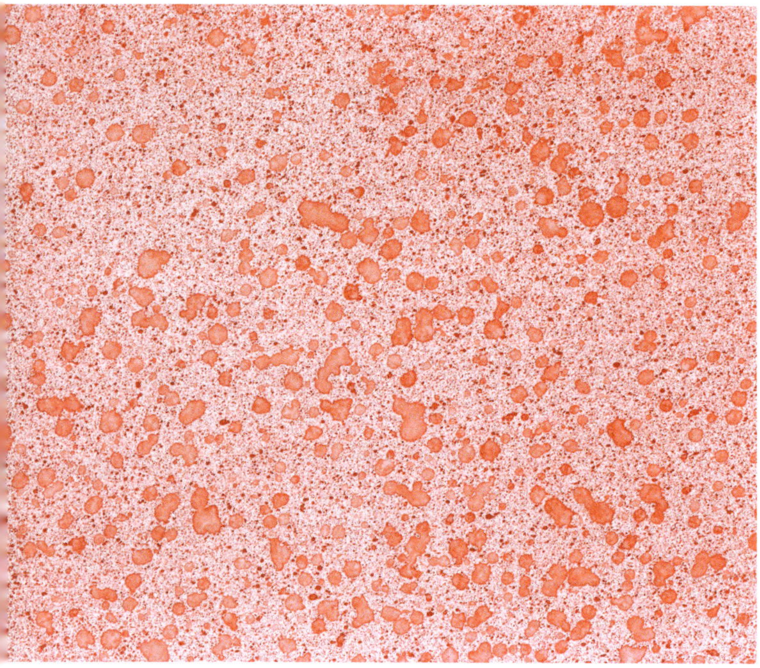

Wenn Sie eine Fläche erst mit Wasser und danach mit Farbe besprenkeln, entsteht ein anderer Effekt: Die Farbtropfen, welche auf die noch nassen Wassertropfen treffen, verlaufen, und das Muster erscheint weicher.

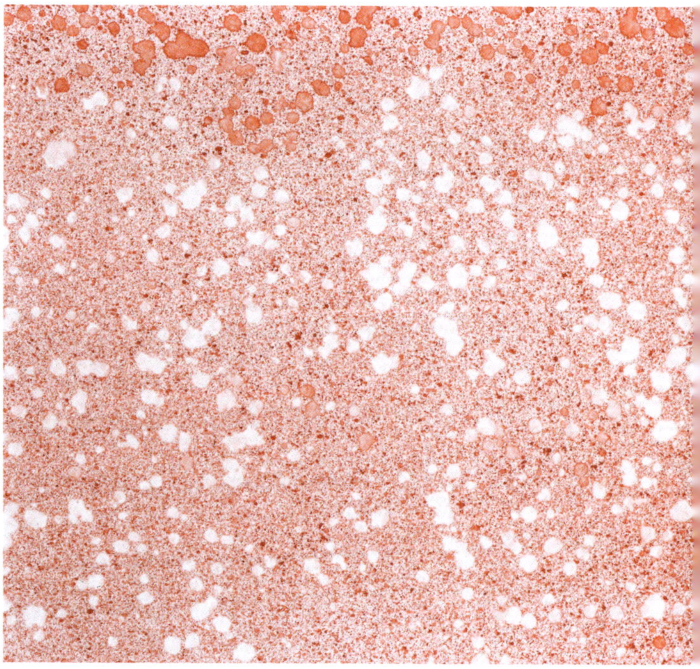

Wenn Sie, nachdem die Farbe getrocknet ist, die größeren Wassertropfen mit einem Papiertuch aufnehmen, bleibt an diesen Stellen die Farbe des Untergrundes bestehen.

Eine weitere Möglichkeit, Flächen im Bild zu beleben, bietet sich durch das Aufsprenkeln von Acrylmalmittel oder verdünntem Acrylbinder. Das Acrylbindemittel trocknet farblos auf und ein nachfolgender, lasierender Farbauftrag perlt von den Sprenkeln ab.

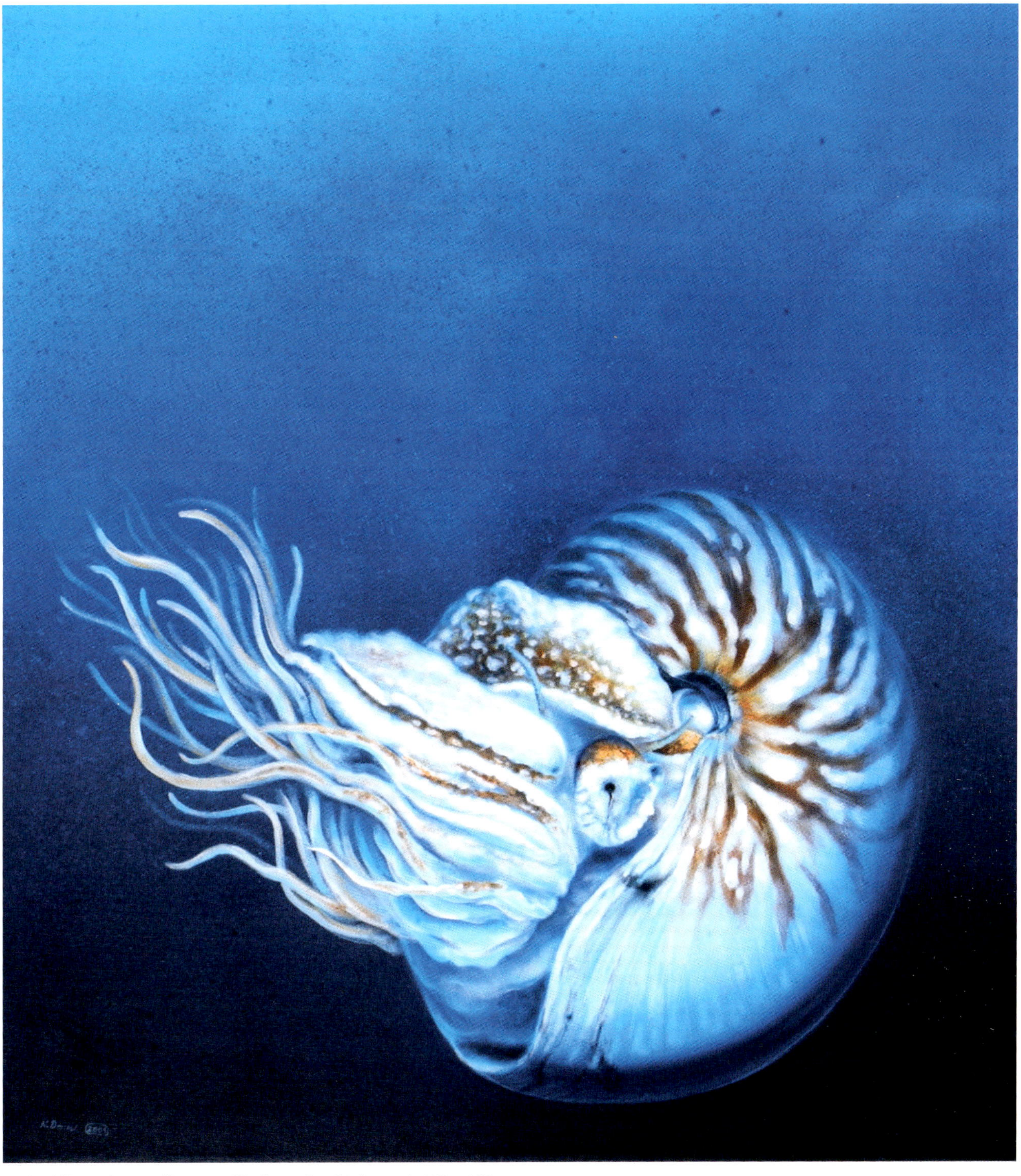

Norbert Drossel, „Nautilus pompillus", Acryl auf Leinwand, 100 x 100 cm.

Die weichen Übergänge der Wasserfläche wurden mit Hilfe der Spritzpistole erzeugt.

Airbrush

Mit der Airbrushtechnik lassen sich Bilder gestalten, die beim Betrachter durchaus Zweifel wecken können, ob es sich um eine Fotografie oder ein Gemälde handelt – je nachdem, wie detailliert und sorgfältig sie gearbeitet wurden. Diese Wirkung entsteht in erster Linie durch das Zusammenspiel von sehr weichen, stufenlosen Übergängen und extrem scharfkantigen Abgrenzungen der einzelnen Flächen. So schnell und scheinbar einfach sich diese feinen Farbübergänge mit Hilfe der Airbrushpistole herstellen lassen, so sorgfältig müssen jedoch die vorbereitenden Arbeiten ausgeführt werden. Jede Fläche muss aus so genannter Maskierfolie ausgeschnitten werden, und die Stellen im Bild, welche gerade nicht bearbeitet werden, müssen vollständig abgedeckt werden, um ein Überspritzen mit Farbnebel zu vermeiden. Ausführlichere Informationen über diese faszinierende Technik finden Sie in der einschlägigen Fachliteratur.

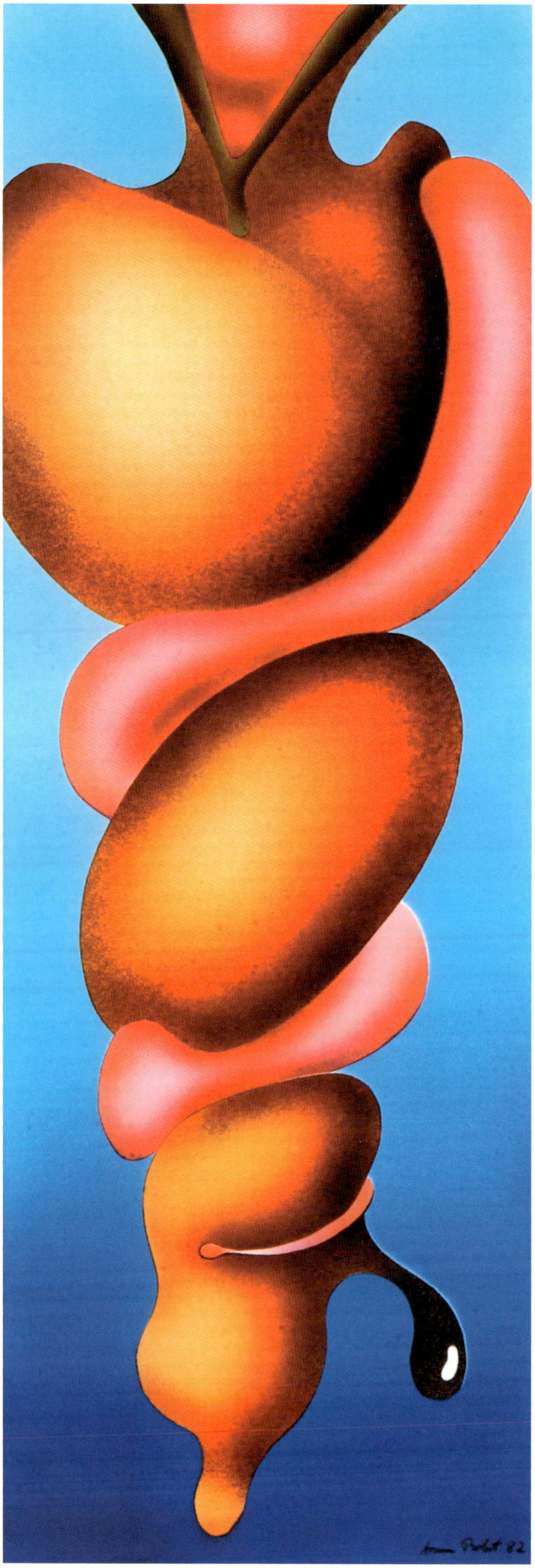

Armin Probst, „Karotten", Acryl auf Karton, 50 x 17 cm.

Experimentelle Techniken mit Acryl

Die schon mehrfach hervorgehobene Unkompliziertheit in der Anwendung und die maltechnische Vielseitigkeit der Acrylfarben ermöglichen es, beim Arbeiten neue Wege zu gehen. Das Experimentieren mit neuen oder auch alten Maltechniken, welches bisher anderen Farbsystemen vorbehalten war, fördert auch heute noch ungewohnte Ergebnisse zu Tage.

Obwohl in Kunstkreisen immer wieder darauf hingewiesen wird, dass im Prinzip alles schon einmal da gewesen sei und von Seiten der Malerei keine wesentlichen Innovationen mehr zu erwarten seien, können in der Kombination des relativ jungen Mediums der Acrylfarben mit anderen ungewöhnlichen Materialien dennoch durchaus neue Ergebnisse erzielt werden. Dies bezieht sich nicht nur auf das zweidimensionale Arbeiten. Die Acrylfarben werden seit einigen Jahren zunehmend auch für die farbige Gestaltung von Objekten verwendet. Sie werden wegen ihrer Robustheit ebenfalls zunehmend in der gewerblichen Malerei, der Theater- und Dekorationsmalerei, der Innenraum- und Wandgestaltung sowie im Objekt- und Setbau eingesetzt. Hierbei entstehen durch Patinierungsverfahren und Materialimitation immer mehr experimentelle Malweisen, die auch für Künstler und Hobbymaler von Interesse sind. Da im gewerblichen Bereich auch auf andere Farben auf Acrylbasis, wie beispielsweise verschiedene Lacke, zurückgegriffen wird, wollen wir hier einige dieser Techniken vorstellen.

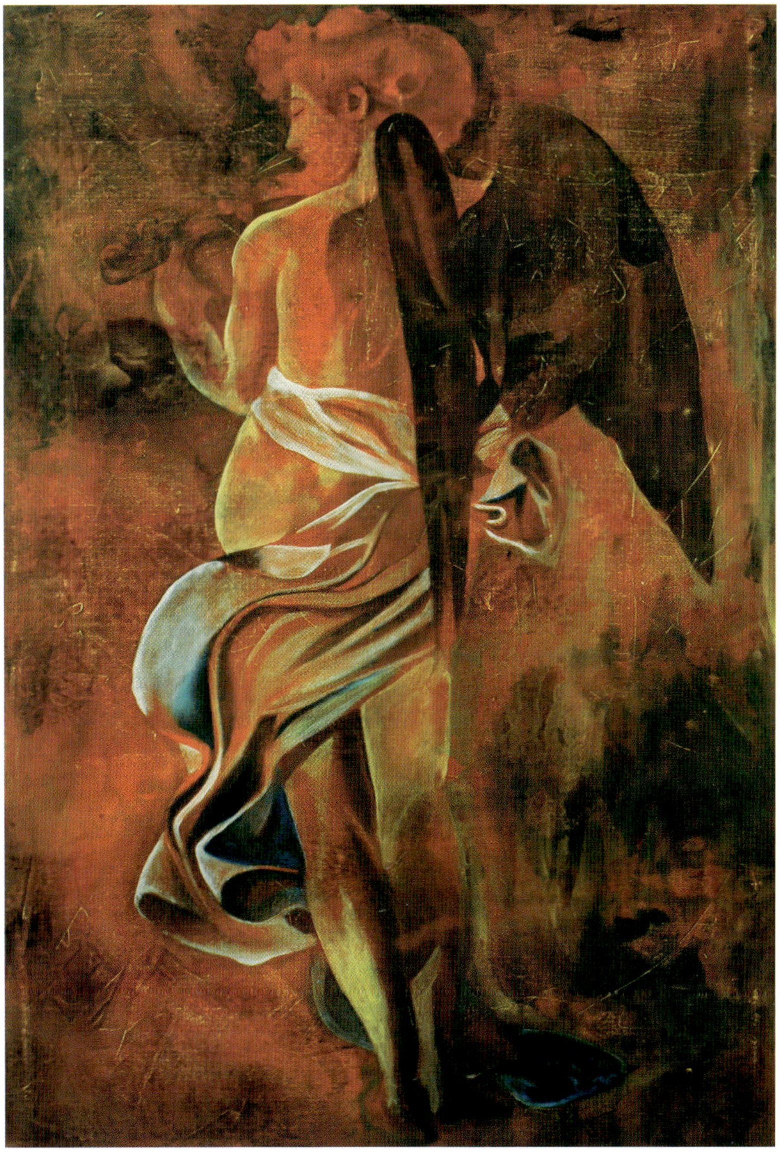

Oliver Löhr, „Engel",
Acryl auf Leinwand, 120 x 80 cm.
Ein Ausschnitt aus einem Gemälde Caravaggios diente als Vorlage für diese Arbeit. Die Figur des Engels wurde auf einem in mehreren Schichten aufgebauten Untergrund angelegt und dann mit weiteren Lasurschichten überarbeitet und teilweise wieder abgeschliffen.

Dripping (Auftropftechnik)

Bereits um 1947 entwickelte der Amerikaner Jackson Pollock diese Technik, in der später die meisten seiner berühmten Gemälde entstanden. Er war einer der technisch innovativsten Vertreter des abstrakten Expressionismus und war immer auf der Suche nach neuen Techniken, mit denen die Kontinuität der Linien zu erreichen war. Ihm ging es darum, die Unterbrechung der Linien, die in den herkömmlichen Malweisen durch das ständige Wiedereintauchen in die Farbe verursacht wurde, zu vermeiden. Pollock löste das Problem, indem er gewöhnliche Haushaltsfarbe von einem Stock auf die flach auf dem Boden liegende, nicht aufgespannte Leinwand fließen ließ. Die so entstehenden Liniengeflechte wurden von ihm beeinflusst durch den Grad der Verdünnung der Farbe, den Winkel des Stockes zur Malfläche und somit der Abfließgeschwindigkeit und nicht zuletzt der Dynamik der Bewegungen, dem Rhythmus und Schwung, mit dem er die zähflüssige Farbe auf die Leinwand fließen und tröpfeln (engl.: drip) ließ. Dieser Gestus erinnert an die automatischen Zeichnungen der Surrealisten und schuf den Begriff des Action-Paintings. Pollock wendete zusätzlich zur Technik des Dripping noch andere Verfahren an und schleuderte oder goss die Farben direkt aus den Behältern auf die z. T. riesigen Leinwände.

Wenn Sie diese Technik einmal selbst ausprobieren möchten, sollten Sie bei größeren Formaten auf dem Boden arbeiten, damit Sie um den Malgrund herumgehen und diesen so von allen Seiten bearbeiten können. Für diese Technik eignen sich am besten Acryllacke.

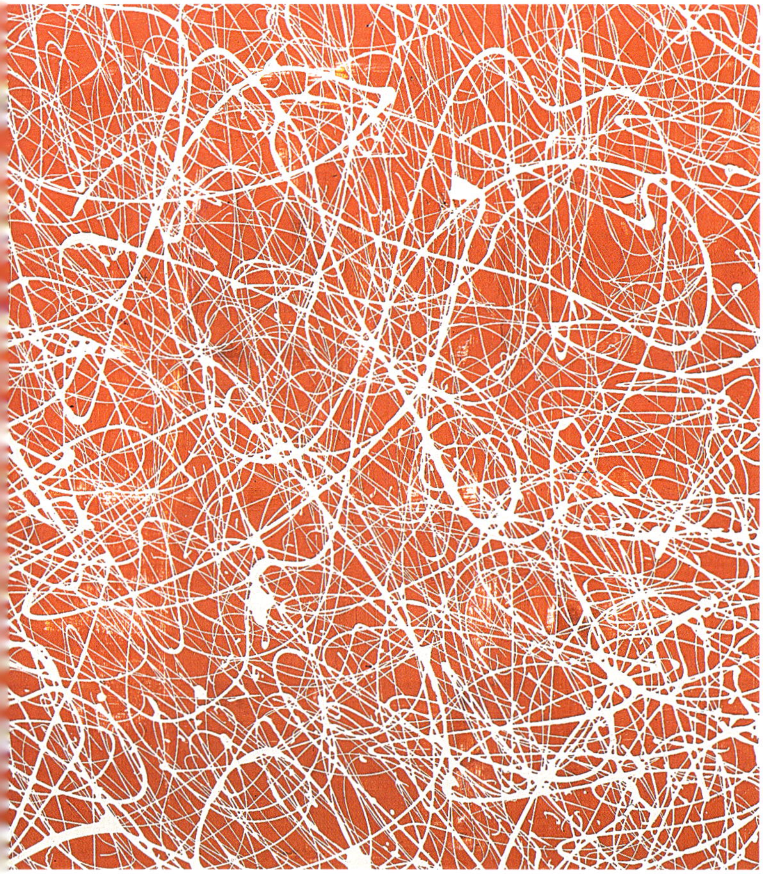

Auf den trockenen Malgrund wird mit einem Holzspatel Acryllack aufgeträufelt.

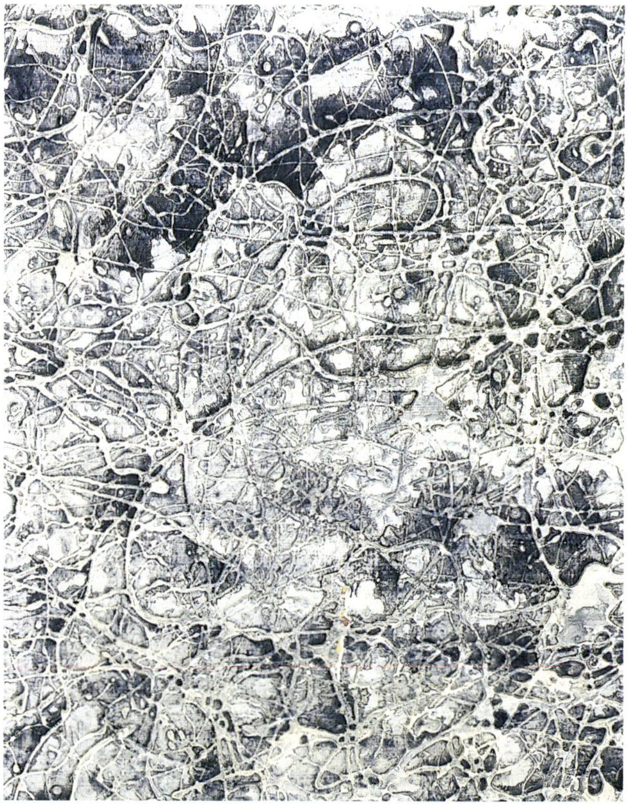

Mit Lasuren überarbeitete „Drippingstrukturen“.

Besprühen der Farbe mit Wasser
Möchte man die durch das Auftropfen entstandenen, scharfen Konturen des Acryllacks ein wenig mildern, empfiehlt es sich, den noch frischen Lack mit Wasser aus einer Sprühflasche zu befeuchten. Auf diese Weise entstehen aquarellartige Verläufe.

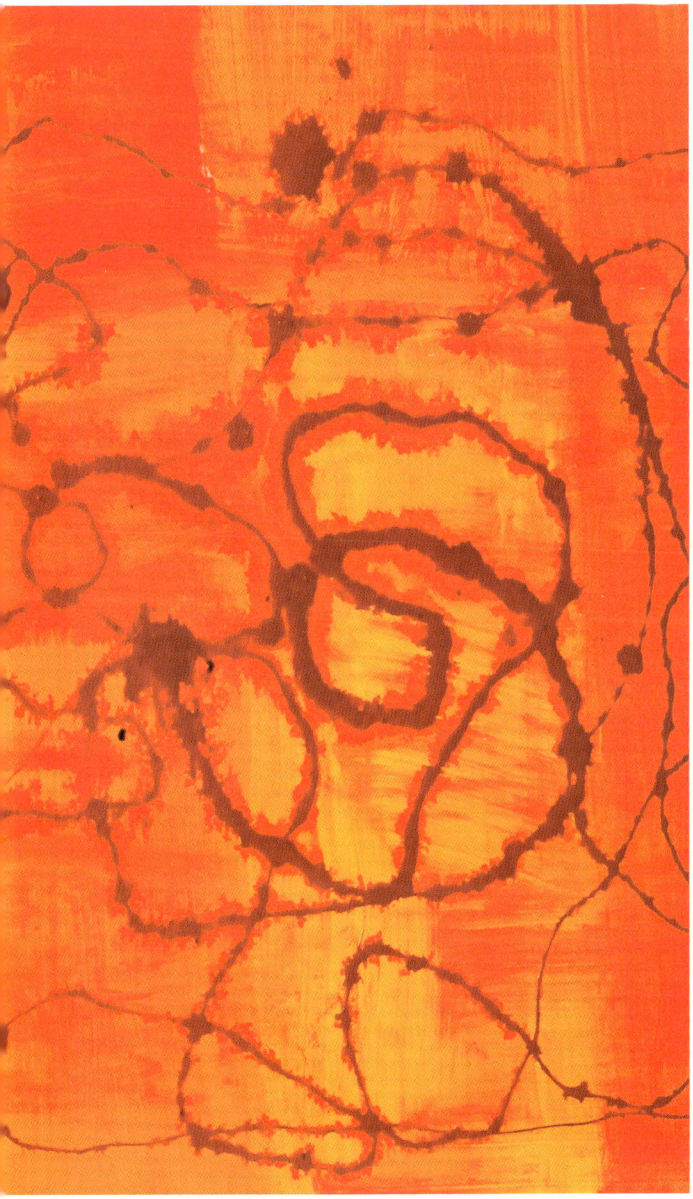

Farbauftrag mit der Rolle
In gut sortierten Malerfachgeschäften und in Baumärkten ist eine große Auswahl an Rollen zum Streichen und für Lackierungen zu finden. Sie lassen sich ebenfalls zum Farbauftrag in Bildern verwenden. Je nachdem, aus welchem Material die Farbrolle besteht, variieren die Farbaufträge in ihrer Struktur.

Bearbeitet man noch feuchte Farbflächen mit einer trockenen Rolle, entstehen sehr reizvolle Effekte. Eine andere Möglichkeit ist, verschiedene Farbtöne auf die Oberfläche der Rolle aufzutupfen und diese dann abzurollen. So entsteht ein sich wiederholendes Fleckenmuster.

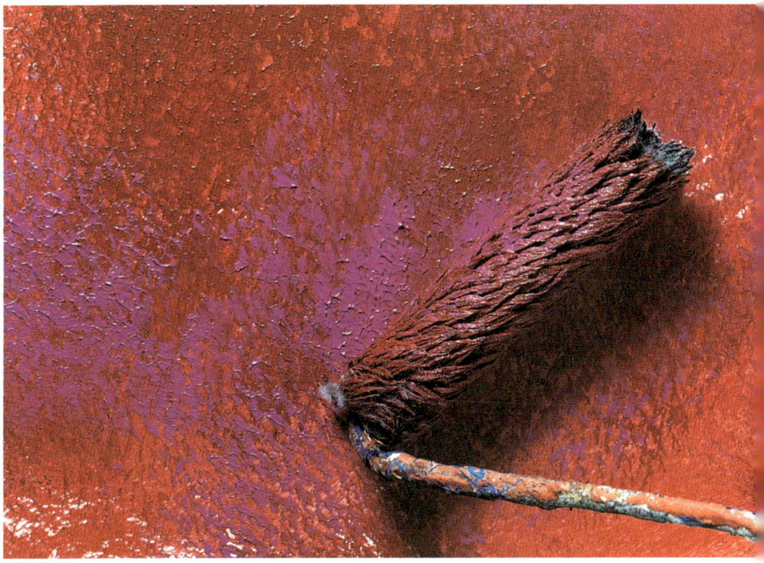

Farbauftrag mit einer Lammfellrolle.

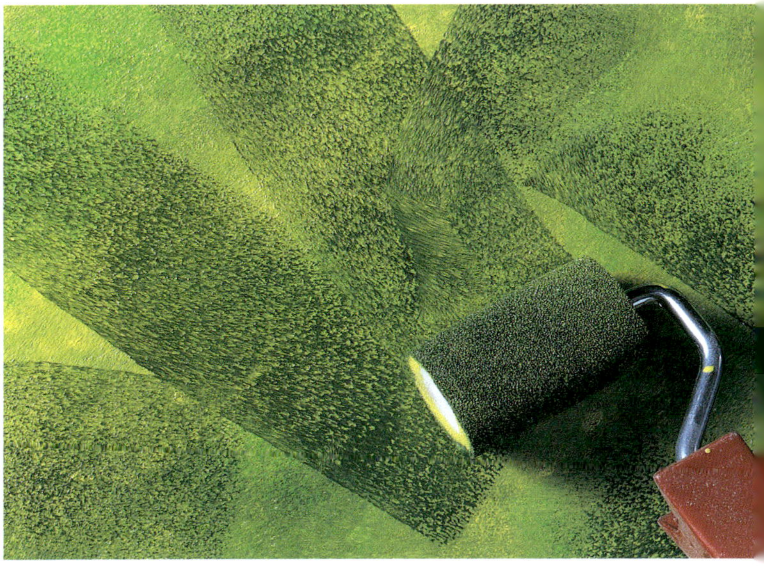

Farbauftrag mit einer Schaumstoffrolle.

Farbauftrag mit dem Schwamm

Durch die Verwendung von Schwämmen unterschiedlicher Sorten zum Farbauftrag lassen sich bestimmte Elemente, wie z.B. Laub oder verwitterte Steine, darstellen. Naturschwämme haben eine unregelmäßige Oberfläche, synthetische Schwämme sind meist gleichmäßiger in ihrer Struktur. Mit ihnen lassen sich größere Farbflächen anlegen. Die geraden Kanten vieler industriell hergestellter Schwämme lassen sich durch Beschneiden oder Herauszupfen von Stückchen „abrunden".

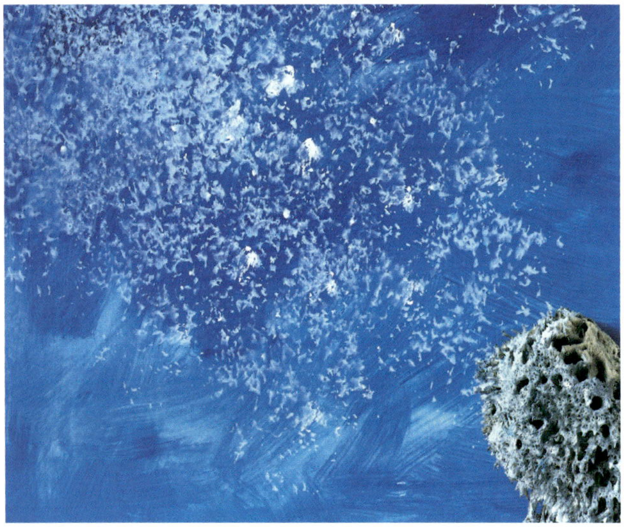

Farbauftrag mit einem Naturschwamm.

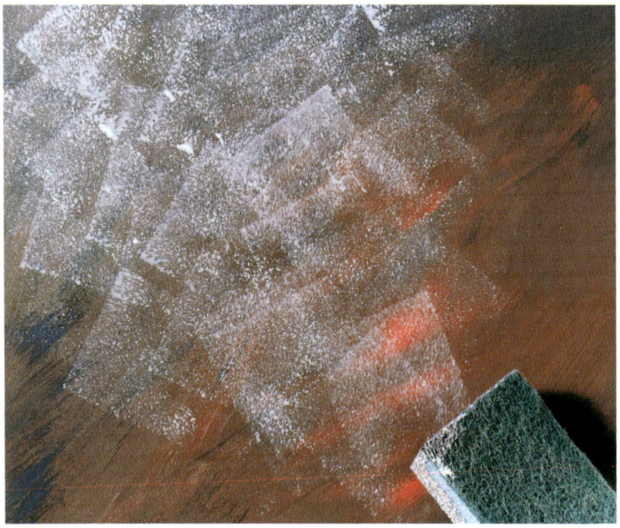

Ein Haushaltsschwamm hinterlässt einen etwas feineren Abdruck mit geraden Kanten.

Abkleben von Flächen

Durch die Verwendung von Klebeband können gerade Linien bzw. Flächen mit ganz geraden Kanten erarbeitet werden. Das Klebeband lässt sich von bereits getrockneter Farbe gut lösen, ohne den Untergrund anzugreifen. Nachdem Sie die zu übermalenden Stellen im Bild auf diese Weise abgeklebt haben, können Sie die Farbe auftragen. Dabei sollten die Pinselstriche an den Rändern der Flächen von außen nach innen gelenkt werden. Dadurch setzt sich weniger Farbe an den Rändern des Klebebandes ab und es entsteht ein sauberer Rand. Ziehen Sie das Abdeckband ab, sobald die Farbe leicht angetrocknet ist. Besonders bei Übermalungen in dickeren Schichten kann es sonst passieren, dass sich das Klebeband mit der Farbe verbindet und sich schwer abziehen lässt.

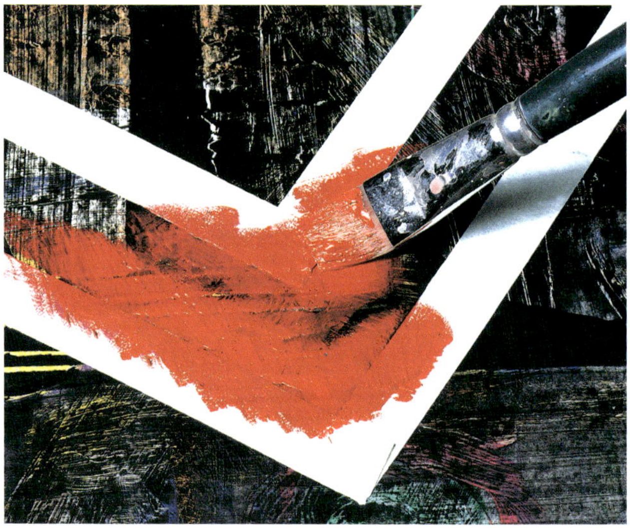

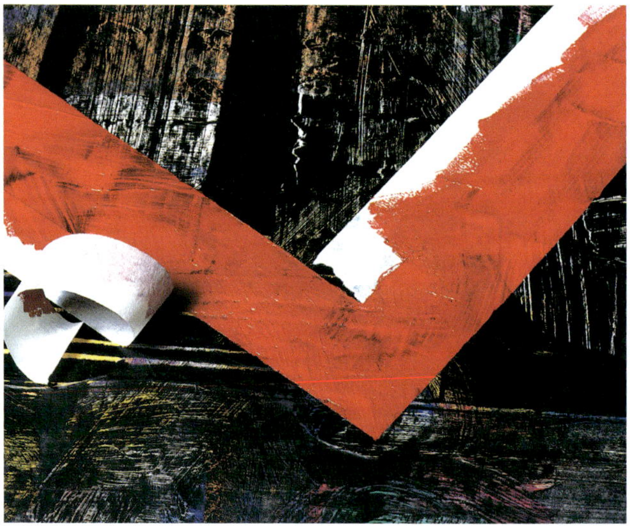

Abschleifen von strukturiertem Untergrund
Die speziell für die künstlerische Anwendung entwickelten Modellier- und Strukturpasten lassen sich nach der Trocknung durch Schleifen weiterbearbeiten. Besonders starke Elemente können auf diese Weise noch korrigiert werden. Wird eine bereits bemalte Fläche angeschliffen, entstehen interessante Effekte durch das „Hervorholen" der Untergrundstruktur. Verwenden Sie Schleifpapier mit feiner Körnung (120 – 160) oder Nassschleifpapier.

Sollten Sie sich an den weißen Strukturen stören, verwenden Sie zum Anlegen des Untergrundes eingefärbte Modellierpaste.

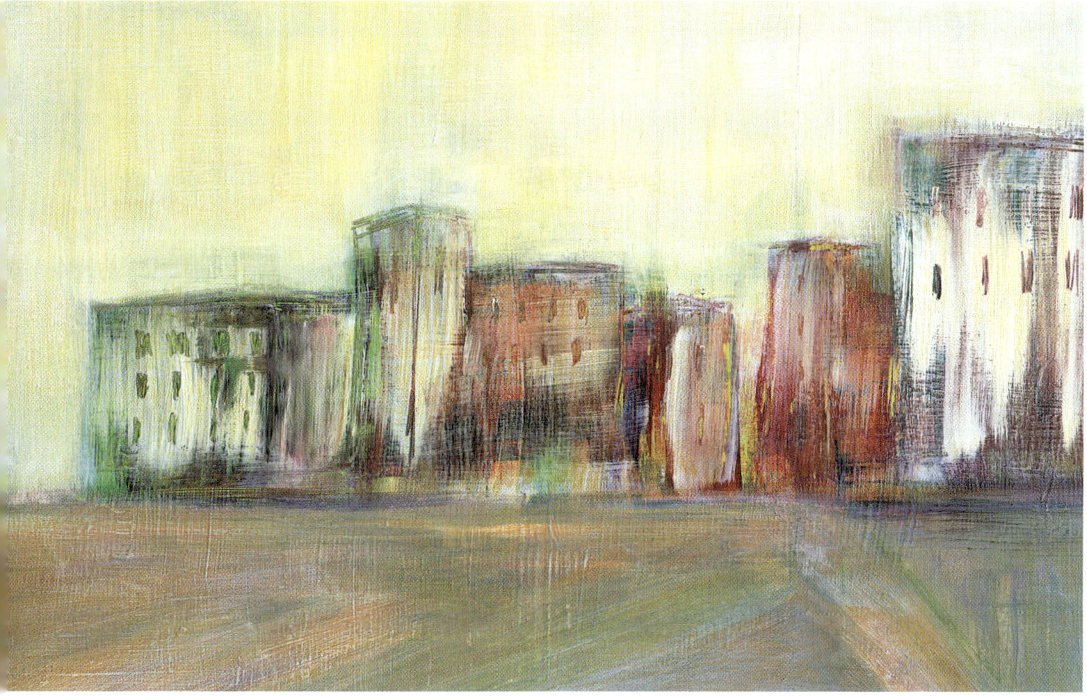

Ute Zander, o. T., 80 x 140 cm.
In die mehrfach angelegten Farbschichten wurden die Konturen der Häuser und Fenster eingekratzt. Die Farbe wurde mit einem Pappspachtel aufgetragen und hinterher abgeschliffen, sodass die unteren Schichten wieder freigelegt wurden.

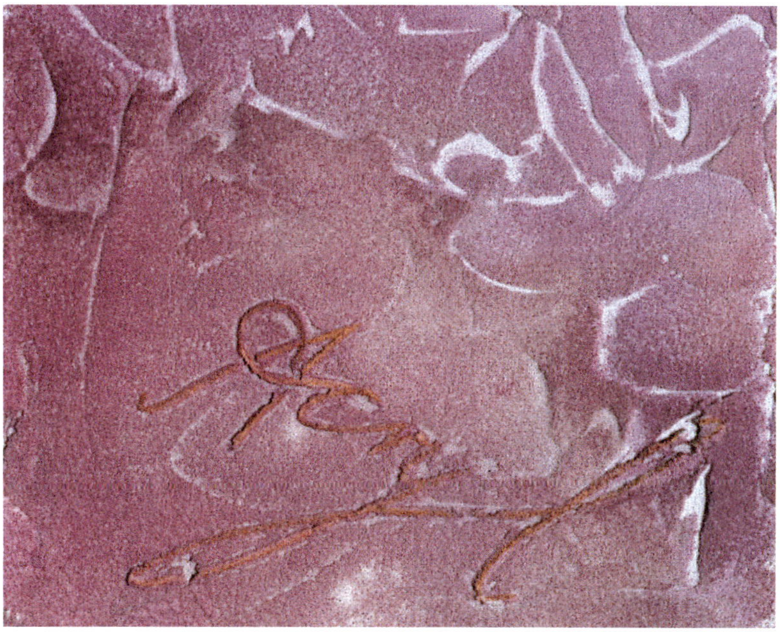

In diesem Beispiel wurde Leichtstrukturpaste mit einem Spachtel aufgetragen. Nach dem vollständigen Durchtrocknen wurde die Paste mit einer Lasur versehen und anschließend abgeschliffen (Ausführung Ivonne Ernst).

Schablonen

Um eine Fläche im Bild zu gestalten, kann die Farbe auch mit Hilfe von Schablonen aufgetragen werden. Es gibt in Hobby- und Bastelgeschäften eine große Auswahl an Fertigschablonen; sie lassen sich aber auch problemlos selbst herstellen. Auch vermeintlich „kitschige" Schablonenmotive lassen sich verwenden; durch mehrfachen, versetzten Farbauftrag kann eine interessante Fläche entstehen.

Zum Auftragen der Farben eignet sich ein Schablonier- oder Stupfpinsel besonders gut. Achten sie darauf, dass sich nicht zu viel Farbe am Pinsel befindet. Diese kann sonst leicht unter die Ränder der Schablone gelangen und die Konturen werden unscharf.

Will man ein Element besonders plastisch hervorheben, dann kann man eine Schablone dafür anfertigen und darein Modellierpaste oder sehr pastose Farbe auftragen. Je stärker das Material ist, aus dem Sie die Schablone geschnitten haben, desto plastischer ist die Wirkung.

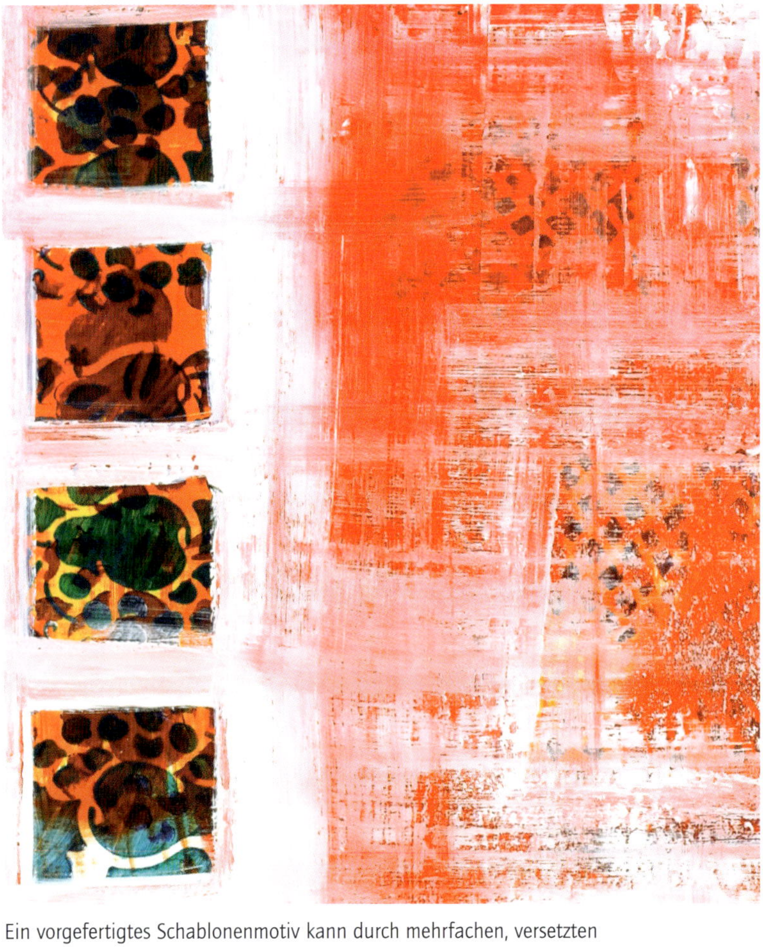

Ein vorgefertigtes Schablonenmotiv kann durch mehrfachen, versetzten Auftrag eine interessante Fläche ergeben.

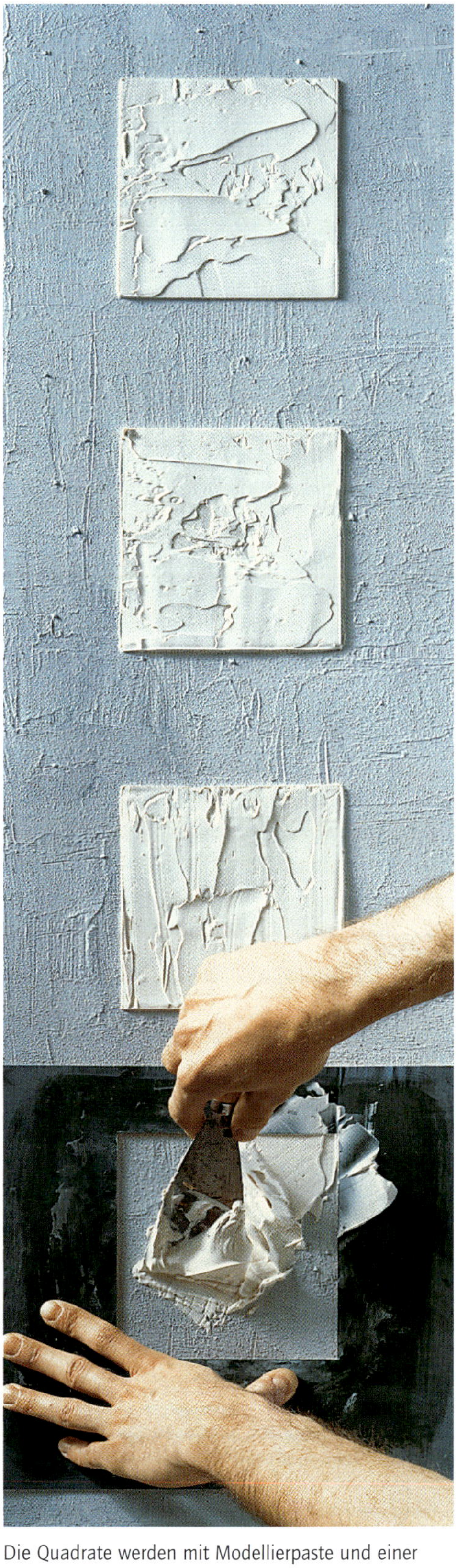

Die Quadrate werden mit Modellierpaste und einer selbst angefertigten Pappschablone angelegt.

Abklatschtechnik (Décalcomanie)

Der Begriff der Décalcomanie wurde von dem spanischen Maler Oscar Dominguez geprägt. Bei dieser von ihm erfundenen Technik wird Farbe auf einem Blatt Papier verstrichen und danach ein weiteres Blatt darauf gelegt und leicht angedrückt. Das zweite Blatt wird dann wie ein Abzug vorsichtig abgehoben. Besonders feine Strukturen entstehen, wenn Papiere verwendet werden, die nur schwach oder gar nicht saugen. Der bekannteste Künstler, der viel mit dieser Technik experimentierte, ist der deutsche Surrealist Max Ernst. Auch diese Technik lässt sich mit Acrylfarben umsetzen.

Legt man eine dünne Folie auf eine Glasplatte, die mit Acrylfarbe bestrichen wurde (Zugabe von Trocknungsverzögerer ist sinnvoll) und zieht diese dann wieder ab, entstehen interessante Strukturen. Es besteht nun die Möglichkeit, die nasse Folie auf den Malgrund zu drücken oder einen Papierbogen auf die Glasplatte zu legen. Der auf diese Weise strukturierte Papierbogen lässt sich dann in unterschiedlichen Techniken weiterbearbeiten oder als Collagematerial weiterverwenden.

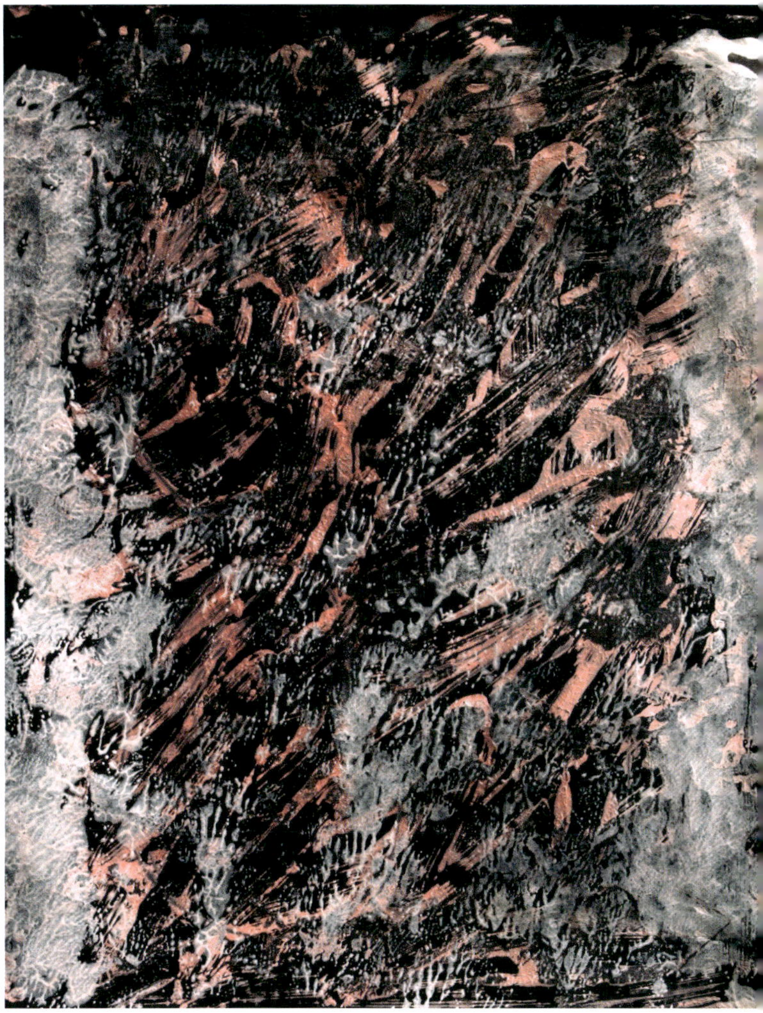

Helle Farbe wurde auf dunklem Papier „abgeklatscht".

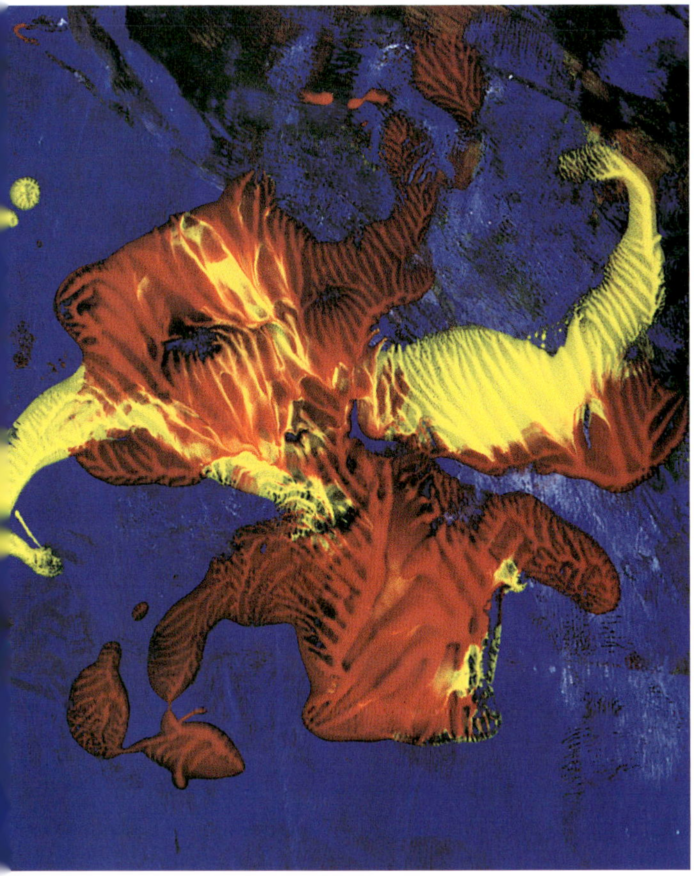

Für die Abklatschtechnik typische Strukturen, die entstehen, wenn Farbe zwischen zwei Flächen gequetscht und diese dann auseinander gezogen werden. Je nachdem, in welche Richtung gezogen wird, verlaufen auch die Muster.

Abheben von Farbe

Wird eine farbige Fläche direkt auf dem Malgrund angelegt, so kann Farbe vom Malgrund wieder entfernt werden, wenn man sie durch das Auflegen von geknülltem Papier, Stofflappen oder Folie vorsichtig abzieht. Auf diese Weise können Flächen im Bild belebt werden.
Auch zur Darstellung von Holz-, Stein- und Felstexturen ist diese Technik geeignet.

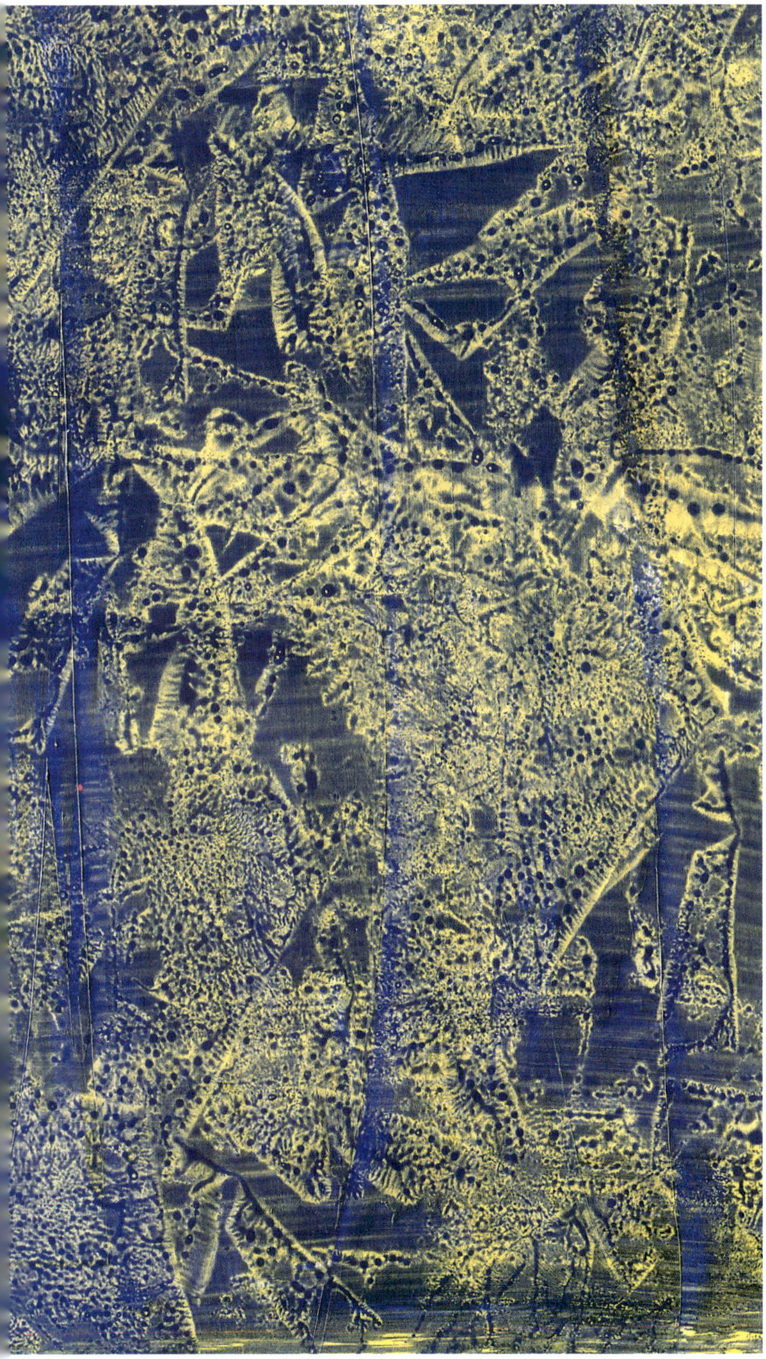

Dieser Effekt entstand durch das Abheben von Farbe durch zerknülltes und wieder glatt gestrichenes Papier, welches leicht auf den Malgrund gepresst und wieder abgenommen wurde.

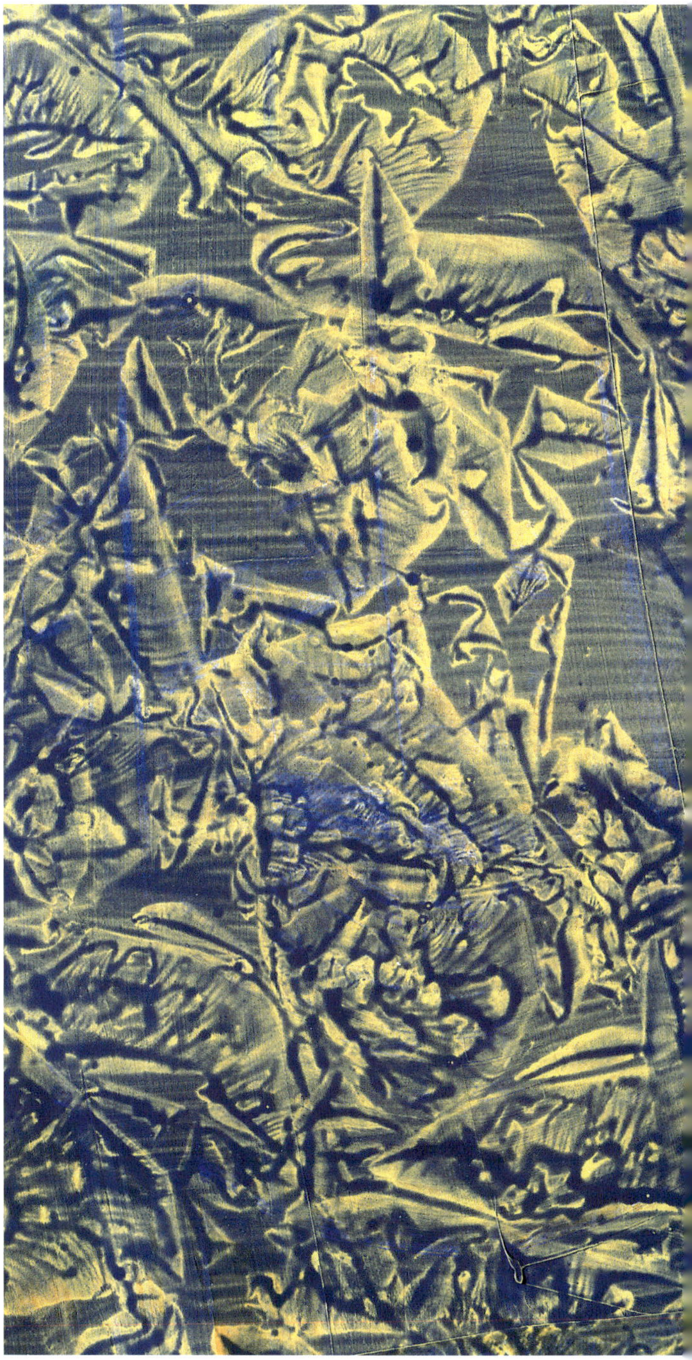

Durch zerknüllte Plastikfolie, welche auch angedrückt und wieder abgenommen wurde, entsteht ein anderer Effekt, da die Folie keine Farbe aufnimmt.

Einfache Druckverfahren

Acrylfarben lassen sich auch für einfache Druckverfahren wie die Monotypie oder den Stempeldruck verwenden. Da die Farben sehr schnell trocknen, ist die Zugabe von Verzögerern oder auch von Tapetenkleister angebracht. An dieser Stelle muss gesagt werden, dass die Möglichkeiten, mit Acrylfarben zu drucken, durchaus begrenzt sind. Feinere Strukturen und Oberflächen lassen sich nur mit speziell für diesen Zweck entwickelten Druckfarben erzeugen. Trotzdem haben mit Acrylfarben bedruckte Untergründe ihren Reiz und solche Drucke können in anderen Techniken weiterbearbeitet werden.

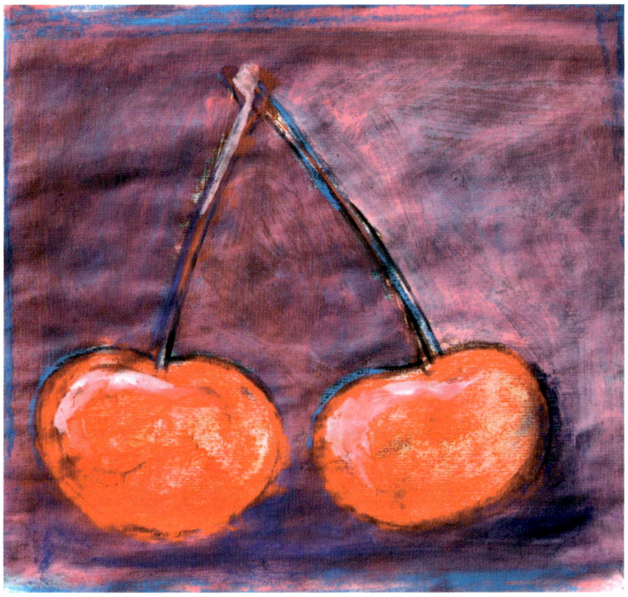

Monotypie

Bei der Monotypie handelt es sich um ein Druckverfahren, bei dem nur ein einziger Abdruck von einer Platte aus Karton, Glas, Acrylglas, Metall oder einer anderen ebenen Fläche abgezogen wird. Wie der Name schon sagt, kann der Abzug nicht vervielfältigt werden, da man bei dieser Drucktechnik ohne Druckstock arbeitet. Jeder Abzug ist ein Unikat, da sich durch jede Zugabe von Farbe auf der Druckplatte und jeden weiteren Abzug das Druckbild ändert. Monotypien lassen sich schnell und einfach herstellen. Geben Sie etwas Farbe auf eine ebene, nicht saugende Oberfläche, verteilen Sie diese mit einer Gummi- oder Plastikwalze oder mit dem Pinsel oder arbeiten Sie Ihr Motiv aus. Legen Sie dann einen Bogen des zu bedruckenden Papiers auf die Fläche, drücken Sie es mit der Hand an oder rollen Sie mit einer sauberen Gummiwalze darüber. Dann heben Sie das Papier vorsichtig von der Platte ab und lassen es trocknen. Wenn Sie mehrere unterschiedliche Drucke von der gleichen Platte machen wollen, können Sie nun etwas Farbe hinzugeben und wie beschrieben weiterdrucken, wenn nach dem Trocknen ein weiterer Abdruck auf denselben Bogen erfolgt. Achten Sie beim Drucken darauf, dass die Farbe nicht zu trocken wird; durch das Hinzumischen von Trocknungsverzögerer bleiben die Farben länger offen, sodass länger gearbeitet werden kann.

Die Kirschen wurden auf einer Glasplatte gemalt und dann mit Papier abgehoben. Nach dem Trocknen erfolgte die weitere Bearbeitung mit Farbe und Pastellkreide.

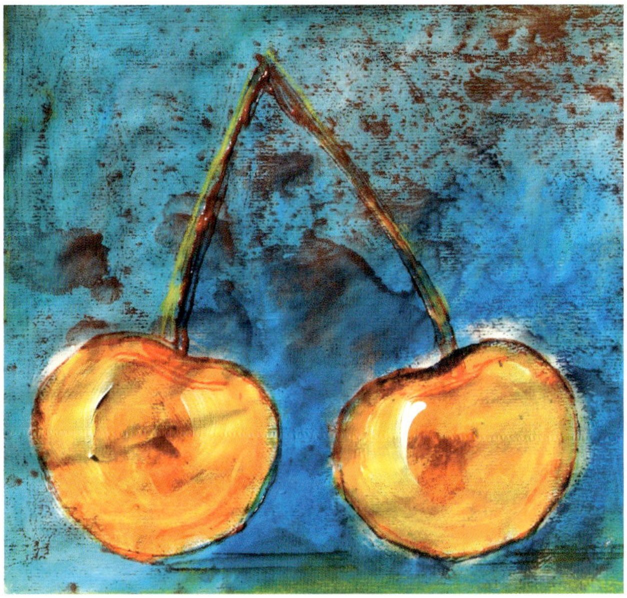

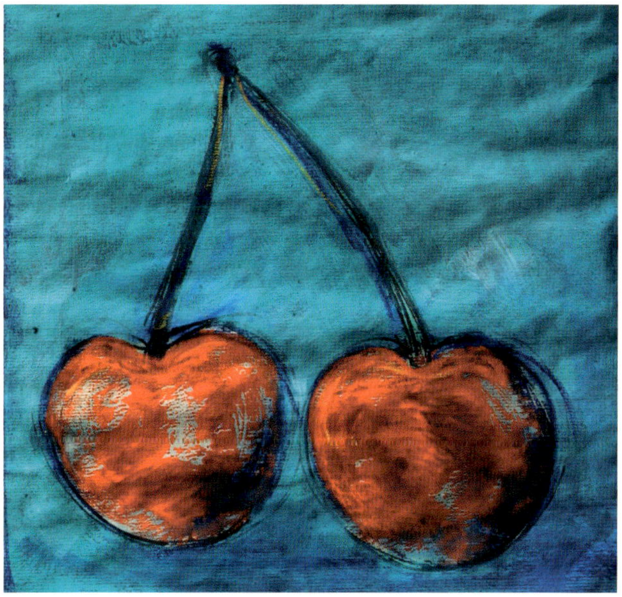

Gezeichnete Monotypien

Will man in der Monotypie Linien mit Flächen verbinden, dann kann man mit Hilfe eines Bleistifts oder Kugelschreibers auf der Rückseite des zu bedruckenden Blattes zeichnen, während dieses auf der eingefärbten Fläche aufliegt. Der Druck des Stiftes überträgt die Farbe von der Platte auf das Druckpapier. In dieser Technik lassen sich auch mehrere Farben drucken. Dazu sollte der Druckbogen allerdings auf der Platte an einer Seite mit Klebestreifen befestigt sein, um ein Verrutschen beim Andruck zu vermeiden. Beim ersten Druck wird die Platte mit der Farbe eingefärbt, in der die ersten Zeichnungselemente auf dem Papier gedruckt werden sollen. Es werden dann auch nur die hierfür vorgesehenen Elemente gezeichnet. Nach dem ersten Andruck wird das Papier abgehoben und über den Klebestreifen von der Platte weggeklappt. Dann wird die Platte vorsichtig gereinigt und die nächste Farbschicht aufgebracht. Der Druckbogen wird dann auf die Platte zurückgeschlagen und die nächsten Elemente der Zeichnung hinzugefügt. So kann weiter verfahren werden, bis der Druck fertig ist. Eine Vorzeichnung kann unter der Glasplatte befestigt werden, sodass beim Mehrfarbdruck die einzelnen Farbflächen an die richtigen Stellen gesetzt werden können.

Viele Künstler haben in dieser faszinierenden Technik gearbeitet und die fertigen Monotypien weiter farblich bearbeitet. Einer der bekanntesten ist Paul Klee.

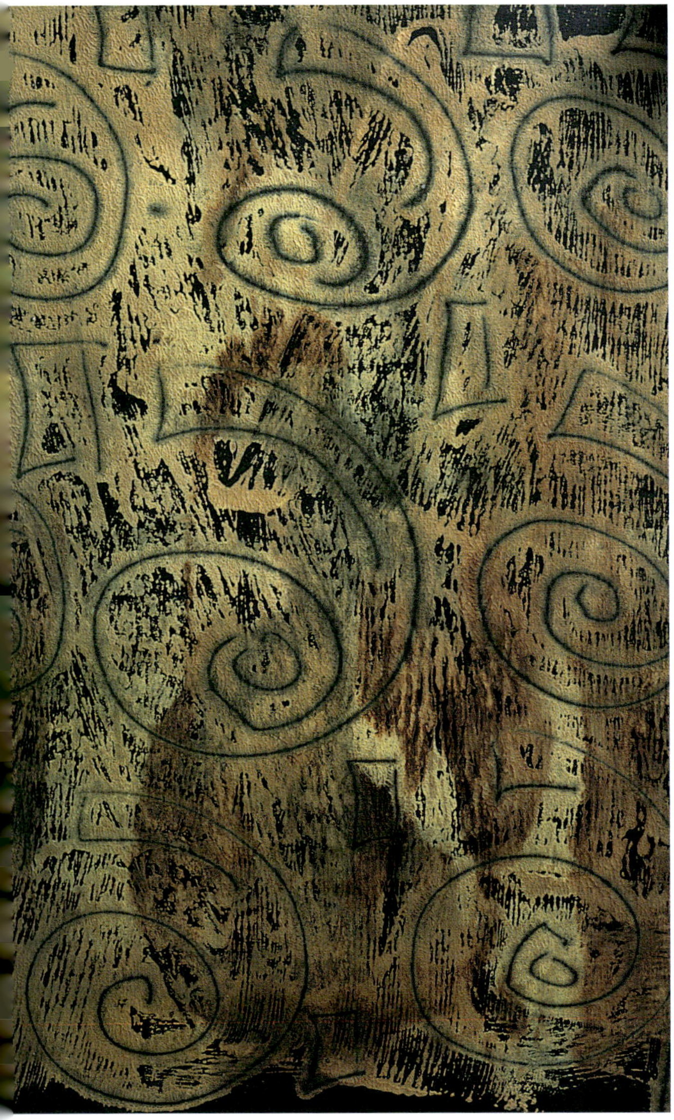

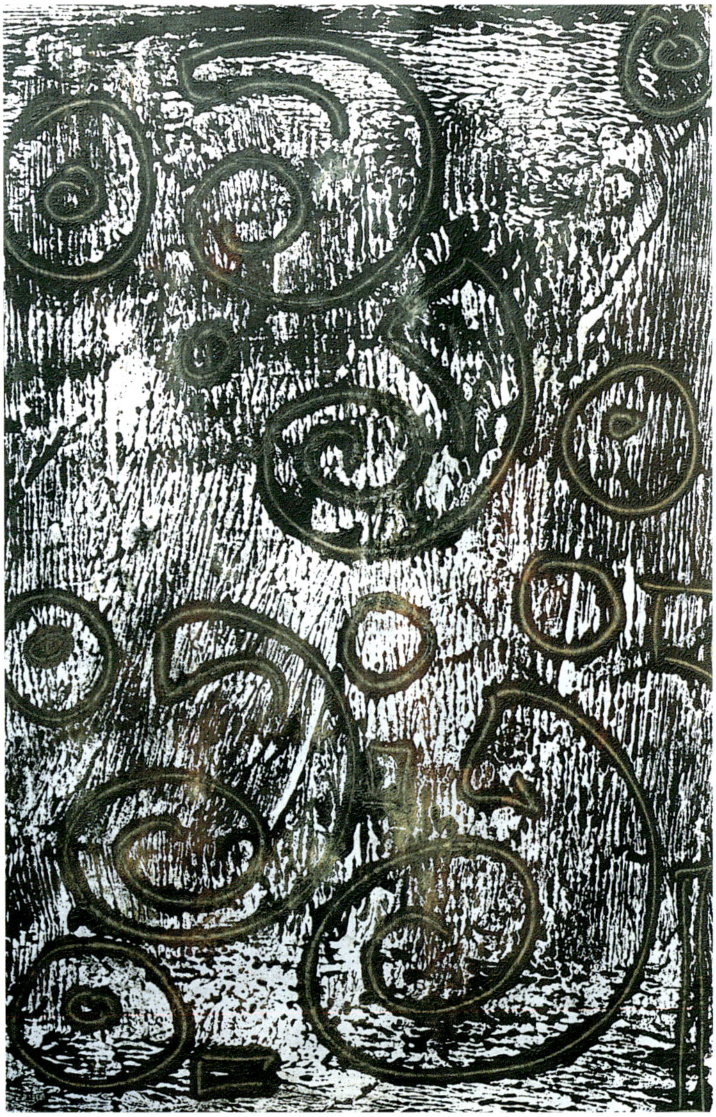

Zwei einfache Beispiele für Monotypien. Es wurde auf hellem und auf schwarzem Papier gedruckt.

Stempeldruck

Auch für den einfachen Stempeldruck sind Acrylfarben geeignet. Stempel lassen sich aus unterschiedlichen Materialien leicht selbst herstellen. Aus Kartoffelhälften oder anderen harten Gemüse- oder Obstsorten, wie Möhren, Steckrüben oder Äpfeln, lassen sich mit Hilfe von Linolschnittwerkzeugen oder Messern Stempel herstellen. Mit diesen Stempeln sollte sofort nach der Anfertigung gedruckt werden, da sie sehr schnell schrumpfen oder schimmeln. Bei der Technik des Stempeldrucks, bei der die Zeichnung eingeschnitten oder geritzt wird, treten einige Besonderheiten auf, die vor dem Beginn der Arbeit beachtet werden müssen:

Da der nicht eingekerbte Teil des Druckstocks eingefärbt wird, bilden die bearbeiteten Teile die weißen Flächen beim Druck. Wenn die bearbeiteten Teile im Druck dunkel erscheinen sollen, wird mit heller Farbe auf dunklem Papier gedruckt.

Der Druck ist immer ein Spiegelbild der Vorlage. Wenn also Zahlen oder Buchstaben gedruckt werden sollen, müssen diese seitenverkehrt in den Druckstock gekerbt werden. Ist der Stempel fertig bearbeitet, tragen Sie die Acrylfarbe mit dem Pinsel oder mit der Walze darauf auf und drücken ihn dann auf den Malgrund. Auf diese Weise lässt sich auch ein Rapport, ein fortlaufendes Muster, erzeugen.

Andere Materialien, aus denen Sie Stempel und kleinere Druckstöcke herstellen können, sind Schwämme oder Plastilin. Bei der Verwendung von Schwammstempeln sollten diese nach Gebrauch gründlich ausgewaschen werden, um sie flexibel zu halten. Aus Plastilin können ungewöhnliche Druckstöcke hergestellt werden; wichtig ist hier, dass die Ober- und Unterseite des Stücks, in dem die Zeichnung oder das Muster eingedrückt wird, flach und gerade sind. Auch mit in Plastilin eingebetteten Gegenständen wie Münzen, Kronkorken oder Büroklammern können Drucke hergestellt werden. Färben Sie die so entstandenen Druckstöcke mit dem Pinsel ein, legen Sie das zu bedruckende Papier auf die auf dem Rücken liegende Form und drücken Sie es vorsichtig mit der Hand an. So entstandene Blätter lassen sich auch gut für Collagen weiterverwenden oder mit anderen Techniken weiterbearbeiten.

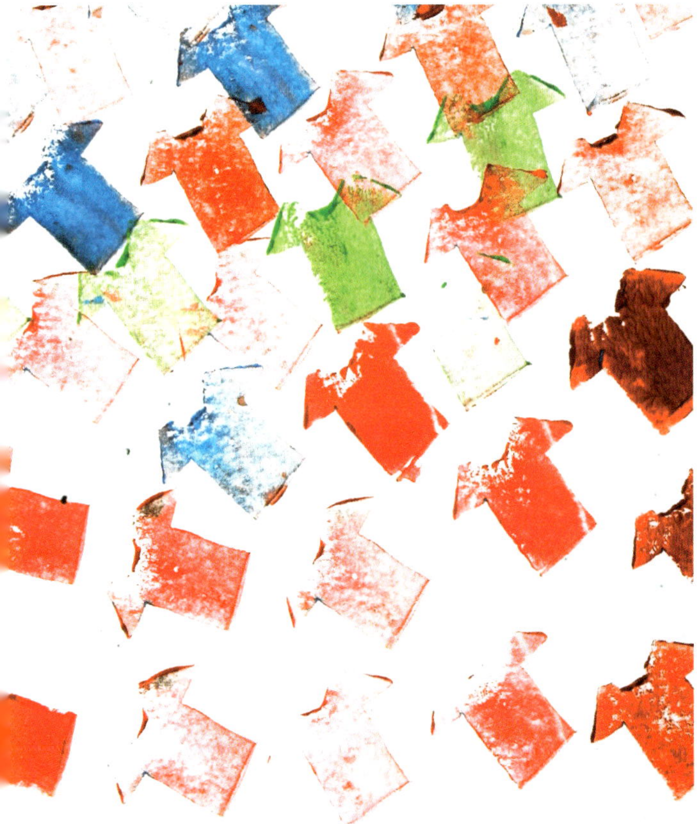

Bei diesem Beispiel wurde der Stempel aus einer Kartoffel geschnitten.

Bei diesem Beispiel wurden mit Farbe bestrichene, grob gewebte Gurte abgedruckt – nur ein Beispiel für die Möglichkeiten des Materialdrucks.

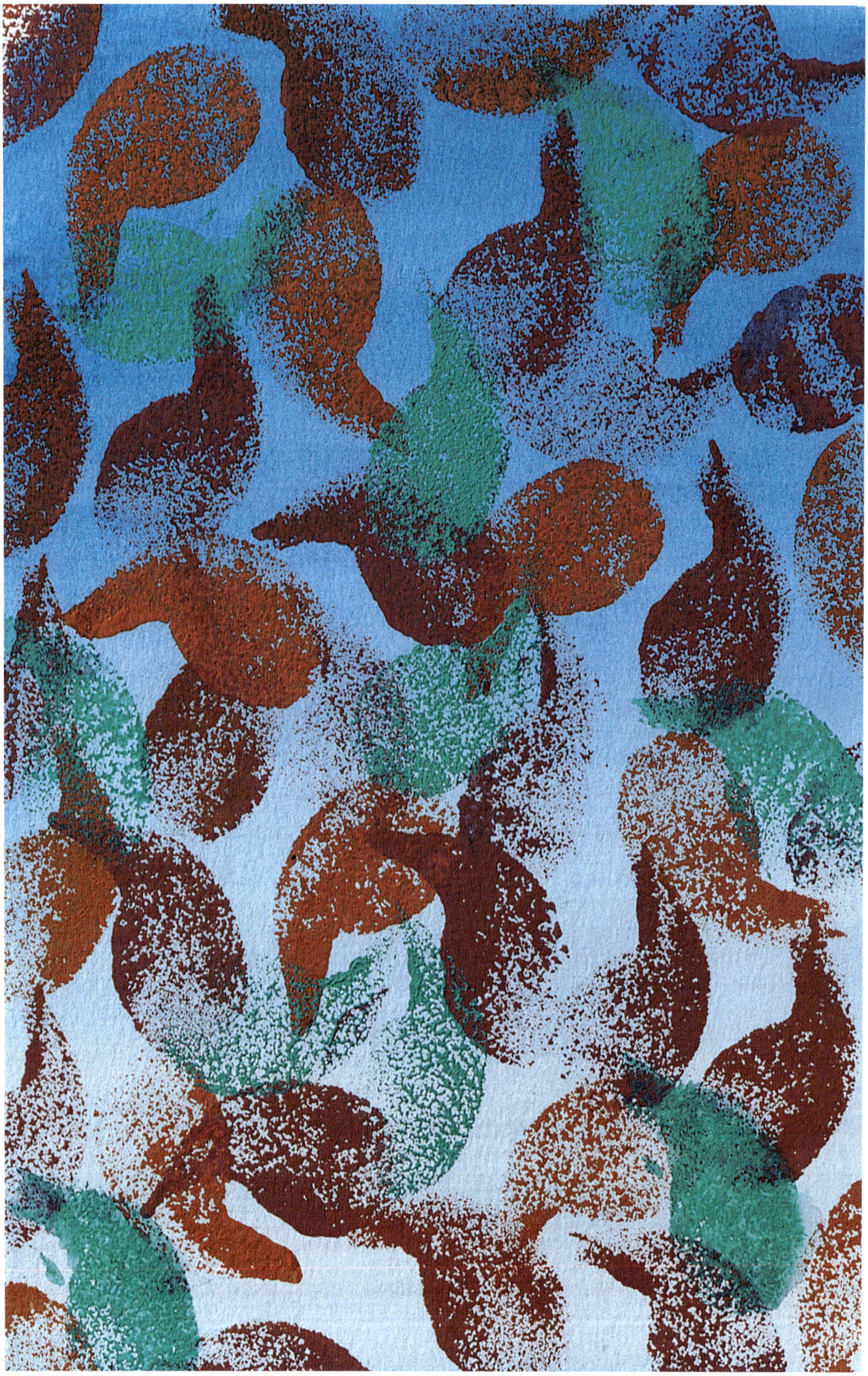

Farbauftrag mit einem Schwammstempel.

Mischtechniken

Durch die Kombination von Techniken und Farben verschiedener Farbsysteme lässt sich die Ausdrucksstärke in der Malerei steigern und es erschließen sich neue Wege in den Darstellungsmöglichkeiten sowohl im gegenständlichen wie auch im abstrakten Arbeiten.

Wie bereits im Kapitel über die Schichtenmalerei beschrieben, haben schon die Künstler in der Renaissance mit unterschiedlichen Malfarben in einem Bild gearbeitet. Mit zunehmender Entwicklung der Farbentechnik wurden auch die Kombinationsmöglichkeiten mit der Zeit immer vielfältiger. Der französische Maler J. F. Millet kombinierte z. B. Mitte des 19. Jahrhunderts in einer seiner Studien Pastellkreiden, Aquarellfarben, Ölfarben und schwarze Kreide. Im 20. Jahrhundert setzten sich immer mehr Künstler über alle technischen und stilistischen Konventionen hinweg und erschufen sich durch die Kombination von ungewöhnlichen Materialien neue, ganz eigene Ausdrucksmöglichkeiten.

Aus dem Hause Honsell kommen die bekannten Ölpastellkreiden „Jaxon" (erhältlich in 74 Farbtönen) und die Pastellkreiden der Serie „JAXELL".

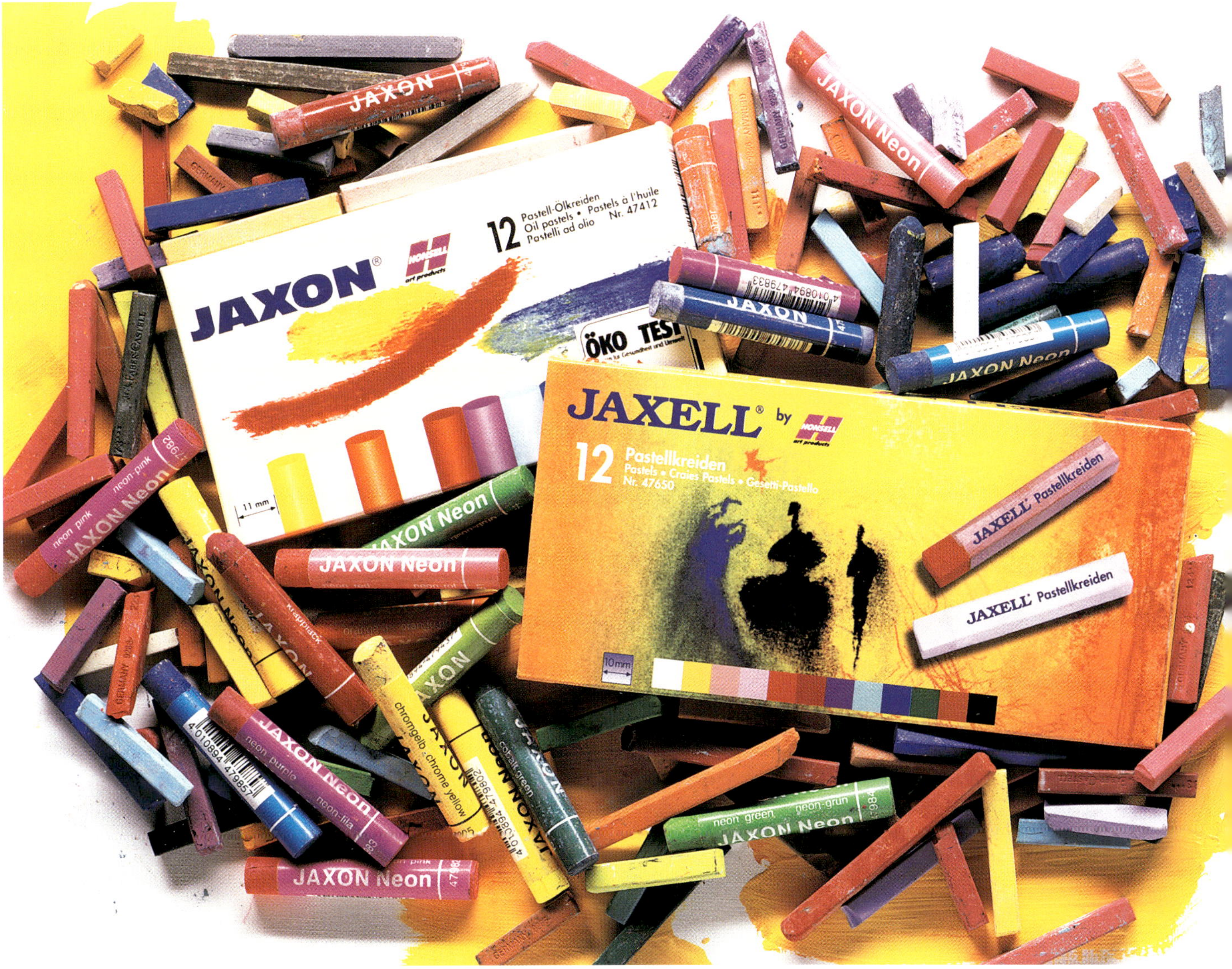

Acryl und Pastell

Acryl- und Pastellfarben lassen sich nicht nur übereinander, sondern auch gut miteinander verarbeiten. Da Pastellkreiden wasserlöslich sind, lassen sich durch Übergänge von eher zeichnerisch angelegten zu gemalten Flächen reizvolle Ergebnisse erzielen. Einige Pastellmaler verwenden Strukturmassen in den unteren Schichten beim Bildaufbau und setzen mit Pastellkreiden auf der strukturierten Oberfläche Akzente. Andere verwenden Klarpasten auf Pastellschichten, um diese zu fixieren und veränderte Farbwirkungen zu erzielen. Wenn man Pastellkreiden mit Acrylmedium oder klarer Strukturpaste auf der Palette mischt, lassen sich auch in der Pastellmalerei Impastos herstellen.

Acrylfarbflächen lassen sich problemlos mit Pastellkreiden überarbeiten. Größere Flächen können mit Acrylfarben deckend oder lasierend angelegt und dann mit Pastellkreiden weiter ausgearbeitet werden. Wenn in der obersten Schicht Pastellkreiden verwendet werden, sollte das Bild abschließend fixiert werden.

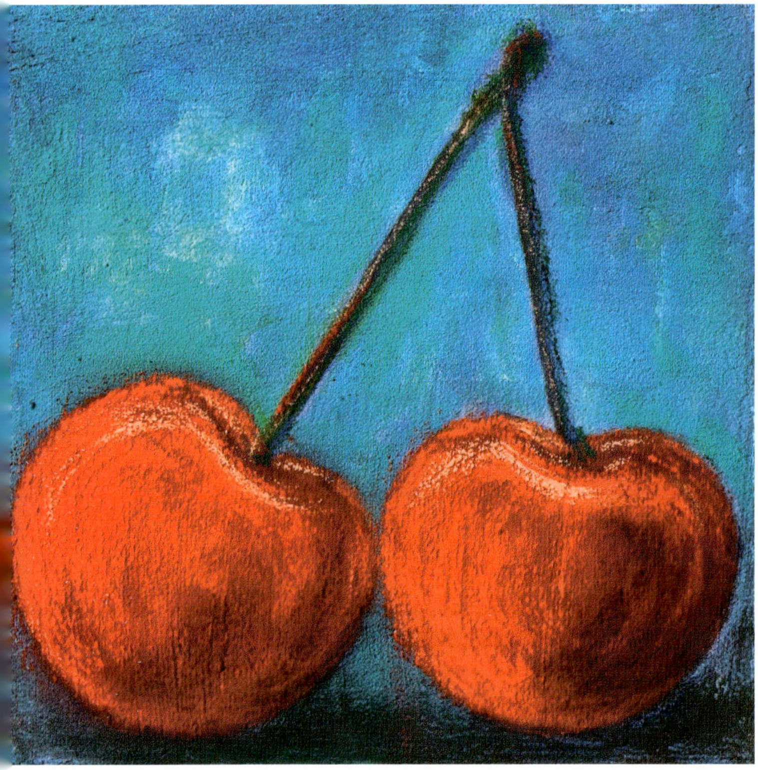

Bei diesem Beispiel wurde der Untergrund mit einer eingefärbten, feinen Modellierpaste eingestrichen. Das Kirschenmotiv wurde mit dünner Acrylfarbe angelegt und nach dem Trocknen mit Pastellkreiden ausgearbeitet. Die Kreiden haften besonders gut auf dem leicht strukturierten Untergrund.

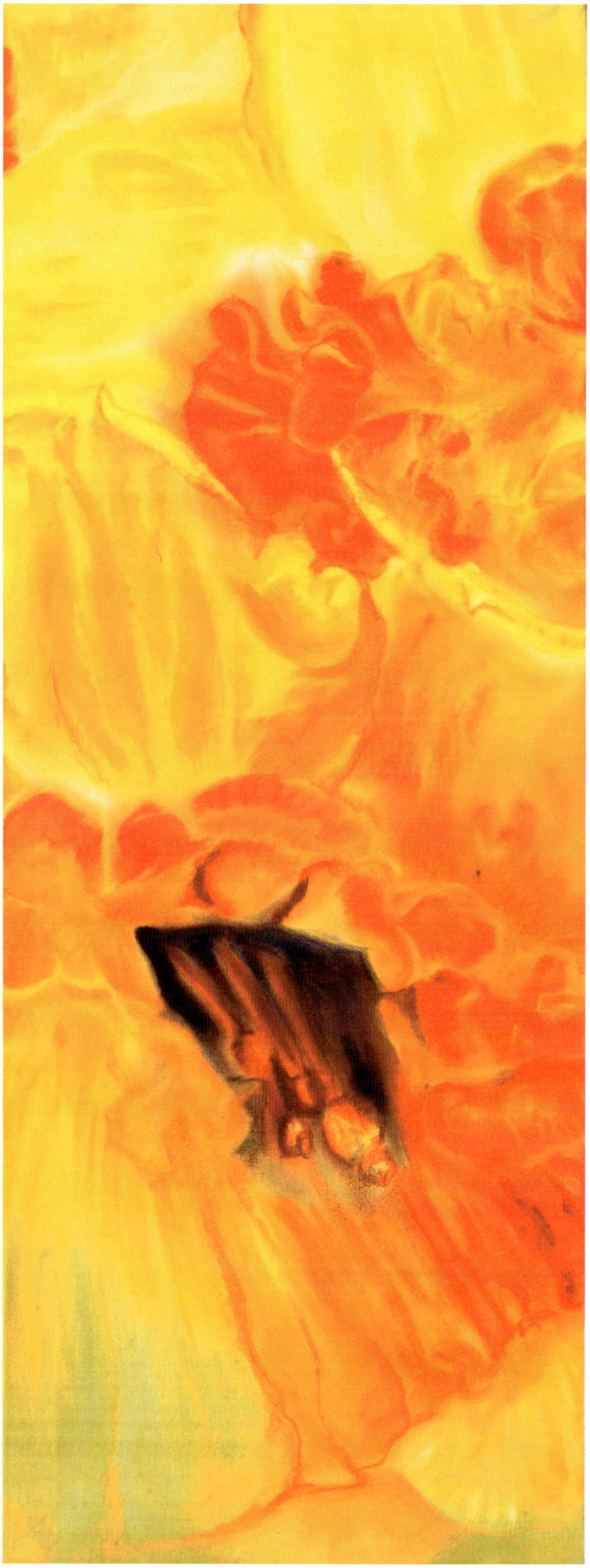

Bei dieser Arbeit von Julia Weidle wurden farbige Akzente mit Pastellkreiden gesetzt. Ein schöner Kontrast zu der weichen, lasierenden Malweise.

Zeichnungen mit Acrylfarben kolorieren

Acrylfarben eignen sich zum Kolorieren von Zeichnungen, die mit wasserunlöslichen Tuschen oder Farben erstellt wurden. Bleistift oder Buntstiftarbeiten können an zeichnerischem Charakter verlieren, da angelegte Schraffuren oder geschummerte Flächen von der Acrylfarbe angelöst werden. Bei Federzeichnungen, die mit wasserlöslicher Tusche oder mit Füllfederhaltern ausgeführt wurden, kann das Lavieren mit Acrylfarben einen zusätzlichen Reiz ausmachen. Wasservermalbare Buntstifte lassen sich mit verdünnter Acrylfarbe auf die gleiche Weise wie mit Aquarellfarben verarbeiten. Kommen zu den Acrylfarben zeichnerische Elemente hinzu, sind die Kombinationsmöglichkeiten sehr groß, denn diese Elemente lassen sich zusammen mit Finelinern, Tuschefüllern, Kugelschreibern, Filzstiften und Markern verarbeiten. In der Werbegrafik und bei Illustratoren kommen die Acrylfarben zum Kolorieren sehr häufig zur Anwendung, ebenso in leicht abgewandelter Form bei der Herstellung von Zeichentrickfilmen.

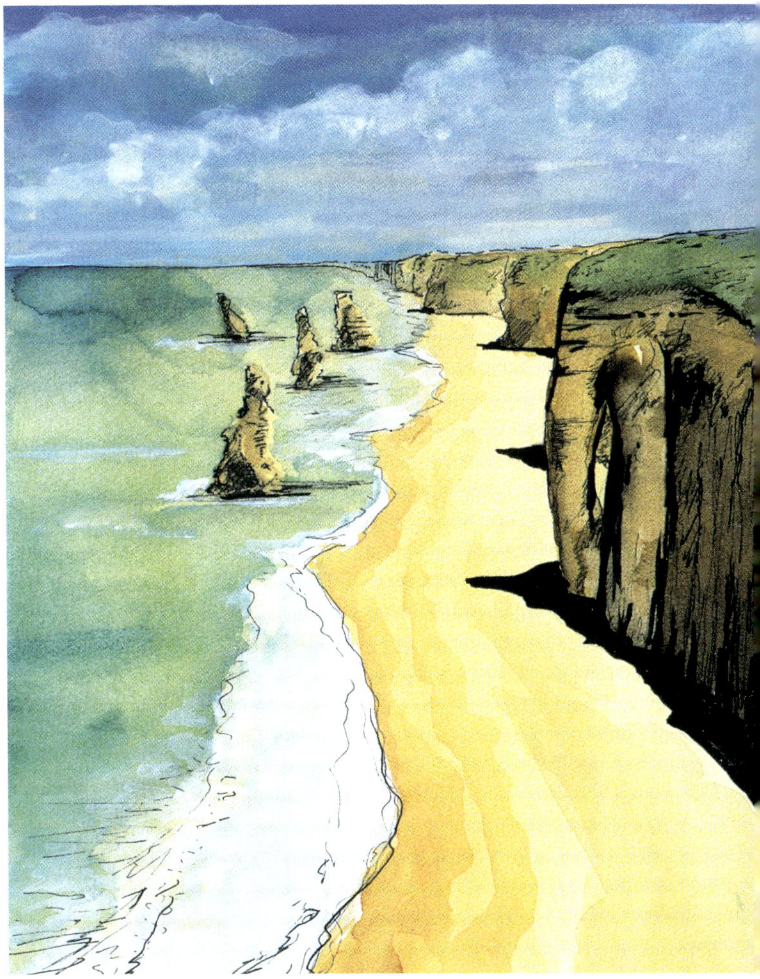

Zeichnung mit Marker und Fineliner, übermalt mit Airbrushfarben.

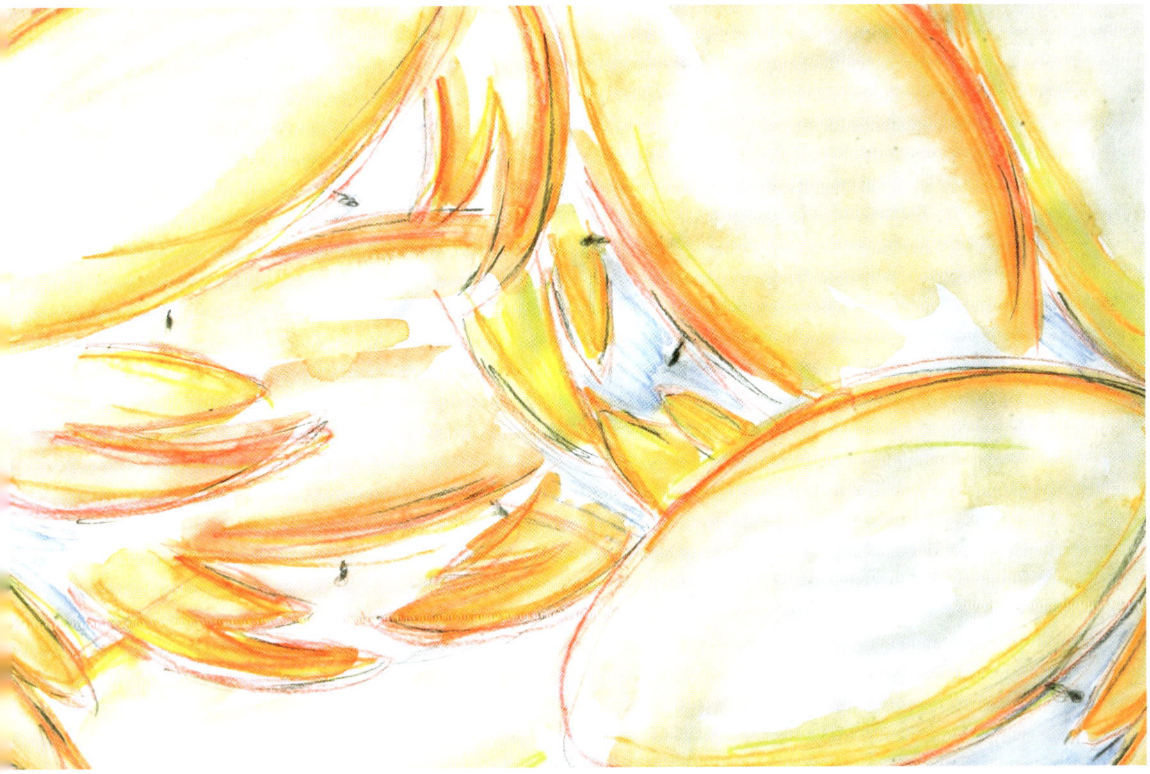

Kolorierte Buntstiftzeichnung.

Acryl und Ölkreiden

Ölpastellkreiden lassen sich auf mit Acrylfarben angelegten Flächen verarbeiten. Die raue Struktur der abgeriebenen Kreiden kann in reizvollem Kontrast zu den satt aufgetragenen Farbflächen stehen. Werden mit Ölkreiden bearbeitete Flächen lasiert, perlt die Farbe von der Kreide ab.

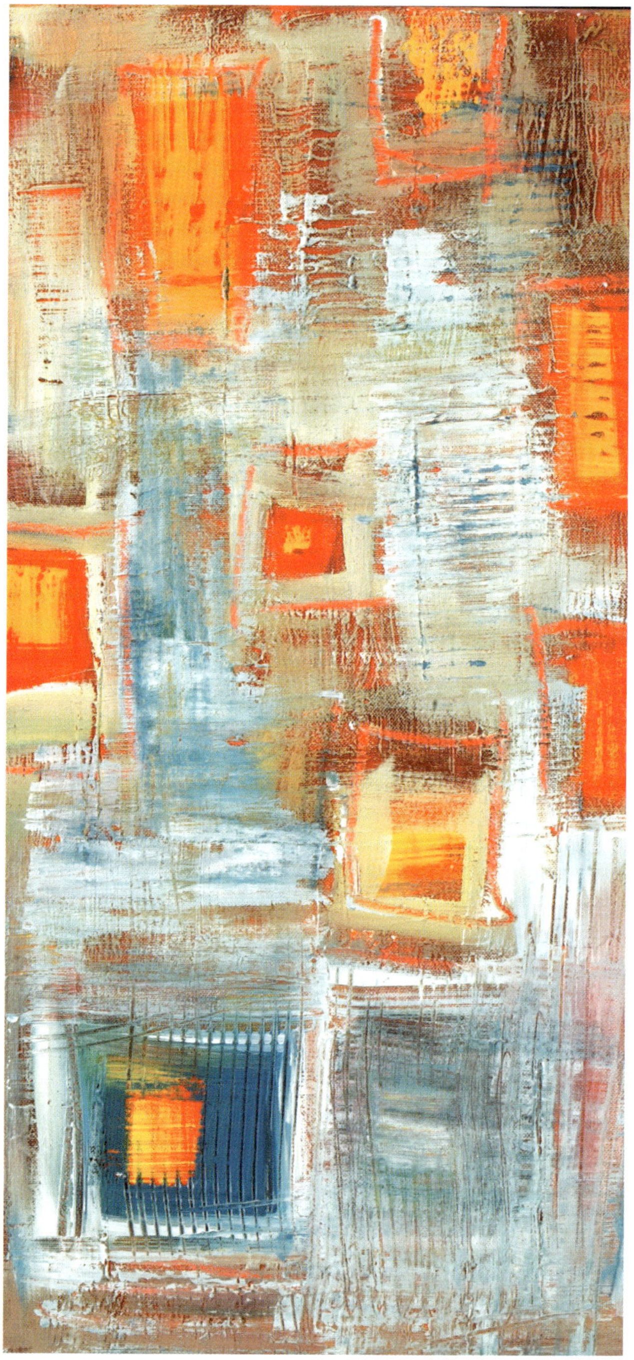

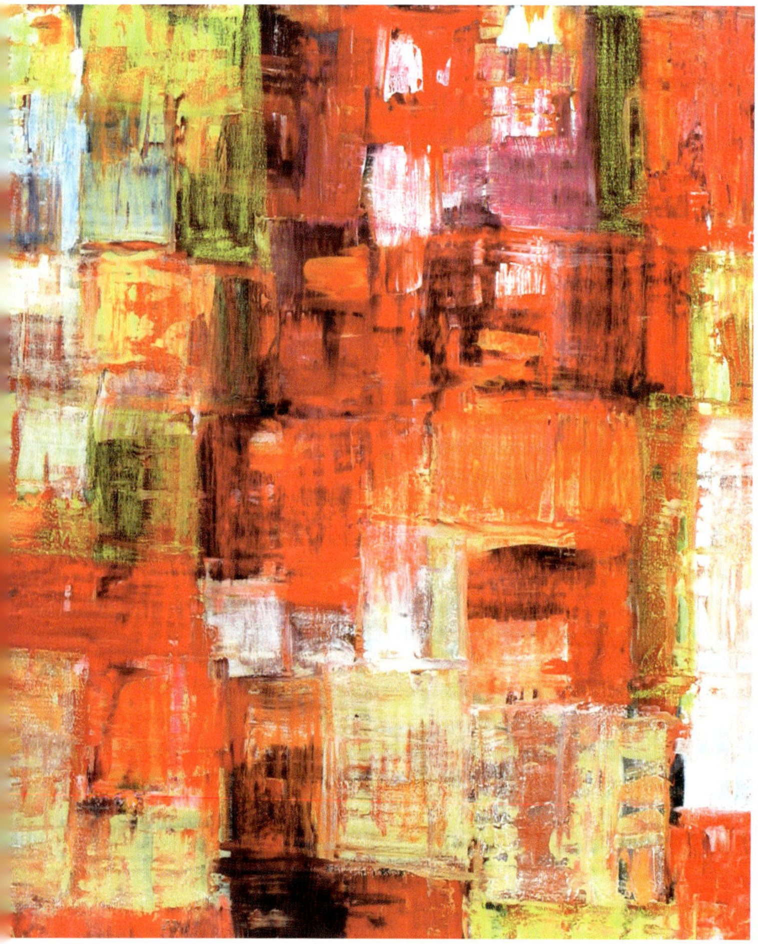

Acryl und Ölfarbe/Alkydharzfarben
In der Kombination von Acryl- und Ölfarben eignen sich die Acrylfarben hervorragend für Untermalungen, da sie nach der verhältnismäßig kurzen Trockenzeit sofort mit Ölfarben übermalt werden können. Wenn man nicht ausdrücklich einen Krakelee-Effekt erreichen möchte, sollten niemals Acrylfarben über Ölfarben gelegt werden.

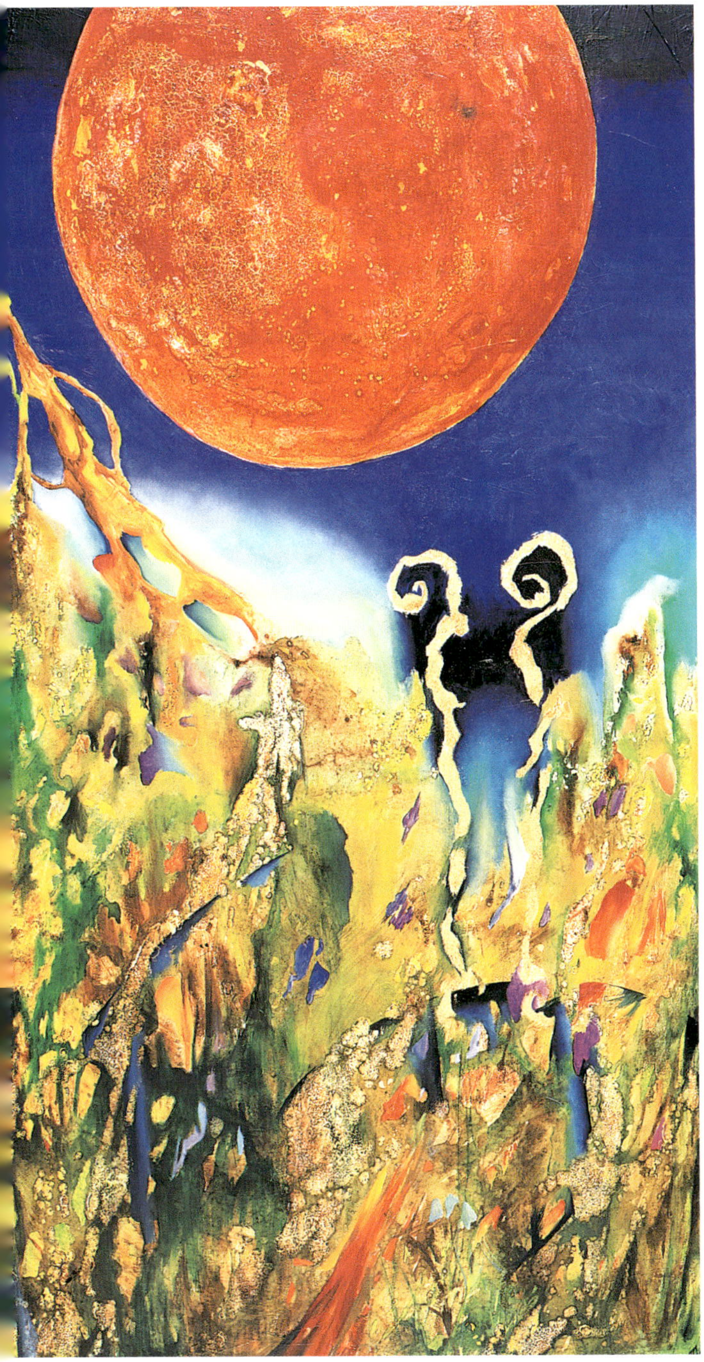

Oliver Löhr, „Karo kiling", Acryl, Aquarell, Ölfarben auf Hartfaserplatte, 120 x 80 cm.
Die weiße Grundierung wurde mit dem Spachtel aufgetragen. Auf diesem Grund folgte ein mehrschichtiger Bildaufbau mit Lasuren. Zufällig entstandene Strukturen wurden mit Ölfarben weiter ausgearbeitet. Der Himmel und die fließenden Übergänge sind ebenfalls in Öl gemalt.

Oliver Löhr, „June V", Acryl auf Hartfaser, 100 x 80 cm.
Bei der roten Farbfläche wurde der Malgrund mit Kleber besprüht und das Zinnoberpigment aufgestreut.

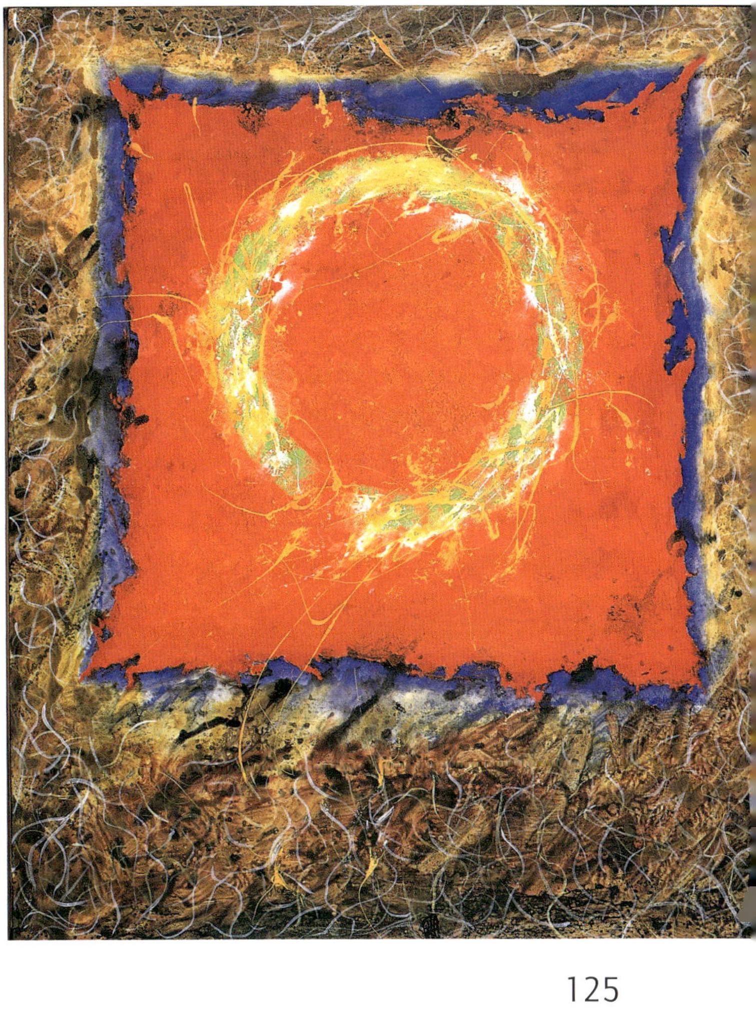

Acryl mit Airbrushfarbe

Wenn Sie viel mit Lasuren arbeiten, sollten Sie einmal Airbrushfarben ausprobieren. Es handelt sich um extrem hoch konzentrierte Farbe auf Wasserbasis, welche mit sehr feinen Pigmenten versehen wird, damit die Düsen der empfindlichen Spritzpistolen nicht verstopfen. Oft reichen schon wenige Tropfen dieses Konzentrats, um große Flächen einzufärben. Die meisten Hersteller versehen die Flaschen mit Pipetten, welche das Portionieren erleichtern. Das Fließverhalten ist durch den veränderten Bindemittelanteil und die feinen Pigmente anders als bei stark verdünnter herkömmlicher Acrylfarbe und eignet sich daher gut für Lasurtechniken.

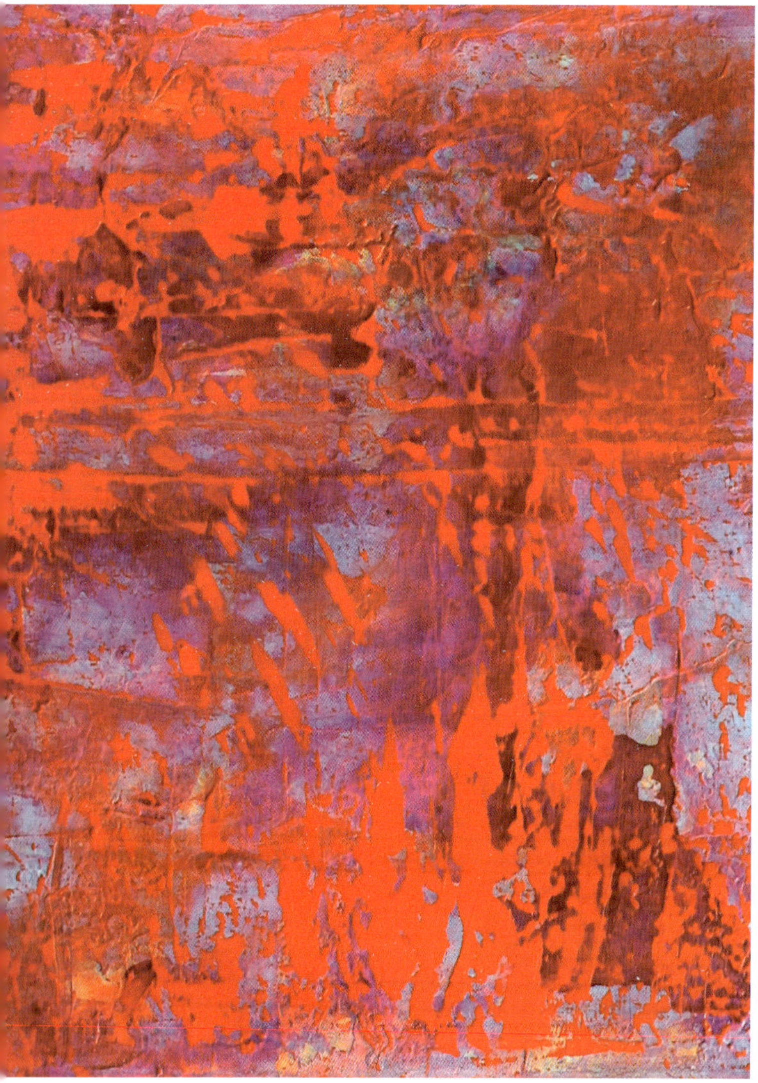

Der transparente Hintergrund wurde mit Airbrushfarben lasiert. Nach dem Trocknen wurde die rote Farbe mit einem großen Pappspachtel aufgebracht.

Acryl und Rost

Um Oberflächen und bestimmten Bildteilen einen verwitterten, gealterten Charakter zu verleihen, können Sie Patinierungsflüssigkeiten verwenden. Es sind unterschiedliche Produkte im Fachhandel zu erhalten. Sie bestehen zumeist aus einer Grundierungsfarbe mit Metallpartikeln und dem entsprechenden Oxidationsmittel. Um rostige Oberflächen zu erhalten, wird die Grundierung auf die zu behandelnden Stellen aufgetragen und nach der vollständigen Trocknung mit der Oxidationsflüssigkeit bestrichen. Nach einigen Stunden vollzieht sich die chemische Reaktion und die behandelten Flächen beginnen zu „altern". Auf diese Weise lassen sich auch Grünspan und andere Patinaeffekte herstellen. Je nachdem, wie dick die Grundierung und die Reaktionsflüssigkeit aufgetragen werden, ergeben sich unterschiedlich starke Effekte. Beachten Sie auf jeden Fall die Herstellerangaben. Es ist ratsam, für die Verarbeitung dieser Materialien preiswerte Pinsel zu verwenden, da sie in stärkerem Maße beansprucht werden. Der amerikanische Hersteller „Modern Options" bietet eine große Auswahl verschiedener Patiniersets an.

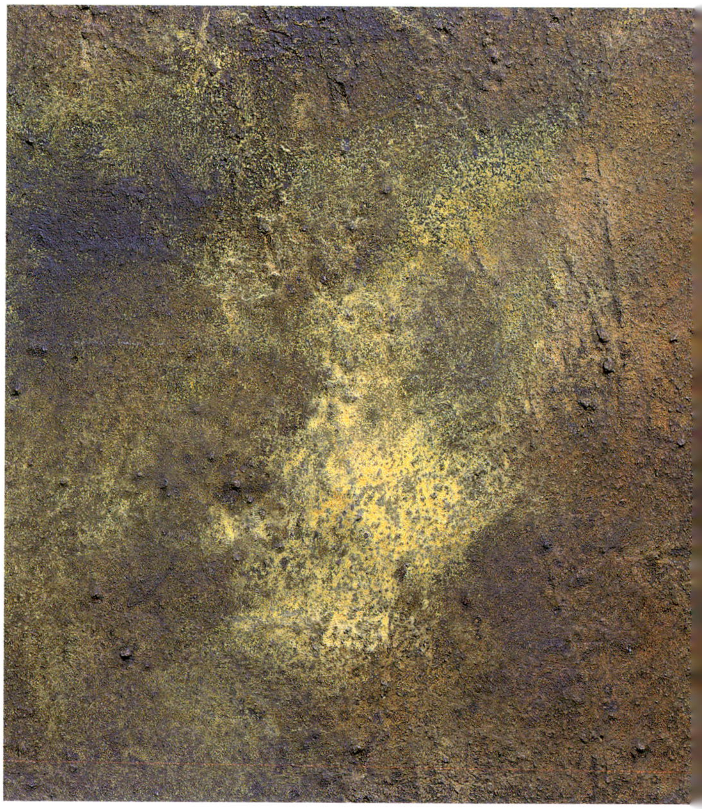

Der Bildträger wurde mit Modellierpaste bearbeitet und in mehreren Schichten bemalt. Anschließend wurden die Patinierungsflüssigkeiten aufgetragen.

Acryl und Schellack
Schellack wird aus dem Sekret einer bestimmten Schildlausart gewonnen und zur Behandlung hochwertiger Holzoberflächen verwendet. Im Handel ist so genannter „Blätterschellack" erhältlich. Dieser wird mit Alkohol angesetzt und ist – je nach Sorte – von hellgelber bis bernsteinfarbener Tönung. Ein Überzug mit Schellack verleiht Bildern eine gelbliche, scheinbar gealterte Oberfläche und der Malerei Tiefe. Durch den starken Glanz lassen sich reizvolle Kontraste zwischen glänzenden und matten Oberflächen herstellen.

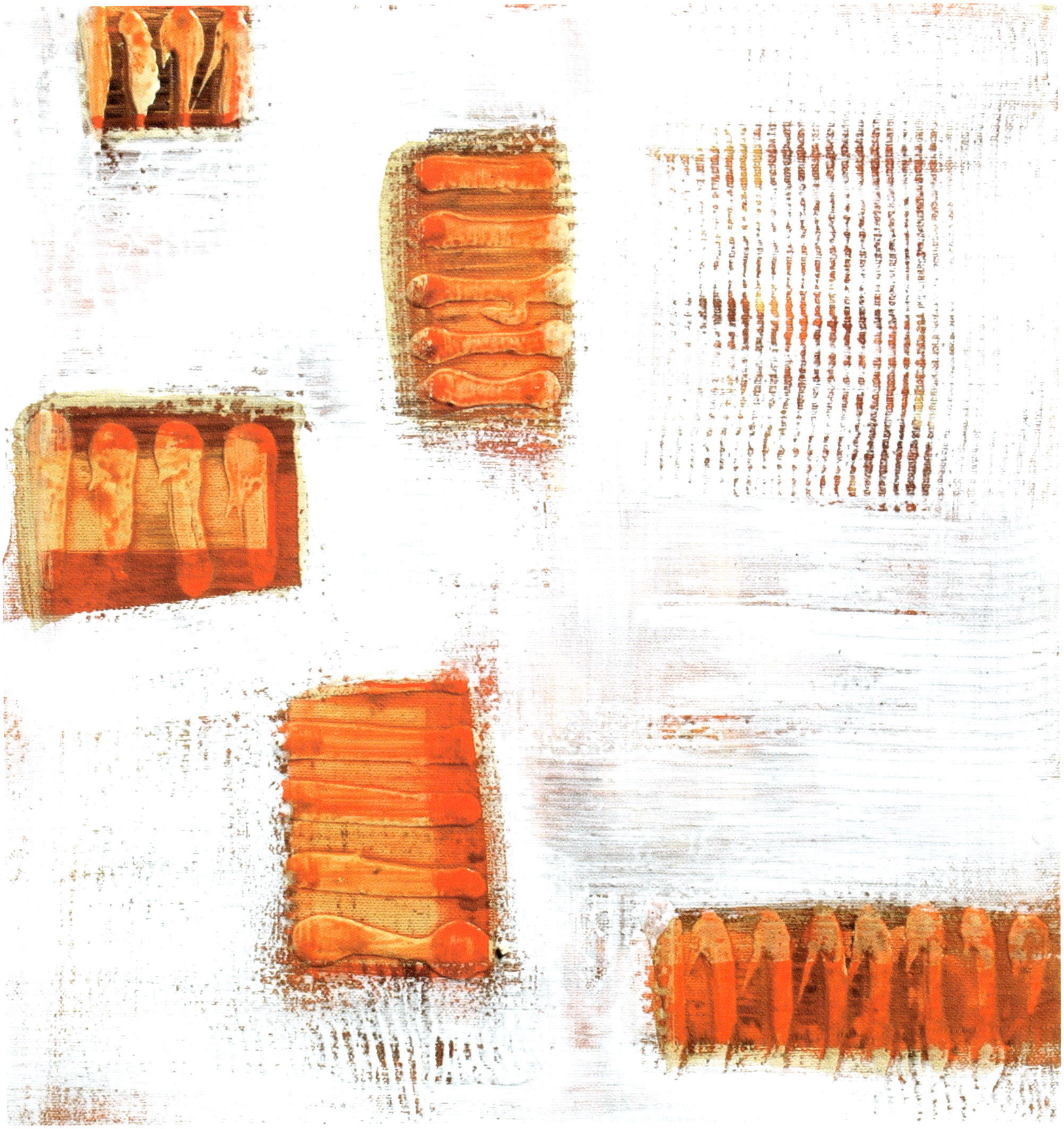

Kristina Schaper, o. T., Acryl, Schellack und Sand auf Leinwand, 40 x 40 cm.
Bei dieser Arbeit wurde der Schellack nur auf bestimmte Partien des Bildes aufgetragen.

Acryl und Aquarell

Natürlich lassen sich Acryl- und Aquarellfarben, die unterschiedliche Eigenschaften aufweisen, auch miteinander kombinieren. So ist es durchaus möglich, die unteren Schichten eines Bildes sowie Stellen, die nicht durch Übermalungen verändert werden sollen, mit Acryllasuren aufzubauen, um dann mit Aquarellfarben weiterzuarbeiten.

Acryl mit Krakelee-Medium

In Hobby- und Bastelgeschäften ist so genanntes Krakelee-Medium oder auch Reißlack erhältlich. Es handelt sich um eine Flüssigkeit, mit der interessante Risse in der obersten Farbschicht erzeugt werden können. Die Reißlackflüssigkeit selbst ist farblos, sodass der Untergrund durchscheint. Streichen Sie beispielsweise Reißlack auf eine blaue Fläche und bestreichen nach der Trocknung diese Fläche mit roter Farbe, so erhalten Sie eine rote Fläche mit blauen Rissen. Bitte beachten Sie die Angaben des Herstellers.

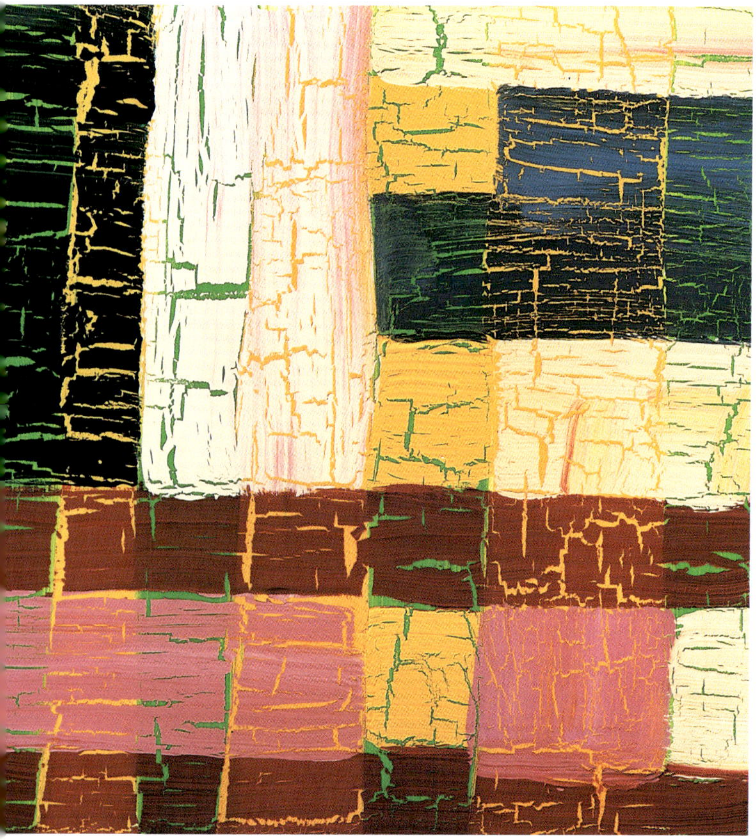

Ein farbiger Untergrund wurde mit Krakelee-Medium bestrichen und anschließend übermalt.

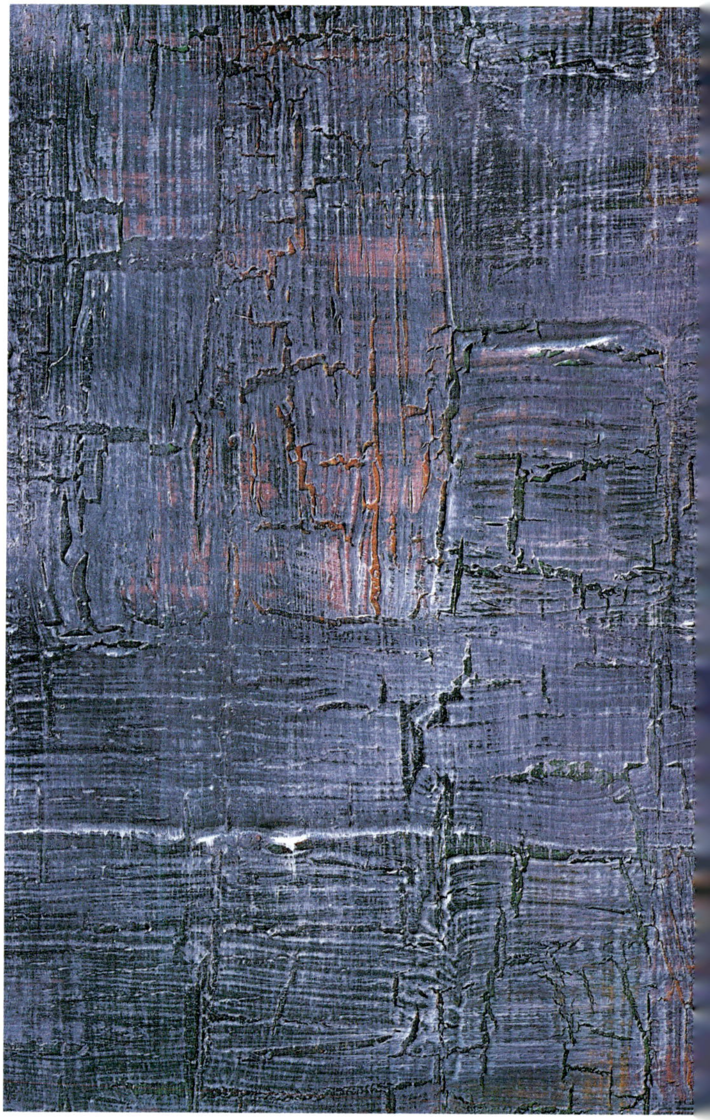

Nach dem vollständigen Durchtrocknen wurde das Bild mit weiteren Farbschichten bearbeitet. Auf diese Weise treten die Risse weniger stark in den Vordergrund.

Korrekturmöglichkeiten

Die kurzen Trockenzeiten der Acrylfarben führen häufig zu einer etwas zügigeren Arbeitsweise. Da kann es schon einmal vorkommen, dass Fehler in der Farbauswahl sich erst nach dem Auftragen der letzten Farbschicht bemerkbar machen. Solange die Farbe noch frisch ist, können Sie diese mit Wasser wieder entfernen. Bilder, die auf starren Malgründen oder auf Leinwand gemalt wurden, können in die Badewanne gestellt werden. Dann waschen Sie die obere Farbschicht einfach ab. Die unteren, bereits getrockneten Schichten werden dabei nicht zerstört. Keilrahmenleisten und Holzplatten sollten allerdings nicht länger als unbedingt nötig mit Wasser in Berührung kommen, damit sie sich nicht verziehen. Lassen Sie das Bild dann trocknen, bevor Sie mit der Arbeit fortfahren.

Bei Arbeiten auf Papier, die ein Wasserbad nicht ohne weiteres verkraften würden, kann die noch frische Farbe direkt auf dem Malgrund mit Wasser verdünnt werden. Danach nehmen Sie die Flüssigkeit mit einem saugfähigen Lappen oder mit Küchenkrepp ab.

Ist eine Stelle im Bild nicht geglückt und die Farbschicht ist bereits getrocknet, sodass sie nicht mehr entfernt werden kann, kann durch Übermalen der betreffenden Stelle korrigiert werden. Die Übermalung kann in dem eigentlichen Farbton erfolgen, oder es wird mit weißer Farbe unterlegt und, nachdem der Farbauftrag getrocknet ist, mit dem neuen Farbton weitergemalt. Soll ein heller Farbton auf einen dunklen Untergrund gelegt werden, ist diese Vorgehensweise sinnvoll.

Sollen bestimmte Partien eines Bildes aufgefrischt oder abgedunkelt werden, so kann dieses in der Trockenpinseltechnik oder mit Lasuren geschehen.

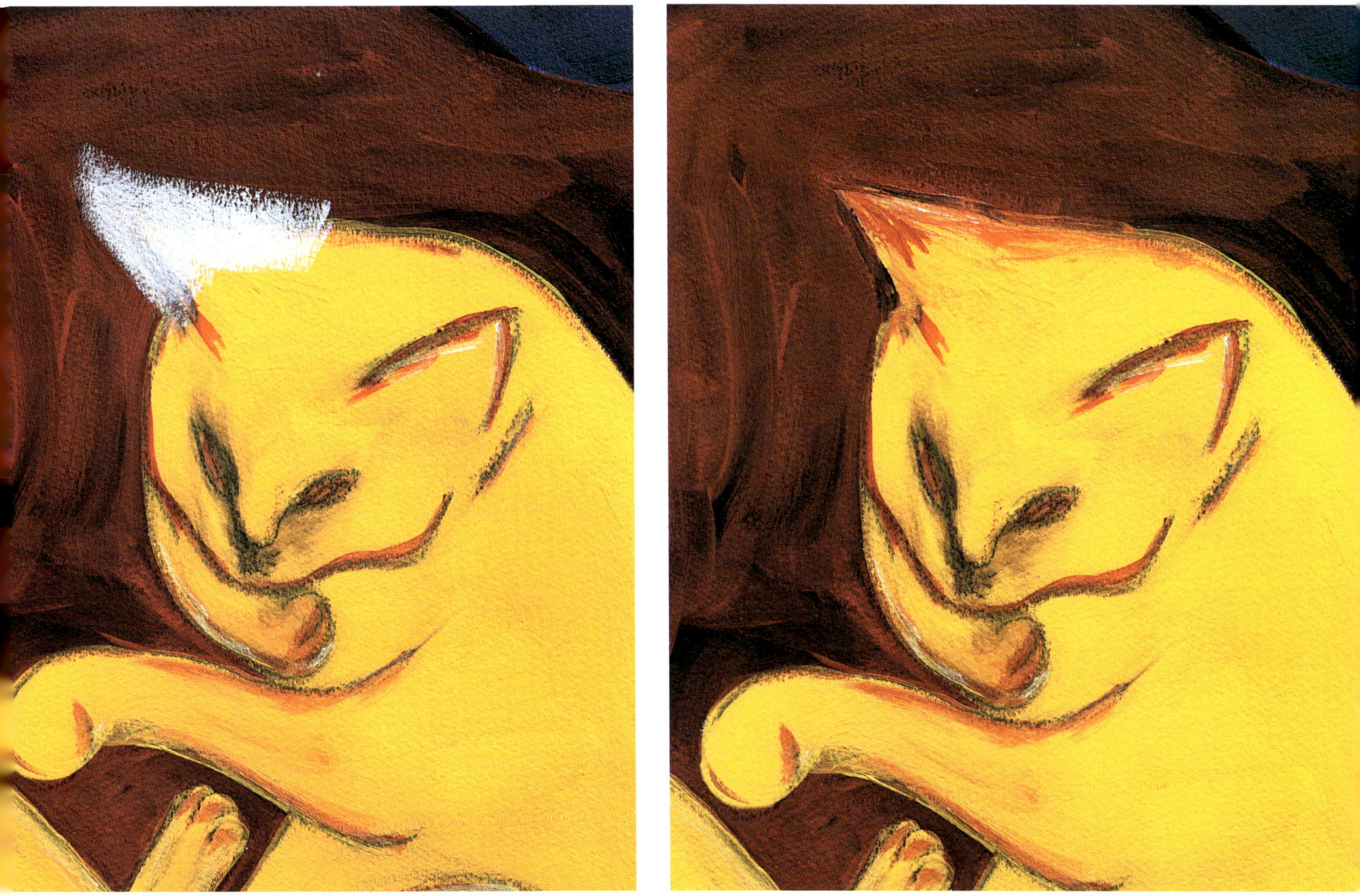

Bei dieser Korrektur war es sinnvoll, die zu überarbeitende Stelle mit Weiß zu unterlegen, um die Leuchtkraft der gelben Farbflächen zu erhalten.

Weiterbearbeiten

Wenn Sie sich entscheiden, ein Bild, welches nicht zu Ihrer Zufriedenheit ausgefallen ist, neu zu erarbeiten, muss das nicht zwangsläufig auf einem neuen Malgrund passieren. Legen Sie eine neue Komposition fest und beziehen Sie die Farbgebung und die durch den vorangegangenen Malprozess entstandenen Texturen des Untergrundes und die ursprüngliche Farbigkeit des Bildes in die weitere Arbeit mit ein.

Bilder, bei denen die Komposition nicht geglückt ist und für die auch eine grundsätzliche Übermalung nicht in Frage kommt, können trotzdem noch zur weiteren künstlerischen Arbeit verwendet werden. Entweder entnimmt man diesen Bildern einzelne Ausschnitte, um diese dann weiter zu bearbeiten, oder Teile von Bildern können als Collageelemente Bestandteil einer völlig neuen Arbeit werden.

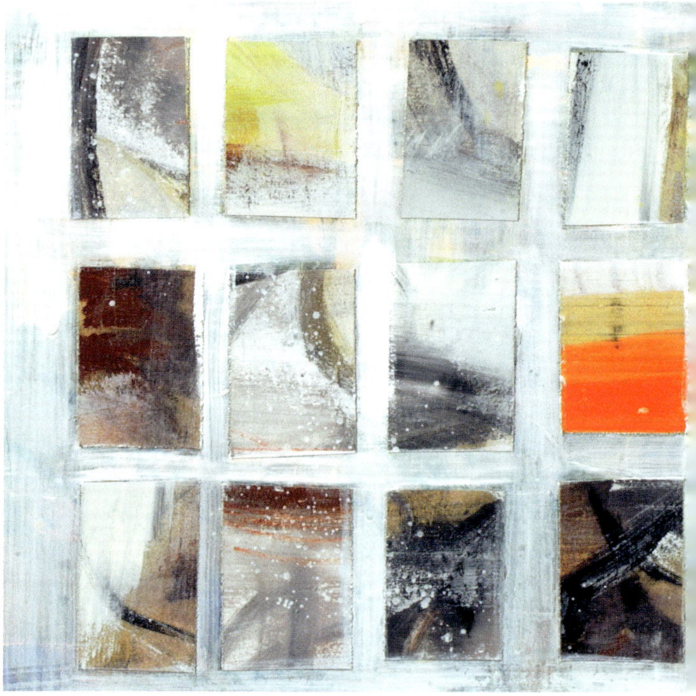

Kristina Schaper, o. T., Acryl, Gewebe auf Leinwand, 60 x 70 cm.
Gerissene Stücke einer Arbeit, die nicht zur Zufriedenheit ausfiel, wurden für diese Collage verwendet (Bildausschnitt).

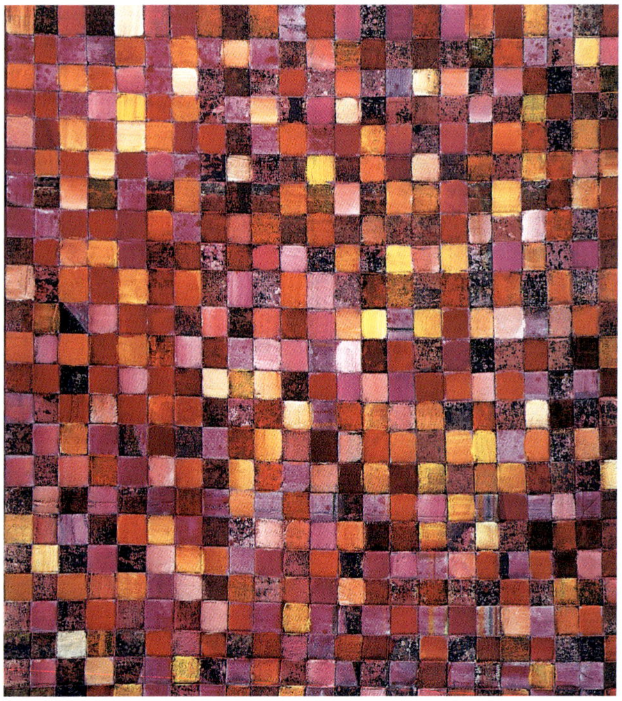

Kristina Schaper, „Mosaik I", Acryl und Lacke auf Nessel, 90 x 90 cm.
Ein großformatiges Bild wurde in dünne Streifen gerissen. Diese wurden anschließend miteinander verflochten, auf einen Rahmen gespannt und farbig überarbeitet.

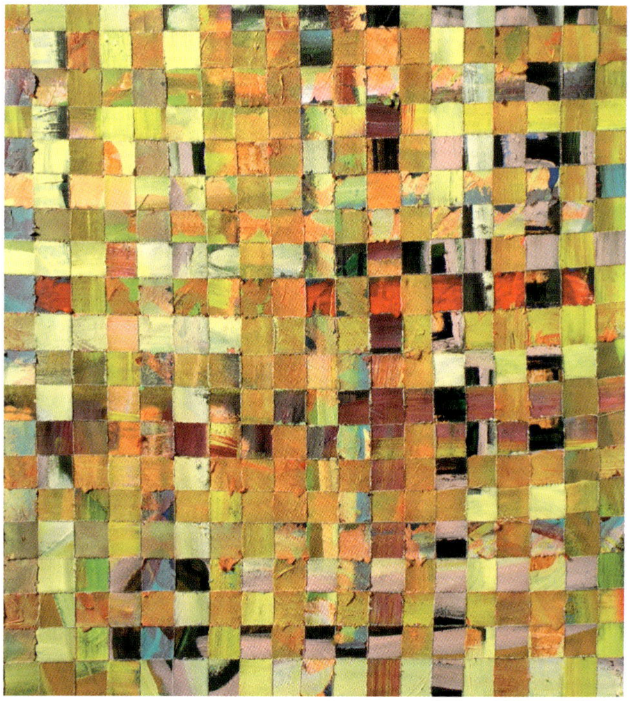

Kristina Schaper, „Mosaik 2", Acryl, Pigment, Lacke, Papier auf Nessel, 70 x 70 cm.

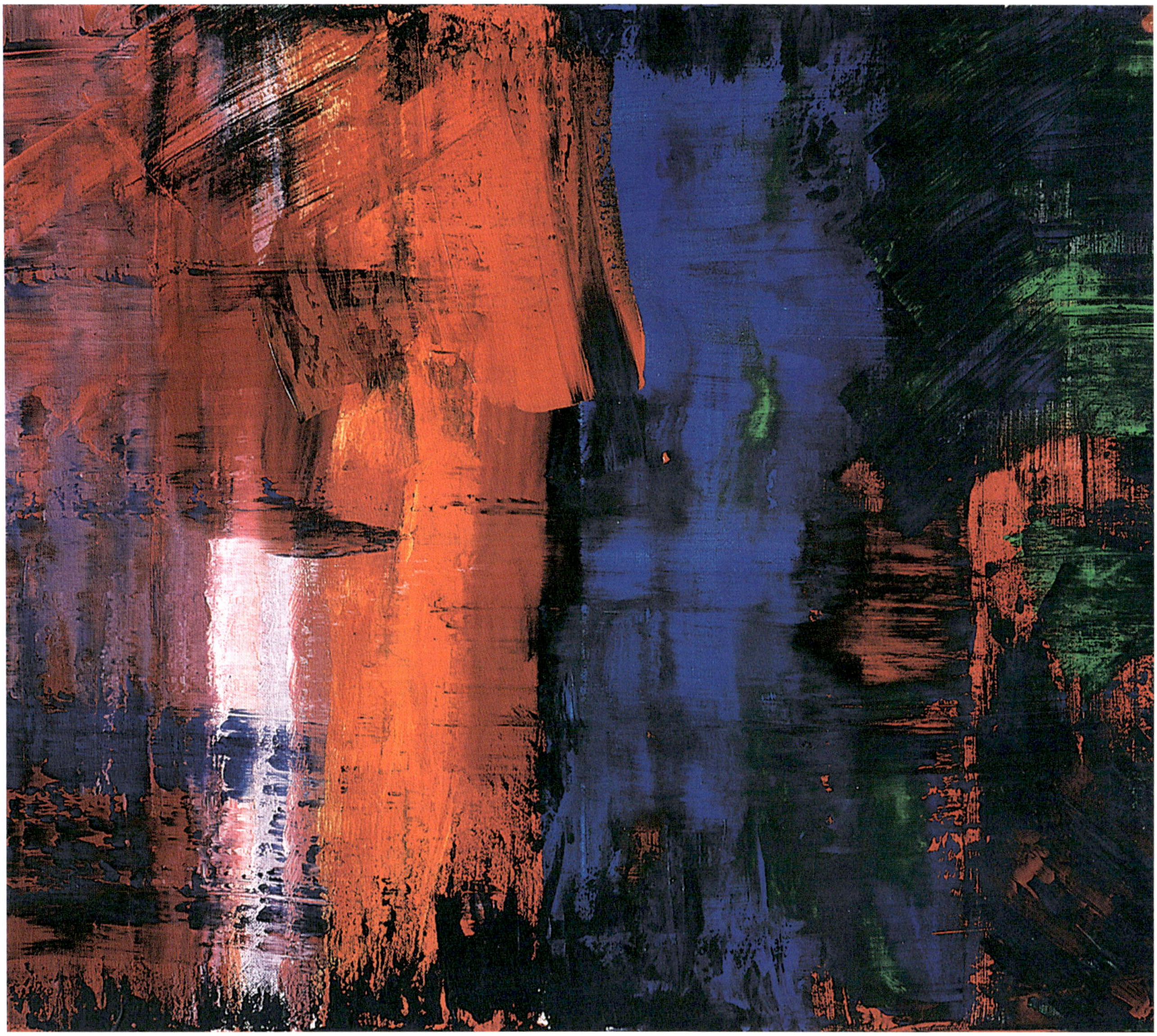

Dieses Bild entstand in einem unserer Workshops. Während des Kurses werden die Farbreste von den Paletten auf einer Leinwand zu einem Gemeinschaftswerk verarbeitet.

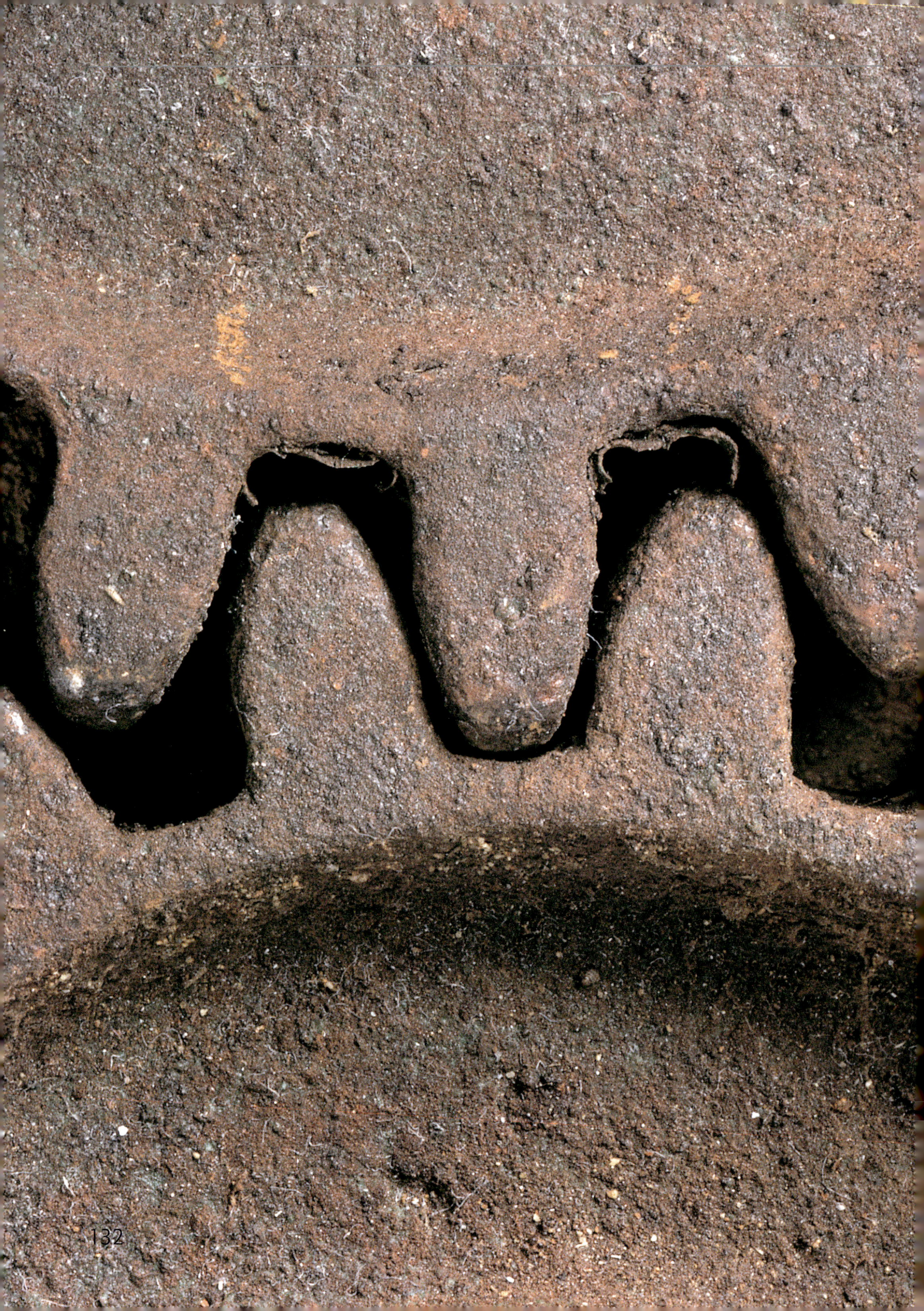

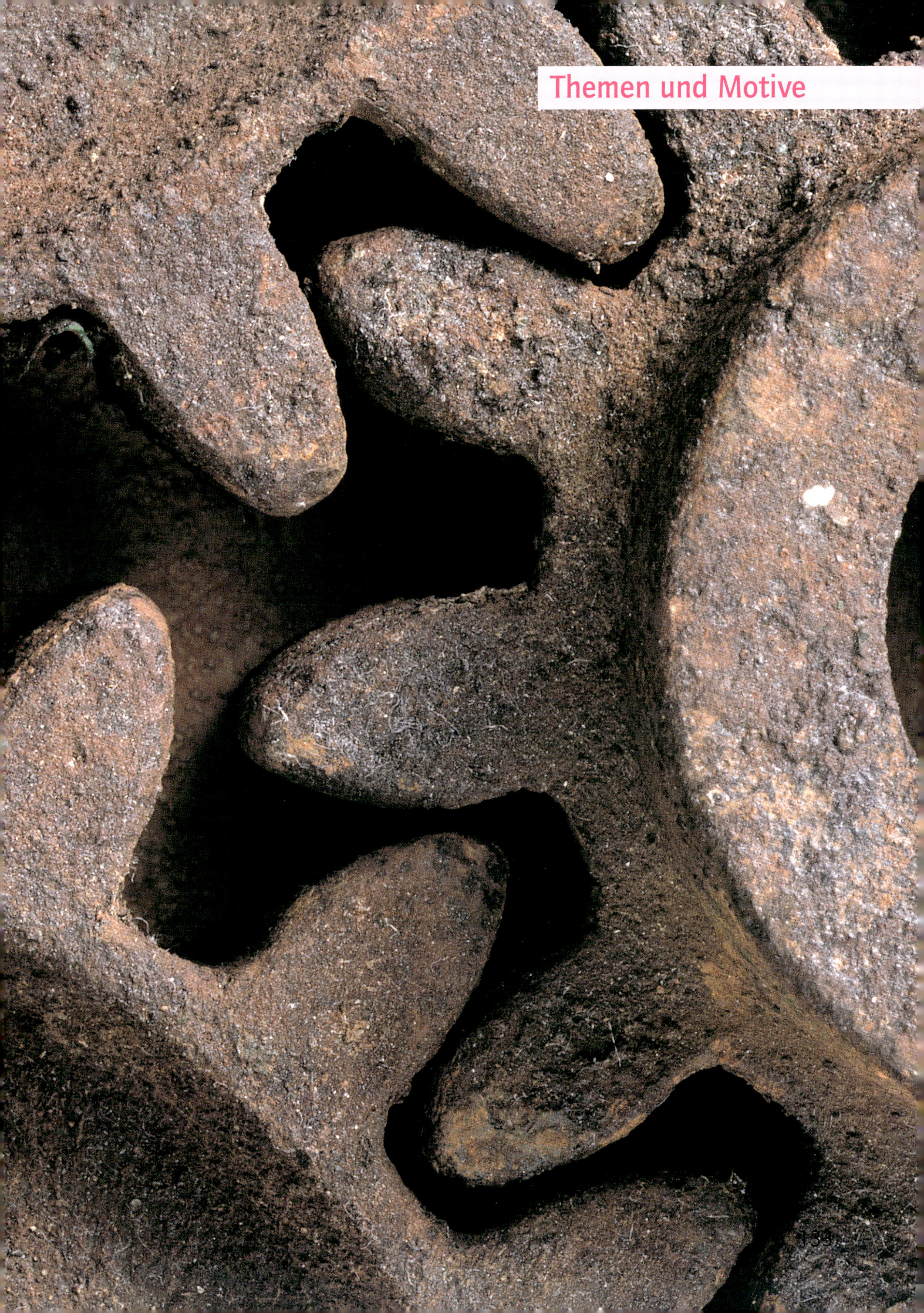

Themen und Motive

Beim Betrachten von Gemälden, Collagen und Zeichnungen wird deutlich, dass es eine Fülle von Themen und Motiven gibt, die Menschen zum künstlerischen Arbeiten anregen. Die Entscheidung darüber, welcher Darstellung der Vorzug gegeben werden soll – den Figuren oder Landschaften, Stillleben, Porträts oder dem Komponieren von Formen und Farben in der abstrakten Malerei – ist abhängig davon, welche dieser Bildgattungen dem angestrebten Ausdruck am besten entspricht. Die Beweggründe, sich über eine längere Zeit hinweg oder sogar ausschließlich mit einem thematischen Schwerpunkt zu beschäftigen, sind genauso vielfältig, wie die Möglichkeiten, dieses Thema in Bilder umzusetzen.

Ein Motiv, wie z. B. eine Landschaft oder Gegenstände aus dem täglichen Gebrauch, kann dazu anregen, die Gedanken oder Stimmungen, die man beim Betrachten des Motivs hat, im Bild festzuhalten. Wenn bereits Ideen und Emotionen zu einem thematischen Schwerpunkt vorhanden sind, stellt sich die Frage, durch welche Motive, Gegenstände, Farben oder Formen sich diese inhaltliche Idee am besten ausdrücken lässt. Viele Maler benutzen als Vorlage oder Bezugspunkt nicht Motive, wie es in der gegenständlichen Malerei üblich ist, sondern arbeiten nur mit Formen, Strukturen und Farben. Andere ziehen es vor, gegenständliche Themen nur aus der Erinnerung zu malen.

Natürlich sollte man bei der Wahl des Motivs auch den bereits vorhandenen Kenntnisstand mitberücksichtigen. Wenn Sie sich z.B. mit dem Thema Blumen beschäftigen und eine möglichst naturgetreue Wiedergabe des Motivs wünschen, ist es im Anfangsstadium des Malens sicherlich ratsam, anstelle des überbordenden, üppigen Sommerstraußes erst einmal nur wenige Blumen oder Blätter darzustellen. Ganz anders sieht es aus, wenn Sie eben die Stimmung – jene Fülle, Farbenpracht und Fröhlichkeit, die der Strauß ausstrahlt –, bildnerisch umsetzen wollen. Diese Eindrücke lassen sich auch ohne zeichnerische Vorkenntnisse, allein durch Farbe und Pinselduktus wiedergeben.

Wenn Sie über ein gewisses Gefühl für Farben und Formen verfügen und ein Grundwissen über den Gebrauch von Acrylfarben besitzen, wird es kein Motiv oder Thema geben, das Sie nicht auf Ihre Art und Weise malen können. Dass Sie die nötige Fantasie besitzen, um Ausdrucksformen für die verschiedensten Themen eigenständig zu entwickeln, unterscheidet Sie ja von den Menschen, die nicht kreativ tätig sind.

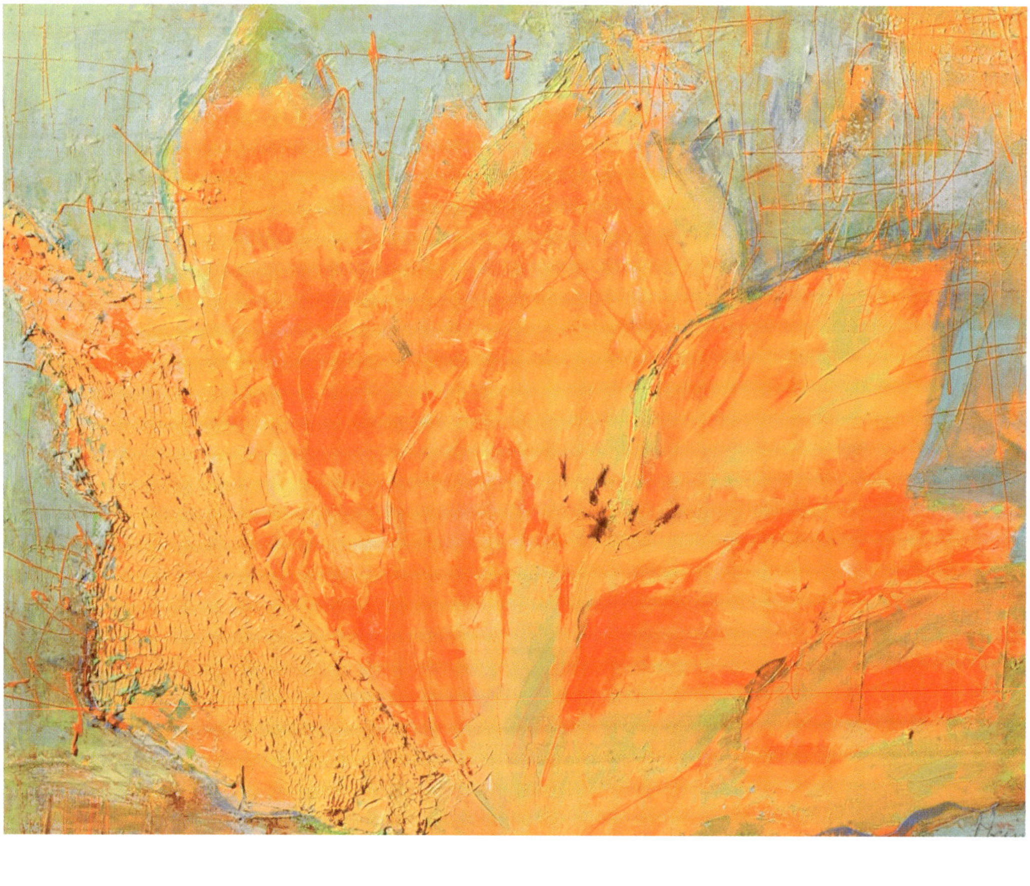

Heinke Böhnert, „Frühling", Acryl, Kunststoffgewebe auf Leinen, 60 x 80 cm. Die Leuchtkraft dieser Tulpenblüte wird durch die Verwendung von Neonfarben verstärkt.

Farbe und Form

Soll ein Gegenstand oder eine Figur so naturalistisch wie möglich gemalt werden, ist ein genaues Studium des Lichteinfalls und der daraus entstehenden Schatten, der Texturen und Proportionen des Motivs unabdingbar. Zumeist werden für diese Art der Malerei vorbereitende Zeichnungen angefertigt, in denen Detailstudien erarbeitet werden. Auch die Vorzeichnung auf dem Bildträger sollte die Form gebenden Umrisse des Motivs so genau wie möglich erfassen. Unabhängig davon, ob Sie Landschaften, Menschen, Tiere oder Stillleben malen wollen, erfordert gegenständliches Arbeiten meistens über einen längeren Zeitraum eine zeichnerische Auseinandersetzung, bei der das Auge geschult wird.

Wird eine Darstellungsform gewählt, die nicht die wirklichkeitsgetreueste Abbildung des Motivs anstrebt, dann ist für den Aspekt des Bildaufbaus der Grad der Abstraktion von Form und Farbe bestimmend. Auch hier kann eine vorbereitende Zeichnung helfen, die Flächenverteilung harmonisch anzulegen. Wenn Sie vor einem Motiv stehen, sollten Sie versuchen, dieses nicht nur als eine Ansammlung von Gegenständen in einem dreidimensionalen Raum zu sehen, sondern es auch als ein Muster von Formen und Farben wahrnehmen. Wenn Sie nach einem Foto arbeiten, kann es hilfreich sein, von diesem eine Schwarz-Weiß-Kopie anzufertigen, um Ihnen das Erfassen von Formen zu erleichtern. Bei der Aufteilung des Bildes in Farbflächen entstehen positive und negative Formen. Die positiven Formen, die die Gegenstände beschreiben, stehen neben den negativen Formen, also denjenigen Bereichen, welche zwischen den Gegenständen liegen oder diese umgeben. Scheinbar komplizierte Motive wie z. B. Blätter oder Bäume können leichter erfasst werden, wenn Sie Ihr Augenmerk auf die negativen Formen richten. Werden Formen miteinander verbunden, entstehen Additionsformen, die wiederum zur vereinfachenden Darstellung, genutzt werden können. Wenn diese vereinfachten Formen dann in einer ebenso vereinfachten Farbgebung gemalt werden, lassen sich gegenständliche Motive schrittweise bis zu abstrakten Kompositionen verfremden.

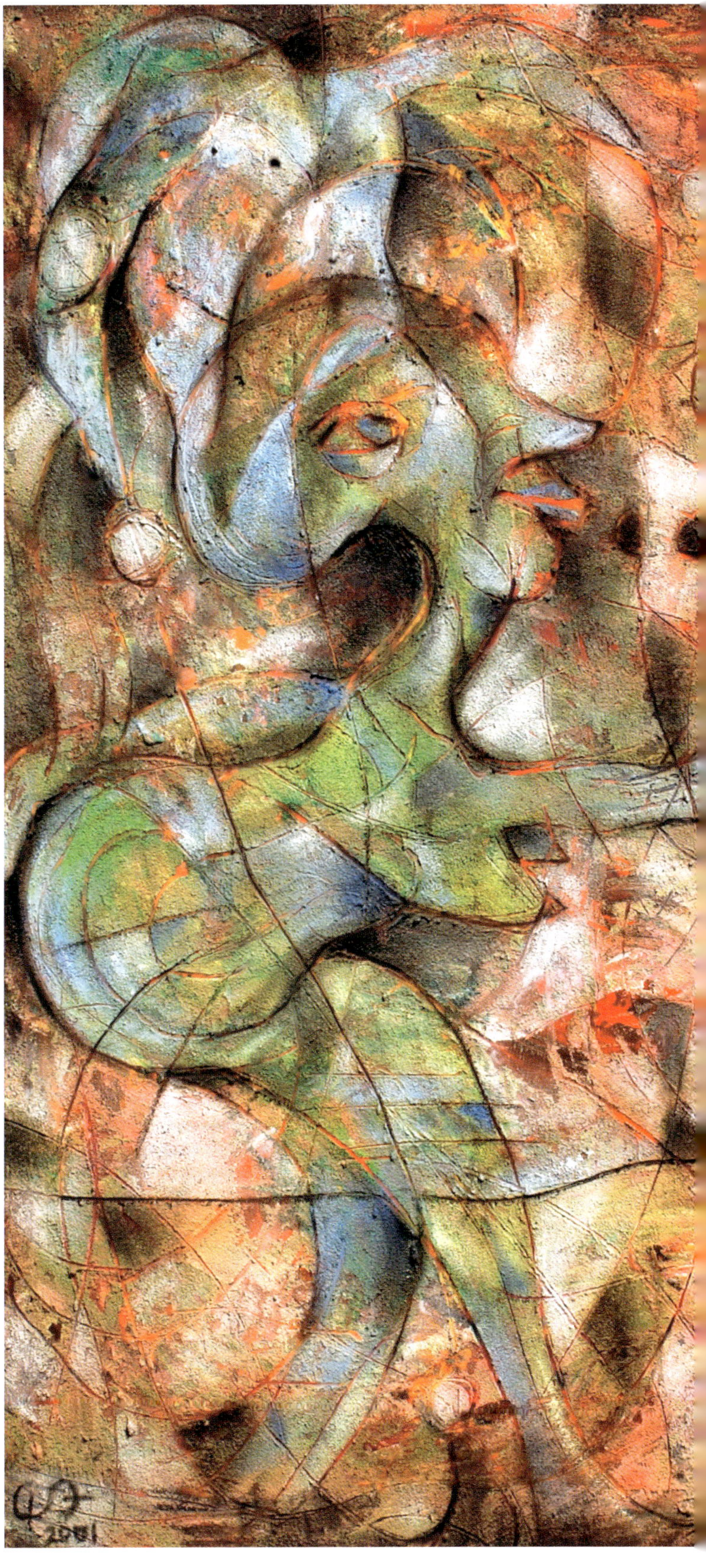

Wulf Peter Bestmann, „What You See Is What You Get",
Acryl, Sand auf Leinwand, 110 x 70 cm.

Komposition

Wenn nach gegenständlichen Motiven gemalt wird, sollte bei der Umsetzung darauf geachtet werden, dass ein Blickwinkel eingenommen wird, der ein kompositorisches Arbeiten ermöglicht. Die Komposition ist neben der Maltechnik und dem Einsatz von Kontrasten der wichtigste Aspekt in der Malerei. Ein Bild zu komponieren bedeutet, ein optisches Gleichgewicht durch das Arrangieren der einzelnen Bildelemente zu erreichen. Die Meinungen, wie dieses Gleichgewicht herbeigeführt werden soll, gehen auseinander. In der Vergangenheit haben des Öfteren Künstler Theorien hierüber aufgestellt, die zumeist das ästhetische Empfinden der Zeit widerspiegeln, und auch von der Kunstkritik ist beschrieben worden, welche Regeln die Komposition zu befolgen habe.

Das aufmerksame Betrachten von Gemälden auch im Hinblick darauf, wie andere Künstler ihre Bilder komponieren, schult das Auge für die eigene Umsetzung von Bildideen. Kompositorisches Arbeiten beginnt bei der Suche nach einem geeigneten Motiv. In der Stilllebenmalerei besteht die Möglichkeit, die Gegenstände entsprechend zu arrangieren, sodass eine Komposition entsteht. In der Landschaftsmalerei kann durch die Wahl des Ausschnitts oder durch das Betonen oder Weglassen bestimmter Elemente ein kompositorisch interessantes Motiv entstehen. In der Porträtmalerei ist von Bedeutung, wie die dargestellte Person ins Format gestellt wird und welche Elemente im Hintergrund zu sehen sein sollen. Wenn Sie Menschen oder Tiere malen, ist es wichtig, dass Bewegung und Körperspannung erfasst werden.

Die erste Überlegung bei der Komposition sollte die Frage nach dem Hauptaspekt oder dem Schwerpunkt des Bildes sein, d. h., was möchte ich in den Mittelpunkt stellen und wie kann ich erreichen, dass der Blick des Betrachters auf diesen hingelenkt wird? Wenn es in dem Bild ein zentrales Motiv oder eine Bildpartie gibt, der stärkere Bedeutung zukommen soll, ist es sinnvoll, dass der Hintergrund oder die umgebenden Flächen nicht zu detailliert oder kontrastreich angelegt werden, um den Blick nicht abzulenken. Wollen Sie keine bestimmten Partien des Bildes besonders hervorheben, dann sollte die Farb- und Flächenverteilung so arrangiert sein, dass ein harmonisches Gesamtbild entsteht.

In einer guten Komposition wird der Blick durch das Bild geführt oder wird von wichtigen Partien angezogen. „Tricks" wie das Anschneiden von Motiven, bewusst asymmetrische Arrangements, geschickt eingesetzte Kontraste oder die Wahl von außergewöhnlichen Bildformaten können die Komposition zusätzlich unterstützen.

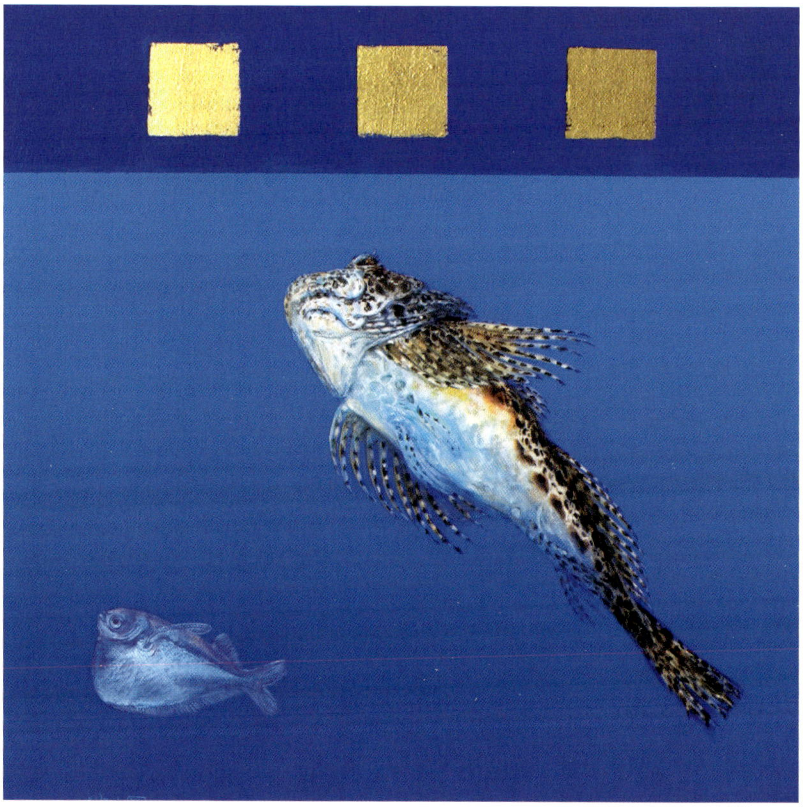

Norbert Drossel, „Tiefseefische I",
Acryl und Blattgold auf Leinen, 75 x 75 cm.

Stillleben

Bei den Stillleben handelt es sich um eine Gattung der Malerei, bei der sich die Thematik auf eine Anordnung unbelebter Gegenstände beschränkt.

Das Stillleben, also die genaue Beobachtung scheinbar bedeutungsloser Gegenstände, wurde Anfang des 16. Jahrhunderts durch Künstler wie Albrecht Dürer und Lucas Cranach d. Ä. erstmalig zur eigenständigen Bildgattung erhoben. Einen der frühen Höhepunkte erlebte die Stilllebenmalerei im 17. Jahrhundert in der Kunst der Niederlande. Zu dieser Zeit entwickelten die flandrischen Stilllebenmaler auch unterschiedliche Stilllebensujets wie die Küchen- und Jagdstücke. In der modernen Malerei haben sich dem Gegenständlichen verpflichtete Maler auf sehr unterschiedliche Weise mit dem Stillleben beschäftigt. Kubisten wie Georges Braque und Pablo Picasso und Expressionisten wie Max Beckmann oder Emil Nolde haben innerhalb ihrer Stilrichtung eigene Ausdrucksformen entwickelt und auf die Darstellung von Stillleben immer wieder zurückgegriffen, um sich mit Raum und Form auseinander zu setzen.

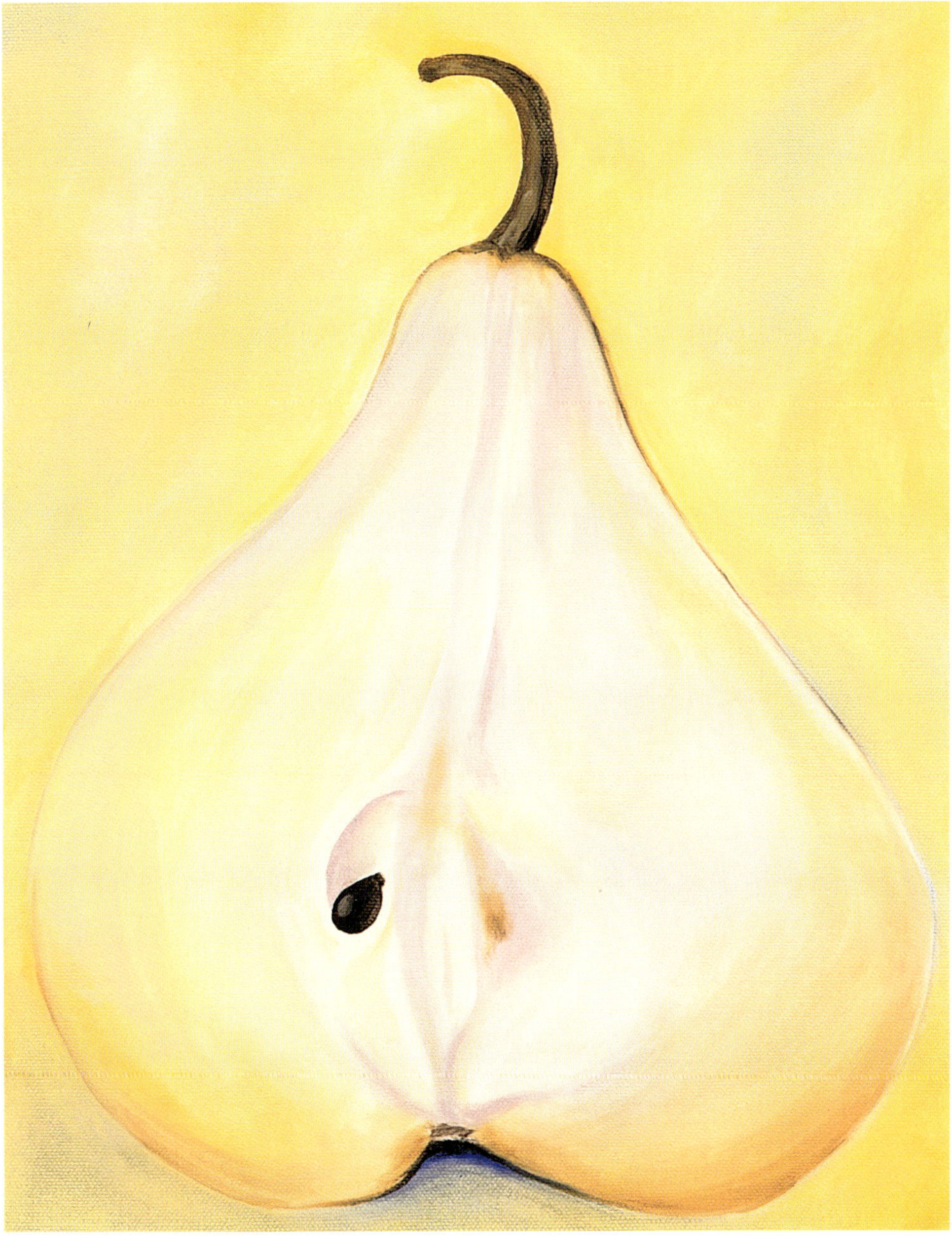

Oliver Löhr, „Birne",
Acryl auf Leinen, 40 x 30 cm.

Einer der bekanntesten Künstler der Gegenwart, der sich sehr intensiv mit dem Stillleben in der Malerei, aber auch in der Zeichnung und Druckgrafik beschäftigt hat, ist Horst Janssen.

Das Arrangieren und Malen von Stillleben bietet eindeutig ein paar praktische Vorteile. Durch das Zusammenstellen von Gegenständen lassen sich Raumwirkung, Bildaufbau, Farbstimmungen und Formverteilung in Ruhe studieren und man kann beim Malen in seinem eigenen Tempo zu einem kompositorisch interessanten Arrangement kommen. Die Wahl des Motivs, der Beleuchtung und des Blickwinkels ist weitestgehend unabhängig von Lichtwechsel und von Wetterbedingungen, denen Sie in der Plein-air-Malerei unterworfen sind.

Stillleben lassen sich aus den unterschiedlichsten Gegenständen zusammenstellen. Die eigene Wohnung oder die unmittelbare Umgebung bieten eine Fülle von Objekten, die zu einem Stillleben arrangiert werden können. Blumen

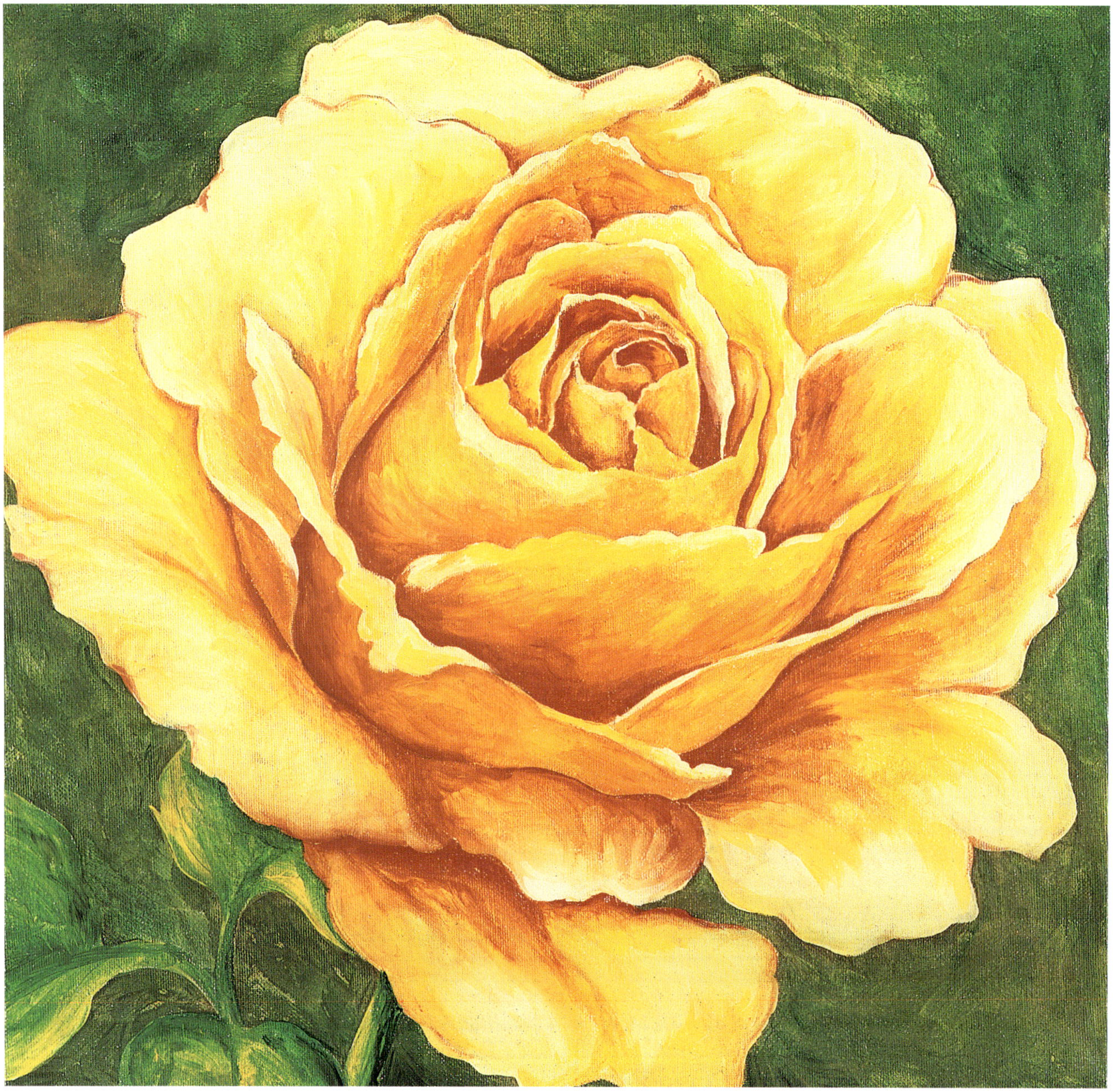

Kristina Schaper, „Rose", Acryl auf Leinen, 40 x 40 cm.

und Gefäße, Obst oder andere Lebensmittel, Stoffe in unterschiedlichen Farben und mit unterschiedlichen Texturen, Metallgegenstände, Werkzeuge – die Auswahl an Gegenständen für ein Stillleben ist nahezu unbegrenzt. Dennoch sollten Sie sich beim Arrangieren von Motiven darauf konzentrieren, welcher Aspekt der verwendeten Gegenstände Sie am meisten reizt. Ist es eher die Wechselwirkung einzelner Farbtöne oder der Gegensatz von unterschiedlichen Oberflächen? Oder sollen eher die Formen und Tonwerte eines Gegenstandes studiert werden? Bei einigen Motiven kann es z. B. reizvoller sein, einen Ausschnitt in überdimensionaler Größe zu malen, als das ganze Objekt. Auch bedarf es nicht immer vieler Gegenstände, um ein Stillleben interessant zu gestalten. Oftmals wirkt eine Anordnung von Gegenständen zu einem Stillleben harmonischer, wenn die einzelnen Elemente einen Bezug zueinander haben. Auch wirken zwanglos arrangierte Objekte oft stimmungsvoller als ein kompliziertes, überladenes Arrangement.

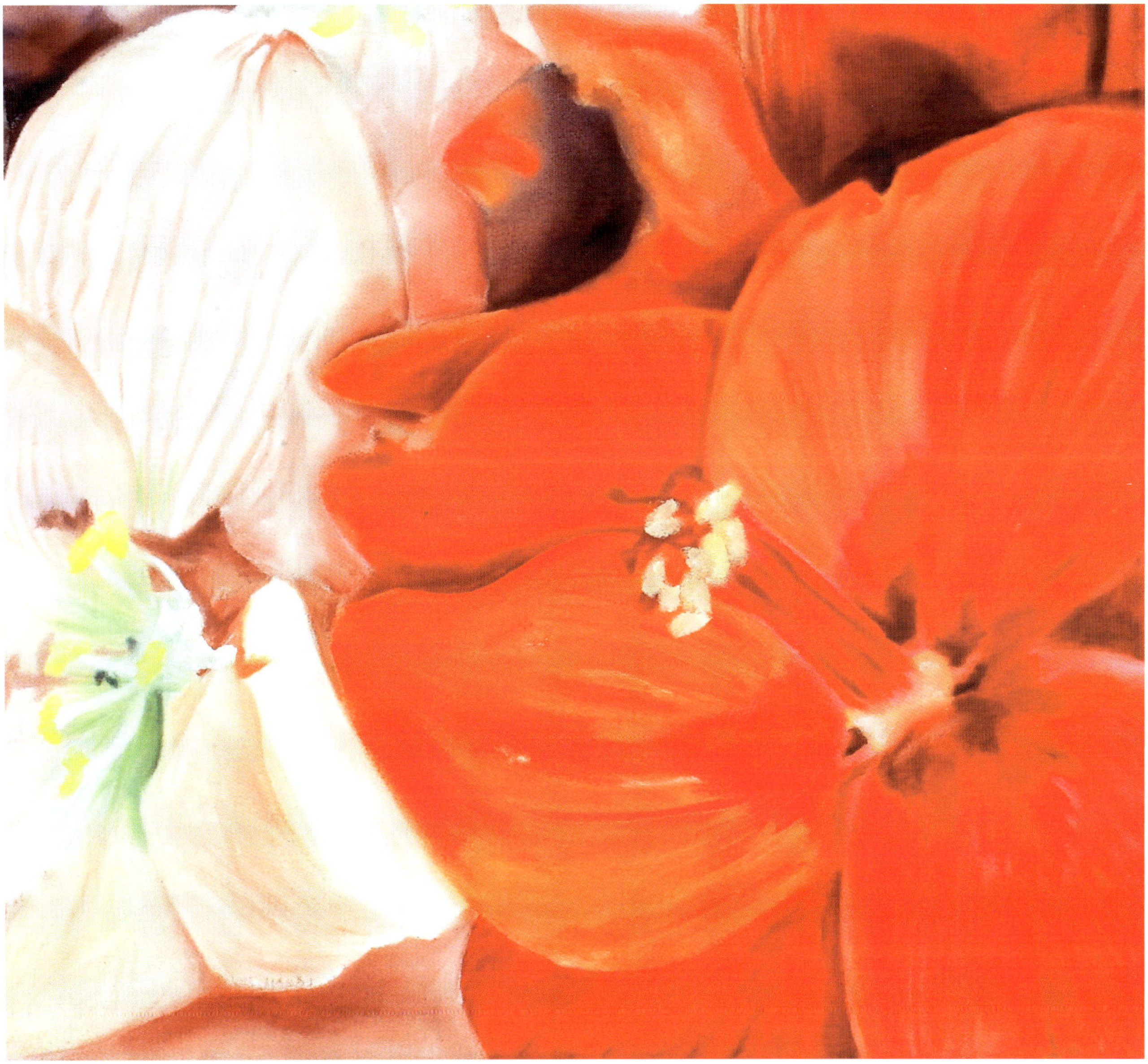

Julia Weidle, „Große Orchidee", Acryl auf Baumwolle, 130 x 130 cm.
Julia Weidle malt ihre Blumenmotive bevorzugt auf ungrundierten Geweben. Sie verwendet dazu meist alte Tischwäsche.
Da diese oft gewaschenen Stoffe die Farbe sehr gut aufnehmen, entsteht eine ganz eigene Farbwirkung.

Wenn Motive „gefunden", also nicht bewusst arrangiert werden, kann ein Stillleben hierüber sehr stimmungsvoll werden. Solche gefundenen Motive sind häufig von sich aus interessanter gruppiert, als sie es nach vielem Probieren beim Arrangieren wären, und wirken in ihrer Zufälligkeit oft erfrischend. Der eigene Arbeitsplatz nach einer Malsitzung kann ebenso zum Motiv werden wie ein Stapel alter Blumentöpfe in der Gartenecke.

Wenn Sie mit zunehmender Malpraxis auf immer mehr derartige Motive stoßen, empfiehlt es sich, ein Skizzenbuch zu führen, um diese Eindrücke sofort festhalten zu können. Bei den Stillleben ist es so, dass einfache Skizzen häufig ebenso interessant wirken wie im Atelier entstandene Gemälde.

Wenn Sie sich intensiver mit der Darstellung von Stillleben beschäftigen, werden Sie mit der Zeit alltägliche, einfache Dinge in einem ganz neuen Licht sehen.

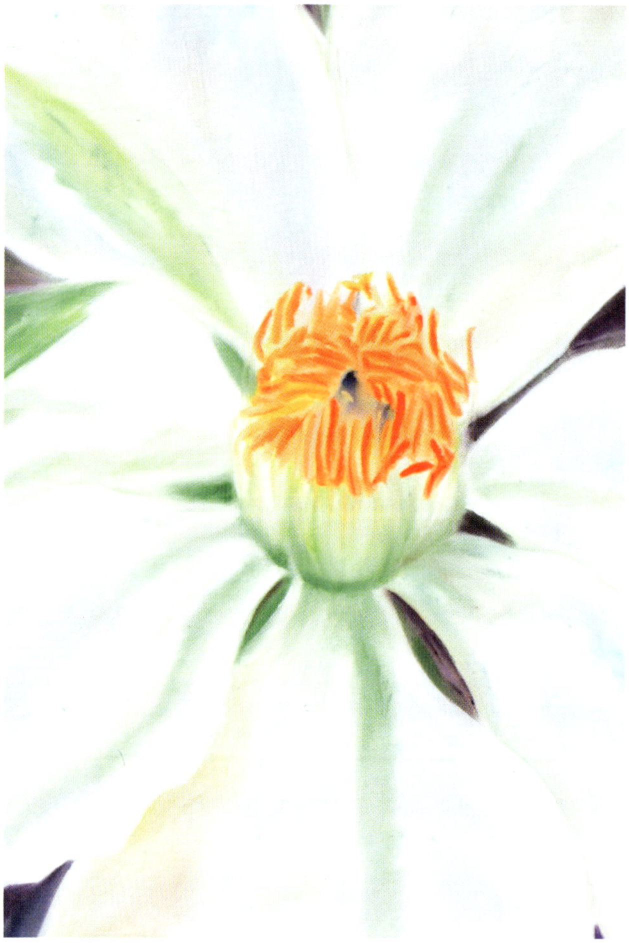

Julia Weidle, „Weiße Blüte", Acryl auf Baumwolle, 60 x 50 cm.

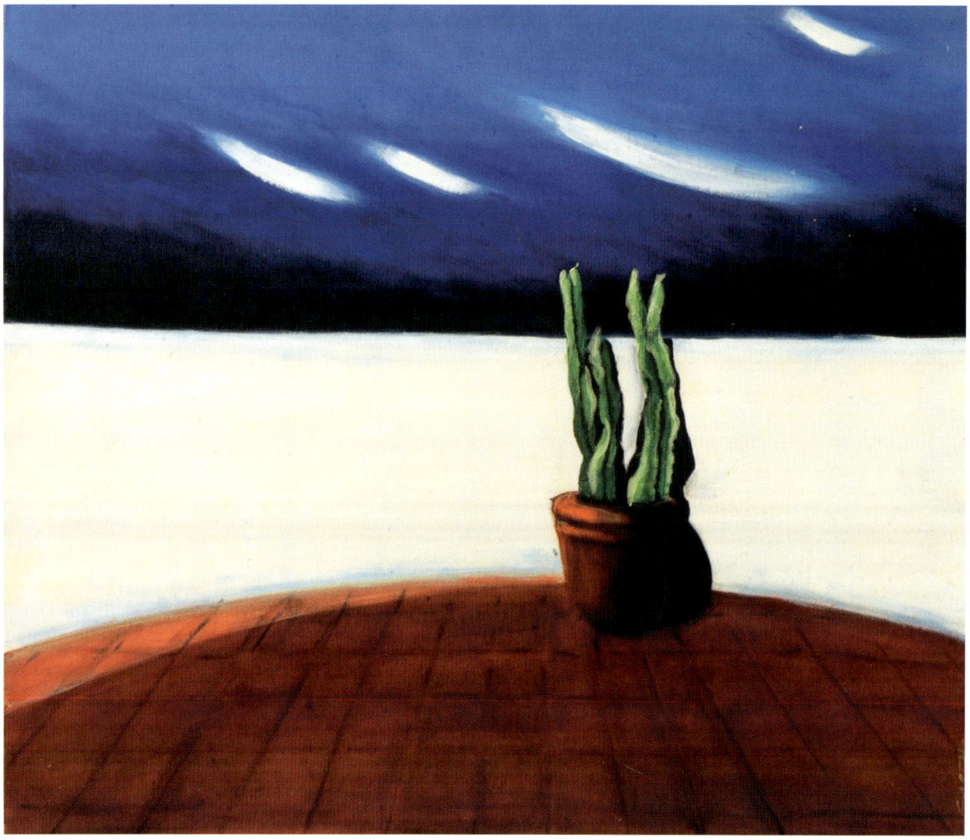

Sabine Lange, o. T.,
Acryl auf Hartfaserplatte,
50 x 60 cm.

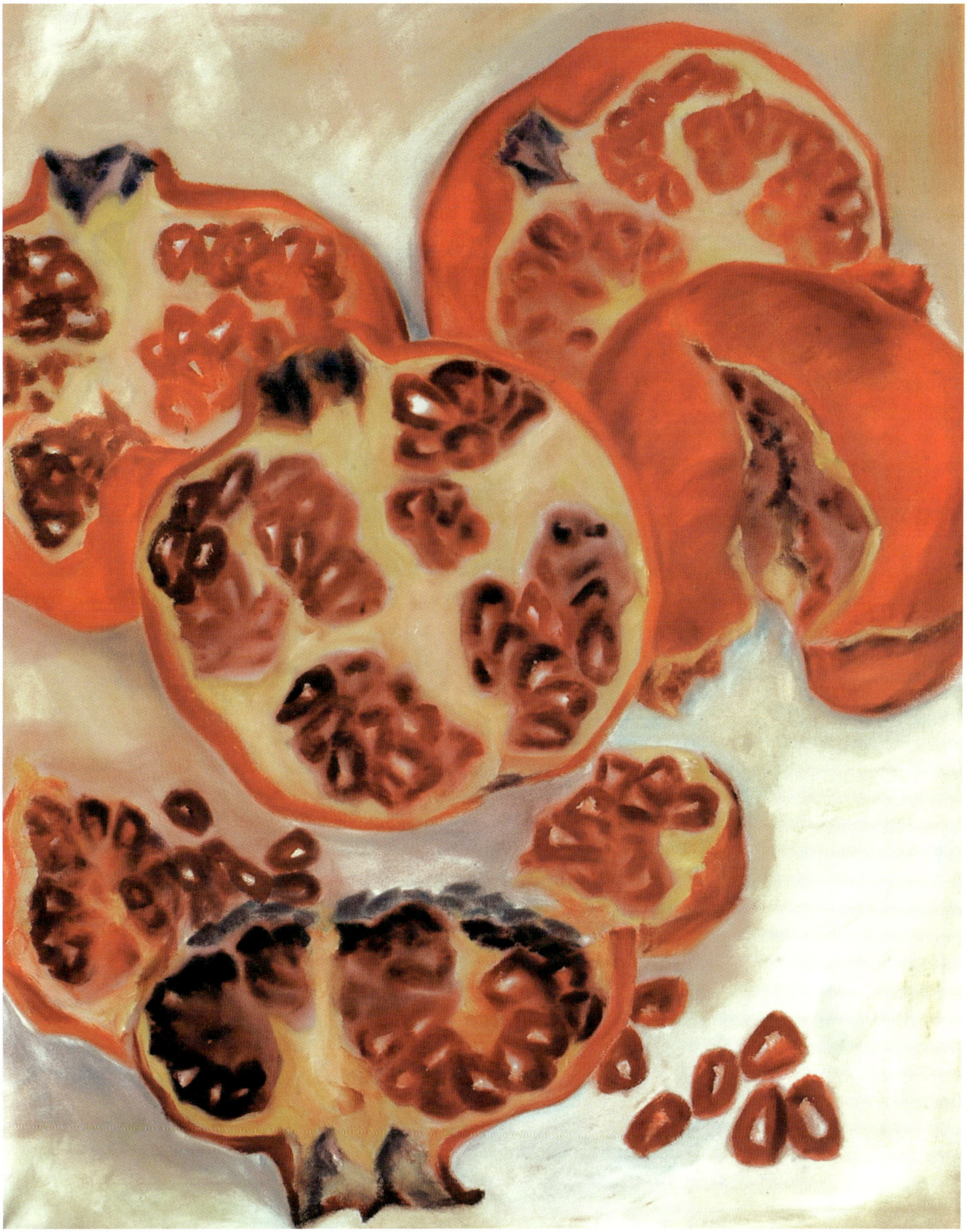

Julia Weidle, „Kleine Granatäpfel“, Acryl auf Baumwolle, 80 x 60 cm.

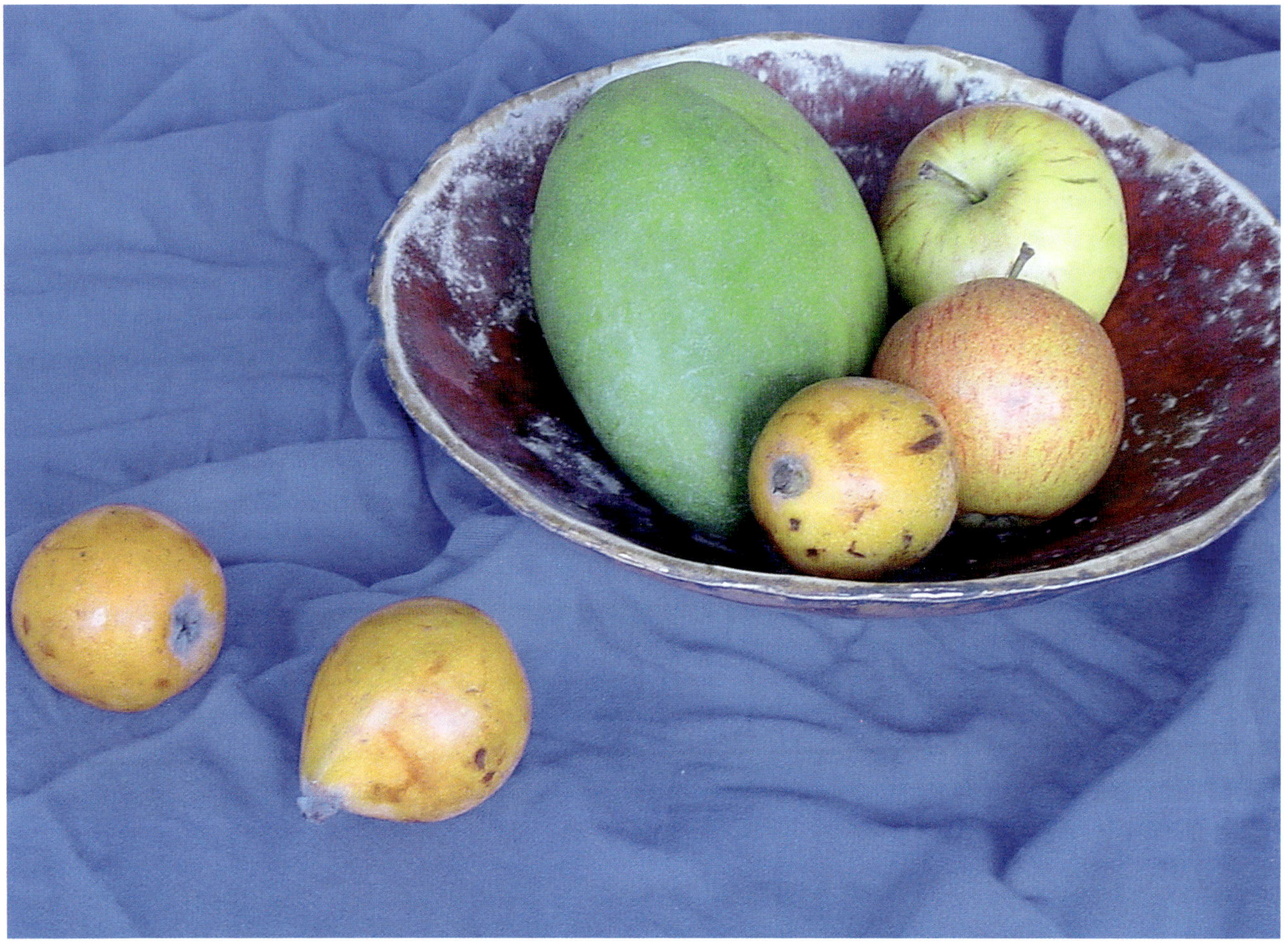

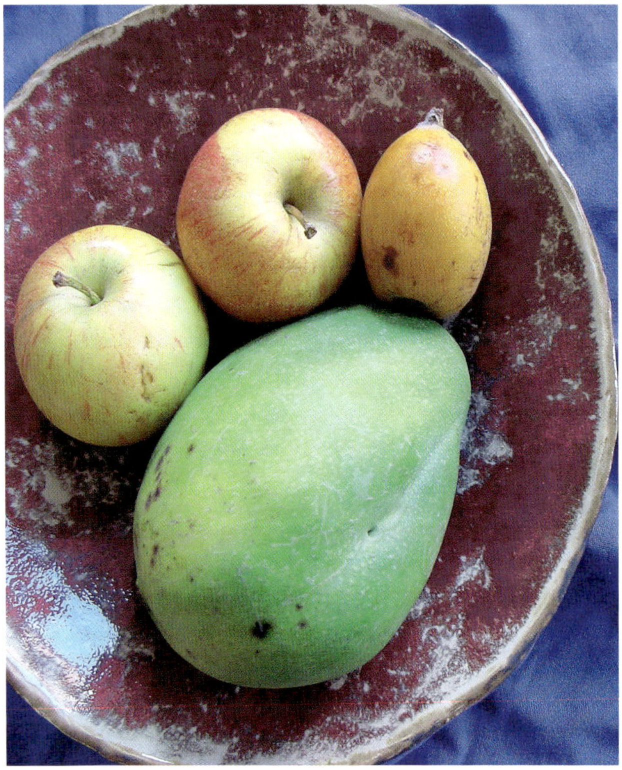

Dieses Früchtestillleben wurde im Atelier aufgebaut. Die Fotos zeigen dasselbe Arrangement aus verschiedenen Blickwinkeln.

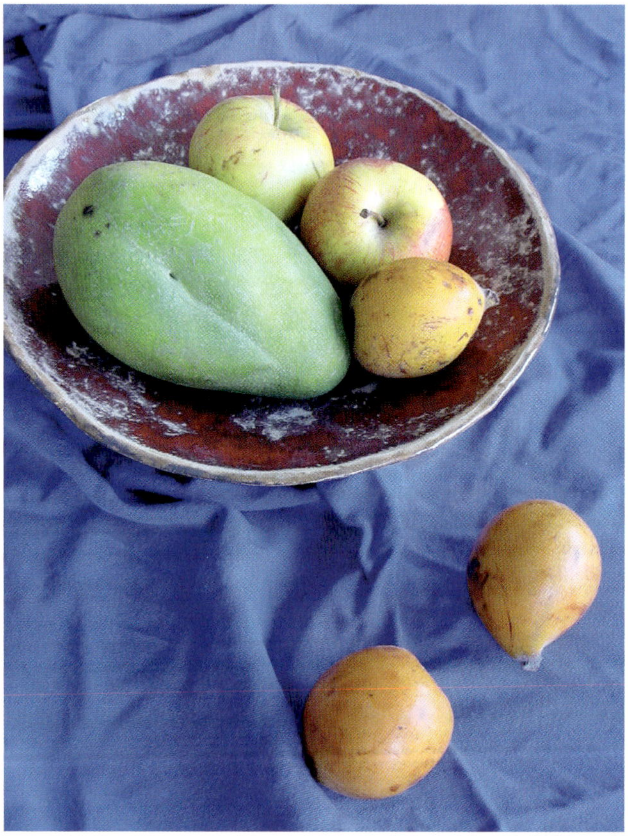

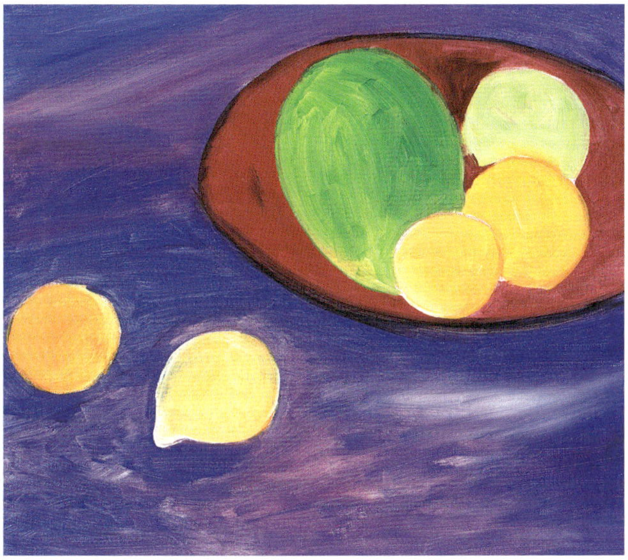

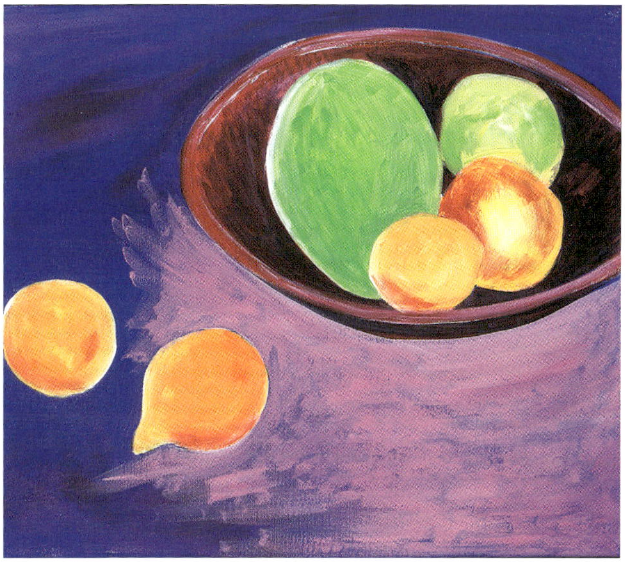

Schritt 1: Die Formen der Früchte und der Schale wurden mit roter Pastellkreide vorgezeichnet. Der erste Farbauftrag mit leicht verdünnten Farben dient zur Überprüfung der Komposition und Farbwirkung. In diesem Stadium der Arbeit ist es nicht so wichtig, die Formen penibel auszumalen. Arbeiten Sie zügig und mit einem breiten Pinsel.

Schritt 2: Die Schale und die Früchte wurden dann weiter ausgearbeitet. Sollten Sie beim Anlegen des Hintergrunds die Formen der Früchte oder die Schale teilweise übermalt haben, mischen Sie ein wenig Weiß zu den Farben. Die darauf folgende Schicht kann dann wieder ohne Weißanteil aufgetragen werden. Der dunkelblaue Untergrund wirkte zu langweilig und zu schwer. Deswegen wurde er großzügig in Trockenpinseltechnik mit Rosa übermalt, um das Blau an einigen Stellen durchscheinen zu lassen. So erhält man eine belebte Fläche.

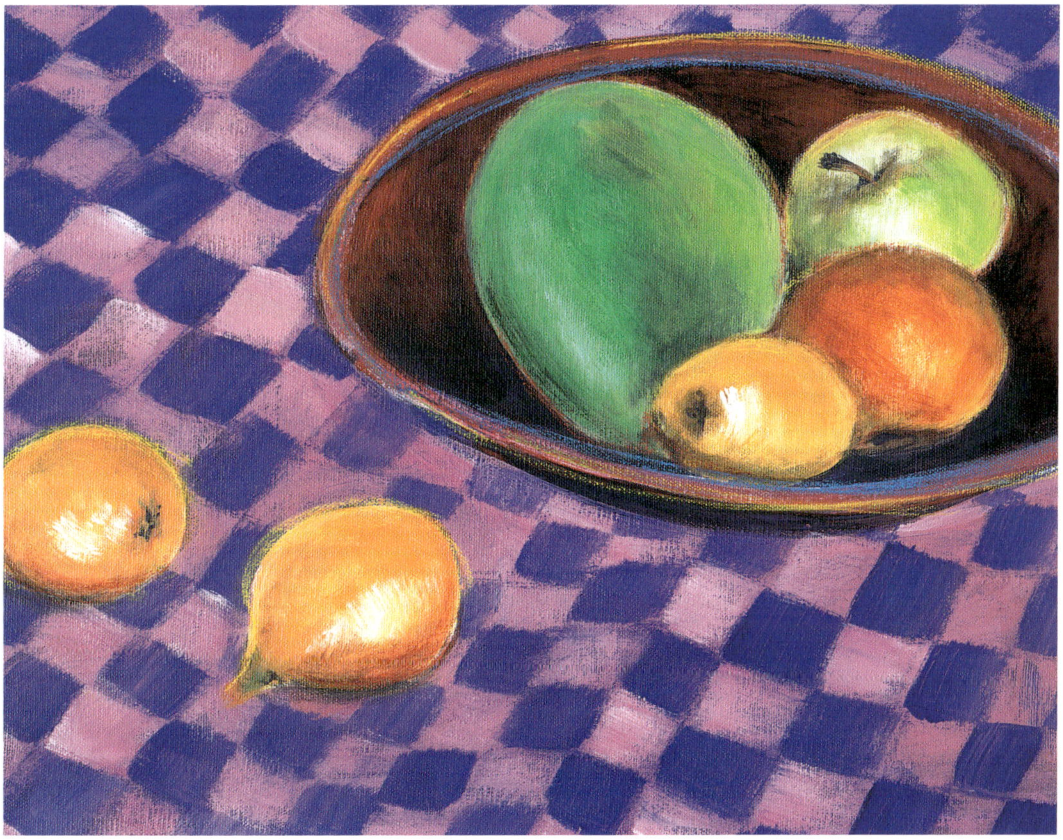

Schritt 3: Um den Untergrund des Bildes zu beleben, wurde mit blauer Pastellkreide diagonal ein Karomuster eingezeichnet und mit lockerem Pinselstrich ausgefüllt. Das so entstandene Schachbrettmuster steht in Kontrast zu den runden Formen der Schüssel und der Früchte. Letzte Akzente wurden mit farbigen Pastellkreiden gesetzt.

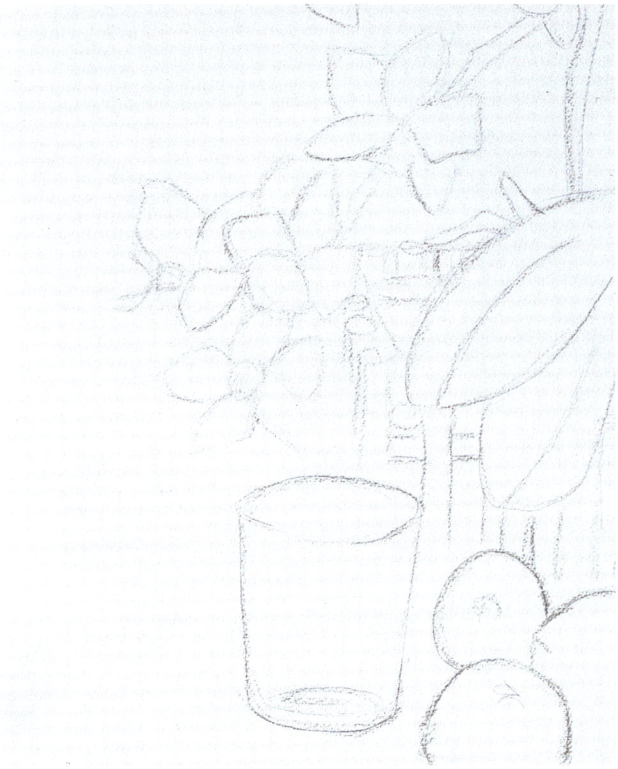

Schritt 1: Der Ausschnitt wird durch eine Skizze mit Graukreide festgelegt.

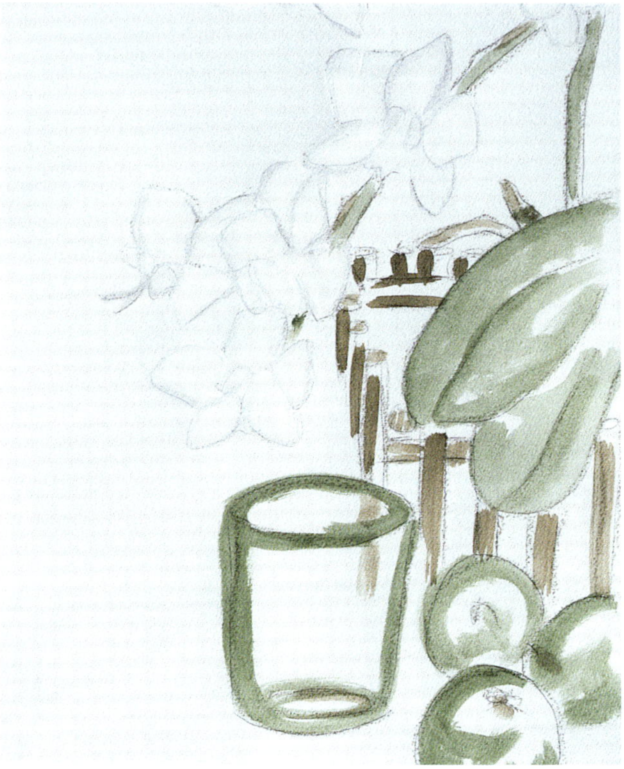

Schritt 2: Mit verdünnter Farbe werden die Umrisse der wichtigsten Elemente angelegt. Die Blüten der Blumen werden mit Weiß ausgemalt, um einen leicht strukturierten Untergrund zu schaffen.

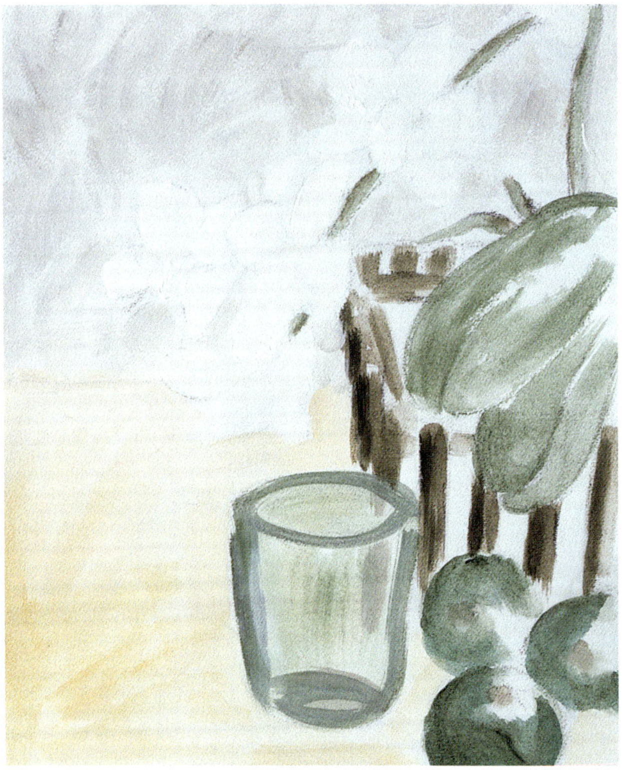

Schritt 3: Der Hintergrund wird im oberen Bereich mit gekreuzten Pinselstrichen locker angelegt, der untere Bereich mit einer Lasur versehen. Auch auf den Motiven werden weitere Schichten aufgetragen, die Struktur der Blüten wird durch weiteren deckenden Farbauftrag verstärkt.

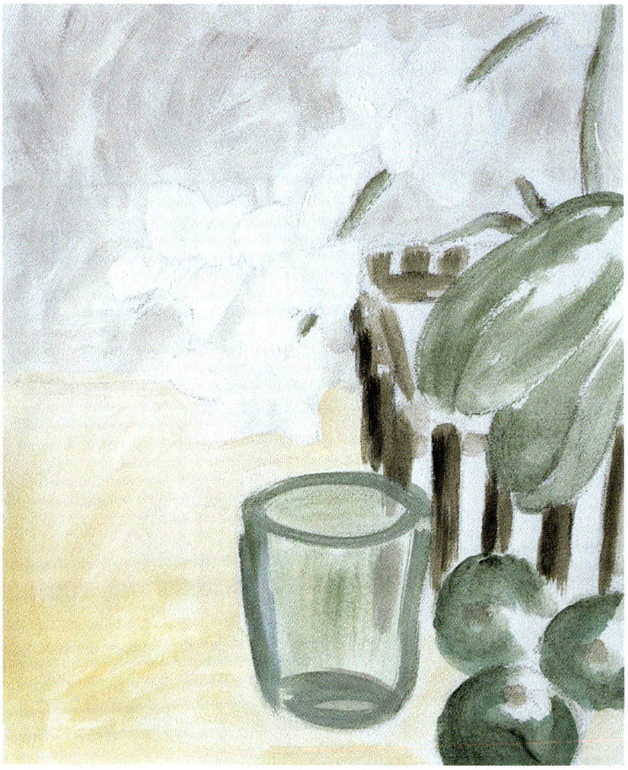

Schritt 4: In diesem Schritt werden alle Farben vertieft und die Flächen weitestgehend geschlossen. Die Farbverteilung der Früchte wird durch Aufstupfen von zwei Farbtönen angelegt, die durch die anschließende Lasur hindurchscheinen.

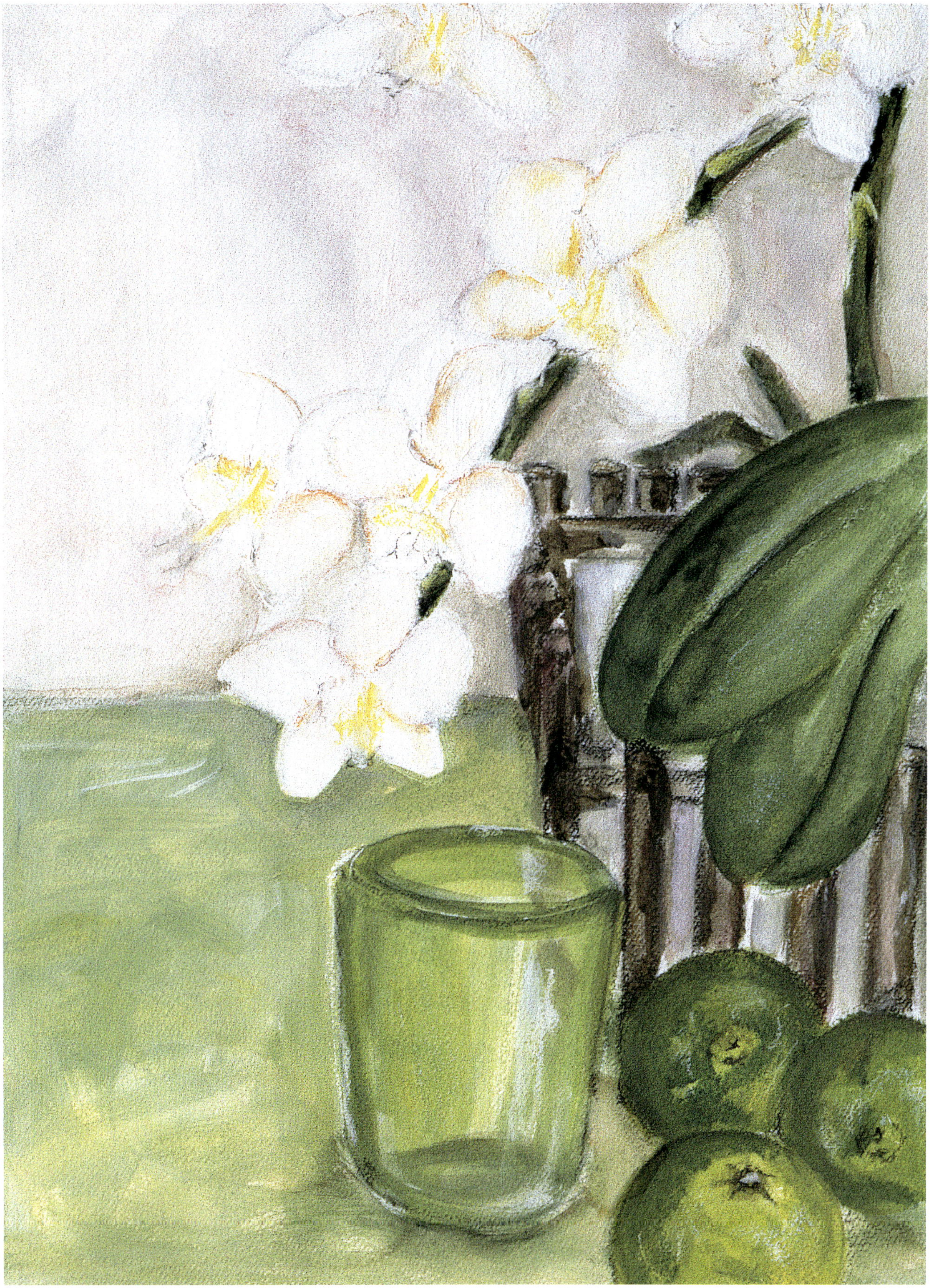

Schritt 5: Nachdem die Blätter und die Früchte mit einer Lasur versehen wurden, werden die Schattenflächen im Hintergrund angelegt. Um mehr Konturen ins Bild zu bringen, werden anschließend einzelne Bildelemente mit farbiger Kreide und Buntstiften hervorgehoben.

Landschaft

Die Landschaftsmalerei hat in der Kunstgeschichte eine lange Tradition. Es gibt durch die Jahrhunderte eine Reihe bekannter Maler, die sich mit dem Thema Landschaft in den unterschiedlichsten Ausdrucksformen auseinander gesetzt haben. Oftmals lassen sich an den Landschaftsbildern auch die zur jeweiligen Zeit vorherrschenden Naturauffassungen ablesen. In einigen Stilrichtungen sind Landschaftsbilder ein zentrales Thema, wie z. B. in der Romantik. Maler wie Caspar David Friedrich haben Landschaftsbilder geschaffen, die aufgrund ihrer Bildwirkung auch heute noch als Synonym für diesen Kunststil angesehen werden. Seit der Renaissance haben sich Maler jeder Stilrichtung mit dem Thema Landschaft beschäftigt. Künstler wie William Turner oder John Constable gehören zu den herausragendsten Vertretern der Landschaftsmalerei des frühen 19. Jahrhunderts. Deren Bemühungen um das Erfassen wechselnder Lichtverhältnisse hat fünfzig Jahre später die Impressionisten zur Freilichtmalerei angeregt. Paul Cézanne führte in seinen Bildern eine neue Sichtweise von Formen und Farben ein. Bei ihm beginnt die Abstraktion, die in den darauf folgenden Stilrichtungen in unterschiedlicher Weise bis hin zur ungegenständlichen Malerei weitergeführt wurde.

Wie in allen anderen Bildgattungen bergen die Mal- und Sichtweisen der Landschaftsmalerei vergangener und gegenwärtiger Stilrichtungen der Kunst einen Fundus an Anregungen. Derart vielfältig sind also die Möglichkeiten, Landschaften zu malen. Dennoch gilt auch hier, dass die Komposition so angelegt wurde, dass das Besondere der Stimmung oder des Eindruckes beim Betrachten gerade dieses Ausschnitts der wiedergegebenen Landschaft das Bild bestimmt.

In der Landschaftsmalerei sind die ständig wechselnden Lichtverhältnisse maßgebend. Das Wetter sowie Tages- und Jahreszeiten erzeugen unterschiedliche Stimmungen und Farbeindrücke. Eine Häusersilhouette zeichnet sich deutlich bei klarem Herbstlicht ab, während sie in der flirrenden Hitze im Sommer undeutlich erscheint. Eine andere Wirkung zeigt sich wiederum bei einem diesigen Regenhimmel oder bei einem Unwetter. Farbe und Licht spielen eine große Rolle, denn durch das ständig wechselnde Licht ändern sich auch die Farben und somit die Stimmungen. Wenn Sie vor Ort arbeiten, besteht der Reiz vor allem darin, diese oft flüchtigen Lichteffekte einzufangen. Arbeiten, die auf diese Weise entstanden sind, haben eine ganz eigene Lebendigkeit. Aber auch wenn Sie nach Fotos arbeiten, ist die Wiedergabe von Licht von größter Bedeutung. Der geschickte Einsatz von unterschiedlichen Tonwerten ist auch ein wichtiger Aspekt beim Erzielen von Tiefenwirkung. Bei der Luftperspektive wird ein optisches Phänomen auf die Malerei übertragen. Wenn Sie den Blick über eine Landschaft gleiten lassen, werden Sie bemerken, dass die Farben zur Ferne hin zunehmend kälter und bläulicher wirken. Außerdem werden bei zunehmender Entfernung die Gegensätze in Textur und Tonwert abgemildert. Auf die Bildkomposition übertragen heißt das, dass kräftige Farben im Vordergrund uns scheinbar entgegenkommen und kältere Farbtöne und schwächere Tonwerte zurückweichen.

Eine andere Möglichkeit, mit der man Tiefenwirkung erzielen kann, besteht darin, dass man sich die perspektivische Verkürzung von in das Bild hineinführenden Wegen, Flüssen oder anderen Bildelementen zunutze macht. Auch die Staffelung sich überschneidender Formen schafft räumliche Wirkung.

Bei der Wahl der Farben in einer realistischen Wiedergabe sollten Sie darauf achten, dass diese den jeweiligen jahreszeitlich bedingten Lichtverhältnissen angepasst sind. Entsteht ein Motiv im warmen Sommerlicht, sollten auch entsprechend warme Töne in den beleuchteten Partien dominieren. Die Leuchtkraft einer Sommerlandschaft mit strahlendem Sonnenschein kann dadurch gesteigert werden, dass solche strahlenden Bereiche in Kontrast zu kalten, schattigen Bereichen gesetzt werden. Die Wirkung einer Winterlandschaft wird dagegen durch kühle Farben unterstrichen. Bei winterlichem Nebel sind die Konturen aufgelöst und gedämpfte Farbtöne vorherrschend.

Die Landschaftsmalerei muss sich nicht auf pittoreske Motive beschränken. Auch Städtelandschaften oder Industrieanlagen können zu einem spannenden Motiv werden, z. B. wenn hier das Licht von Metall oder Glas reflektiert wird oder bizarre Schatten entstehen oder Farbtöne in die Komposition mit aufgenommen werden können, die so in der Natur nicht vorkommen.

Die unterschiedlichen Texturen und Formen wie Wasser, Himmel, Laub und Gräser, Holz und Stein erfordern eine genaue Beobachtung. Man muss sich mit den Grundtechniken der Malerei auseinander gesetzt haben, wenn man all die unterschiedlichen Farb- und Tonwerte, die eine Landschaft ausmachen, wiedergeben will oder diese Werte so weit vereinfachen will, dass der Charakter der dargestellten Landschaft erhalten bleibt und sich dem Betrachter erschließt. Hat man die Möglichkeiten, die hier bestehen, erst einmal für sich entwickelt, beginnt man zu verstehen, dass die Herausforderungen der Landschaftsmalerei mit zu den interessantesten innerhalb der bildnerischen Gestaltung zählen.

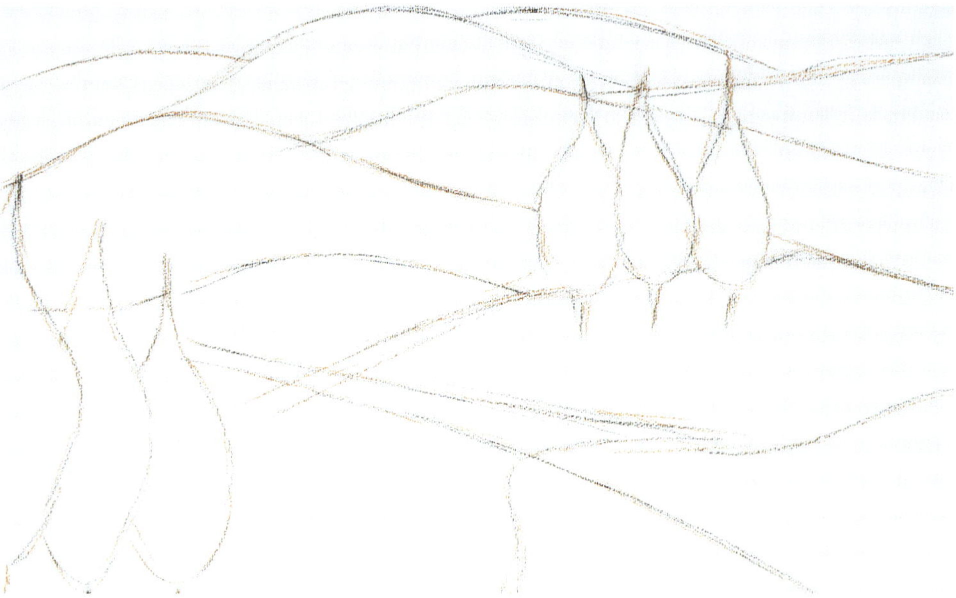

Schritt 1: Die Eindrücke, die in der freien Natur gesammelt wurden, sollten schnell zu Papier gebracht werden. Eine Skizze wurde zügig mit Rötelkreiden angelegt, da diese den Vorteil bieten, die späteren Farbschichten nicht zu verschmutzen.

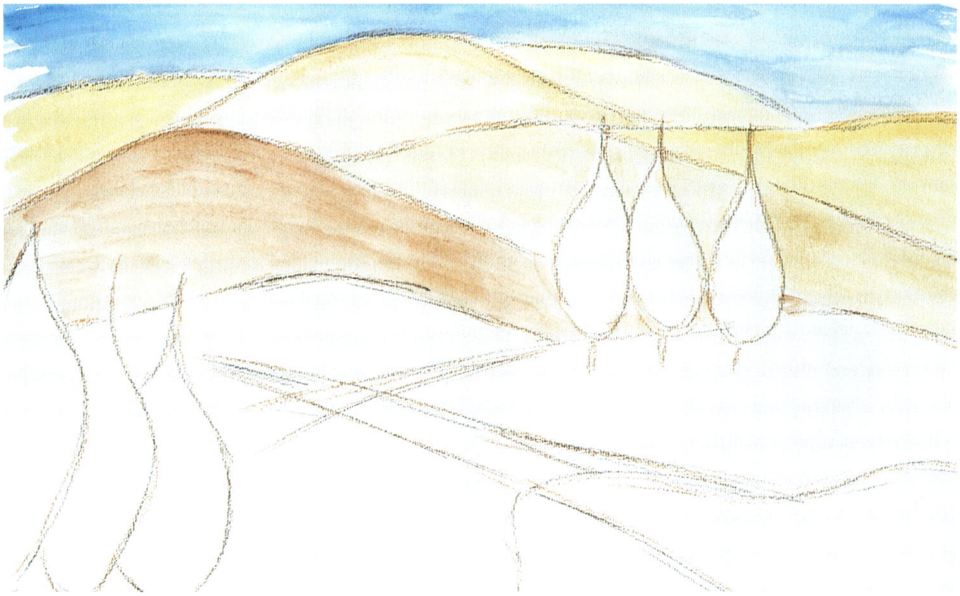

Schritt 2: Nachdem die Vorzeichnung beendet wurde, werden einzelne Farbfelder mit einer Lasur versehen, um erste Eindrücke der farbigen Wirkung zu erhalten.

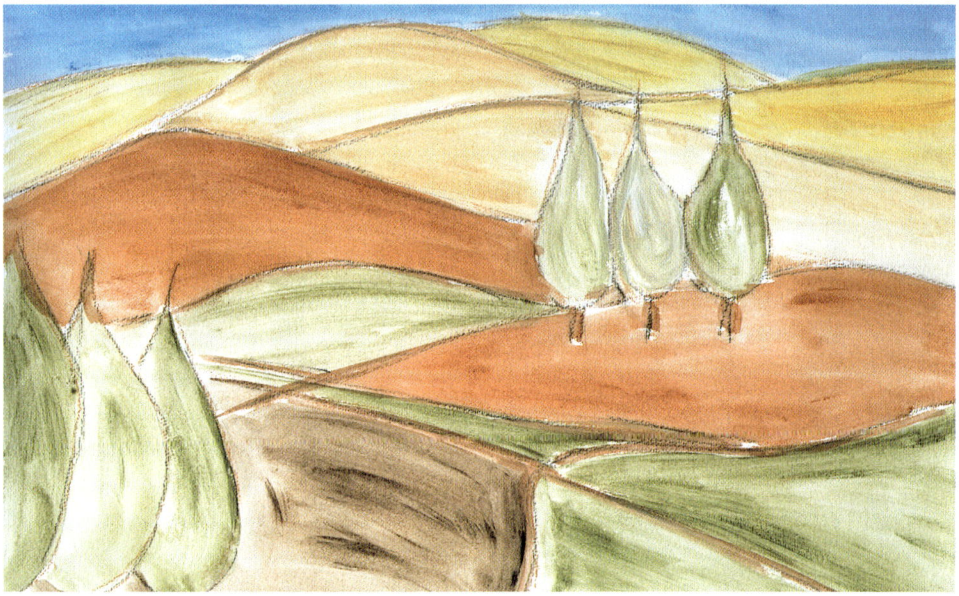

Schritt 3: Nun wird das Bild komplett lasiert, was den Vorteil bietet, eventuelle farbliche Veränderungen zu erkennen und beim deckenden Farbauftrag zu berücksichtigen. Die Rötelkreide löst sich durch das Lasieren fast komplett auf.

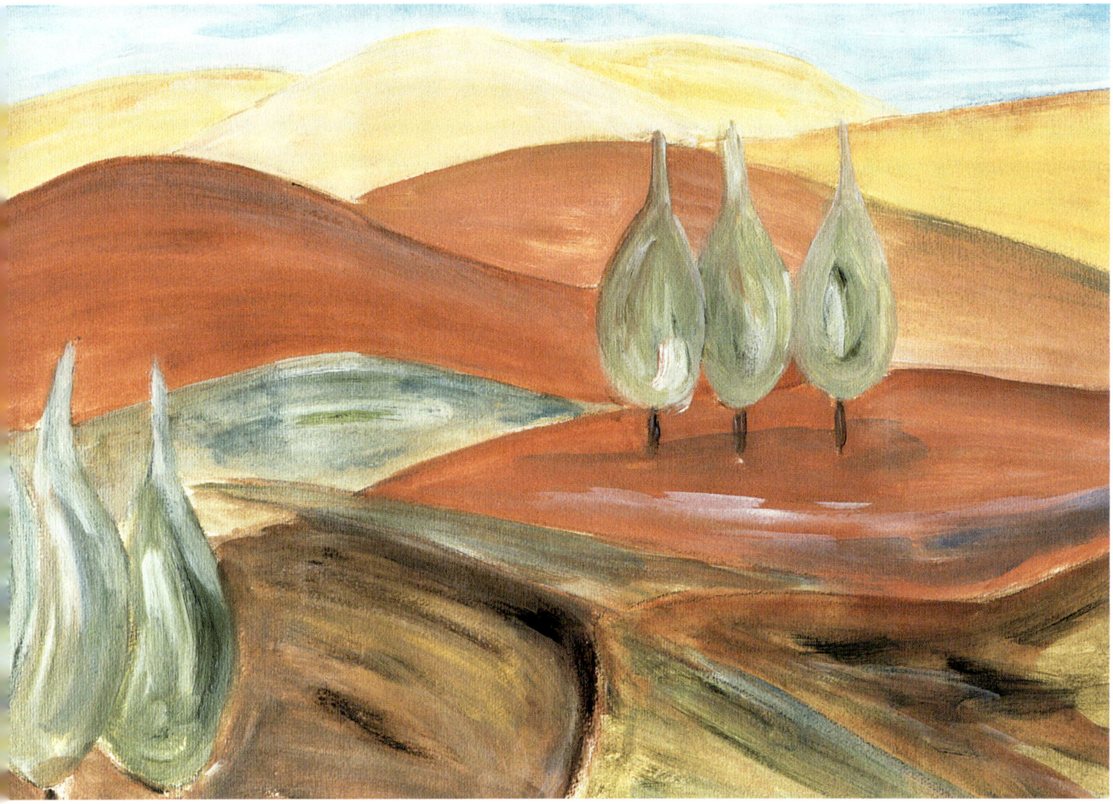

Schritt 4: Nachdem das Motiv einen deckenden Anstrich erhalten hat, wurde, um es etwas lebendiger zu gestalten, nochmals an einigen Stellen eine Lasur aufgetragen.

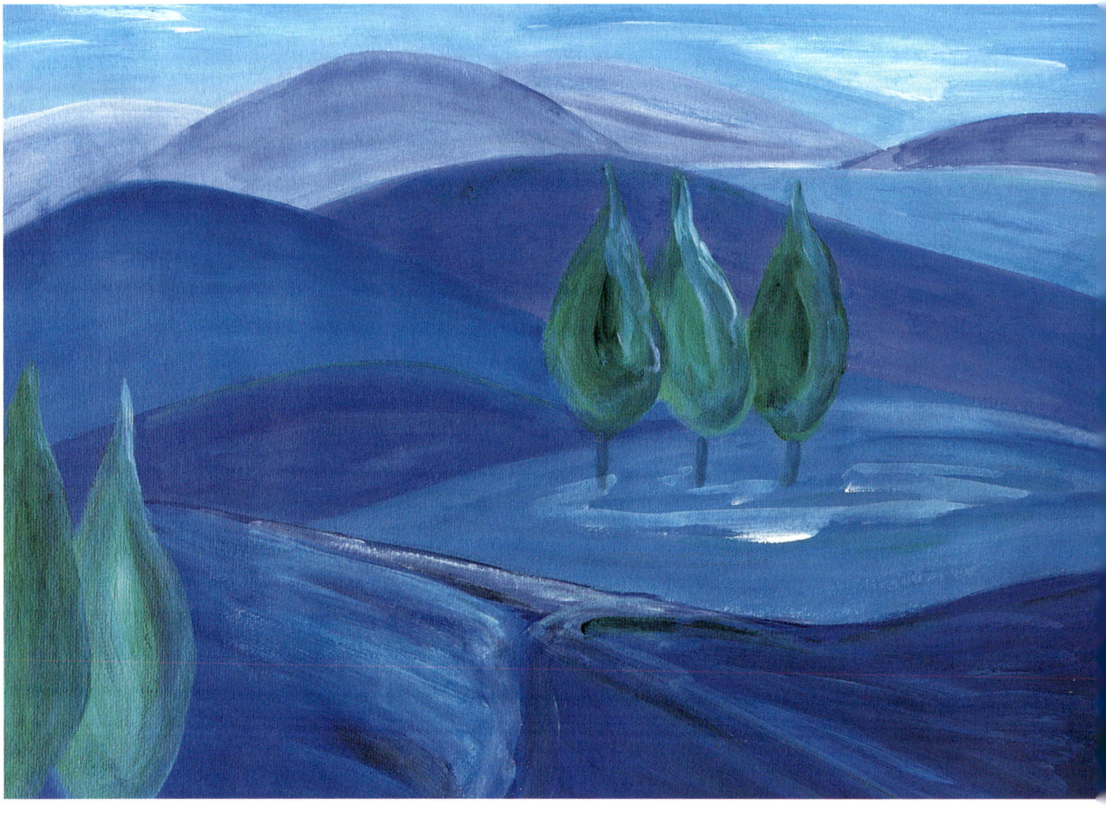

Anhand dieses Beispiels lässt sich gut erkennen, dass das gleiche Motiv in einer veränderten Farbgebung eine völlig andere Wirkung erzeugt.

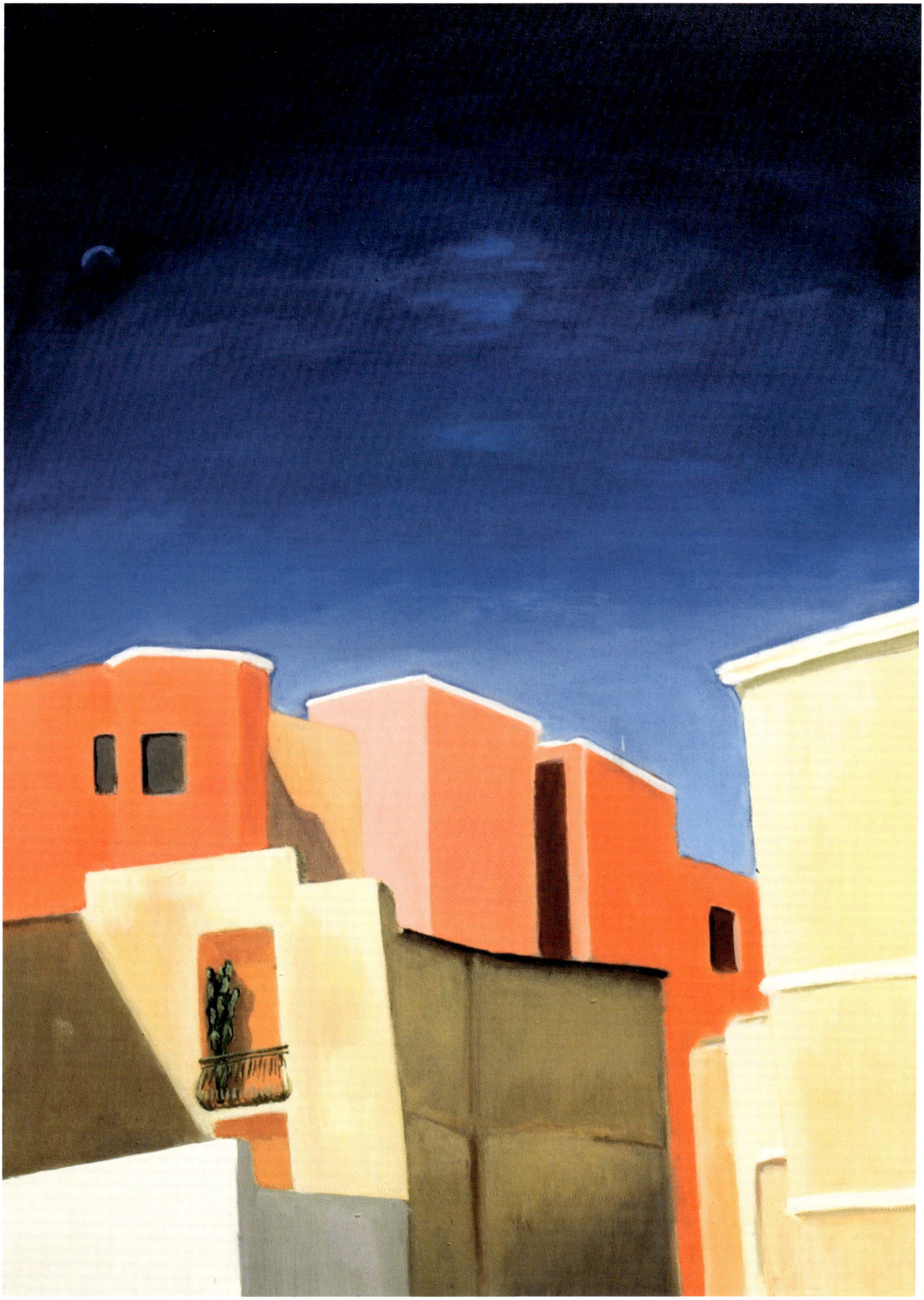

Sabine Lange, o. T., Acryl auf Leinen, 70 x 50 cm.

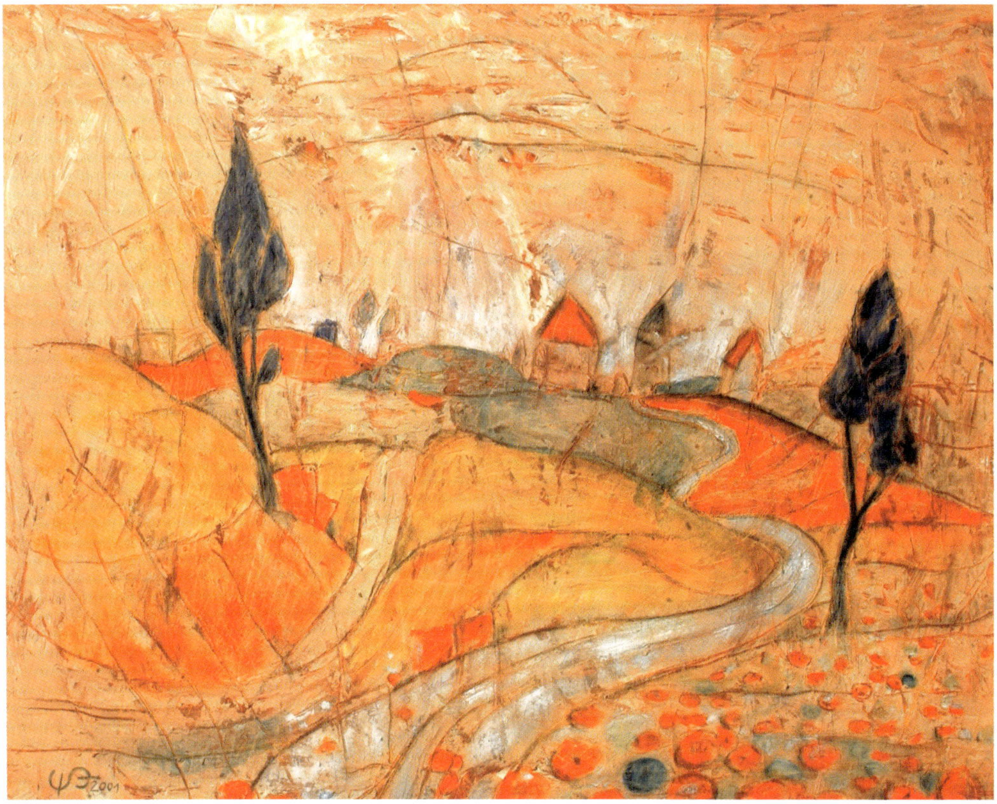

Wulf Peter Bestmann,
„Someone's Paradise II",
Acryl, Sand auf Leinwand,
90 x 125 cm.

Norbert Drossel, „Wolken III",
Acryl auf Leinen, 100 x 120 cm.

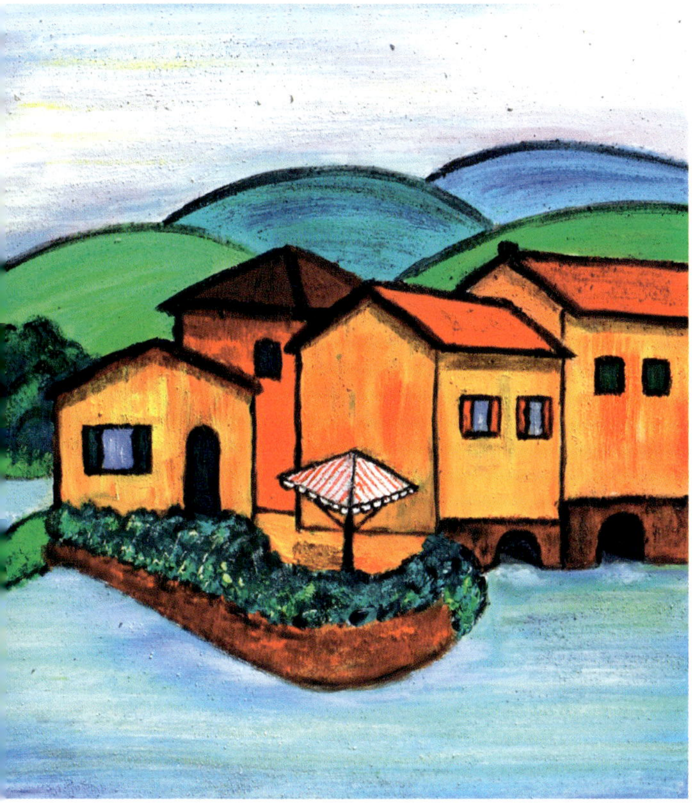

Rüdiger Steffens, o. T., Acrylfarbe mit Sand vermischt,
auf Leinen, 50 x 50 cm.

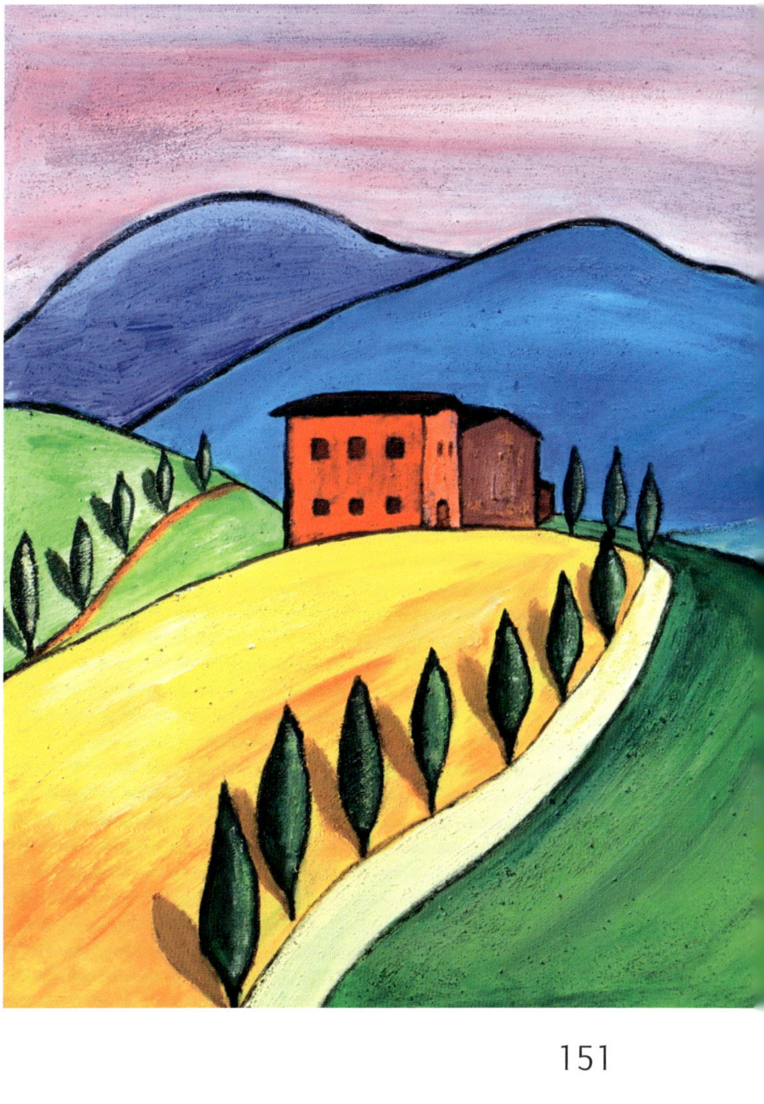

Rüdiger Steffens, o. T., Acrylfarbe mit Sand vermischt,
auf Leinen, 70 x 60 cm.

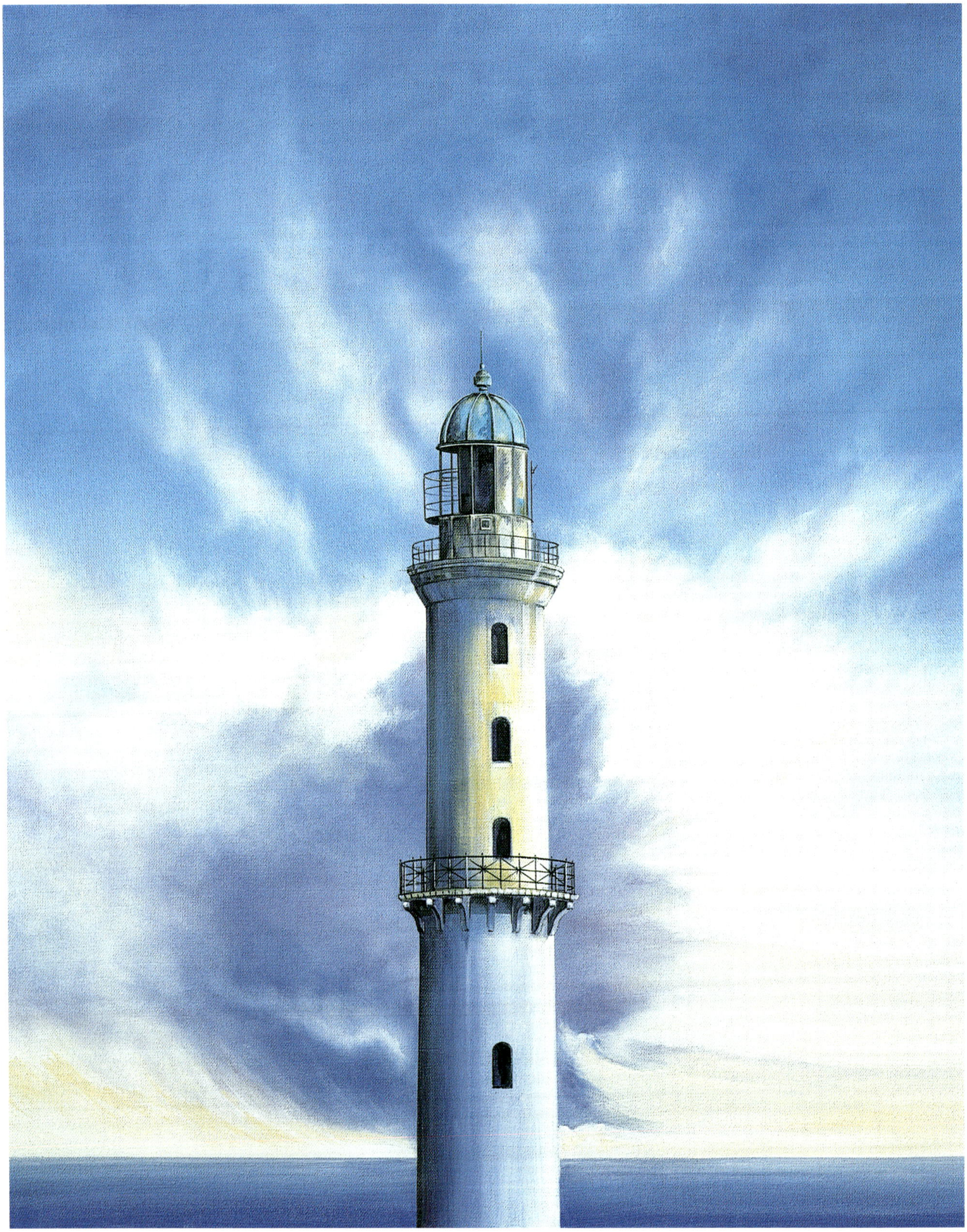

Norbert Drossel, o. T., Acryl auf Leinen, 80 x 80 cm.

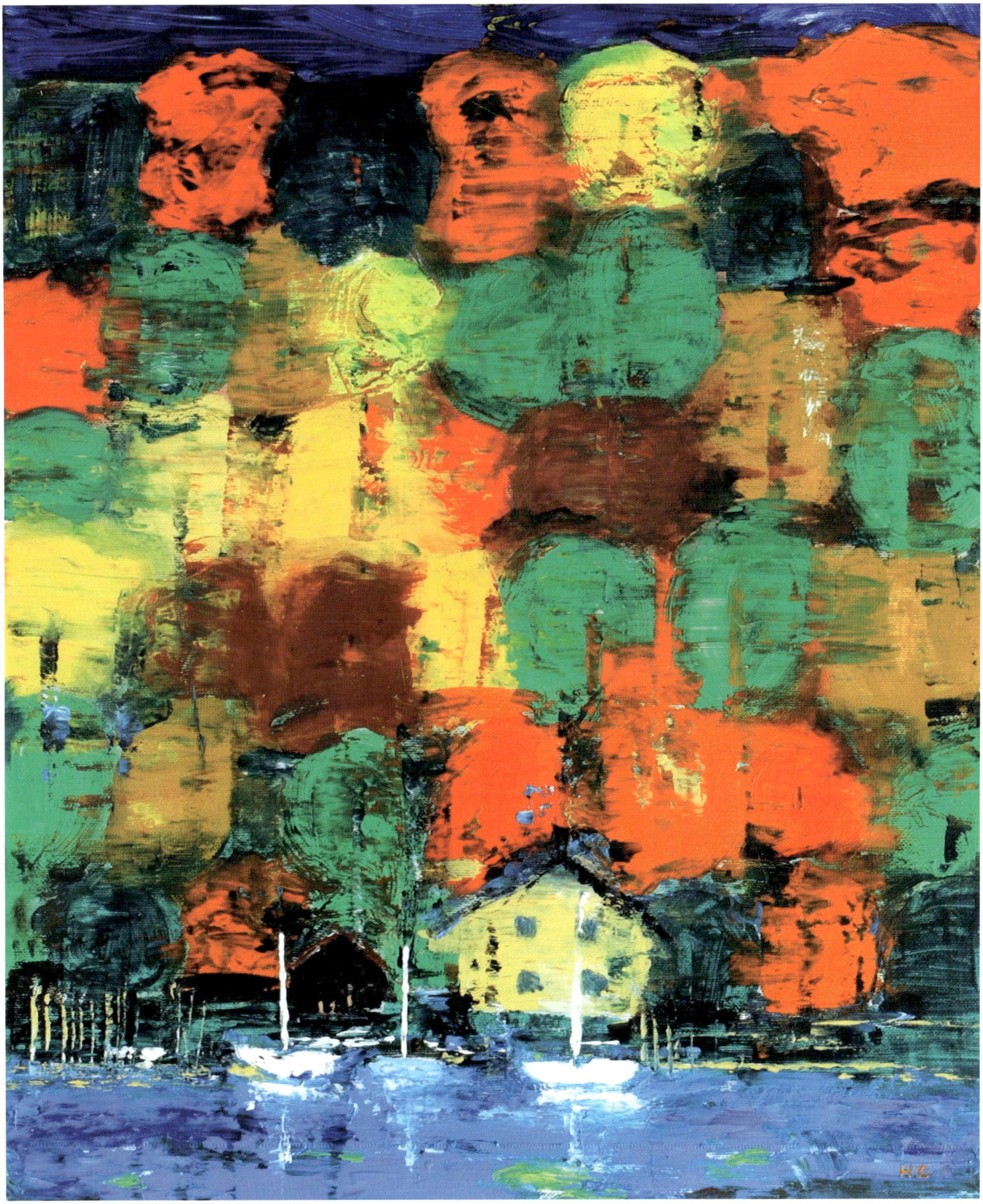

Hannelore Glienke, o. T., Acryl auf Leinen, 60 x 40 cm.
Die herbstlichen Blätter des bewaldeten Hangs entstanden durch das Auftragen einzelner Farbfelder, welche kurz vor dem Antrocknen der Farbe mit einem Pappspachtel abgekratzt und ineinander gezogen wurden.

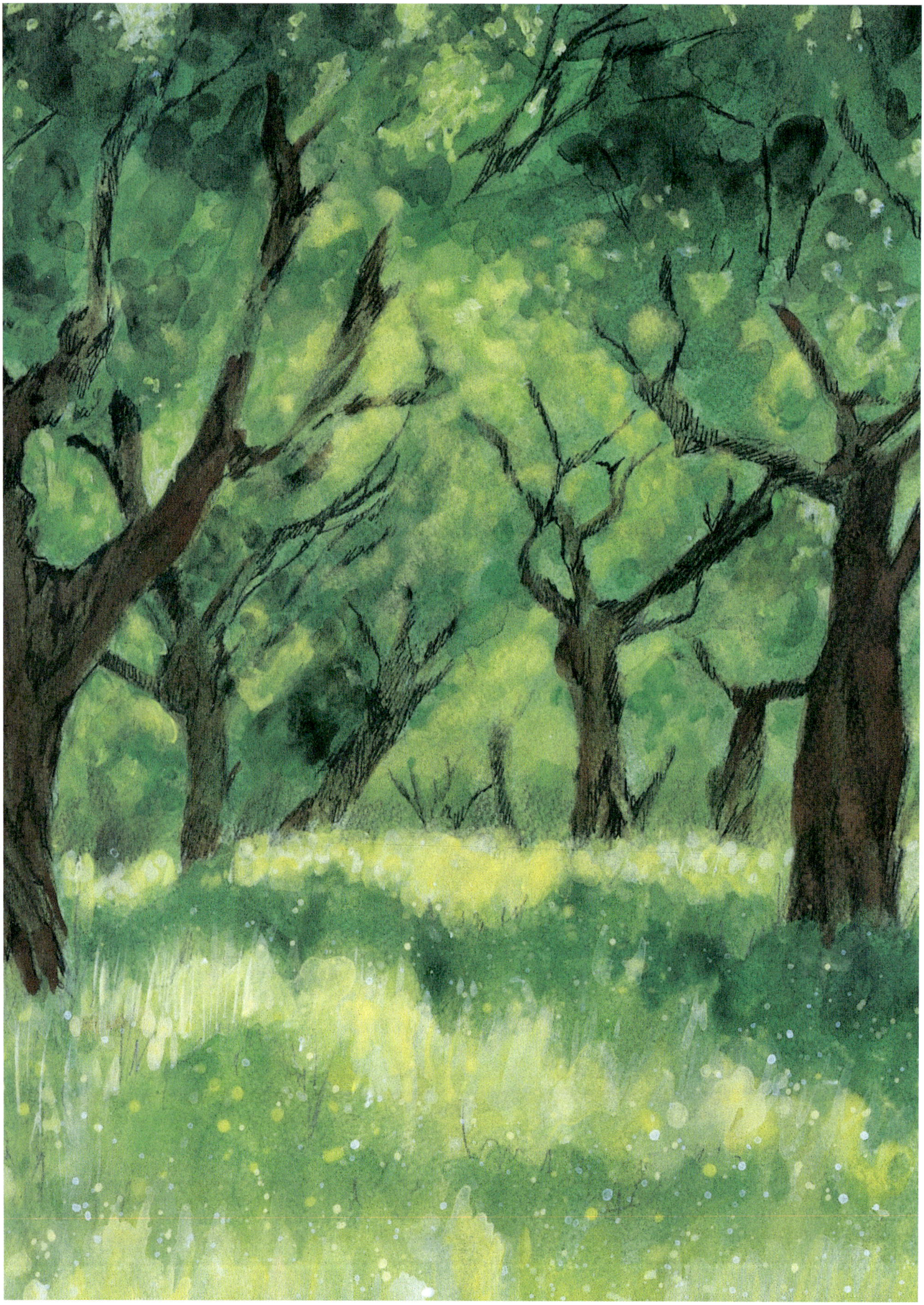

Oliver Löhr, o. T., Buntstiftzeichnung auf Papier mit Acrylfarbe koloriert, 38 x 28 cm.

Porträt

Obwohl man meinen sollte, dass mit der Entwicklung der Fotografie ein ganzer Zweig der Malerei ausgestorben sein müsste, ist die Tradition, Porträts zu malen, ungebrochen. Der Begriff Porträt stammt aus dem Französischen und bezeichnet das Bildnis eines oder mehrerer Personen; in der Porträtmalerei reichen die Bildtypen von Darstellungen des Gesichts bis hin zu ganzfigürlichen Bildern.

Das Thema des menschlichen Gesichts durchzieht nahezu die gesamte Geschichte der Malerei der vielen Kulturen, angefangen bei den altägyptischen Grabfiguren bis hin zu gegenwärtigen Kunstströmungen. Aus der Art der Darstellung von Figuren, ihren Haltungen und Posen, der Kleidung, dem Schmuck oder der mehr oder weniger verhüllten Nacktheit, den Standesattributen und dem psychologischen Ausdruck lässt sich auch in dieser Bildgattung viel über die Dargestellten selbst, ihre Zeit und über die Sicht der Künstler ablesen.

Die Porträtmalerei war bis zur Erfindung der Fotografie – also etwa zur Zeit der Impressionisten – ein einträgliches Geschäft für die Maler und zudem eine Möglichkeit, hohes gesellschaftliches Ansehen zu erringen. Da sich nur wenige Menschen Porträts von sich selbst oder ihrer Familie leisten konnten, stammen viele dieser Porträtaufträge aus dem Hochadel oder von hochrangigen Kirchenfürsten. Nicht wenige bekannte Künstler wie z. B. Francisco Goya haben ihre Karriere als Hofmaler durch Porträtaufträge begonnen. Obwohl bis zur Mitte des 19. Jahrhunderts eine Auffassung vom Porträt vorherrschte, die entweder auf eine möglichst realistische Darstellung und Detailgenauigkeit in Physiognomie und Kleidung Wert legte oder aber immer da zur Schönung tendierte, wenn diese vom Auftraggeber gewünscht oder erwartet wurde, ist in den Selbstporträts der Künstler eine vom Auftragsdruck unabhängige Behandlung des Themas zu sehen. Die Selbstbildnisse von Rembrandt bilden eine Reihe; an ihnen kann nicht nur die Entwicklung seiner Technik, sondern auch die Veränderung seiner Selbstsicht verfolgt werden.

Nachdem die ersten erschwinglichen fotografischen Platten auf den Markt gekommen waren, wandten sich die Künstler immer mehr dem Abstrahieren von Formen und Farben auch in der Porträtmalerei zu. Auf diese Weise erreichten sie eine andere Möglichkeit der Darstellung von Persönlichkeit, mit der Wiedergabe psychologischen Ausdrucks in ihren Porträts.

Bei der Umsetzung eines Porträts sind Kenntnisse der Anatomie von Vorteil. Auch das Wissen um perspektivische Verkürzungen ist bei der naturalistischen Wiedergabe eines Porträts hilfreich. Dennoch können auch mit abstrahierten Formen Porträts gemalt werden, die typische Wesenszüge der Person oder ihrer Haltung stärker zu vermitteln vermögen als ein minuziöses Nachzeichnen jeder Hautfalte. Anleitungen zur Porträtmalerei in den unterschiedlichsten Techniken gibt es genug. Wesensmerkmale oder Stimmungen, in denen sich der Porträtierte befindet, abstrahierend darzustellen, erfordert ein sich Hineinfühlen in das Modell und genaues Beobachten. Auch hier gelten die gleichen kompositorischen Anforderungen wie in den anderen Bildgattungen. Beim Planen eines Porträts ist zu bedenken, in welche Beziehung die Figur zum Hintergrund gesetzt werden soll. Oftmals spielt der Hintergrund nur eine untergeordnete Rolle, dennoch sind die Farben und Formen des Hintergrundes integraler Bestandteil des Porträts und können den Eindruck des Dargestellten unterstützen. Der Hintergrund kann eine Raumansicht oder Gegenstände beinhalten, die zur Charakterisierung des oder der Porträtierten beitragen können. Auf jeden Fall sollte der Hintergrund nicht zu unruhig oder kontrastreich gestaltet werden, um nicht vom Porträt abzulenken.

Etwas, das die Arbeit erheblich beeinflussen kann, ist, ob Sie nach Fotos oder vor dem Modell malen. Sitzungen mit dem Modell beinhalten immer eine Wechselbeziehung zwischen dem Maler und der/dem Porträtierten, die weit über die eigentliche Arbeit hinausgeht. Bewegungen und damit Lichtveränderungen muss genauso Rechnung getragen werden wie den Veränderungen in der Gestik oder im Mienenspiel, die bei längeren Sitzungen aufgrund zunehmender Ermüdung auftreten. Dennoch behaupten viele Porträtmaler, dass nur in der direkten Auseinandersetzung mit dem Modell die Persönlichkeit und die Feinheiten der Tonwerte der Haut ganz zur Geltung gebracht werden können.

Zu Anfang ist es sicherlich einfacher, nach Fotos zu arbeiten oder die ersten Versuche vor dem Spiegel zu erproben. Das geduldigste Modell, das Sie zu Anfang auftreiben können, sind sicherlich Sie selbst.

Wie in allen anderen Bildgattungen gilt vor allem auch in der Porträtmalerei, dass häufiges Skizzieren das Auge schult und die technischen Fertigkeiten verbessert. Kleine Bleistiftzeichnungen, die Sie auf Ihren Wegen unterwegs angefertigt haben, schärfen die Beobachtungsgabe und bieten die Möglichkeit, in wenigen Strichen wesentliche Gesichtszüge festzuhalten – Züge die Ihnen wichtig erscheinen. Mit der Zeit verfestigt sich das Wissen um Proportionen, Kopfhaltungen und Gesichtsausdrücke, sodass Sie sich an die Arbeit mit dem Modell langsam herantasten können.

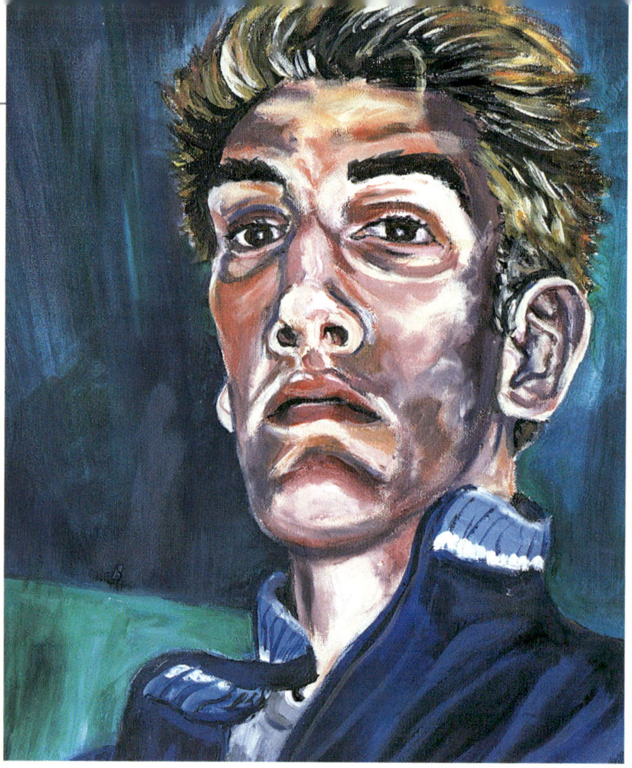

Andreas Meyen, „Selbstporträt", Acryl auf Leinwand, 50 x 50 cm.

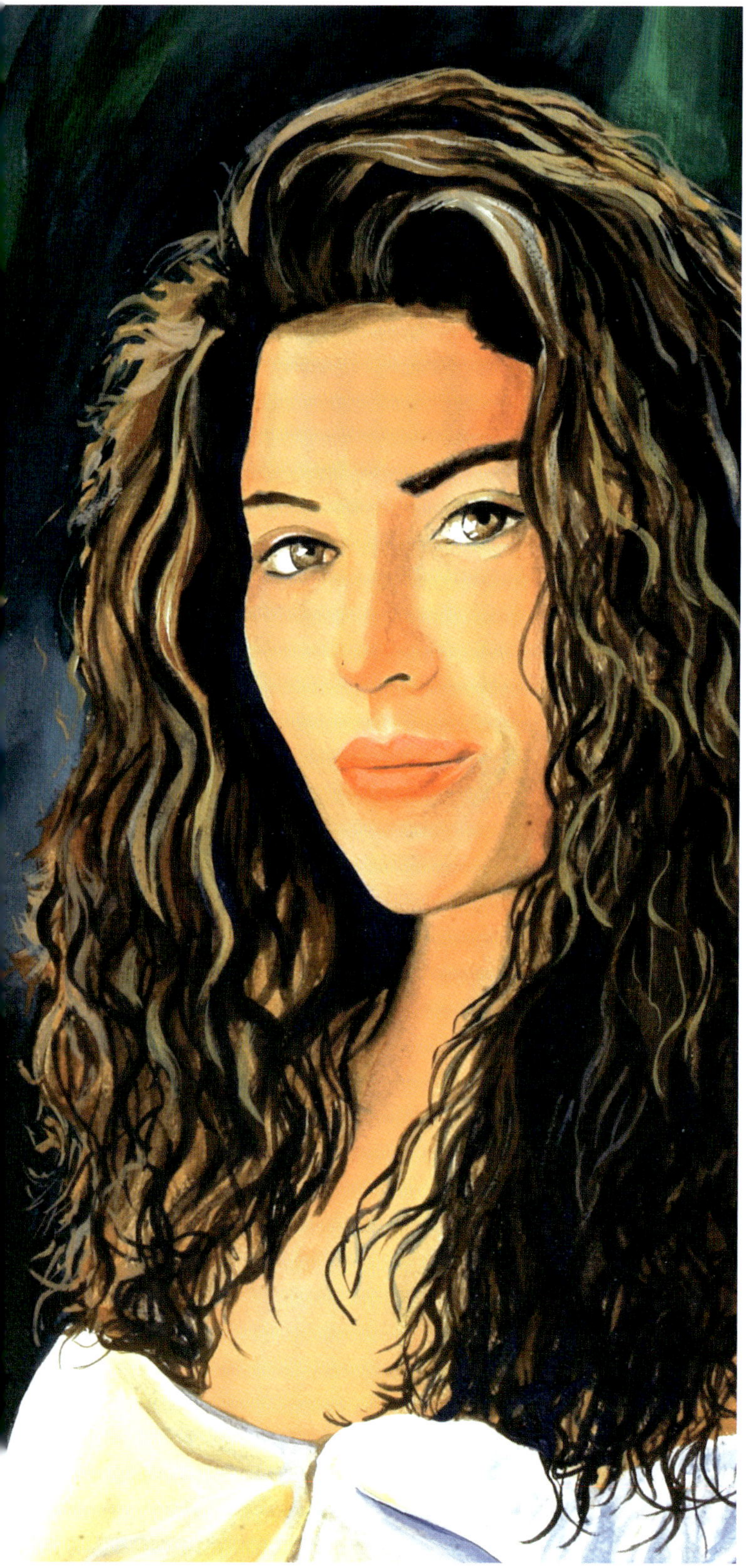

Gerhard Krempe, o. T., Acryl auf Papier, 43 x 31 cm.
Als Vorlage für diese Arbeit diente ein Illustriertenfoto.

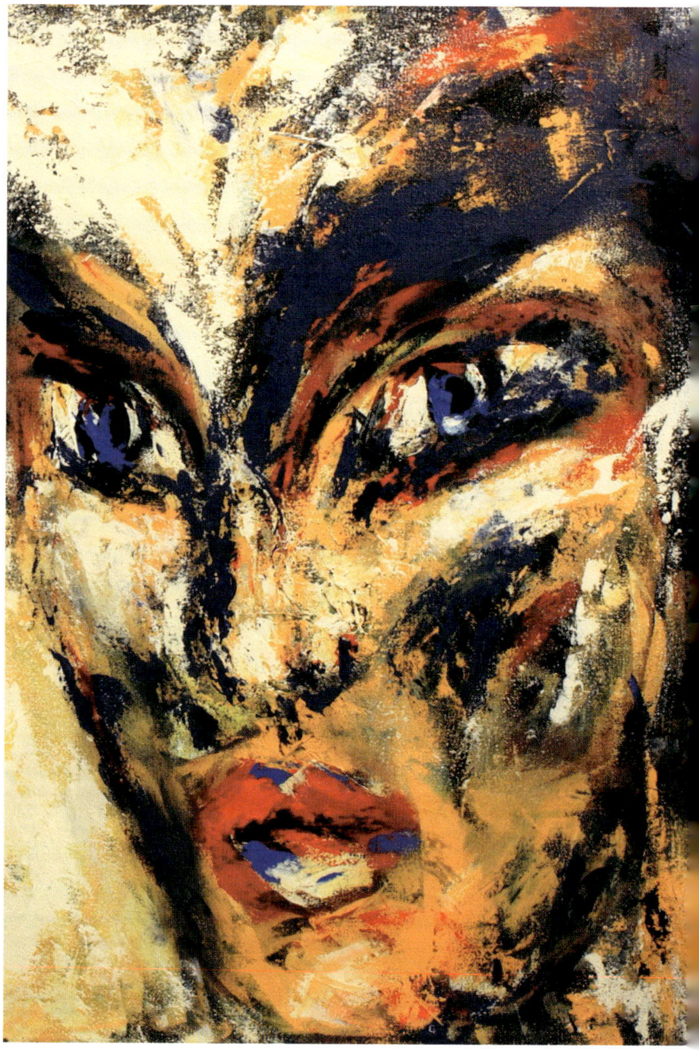

Bettina Malinowski, „Erie", Acryl auf Leinwand, 70 x 60 cm.

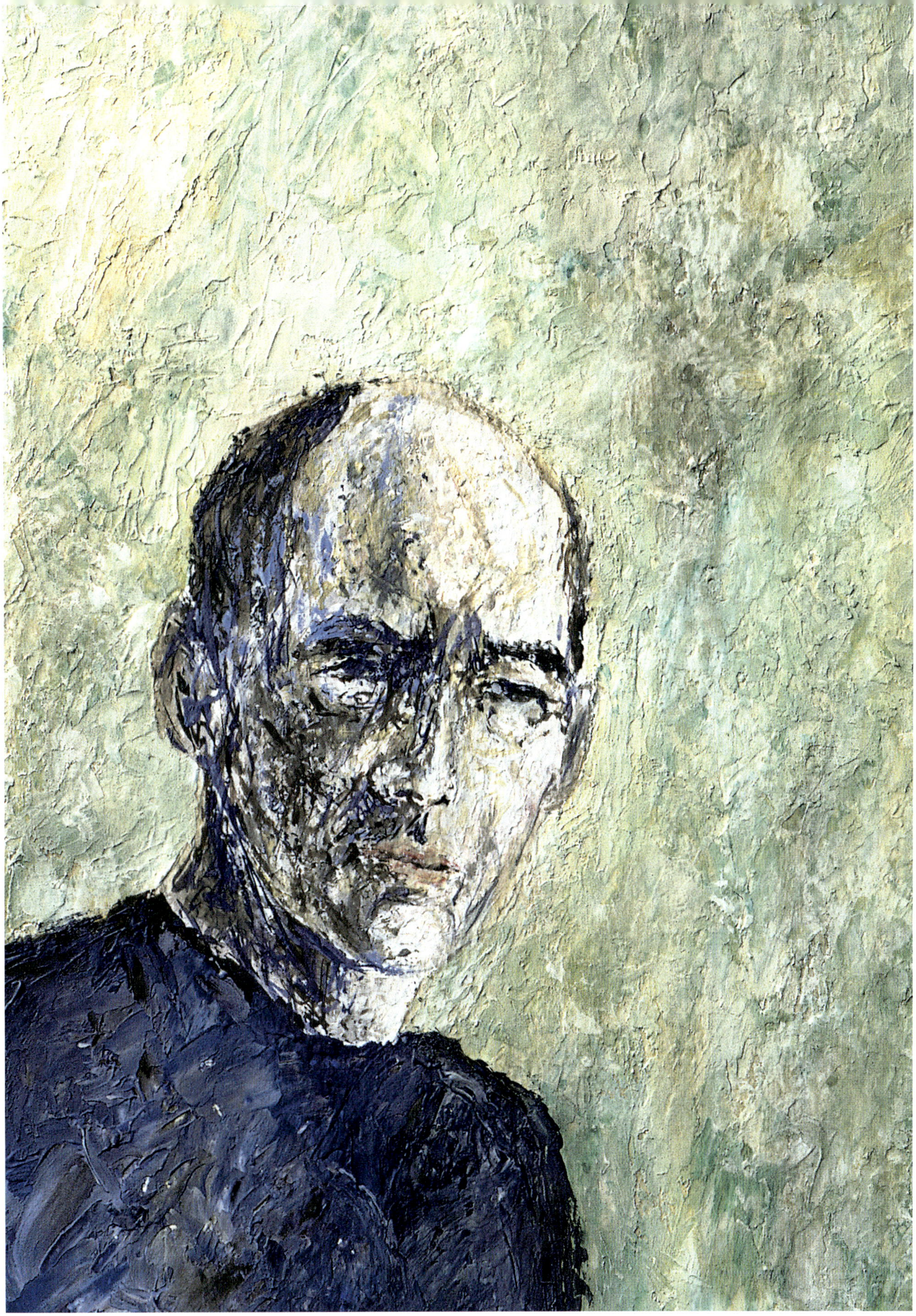

Oliver Löhr, o. T., Acryl auf Papier, 28 x 21 cm.

Bei diesem Beispiel erfolgte der Farbauftrag fast ausschließlich mit dem Palettmesser. Die einzelnen Farben sind mit Modelliermasse vermischt und in mehreren Schichten aufgetragen. Zum Schluss wurde der Hintergrund mit einer dünnen Lasur überzogen.

Schritt für Schritt: „Afrikanerin"

Für dieses Bild wurden sowohl Airbrushfarben als auch deckende Acrylfarben sowie Buntstifte verwendet. Während das Gesicht und die Schultern in mehreren Schichten aufgebaut wurden, ist der Schmuck mit deckenden Farben in nur zwei Schichten gemalt.

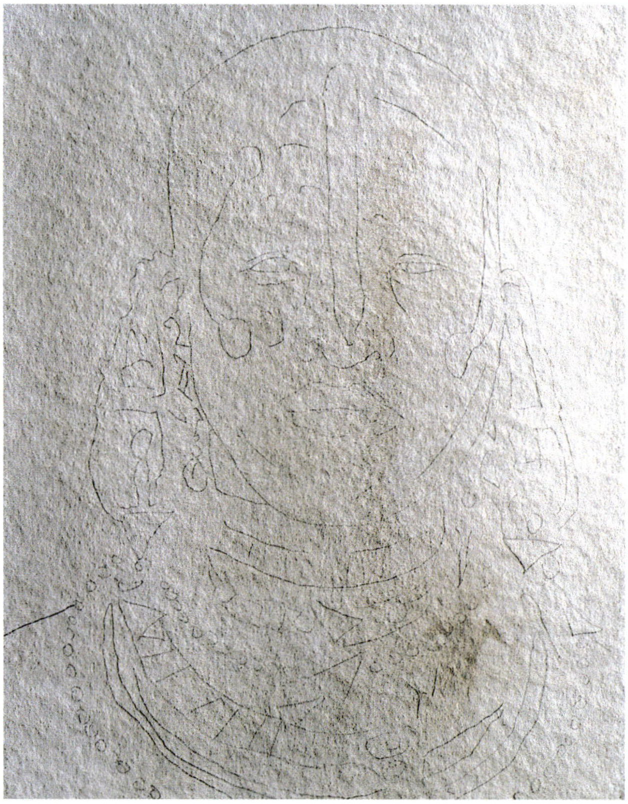

Schritt 1: Um die Licht- und Schattenflächen sowie die Gesichtsbemalung und die einzelnen Elemente des Schmucks zu erfassen, ist eine detaillierte Vorzeichnung erforderlich. Über die Bleistiftzeichnung wird eine Lavierung mit stark verdünnter Acrylfarbe gelegt. Diese Lavierung bildet einen Grundton, der in den nachfolgenden Schichten alle Töne zusammenzieht.

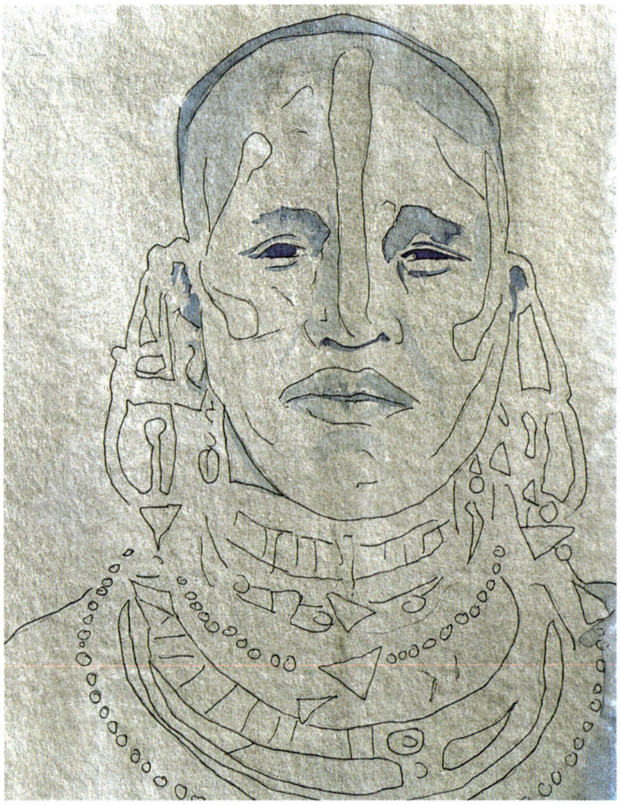

Schritt 2: Die Zeichnung wurde anschließend mit einem Fineliner nachgezogen, um bei der nachfolgenden Übermalung mit Lasuren und halbdeckenden Farbschichten die Details der Zeichnung nicht zu verlieren. Dann werden die Schattenpartien des Gesichts nass auf trocken angelegt.

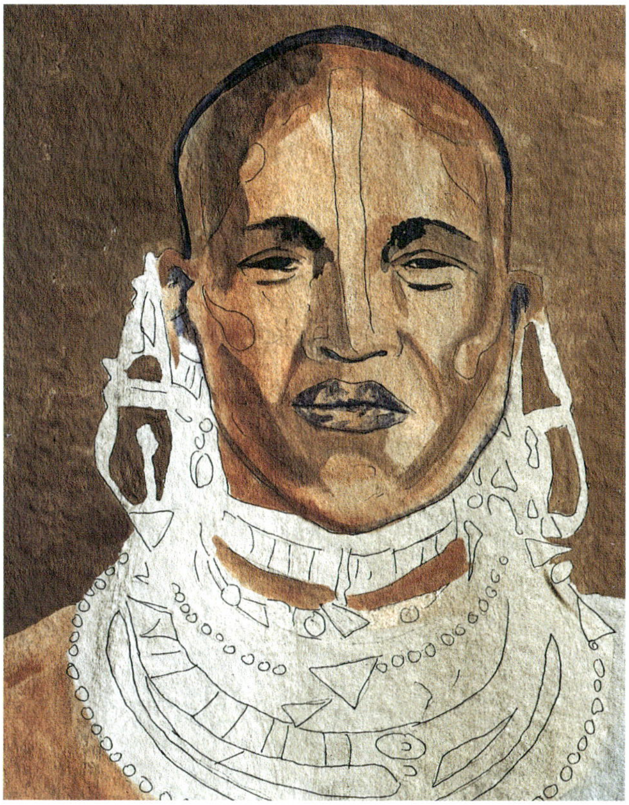

Schritt 3: Der Hintergrund wird mit einer zweiten, deckenderen Farbschicht übermalt. Dazu wurden das Gesicht, der Körper und die Ohrringe mit Airbrushfolie abgedeckt und mehrere Farbtöne mit einem Schablonierpinsel so aufgestupft, dass der Untergrund hindurchscheint. Das Gesicht wird mit verdünnten Farben modelliert. In diesem Schritt werden nur die Schattenpartien vertieft und noch keine helleren Partien deckend aufgetragen.

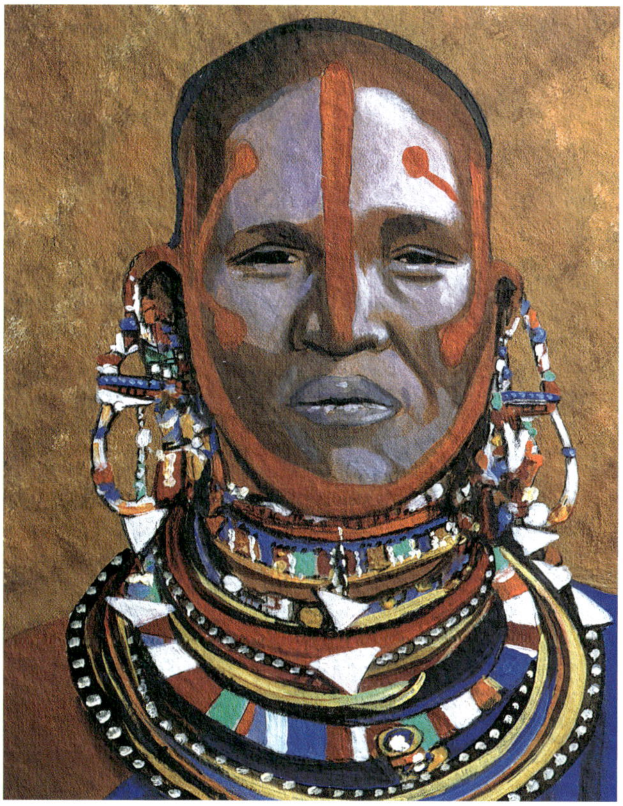

Schritt 4: Nachdem die Schattenpartien im Gesicht mit Lasuren in verschiedenen Brauntönen überarbeitet wurden, werden die hellen Hautpartien des Gesichts mit einer Lasur aus weißer und violetter Airbrushfarbe gestaltet. Nach dem Trocknen werden die glänzenden Hautstellen mit weißer Acrylfarbe gestupft. Danach wird der Schmuck und die Gesichtsbemalung mit deckenden Farben ausgearbeitet. Die Dunkelheiten von Augen, Mund und dem Schmuck werden abschließend mit schwarzem Buntstift vertieft.

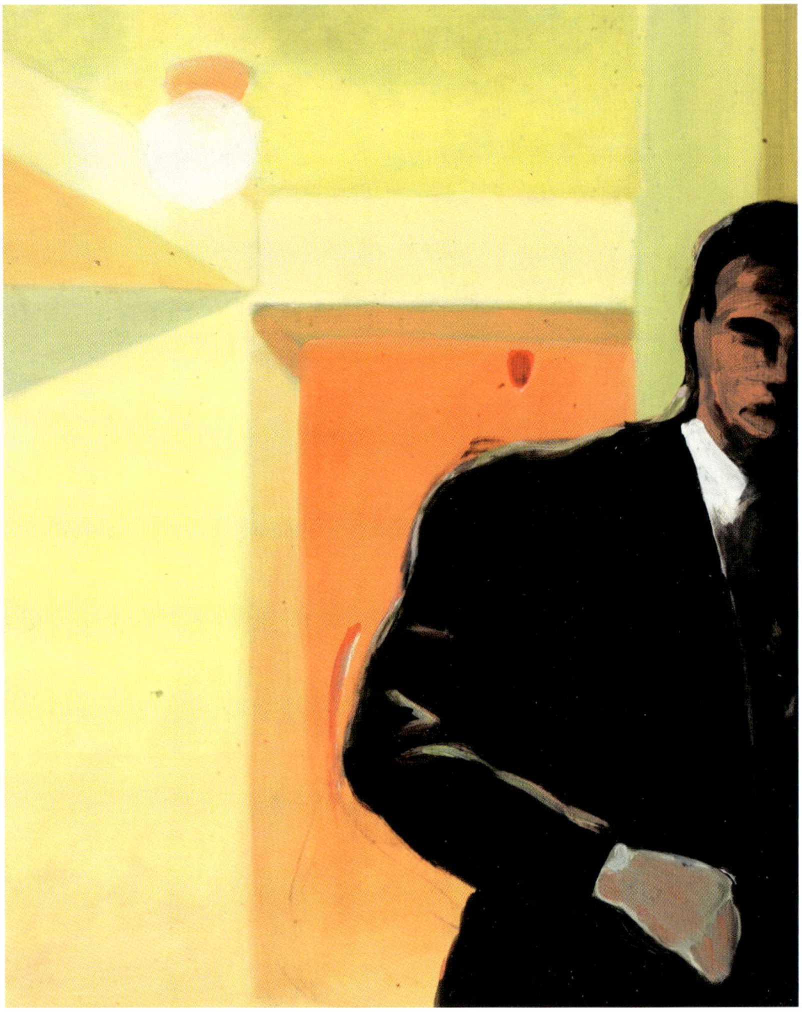

Sabine Lange, o. T.,
Acryl auf Malpappe, 60 x 50 cm.

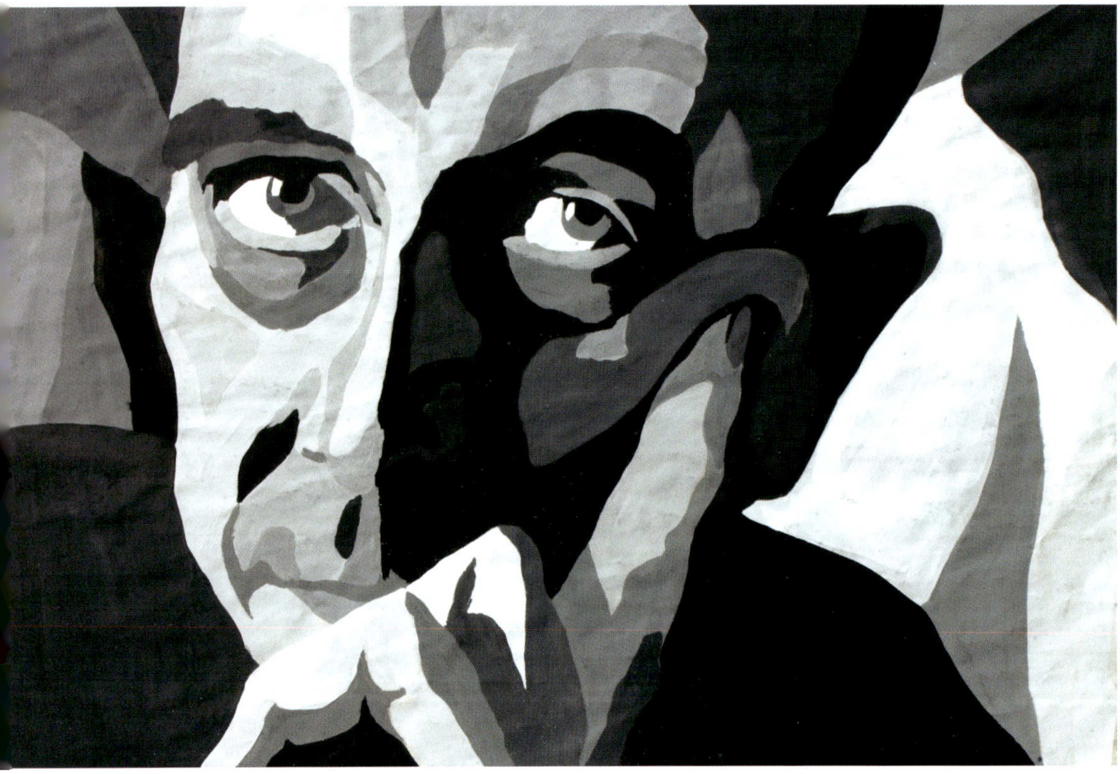

Oliver Löhr, o. T.,
Acryl auf Papier, 38 x 51 cm.

Oliver Löhr, o. T., Acryl auf Papier, 32 x 22 cm.

Bei diesem Porträt wurden zuerst alle Flächen mit stark verdünnter Farbe angelegt. Anschließend wurde das Gesicht in mehreren Schichten mit einem feinen Schablonierpinsel gestupft. Die Farbschlieren, die über das ganze Bild laufen, wurden mit Hilfe einer Glasplatte erzeugt. Dazu wurden mehrere Farben auf der Platte mit einer Farbwalze ausgerollt und diese dann auf das Bild gelegt. Störende Flächen wurden anschließend wieder abgehoben.

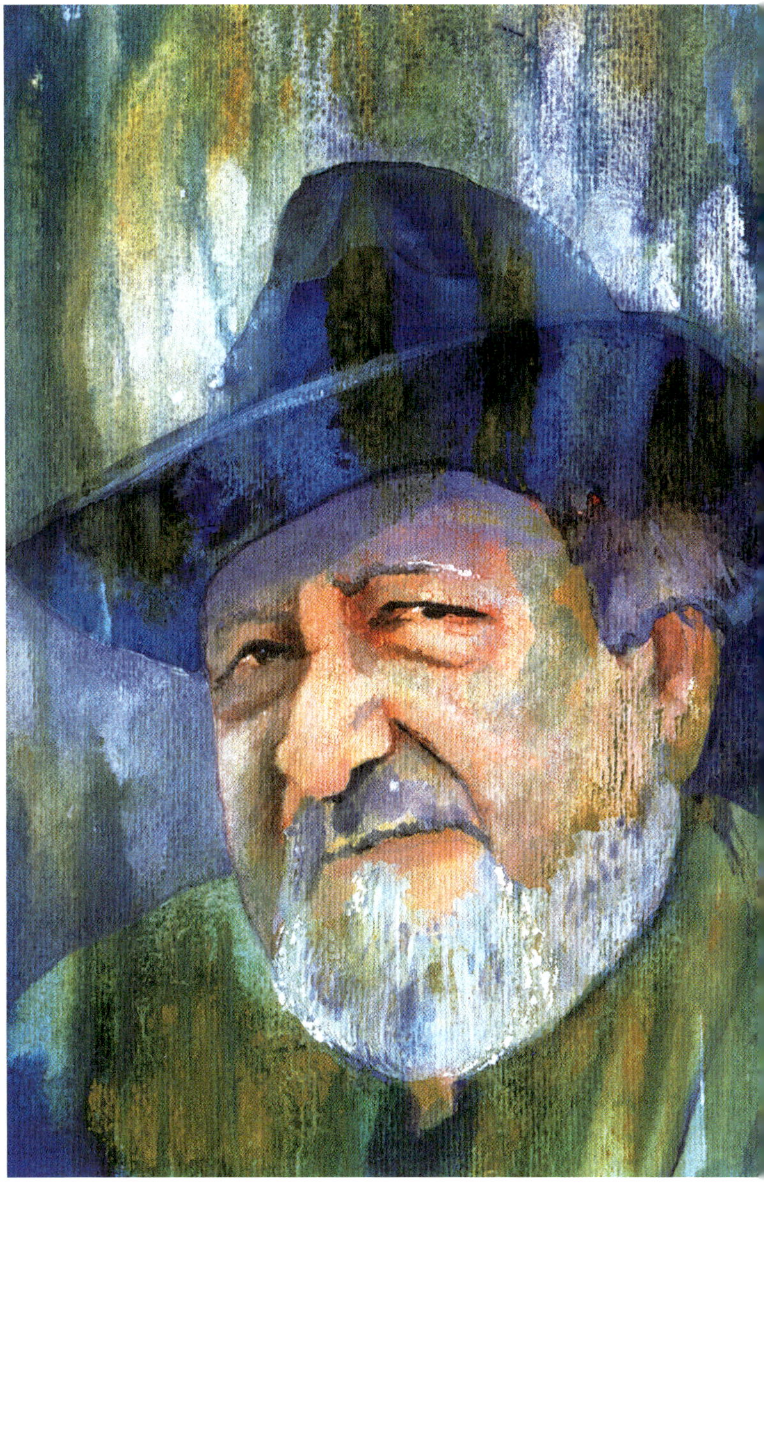

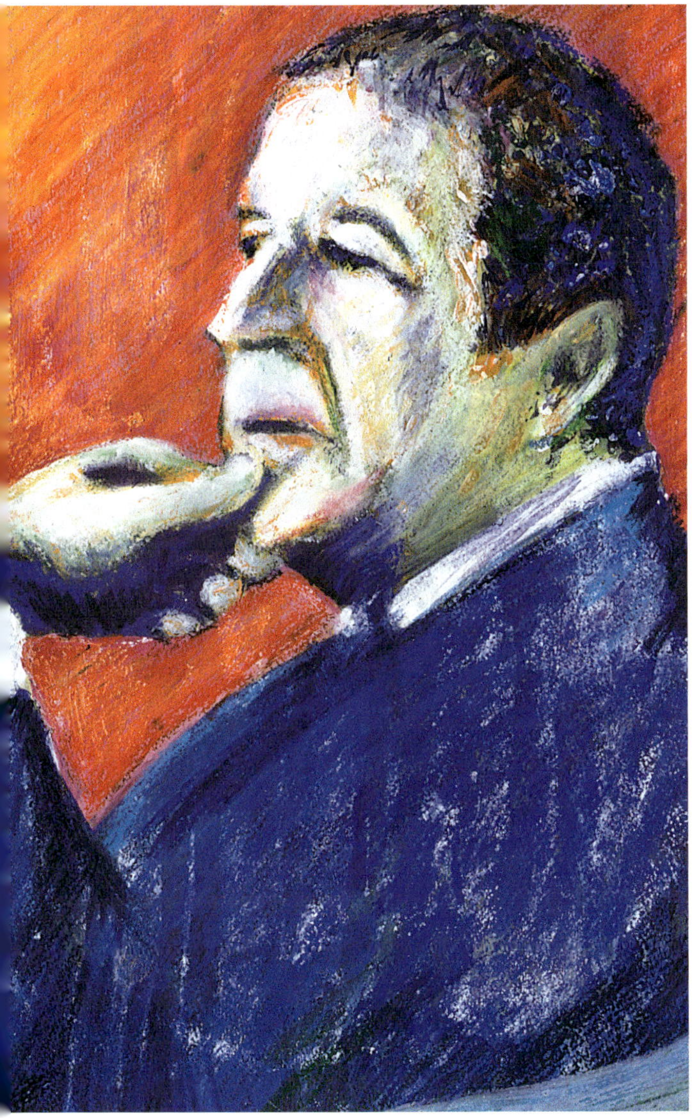

Oliver Löhr, o. T., Acryl und Pastellkreiden auf Aquarellpapier, 38 x 27 cm.

Dieses Porträt wurde mit Acrylfarben in mehreren Schichten angelegt. Die Acrylfarben scheinen durch die darüber liegenden Pastell-Farbschichten hindurch.

Inspirationen

Obwohl die Acrylfarben in ihrer Anwendbarkeit universell sind und viele maltechnischen Vorteile besitzen, können sie uns nicht die eigentliche Arbeit abnehmen, Ideen zu entwickeln und diese malerisch umzusetzen.
Manchmal ist das kreative Potenzial erschöpft und es ist an uns, neue Anregungen für die weitere Arbeit zu finden.

Die künstlerische Arbeit beginnt nicht erst in dem Moment, in dem wir den Pinsel oder die Zeichenkreide in die Hand nehmen, sondern am wichtigsten ist hierbei, dass wir die Umwelt wach und bewusst wahrnehmen. Den Künstler zeichnet die Fähigkeit aus, dass er auch in alltäglichen, unscheinbaren Dingen, Orten und Handlungen das Besondere sehen kann. Wir denken in Bildern und wenn wir uns an etwas erinnern, entsteht auch vor unserem geistigen Auge ein Bild. Es ist wichtig, das Bewusstsein auf diese Bilder auszurichten und sie zu bewahren, damit sie quasi „auf Kommando" abgerufen werden können. Eine Fähigkeit, die sich nach und nach entwickelt und irgendwann zu etwas ganz Selbstverständlichem wird.

Um Ideen zu sammeln und weiterzuentwickeln, empfiehlt es sich, auf Reisen und im Alltag ein Skizzenbuch oder eine Ideenmappe bei sich zu tragen. Wenn einmal die Zeit nicht ausreicht, Eindrücke und Ideen mit dem Stift oder dem Pinsel festzuhalten, kann auch ein Fotoapparat von großem Nutzen sein. Diese Schnappschüsse können dann später in Ruhe ausgewertet werden und als Vorlage oder als Erinnerungshilfe dienen. Schreiben Sie Gedanken und Texte, die für Sie von Wichtigkeit sind, auf. Dieses künstlerische Tagebuch ist ein wertvoller Teil der Ausrüstung. Auch Postkarten, Zeitschriften und Bücher bieten eine Fülle von Anregungen.

Sammeln Sie, was immer Ihre Aufmerksamkeit erregt. Ein besonders schönes Stoffmuster kann genauso die Inspirationsquelle für ein neues Bild sein wie ein Zufallsfund vom letzten Strandspaziergang oder ein buntes Bonbonpapier. Insbesondere Reisen bieten sehr angenehm und höchst effektiv die Möglichkeit, neue Impulse zu erhalten. Fern vom Alltagsstress nehmen wir Eindrücke häufig viel intensiver auf. Auch die Auseinandersetzung mit der Kunst fremder Kulturen kann die eigene Arbeit beeinflussen. Die Formensprache anderer Kulturkreise und deren Umgang mit Farben zeigen Möglichkeiten auf, mit denen die eigenen neuen oder schon bearbeiteten Themen und Motive auf eine ganz neue Art angegangen werden können. Schon Künstler wie

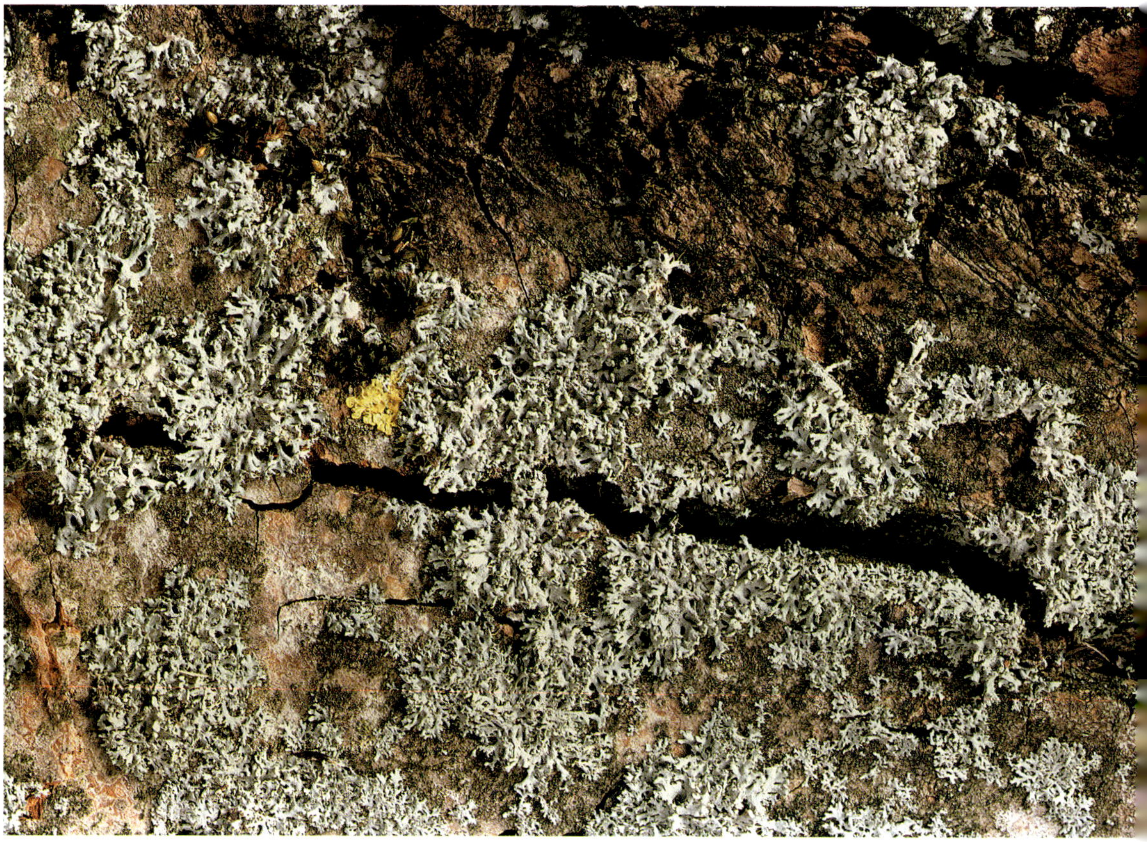

Struktur einer Baumrinde.

Paul Gauguin oder auch Jean Dubuffet ließen sich von asiatischen Holzschnitten, von der Kultur Polynesiens und von der so genannten primitiven Volkskunst Afrikas anregen. In diesem Sinne können Museumsbesuche oder Ausstellungen als Inspirationsquelle genutzt werden. Die Auseinandersetzung mit Werken der Kunstgeschichte kann in ähnlicher Weise genutzt werden. Das eingehende Betrachten von Werken anderer Künstler und die Beschäftigung damit, warum und vor allem wie bestimmte Motive in den unterschiedlichen Jahrhunderten bearbeitet wurden, schult nicht nur das Auge für kompositorische und technische Zusammenhänge, sondern eröffnet uns einen direkten Einblick in die Vergangenheit. Eine italienische Frescomalerei, eine chinesische Tuschezeichnung oder ein großformatiges Werk eines amerikanischen abstrakten Expressionisten ist mehr als nur eine Ansammlung von Farbflecken auf einem Stück Papier oder Stoff. Hinter jedem Bild steht ein Mensch mit einer ganz persönlichen Sicht auf die Dinge. In den kunstgeschichtlichen Werken findet man nicht nur einen gewaltigen Fundus an Maltechniken, sondern auch eine wundervolle Inspirationsquelle für das eigene Arbeiten. Desgleichen kann die Literatur als Anregung für das Ausarbeiten von Bildideen genutzt werden. Literarische Themen bildnerisch umzusetzen oder Textpassagen zu illustrieren, ist sehr spannend, weil uns auf diese Weise bewusst wird, welche Bilder beim Lesen vor unserem inneren Auge entstehen.

Wenn Sie Ideen oder eine Anzahl von Motiven gesammelt haben, die nicht in einem einzigen Bild verarbeitet werden können, gibt es die Möglichkeit, diese in einem Zyklus zu bearbeiten. Viele Künstler arbeiten in Serien, und zwar auf zweierlei Art: Entweder setzen sie ein Motiv unterschiedlich um oder sie malen mehrere Bilder zu einem Thema. Gerade für Studienzwecke ist es interessant, dasselbe Motiv in unterschiedlichen Techniken umzusetzen. Auf diese Weise können Sie herausfinden, in welcher Technik bestimmte Motive am wirkungsvollsten ins Bild gesetzt werden können. Dies lässt sich natürlich auch auf andere Art erkennen, indem Sie sich z. B. anschauen, wie andere Maler Themen erarbeiten. Die künstlerische Entwicklung bei Ihnen wird auf jeden Fall rascher voranschreiten, wenn Sie sich mit anderen Gleichgesinnten zusammentun. Durch die Beobachtung der Arbeits- und Herangehensweise anderer ist der Lerneffekt viel größer; außerdem findet in einer Gruppe immer automatisch ein gegenseitiger Austausch statt.

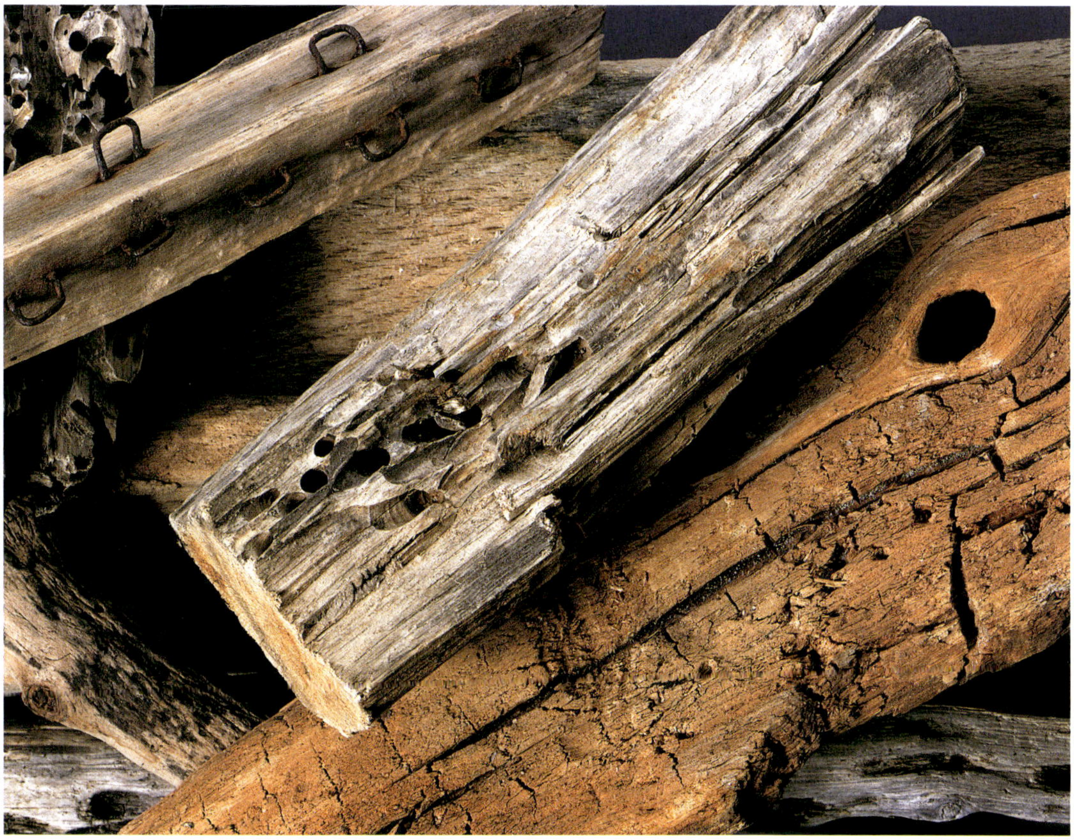

Treibholz.

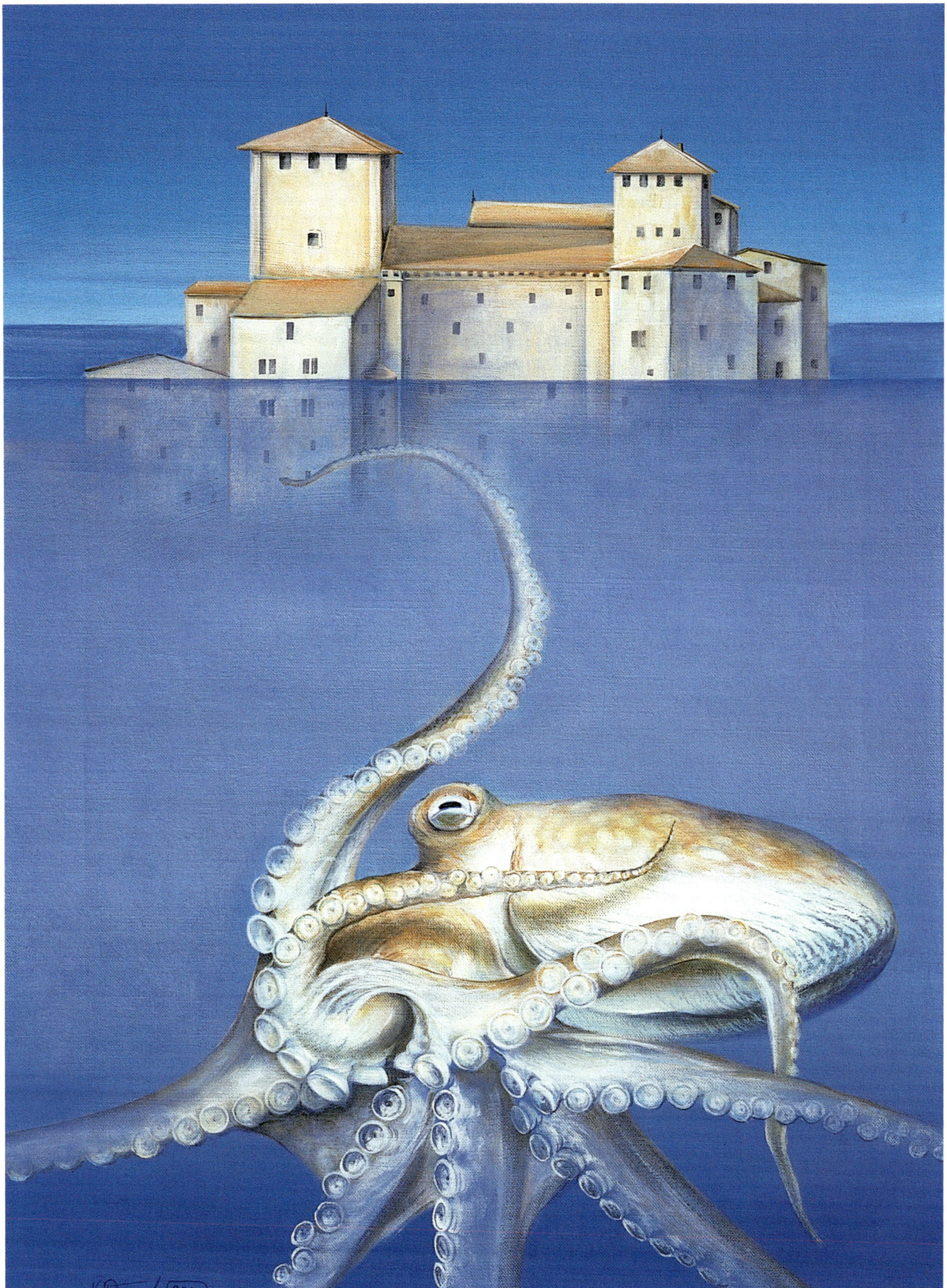

Norbert Drossel, „Octopus", Acryl auf Leinen, 90 x 60 cm.

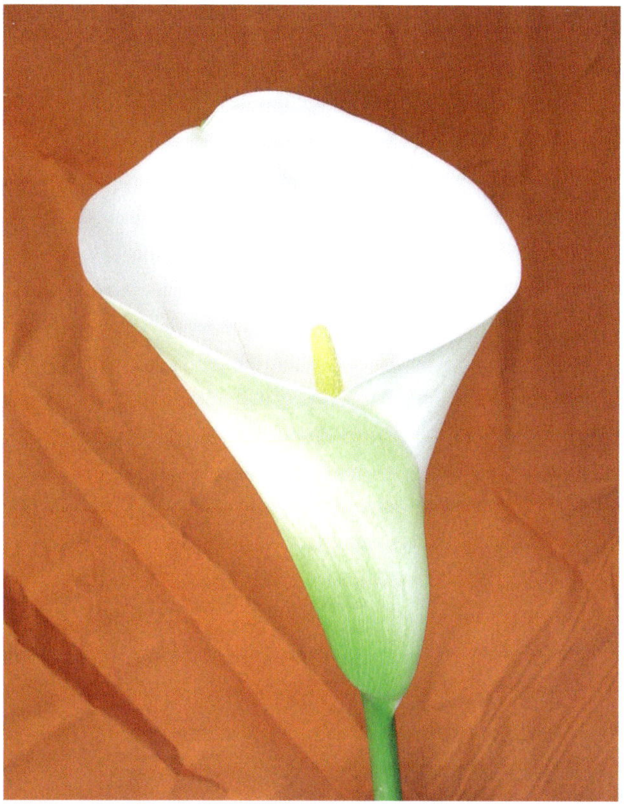

Foto einer Calla, welche als Motivvorlage diente.

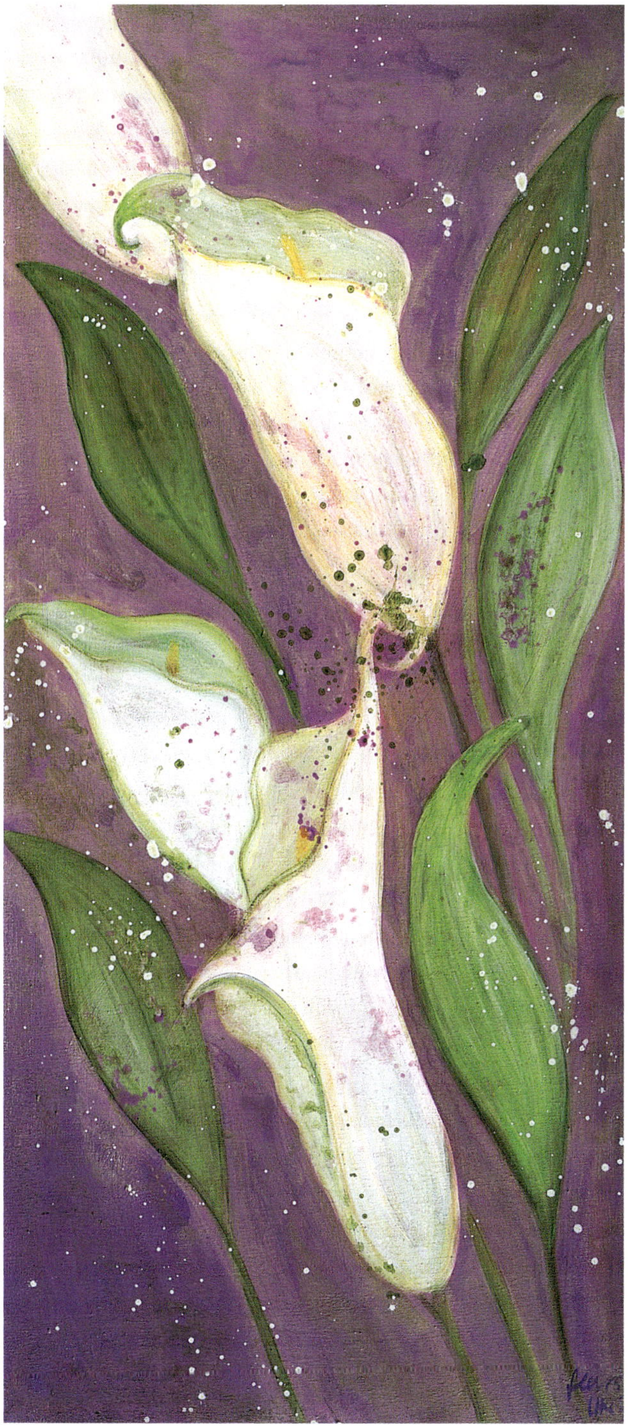

Ute Zander, „fleurs", Acryl auf Leinen, 120 x 50 cm.
Das Blumenmotiv wurde in mehreren Schichten lasierend aufgebaut, mit Kreide wurden Akzente gesetzt.

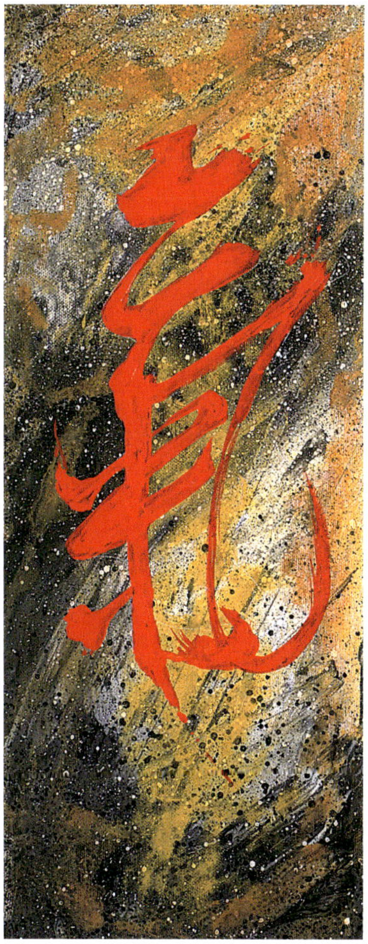

Oliver Löhr, „Ki", Acryl auf Leinen, 50 x 20 cm.
Dieses japanische Schriftzeichen, welches übersetzt Energie bedeutet, wurde mit einem Japanpinsel geschrieben. Die Farbsprenkel des Hintergrundes wurden mit der Spritzpistole erzeugt.

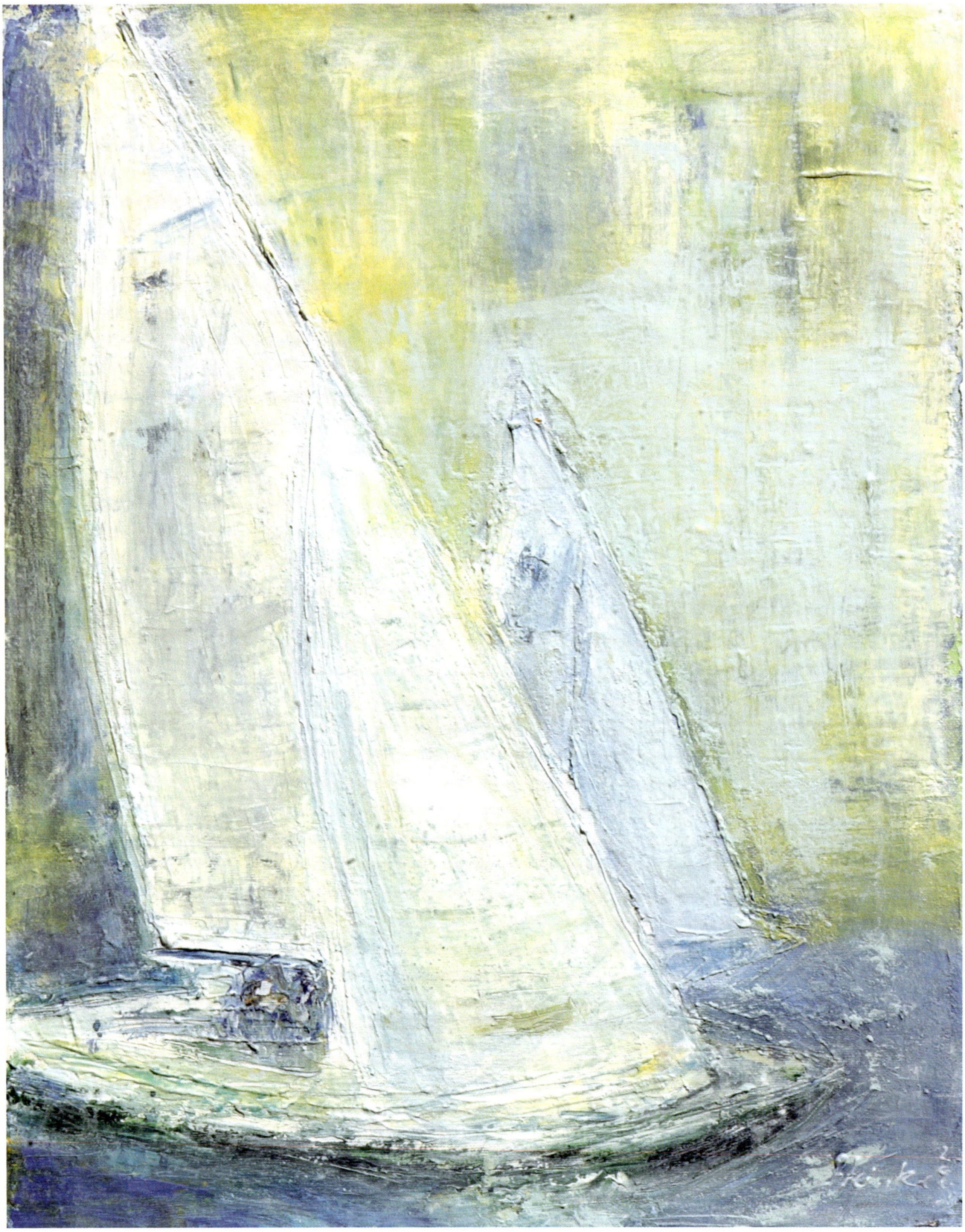

Heinke Böhnert, „Drachen", Acryl auf Leinen, 50 x 40 cm.

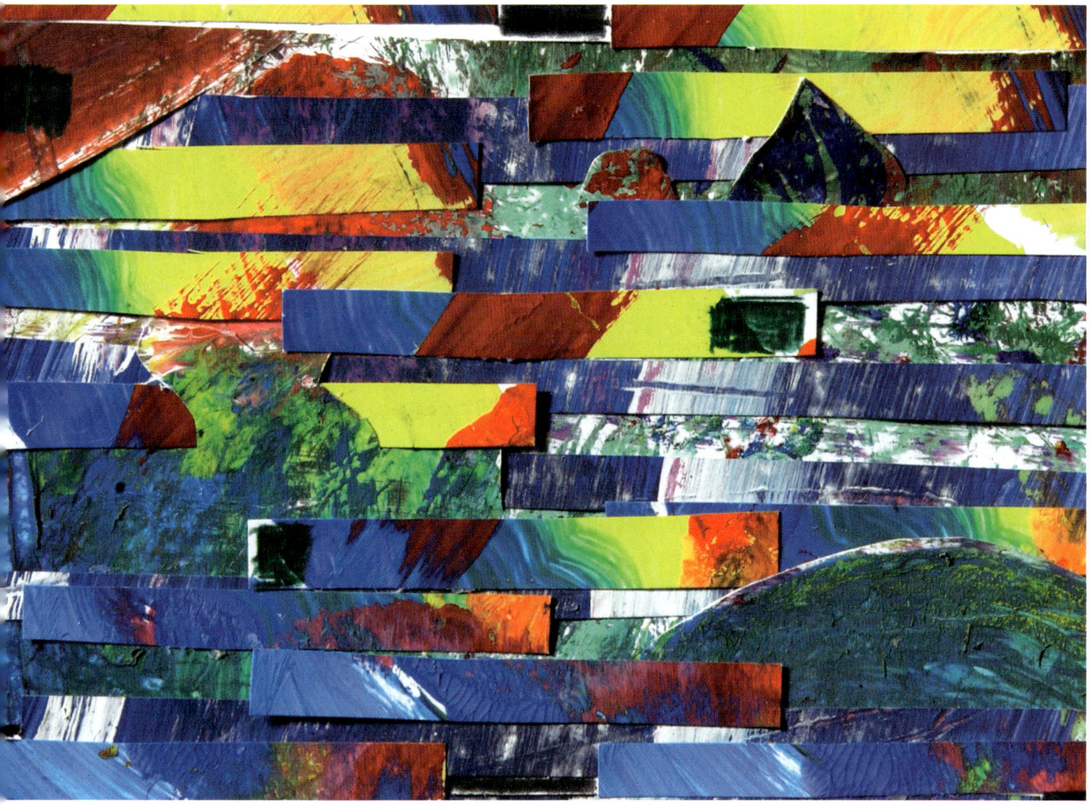

Ursula Barlage, o. T.,
Collage, Acryl auf Papier,
10 x 15 cm.

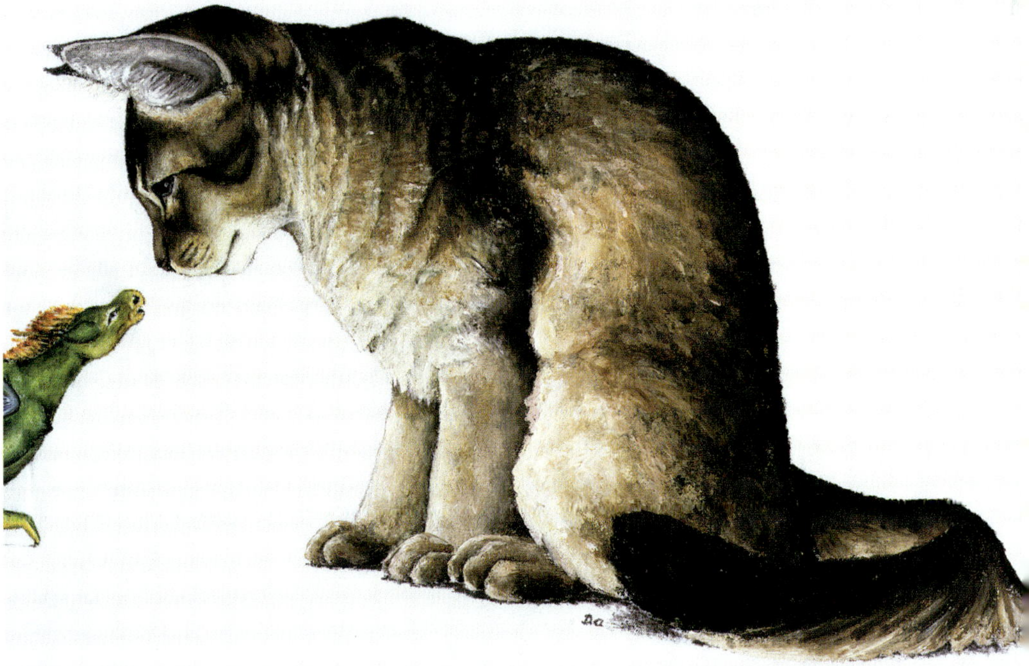

Petra Damke-Rönsch, o. T.

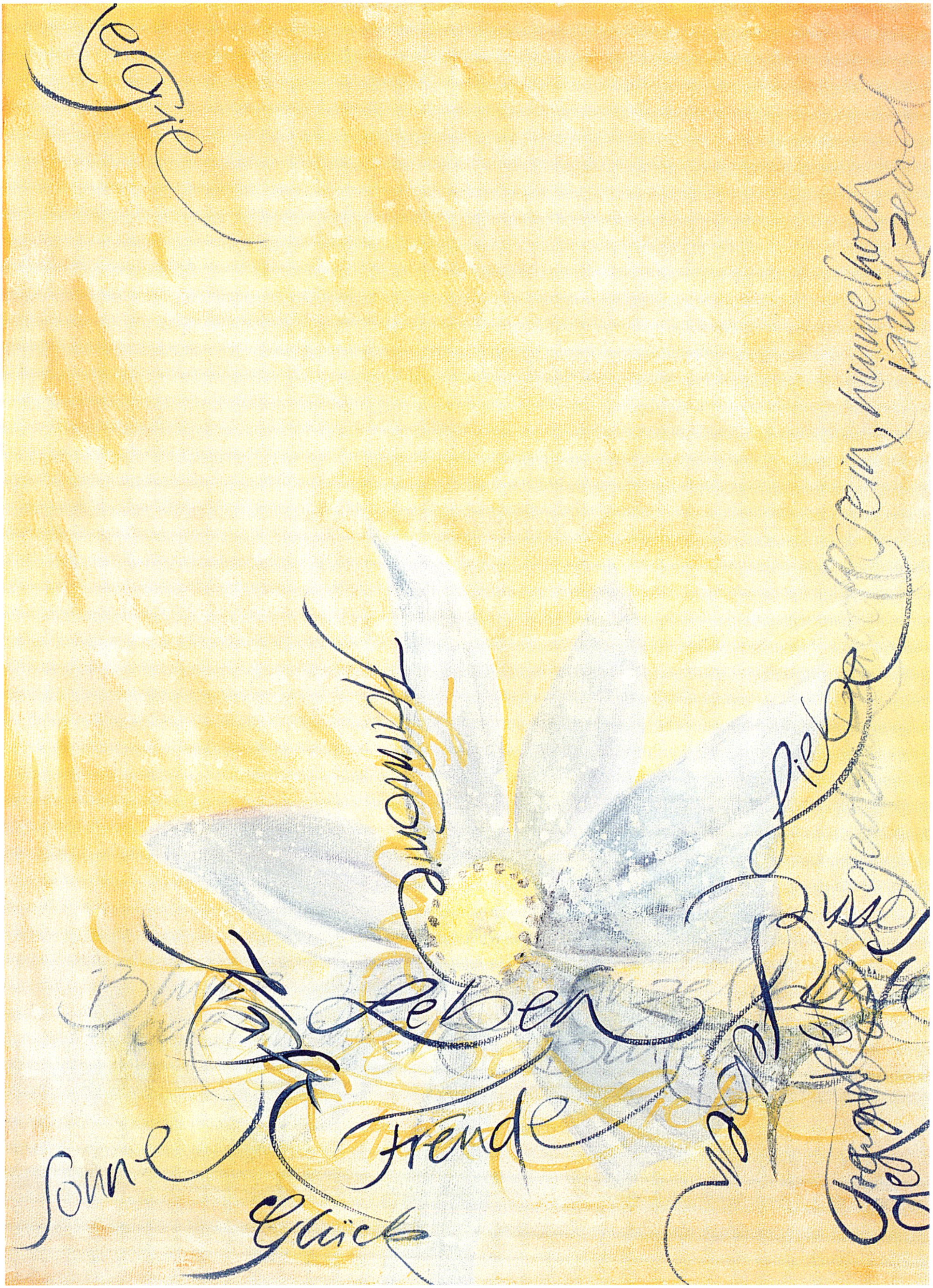

Urte Helmich-Köhnsen, o. T., Acryl auf Leinen, 60 x 50 cm.

Autoren/Workshops

Oliver Löhr, Illustrator, und Kristina Schaper, Theatermalerin, arbeiten zusammen unter dem Namen ARTVERWANDT im Bereich Dekorations- und Bühnenmalerei und plastischer Dekoration sowie als freie Künstler und Autoren in Hamburg. Im Atelier der Firma Artverwandt finden außerdem Malworkshops statt.

Ute Zander ist unter anderem als freischaffende Künstlerin und Autorin in Hamburg tätig und nahm von 1992 bis heute an mehreren privaten und öffentlichen Ausstellungen teil. Neben der Auftragsmalerei gibt sie Kurse mit Oliver Löhr und Kristina Schaper.

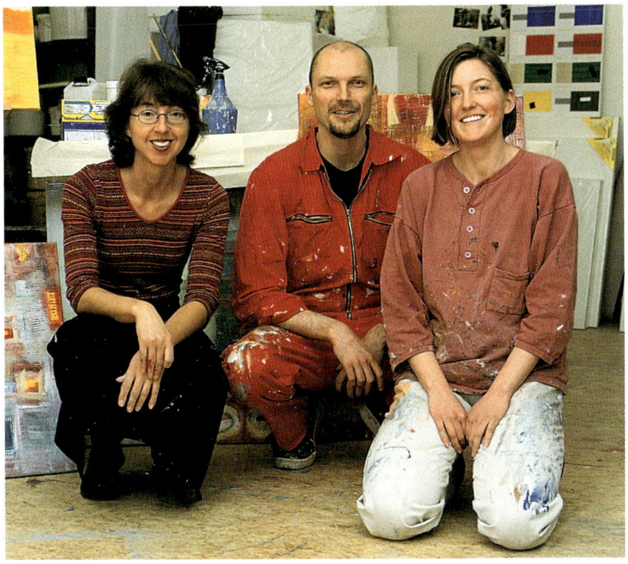

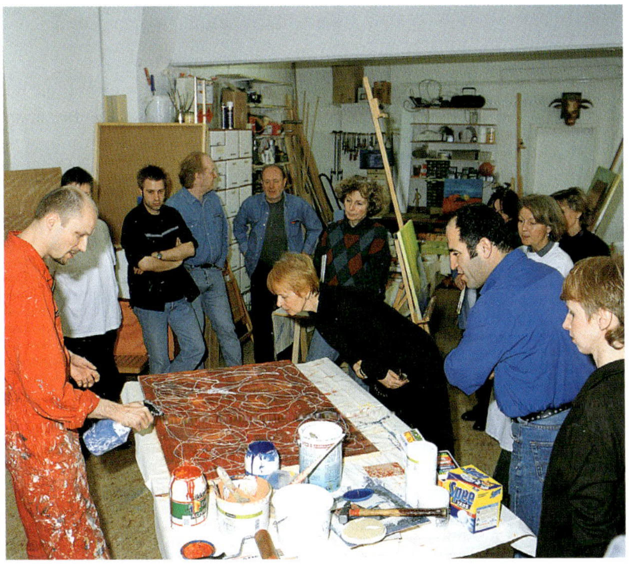

Workshops sind ein guter Einstieg in die Acrylmalerei.

Sie haben ein Buch studiert, Ideen gesammelt, Farben und Pinsel gekauft – und stehen plötzlich vor einer weißen Leinwand und wissen nicht, wie sie starten sollen ...

Vielen Anfängern geht es so, und wenn man dann allein zu Hause auf die Initialzündung wartet, kann die Begeisterung leicht in Frustration umschlagen.

Eine der besten Möglichkeiten, schnell und sicher in die Acrylmalerei einzusteigen, sind spezielle Workshops.

Oliver Löhr, Kristina Schaper und Ute Zander organisieren regelmäßig zweitägige Acryl-Malkurse im Hamburger Atelier „artverwandt", zu denen Teilnehmer aus ganz Deutschland anreisen. Hier steht ganz bewusst die Praxis im Vordergrund. Schon mit den ersten Übungen erlernt man den spielerischen, ungehemmten Umgang mit Farben und Materialien. Es werden in kleinen Schritten weiterführende Techniken gezeigt, die sich sofort umsetzen lassen. Die Möglichkeit, sich immer wieder professionellen Rat zu holen und sich mit den anderen Teilnehmern auszutauschen, schafft eine kreative Gruppenatmosphäre, in der oft schon nach kurzer Zeit Arbeiten auf erstaunlichem Niveau entstehen.

Die artverwandt-Workshops richten sich nicht nur an Neuanfänger. Sie eignen sich auch für alle, die schon erste Erfahrungen mit der Acrylmalerei gesammelt haben und jetzt ihre Kenntnisse abrunden möchten – oder sich fachlich begleiten lassen wollen auf ihrem Weg zu einem eigenen künstlerischen Stil.

Vorkenntnisse sind nicht erforderlich; mitzubringen ist allerdings die Lust, mit Farben etwas selbst gestalten zu wollen – und ein Wochenende lang in einer ganz eigenen Welt kreativ zu sein.

Adressen für Kurse finden Sie im Internet unter:
www.allesklar.de

ARTVERWANDT

– Workshop –

Kristina Schaper, Oliver Löhr

Humboldtstr. 53a · 22083 Hamburg

Tel.: 040/3173913

Fax: 040/3173913

Oder besuchen Sie uns im Internet unter:
www.artverwandt-workshop.de

Abdeckband: Einseitig beschichtetes Klebeband zum Abkleben von Farbflächen.

Abstraktion: Bezeichnung für reduzierte oder stark vereinfachte gegenständliche Motive in einer Malerei, was bis zur völligen Verfremdung des ursprünglichen Erscheinungsbildes gehen kann.

Abstrakter Expressionismus: Eine Richtungsbezeichnung der abstrakten Kunst, die ihren Ursprung um 1950 in New York hat. Dem Malprozess selbst kommt bei dieser Stilrichtung die größte Bedeutung zu, ist er doch Ausdruck von Dynamik und Spontaneität des Künstlers. Subjektive Empfindungen werden in den künstlerischen Prozess unmittelbar einbezogen.

Abziehtechnik: Malweise, bei der ein Überschüssiges an Farbe noch feucht mittels eines Pappspachtels abgetragen wird.

Action-Painting: Eine aus dem Unterbewussten und der Emotion gesteuerte Arbeitsweise, die sich direkt und ohne gegenständliche Bezüge im Bild niederschlägt.

Acrylbinder: Binder auf der Basis von Kunstharzdispersion zur Herstellung von Acrylfarben.

Acrylfarben: Diese Farben bestehen aus Pigmenten, Kunstharzdispersion als Bindemittel und Wasser. Näheres siehe Seite 10.

Acryllacke: Für Schutzanstriche entwickelte Farben mit sehr hohem Bindemittelanteil, der für sehr gute Fließeigenschaften sorgt.

Acrylmalpapier: Sehr robustes, für die Bemalung mit Acrylfarben entwickeltes Papier. Einige Sorten sind mit leinenartiger Oberflächenstruktur versehen.

Alla Prima: Aus dem Italienischen: „zuerst". Bei dieser Technik wird die Farbe in einer einzigen Schicht, ohne Untermalung und ohne lasierende Übermalung, aufgetragen und das Bild in einer einzigen Sitzung vollendet. Diese Malweise erfordert Übung und Kenntnis von Farbwirkungen.

Arrangement: Das Anordnen verschiedener Gegenstände zu einem harmonischen Erscheinungsbild.

Atelier: Speziell für die künstlerische Arbeit eingerichteter Raum, in dem auch fertige Arbeiten sowie Material, Farben und Werkzeuge aufbewahrt werden.

Atelierstaffelei: Holzgestell zum Abstellen und Befestigen von Bildern. Staffeleien ermöglichen das Arbeiten am aufrecht stehenden Bild. Atelierstaffeleien sind sehr stabil. Besonders große Formate können mit ihrer Hilfe bearbeitet werden.

Bildträger: Der Untergrund, auf welchem ein Bild ausgeführt wird. Bildträger sind z. B. Maltuche, Papiere, Holz oder Putz.

Blattgold: Meistens erhältlich in 23 Karat, aufgezogen auf transparentem Seidenpapier (8 x 8 cm); ein Heft enthält 25 Blatt. Es ist auch unter dem Namen „Turm- und Wettergold" erhältlich, da es witterungsbeständig ist.

Blattpalette: Mehrere Seiten Transparentpapier in Form einer Palette auf Karton aufgezogen, von dem das Blatt nach dem Gebrauch entfernt wird.

Collage: Leitet sich vom französischen „coller" kleben, ab. Bei dieser von den Kubisten eingeführten Technik werden Papiere und andere Werkstoffe in ein Bild eingearbeitet.

Dispersionsfarben: In Baumärkten erhältliche Farben für den Wandanstrich. Diese Farben sind nur bedingt für künstlerische Zwecke geeignet.

Dripping: Malweise, bei der durch Fließen und Tropfen der Farbe Bildstrukturen entstehen.

Farbkreis: Ordnungsfigur aus der künstlerischen Farbdidaktik. Die Primär-, Sekundär- und Tertiärfarben sind in Kreisform angeordnet.

Farbmittel: Farbgebende Stoffe werden als Farbmittel bezeichnet.

Farbstoffe: Als Farbstoffe werden alle in Flüssigkeiten löslichen Farbmittel (z. B. Tinten) bezeichnet.

Feldstaffelei: Ein meist dreibeiniges Holzgestell zum Bearbeiten eines Bildes im Freien. Feldstaffeleien sind zusammenklappbar und wesentlich leichter als die für die Arbeit im Atelier verwendeten Staffeleien.

Firnis: Farbloser Überzug, der nach Beenden des Malens das Werk versiegelt, um es zum Beispiel vor Sonneneinstrahlung, Nikotin und anderen Umwelteinflüssen zu schützen.

Fixativ: Schutzfilm, der dazu dient, Kreide- und Buntstiftzeichnungen zu schützen; es wird meist in Form eines Sprays angeboten.

Fluoreszierende Farben: (auch „Neon"-Farben) absorbieren Licht aus dem Ultraviolettbereich und wandeln es in längerwelliges, sichtbares Licht ihrer Eigenfarbe um.

Fotorealismus: Kunstrichtung der späten 1960er und der 1970er Jahre. Die Wurzeln liegen in der Pop-Art. Der bis zur Augentäuschung gehende Detailnaturalismus ist kennzeichnend für diese Kunstrichtung, bei der häufig Fotografien als Vorlage dienen.

Füllstoffe: Streckungsmittel, die anderen Stoffen zugesetzt werden, um deren Volumen oder Gewicht zu erhöhen oder ihre technische Verwendbarkeit zu verbessern. Bunte Pigmente werden z. B. mit Kreide vermischt, um die Deckkraft der Farbe zu erhöhen. Durch die Zugabe von Quarzmehl wird Farbe pastöser.

Gegenständlich: Wirklichkeitsgetreue Wiedergabe eines Motivs.

Gemäldeträger: Vorrichtung aus Holz, mit deren Hilfe mehrere, noch nicht trockene Bilder transportiert werden können, ohne dass diese sich berühren.

Gesso: Grundierweiß, wurde früher aus Tierleim und Kreide hergestellt. Moderne Gesso-Grundierungen enthalten Reinacrylatdispersion und Titandioxidpigmente.

Gewebe: Textile Fasern, deren längs und quer laufende Fäden sich kreuzen. Dichte, Oberfläche und Material ist variabel.

Gouachefarben: Wasserlösliche Deckfarbe mit guten Fließ- bzw. Verlaufseigenschaften. Sie ist nach dem Trocknen wieder anlösbar.

Granulieren: Der Pinsel wird mit unverdünnter Farbe und wenig Druck über strukturierte Oberflächen geführt. Die Farbe bleibt an den erhabenen Stellen haften.

Graphit: Kohlenstoff gepresst, meist mit Holz ummantelt, in Minen oder Stiftform erhältlich. Dient dem Vorzeichnen.

Grisaille: Kommt aus dem Französischen (gris = grau). Monochrome, meist in Grautönen ausgeführte Malerei. Als Untermalung oder zur Nachahmung von Skulpturen angewendete Technik.

Grundierung: Die Vorbereitung des Malgrundes. Poröse, ungleichmäßig saugende Untergründe können durch entsprechende Vorbehandlung die nachfolgenden Farbschichten besser aufnehmen.

Hilfsmittel: Spezielle Malzusätze, welche die Eigenschaften von Malfarben verändern.

Impasto: Dicker Farbauftrag. Je dicker die Farbschichten, desto reliefartiger wird die Oberfläche des Bildes.

Imprimitur: Einfarbiger, dünner Farbauftrag zur Abtönung eines Bildträgers vor der Bemalung.

Interferenzfarben: Farberscheinung, die durch Überlagerung oder Beugung zweier oder mehrerer Spektralwellen am gleichen Ort entsteht. Licht wird von transparenten Pigmentplättchen mehrfach gebrochen und es entsteht ein irisierender Schimmer.

Irisierende Farben: Farben, die einen perlmuttartigen Schimmer aufweisen.

Japanspachtel: Dünner, biegsamer Kunststoff- oder Metallspachtel, ohne Griff.

Kalligraphie: Rhythmische Schönschrift, welche als Teil eines Bildes Wirkung zeigen kann.

Keilrahmen: Leicht nachspannbarer Holzrahmen, auf dem Leinen- oder Baumwollgewebe aufgespannt wird

Klarpaste: Diese Art von Paste hat eine klebende Wirkung und ist für Collagen geeignet. Sie trocknet transparent auf und kann genutzt werden, um Plastizität zu gewinnen.

Kohle: Ascheprodukt aus verbranntem Birkenholz. Sie kommt in gepresster Form als Stift in den Handel und wird für die Vorzeichnung verwendet.

Komplementärfarben: Farben, die sich im Farbkreis gegenüberliegen.

Komposition: Ausgeglichene, harmonische Anordnung und Aufteilung verschiedener Elemente eines Bildes. Komposition bedeutet, die besten Bedingungen für die Harmonie und das nötige Gleichgewicht eines Bildes auszuwählen.

Konsistenz: Die Beschaffenheit eines Stoffs. In Bezug auf Malfarben spricht man z. B. von flüssiger, pastoser oder buttriger Konsistenz.

Konsistenzverstärker: Malmittel, welches die Acrylfarbe pastöser werden lässt.

Kontrast: Gegensätzliche Wirkungen von Farb- und Tonwerten.

Künstlerfarben: Aus hochwertigen Bestandteilen hergestellte Farben, die den hohen Ansprüchen von Profianwendern in Bezug auf Haltbarkeit, Lichtechtheit und Brillanz der Farbtöne entgegenkommen.

Lasur: Ein transparenter Farbauftrag, der in Schichten übereinander gelegt werden kann.

Lavierung: Eine stark mit Wasser verdünnte Farbe, die in einer dünnen Schicht auf die Malfläche aufgetragen wird.

Leichtstrukturpaste: Modellierpaste mit einem geringen spezifischen Gewicht.

Malgrund: Untergrund, auf dem gemalt wird, z. B. Leinwand, Papier, Pappe, Holz usw.

Malkasten: Behältnis, in dem Farben und Malwerkzeug aufbewahrt und transportiert werden können.

Mallappen: Nicht fusselndes, saugfähiges Tuch zum Entfernen von Farbe vom Bildträger und zum Abstreifen von Farbe und Wasser von den Malwerkzeugen.

Malmittel: Eine Substanz, die den Farben zugesetzt wird, um deren maltechnische Eigenschaften zu verändern.

Malspachtel: Dünnes, biegsames Werkzeug zum Auftragen von Farben und Spachtelmassen.

Maltuche: Grundierte oder ungrundierte Gewebe, die als Bildträger dienen.

Maske: Hiermit werden bestimmte Bildpartien abgedeckt, um sie vor Farbe zu schützen. Klebefolie, Abdeckband oder Rubbelkrepp können verwendet werden.

Maskierfilm: (oder auch „Rubbelkrepp") besteht aus Gummimilch und wird zum Abdecken von Flächen im Bild verwendet, die nicht übermalt werden.

MDF-Platten: Mitteldichte Faserplatte, welche aus gepressten Holzfasern besteht, die mit Holzleim gebunden werden.

Mischtechnik: Verwendung verschiedener Werkstoffe und Techniken in einem Bild.

Modellieren: Stammt aus der Bildhauerei, bezeichnet aber auch die Ausarbeitung von Bildelementen mit unterschiedlichen Tonwerten. Auf diese Weise entsteht ein räumlicher Eindruck von Tiefe im Bild, und abgebildete Elemente gewinnen an Plastizität.

Modellierpaste: Helle Acrylpaste, die mit Füllstoffen versehen ist und mit einem Spachtel verarbeitet werden kann.

Motivsucher: Zwei rechtwinklige Kartonstücke, die sich zu einer Art Rahmen zusammensetzen lassen. Der Motivsucher wird mit dem gestreckten Arm gehalten und das Motiv wird durch die Öffnung betrachtet.

Ölkreide: Malkreide aus fest gepressten Pigmenten mit Bindemittelanreicherung (unter anderem Fette); sie lässt sich beim Auftragen verschmieren.

Palette: Fläche aus Holz, Keramik, Glas oder Kunststoff zum Anmischen von Farben. Als „Farbpalette" wird auch eine Auswahl an Farben bezeichnet.

Palettmesser: Werkzeug zum Vermischen von Farben, bzw. Hilfsmitteln und zum pastosen Farbauftrag in der Spachteltechnik.

Pappspachtel: Karton, auf das Maß eines Spachtels zugeschnitten.

Passepartoutkarton: Säurefreie Pappe von ca. 1,5 mm Stärke, in verschiedenen Farben erhältlich.

Pastellkreide: Malmittel aus teilweise mit Bindemitteln angereicherten Pigmenten, sonst pulvrig im Auftrag. Kreidezeichnungen sollten zum Abschluss fixiert werden.

Perspektive: Zeichnerische Methode, dreidimensionale Gegenstände auf der zweidimensionalen Bildebene darzustellen.

Pigment: Pulverförmiger, farbgebender Rohstoff, aus welchem mit Bindemittel Farben hergestellt werden.

Pinselführung: Individuelle Handhabung und Strichführung des Pinsels.

Plein-air-Malerei: Malerei im Freien, direkt vor dem Motiv.

Pointillismus: Stilrichtung der französischen Malerei um 1885, die sich aus dem Impressionismus entwickelte. Bei dieser Malweise werden einzelne Farb-„punkte" dicht nebeneinander gesetzt, sodass sich bei der Betrachtung aus der Ferne die Farbtöne im Auge des Betrachters mischen und der Eindruck von Raumtiefe entsteht. Einer der bekanntesten Vertreter dieses Stils ist Georges Seurat.

Pop-Art: Führende Kunstrichtung der 1960er und 1970er Jahre. Sie entwickelte sich Ende der fünfziger Jahre, voneinander unabhängig, in Amerika und England. Pop-Art-Künstler finden ihre Themen in der modernen großstädtischen Industriekultur, der Werbung und in Comics.

Porträt: Das künstlerische Bild eines Menschen, das dessen Persönlichkeit wiedergibt.

Primärfarben: Die drei Grundfarben Rot, Gelb, Blau, aus denen sich andere Töne mischen lassen.

Proportion: Das Verhältnis, in dem ein Teil oder Teile mit dem Ganzen verbunden sind.

Relief: Halbplastische, erhabene Oberflächen.

Retarder: siehe Verzögerer

Schablone: Mit Hilfe einer Schablone lassen sich gleiche Formen mehrfach nachbilden. Bei der Schablonenmalerei werden aus Pappe, Folie o. Ä. Formen ausgeschnitten. Die Farbe wird durch die Schablone auf den Malgrund aufgebracht, sodass die abgedeckten Stellen frei bleiben.

Schlagmetall: Eine Alternative zu Blattgold, bestehend aus Zink-Kupfer-Legierungen (siehe Seite 17/18). Ähnlich in der Handhabung wie Gold, aber nicht witterungsbeständig.

Schwarze Lava: Spezielle Acrylstrukturpaste, welche in getrocknetem Zustand wie schwarzer Lavasand aussieht.

Sekundärfarben: Orange, Grün, Violett. Ermischte Zwischentöne aus den Primärfarben.

Serigrafie: (Siebdruck, Schablonendruck) Ein Durchdruckverfahren, bei dem Farbe durch ein feines, straff gespanntes Sieb gepresst wird. Die nicht einzufärbenden Bildteile werden durch Aufbringen einer Schablone abgedeckt. Dieses Verfahren erfuhr vor allem in der Werbegrafik und in der Pop-Art weite Verbreitung.

Skizze: Vorstudie einer bildnerischen Arbeit. Durch das Skizzieren können Proportionen, Komposition oder auch Farbtonwerte erarbeitet werden.

Spektralfarben: Sie entstehen, wenn weißes Licht durch ein Prisma gelenkt wird; es wird dabei in einzelne Farben zerlegt. Ein Regenbogen enthält alle Spektralfarben.

Spezialfarben: Neben den gängigen Farbtönen angebotene Farben, welche spezielle Effektpigmente enthalten, so z. B. Perlglanz, Gold und Metallicfarben oder Neon- und nachleuchtende Farben.

Stillleben: Aus dem Niederländischen: Stilleven = „stilles Leben". Gattung der Malerei, bei der unbelebte Gegenstände in zufälliger oder geschaffener Ordnung abgebildet werden, wie z. B. Früchte, Geschirr oder Blumen.

Struktur: Plastisch gestalteter Auftrag von Modellierpaste oder Farbe.

Studienfarben: Günstig zu erstehende Acrylfarben, die speziell für Übungs- und Studienzwecke sowie für dekorative Arbeiten entwickelt wurden.

Sujet: Gegenstand, Stoff, Thema eines Bildes.

Textur: Beschaffenheit der Oberfläche von Gegenständen und Malgründen.

Tonwert: Die relative Helligkeit oder Dunkelheit einer Farbe. Weiß ist die hellste Stufe, Schwarz ist die dunkelste.

Trockenpinseltechnik: Farbe von sehr trockener Konsistenz wird über den Malgrund gezogen. Dabei gibt der Pinsel nur wenig Farbe ab, sodass der Untergrund sichtbar bleibt und ein Halbton-Effekt entsteht.

Untermalung: Vorbereitende Technik, umfasst die Vorzeichnung der Komposition und ein erstes Andeuten der Hell-Dunkel-Werte, bzw. der Farben auf der Grundierung. Grundsätzliche Entscheidungen zur Gestaltung des Bildes werden in diesem Stadium der Arbeit getroffen.

Verzögerer: Ein Medium, welches die Trockenzeit der Acrylfarben verlängert.

Zahnspachtel: Spachtel mit verschieden gezähnten Kanten.

Zwinge: Metallring, welcher die Haare bzw. die Borsten eines Pinsels zusammenhält und sie mit dem Pinselstiel verbindet.

Bezugsquellen

ColArt Deutschland GmbH
Gutenbergstr. 4
D-63477 Maintal

Daler Rowney
rue de technologies 4
B-1340 Ottignies

Da Vinci Künstlerpinselfabrik
Defet GmbH
Gustav-Adolf-Str. 33
D-90439 Nürnberg

Queens GmbH
Tonhallenstr. 19
D-47051 Duisburg

Honsell Art Products
Breitwiesenstr. 9
D-70565 Stuttgart

Jax artcompany GmbH
Kuckelsberg 82
D-42113 Wuppertal

Lascaux
Alois K. Diethelm AG Farbenfabrik
Zürichstr. 42
CH-8306 Brüttisellen

Lukas Künstler-Materialien
Dr. Fr. Schoenfeld GmbH & Co.
Harffstr. 40 · D-40591 Düsseldorf

Nerchau Mal- und Künstlerfarben
Nordstr. 5b
D-04685 Nerchau

Elke Oppek
Heckeweg 8
71701 Schwieberdingen

Hahnemühle Fine Art GmbH
Grimsehlstr. 23
D-37574 Einbeck

H. Schmincke & Co.
GmbH & Co. KG
Otto-Hahn-Str. 2
D-40699 Erkrath

Danksagungen

Stefan Boekels für die Fotos und dafür, dass er Nachsicht gezeigt hat, als sich sein Studio während der Produktion in eine häufig vom Chaos geprägte Künstlerwerkstatt verwandelte, Herrn Knud Förster, der auch die Entstehungsphase dieses Buches mit Rat und Tat begleitet hat, Herrn Hans-Dieter Franken von der Firma Schleicher & Schuell für die Informationen über Acrylmalpapiere, Herrn Ullrich Hollmann von der Firma Art Select für die Information über Spezialpigmente und die Lascaux Produktpalette, Herrn Udo Kirschnik von der Firma Schmincke & Co. für die ausführlichen Erläuterungen über Pigmente und das Selbstherstellen von Acrylfarben, Armin Probst von der Goetheschule Einbeck und seinen Schülerinnen und Schülern für die praktischen Versuche, Papierhaus Schacht & Westerich für die großzügige Bereitstellung von diversem Künstlermaterial für die Fotoproduktion, Joachim Jürs für die Ergänzungen zum Thema Selbstbespannen von Keilrahmen, den in diesem Buch vertretenen Herstellerfirmen für ihre Unterstützung, ohne die dieses Buch nicht entstanden wäre, allen unseren Workshopteilnehmern, die uns durch ihre Fragen auf viele Aspekte der Acrylmalerei hingewiesen und uns so Anregungen zum Thema geliefert haben, allen Künstlern für die Bereitstellung ihrer Arbeiten:

Ursula Barlage
Wulf Peter Bestmann
Heinke Böhnert
Miriam Bröllos
Petra Damke-Rönsch
Norbert Drossel
Hannelore Glienke
Kaia
Gerhard Krempe
Regine Köster
Urte Köhnsen
Sabine Lange
Bettina Malinowski
Andreas Meyen
Regina Porip
Armin Probst
Rüdiger Steffens
Julia Weidle
Susanne Westphal

Impressum

ISBN 978-3-419-53718-3

Lektorat: Jürgen Spiegel, Berlin
Fotos: Stefan Boekels, Hamburg
Covergestaltung: Behrend & Buchholz, Hamburg
Satz: Rainer J. Fischer, Berlin
Druck: Himmer AG, Augsburg

www.christophorus-verlag.de